U0451522

中国文化研究辑刊

第一辑

李 浩 主编

商务印书馆
2018年·北京

图书在版编目(CIP)数据

中国文化研究辑刊. 第1辑/李浩主编. —北京:商务印书馆,2018

ISBN 978-7-100-16507-5

Ⅰ.①中… Ⅱ.①李… Ⅲ.①中华文化—研究 Ⅳ.①K203

中国版本图书馆 CIP 数据核字(2018)第 191227 号

权利保留,侵权必究。

中国文化研究辑刊
(第一辑)
李浩 主编

商 务 印 书 馆 出 版
(北京王府井大街36号 邮政编码100710)
商 务 印 书 馆 发 行
北京顶佳世纪印刷有限公司印刷
ISBN 978-7-100-16507-5

2018年9月第1版　　开本 787×1092　1/16
2018年9月北京第1次印刷　印张 20
定价:128.00元

主办单位

西北大学中国文化研究中心

协办单位

陕西省哲学社会科学重点研究基地

陕西省中华优秀文化传承发展研究协同创新中心

西北大学汉唐文学研究院

《中国文化研究辑刊》编委会

学术顾问

袁行霈　　张岂之　　王水照　　周伟洲

编委会

党圣元　　葛承雍　　钟　勇　　傅　刚
刘跃进　　左东岭　　陈　洪　　陈尚君
陈引驰　　张福贵　　郑杰文　　谭　帆
李继凯　　李　浩　　张新科　　詹福瑞
吴承学　　程章灿　　荣新江　　朱玉麒
尚永亮　　穆　涛　　廖美玉　　松原朗
土屋昌明　　内山精也　　妹尾达彦

主　编

李　浩

编　辑

孟　飞

目 录
Contents

丝绸之路研究

003 丝绸之路起点唐长安城的三大标识
周伟洲

014 丝绸之路对汉代的影响
徐卫民

019 玄奘对唐代丝绸之路拓展的历史贡献
——以《大唐西域记》及《大慈恩寺三藏法师传》为中心
李芳民

030 元代丝绸之路上的香料药物流通及影响
王早娟

040 中国方法：丝绸之路的历史高度以及艰难度
穆 涛

048 探索红河三角洲古代都市之谜
——越南交趾郡治赢陵遗址的发掘成果
〔日〕黄晓芬

063 从西域到东瀛
——长安青龙寺与密教祈雨东传
高兵兵

中国文化及对外传播研究

077 体貌与文相
党圣元

093 中国文化中的"工具理性"
张再林

110 社会流动视阈下南朝韦华家系势力迁转及其文化意义
王 伟

128　道要译、译有道：中华思想对外翻译传播模型建设
　　　钟　勇

138　"一带一路"概念下的文化传播与译介
　　　王晨佳

151　朝鲜文人次韵李白《浔阳紫极宫感秋》诗考察
　　　苏　岑

165　美国现当代英文诗中的李白本土化小议
　　　何建军

汉唐文史研究

175　高阳古原有新篇
　　　——《长安高阳原新出土隋唐墓志》初读述感
　　　陈尚君

181　一带流动的音乐风景
　　　——隋唐西域音乐与中国性的体现
　　　沈　冬

209　关于唐代诗歌与音乐关系的整体性思考
　　　钱志熙

228　从《凉州词》创作看声诗的断代
　　　郝润华

240　流行文化对经典文本变异的影响
　　　——论白居易"七老会诗"与"九老图"、《九老图诗》的源流关系
　　　查屏球

253　汉唐诗文中"胡马"义的嬗变
　　　——兼论李白、杜甫诗"胡马"意象的特征
　　　卢燕新

268　唐代的音乐环境与唐代乐府边塞诗的繁荣
　　　陶成涛

287　纸抄时代文集编纂、流传方式与文学的传播
　　　——以李白诸小集到正集衍变过程考察为中心
　　　任雅芳

300　从"链体"结构看陆贽骈文的功能突破
　　　孟　飞

丝绸之路研究

丝绸之路起点唐长安城的三大标识

周伟洲

2013年2月由中国和哈萨克斯坦、吉尔吉斯斯坦三国以"丝绸之路：起始段和天山廊道的路网"的名称，向联合国教科文组织世界遗产委员会正式提交了"申遗"的文本。2014年6月22日在卡塔尔首都多哈举行的联合国教科文组织第38届世界遗产委员会会议上，由三国联合申报的"丝绸之路：长安—天山廊道的路网"申遗成功，正式列入《世界遗产名录》。此正式名称的改动，是国际古迹遗址理事会的专家在前期评估时，就提出"起始段"的表述存在问题，建议改名。因此，在联合国教科文组织世界遗产委员会最后审定时改名为"丝绸之路：长安—天山廊道的路网"。这可能更符合丝绸之路的历史事实。因为丝绸之路的正式开辟、兴盛及鼎盛时期正是中国西汉和唐代统一多民族国家建立的时期，而西汉和唐代的国都都在长安，它是名副其实的丝绸之路的起点，也是其终点。

作为丝绸之路鼎盛时期起点的唐代长安城内，是否有作为起点标识性的处所？过去人们普遍认为，这一处所就是唐长安外郭城西边三个城门北面的开远门，此地是离开长安城的标志，也是中西方的绝大多数通贡使团、胡商及胡人等往来必经的一处标志性建筑。著名的"丝绸之路群雕"就屹立于该地，象征着丝绸之路上的胡人商队由此处出发或返国时的情景。然而，至21世纪初，由于唐西市遗址的再次发掘及开发，有学者又提出，唐代西市是"隋唐丝绸之路的起点和世界贸易中心"的看法，并得到国际上一些学者的赞同。[1]对于这一观点，笔者曾提出质疑，并与一些学者讨论过。在笔者2008年所撰《万国来朝岁 五服远朝王》一文最后，提出："唐代的中外交往和丝绸之路起点和中心在长安。而大明宫则是京师长安内的政治中枢及起点；西市是中外经济贸易的中心和起点；而长安西面开远门，则是中外交往和丝绸之路行程的起点。"[2]即唐长安城的大明宫、西市

---

[1] 见胡戟主编《西市宝典》（陕西师范大学出版社，2009年版）扉页《西市记》及日本前首相村山富市2008年4月题词"绢の道の出发点"，国际古迹遗址理事会官员米歇尔佩赛特、郭旃等2008年11月题词："大唐西市是丝绸之路的起点，它不仅是中国的，也是世界的。大唐西市博物馆为中国文化遗产保护提供了一个成功的范例。"

[2] 文载《中国文化遗产》2009年第4期，第56～61页。

和开远门，是唐代丝绸之路起点长安的三个重要标识。

一、唐代丝绸之路政治中枢和起点——大明宫

唐代长安宫城有"三大内"，即大内（西内）太极宫殿群、北内（东内）大明宫殿群和南内兴庆宫殿群。大明宫初建于唐贞观八年（634），名永安宫，后改为大明宫。龙朔二年（662），唐高宗再次大规模扩建，并移居于此。以后，大明宫就成为朝会和接见外国使臣、四夷首领的政治中心。其地据龙首原，宫殿巍峨高耸，四周有宫城墙及门，控制都城制高地段，平面呈一南宽北窄的楔形，面积约3.3～3.7平方千米。宫前有五门，中为丹凤门，丹凤门以此沿中轴线，依次为含元殿、宣政殿、紫宸殿，后两殿左邻延英殿，后接太液池；延英殿左为麟德殿，池北接北边三门中间的玄武门（见图1）。自1957年至今，中国社会科学院考古研究所对大明宫先后进行了多次考古发掘，收获颇丰。[1]

从贞观八年至乾宁三年（634～896），二百多年间，大明宫成为唐朝历代皇帝处理政务、朝会大典、颁发诏谕及接见外国贡使等的重要场所；其建筑之宏伟、壮丽，布局之严谨、巧妙，在长安宫城中超过太极宫和兴庆宫。而作为唐帝国政治中枢的大明宫诸

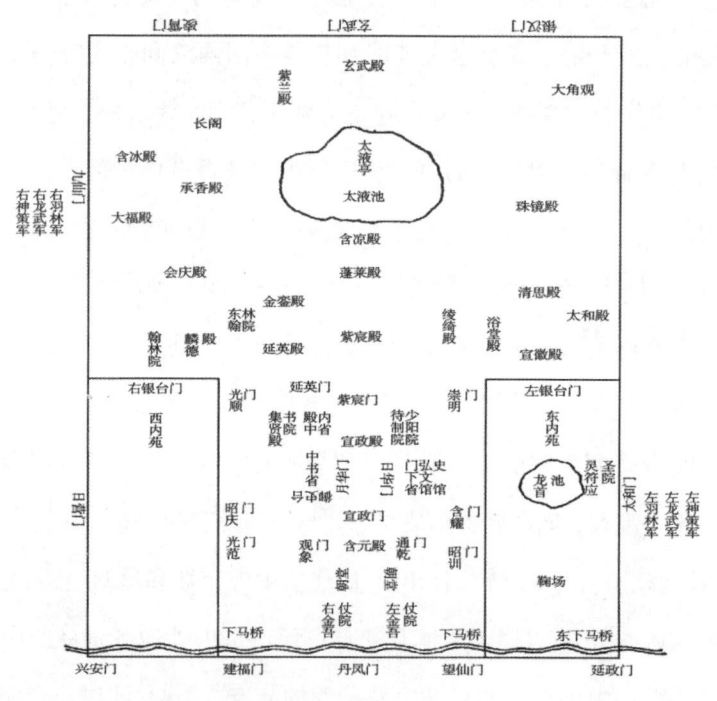

图1　西京大明宫图（徐松《唐两京城坊考》）

---

[1] 龚国强《1957～2009：半个世纪的大明宫考古与考古人》（《中国文化遗产》2009年第4期）以及相关的大明宫发掘报告、简报等。因非本文论述主题，故不赘述。

多政治功能中，皇帝接见、宴请周边地区少数民族及国外一些民族首领或使臣，是其中重要的政治活动之一，也是其作为丝绸之路政治中枢和起点的重要体现。

按照中国古代传统的政治制度和民族观，凡是周边地区少数民族及国外一些民族、国家，一律被视为臣属于当时中国的臣民，称之为"四夷"；其国主、首领或派遣来的使臣至京师，则称之为"朝贡"或"朝献"。这种政治观和制度源于先秦时期的"服事制"，也就是在王畿、诸侯国等华夏族之外，众多的周边民族或国家被称之为"要服""荒服"，他们要向华夏天子每岁朝贡，承认天子的统治地位。[1] 事实上，凡来朝贡、朝献的民族或国家，大部分的确在政治上不同程度是附属于当时中国封建王朝的，他们的朝贡有政治依附关系的性质。但是，也有一部分距中国遥远的外国遣使，他们与当时的中国封建王朝并没有政治上的臣属关系，其朝贡实质上属于一种贸易和文化交流的性质。

唐朝历太宗"贞观之治"和玄宗"开元之治"，国力昌盛，经济繁荣，吸引周边民族及亚洲、欧洲的一些国家纷纷与唐朝建立了友好关系，朝贡、朝献即是最正式、最重要的交往之一，也是唐代丝绸之路政治交往的集中体现。《册府元龟》卷九百七十至九百七十二《外臣部》朝贡三至五，详细记载了各国朝贡的情况。如至京师长安"朝贡"的外国有：在今欧洲的拂菻国（又称"大秦"），即当时欧洲强国东罗马帝国；在今西亚、中亚的波斯萨珊王朝（今伊朗等地）；兴起于阿拉伯半岛的大食国，即阿拉伯帝国，唐代称之为白衣大食（即倭马亚王朝，611～750）和黑衣大食（阿拔斯王朝，750～1258）；在今中亚地区的"昭武九姓"诸国，即康国、安国、曹国、米国、石国、何国、火寻国、史国、戊地国，他们多为商业民族，唐代"胡商"多指其国；居于中亚阿姆河南的吐火罗国、挹怛国（即嚈哒）、谢䫻国、帆延国；居于帕米尔高原的大小勃律国、识匿国、俱密国、护密国、骨咄等国。这些国家均时有遣使入唐朝贡。[2]

在今南亚地区的印度，唐代以前分裂为东、西、南、北、中五个天竺国，后中天竺并其余四国，但不久又分裂，五国先后均有遣使入唐者。印度南边的师子国（今斯里兰卡）、印度北边的罽宾国（今克什米尔），以及西边的尼婆罗国（今尼泊尔）等，也都不时遣使入唐朝贡。在今东南亚地区，唐代称为"南海"的诸国，见于记载的朝贡情况，有邻近唐安南都护府的林邑国（环王国，今越南中南部），真腊国（今柬埔寨），诃陵

---

[1] 关于服事制，可参见周伟洲《儒家思想与中国传统民族观》，《民族研究》1995年第6期。
[2] 参见王钦若等编修《册府元龟》卷九百七十至九百七十二《外臣部》朝贡三至五，中华书局影印本，1989年，第11395～11426页。

国（阇婆，今印度尼西亚爪哇），室利佛逝（今印度尼西亚苏门答腊占碑），堕和罗国（今缅甸丹那沙林至泰国湄南河下游），盘盘国（在今泰国万伦湾），骠国（今缅甸北部），陁洹国（今马来半岛北部），丹丹国（今马来西亚吉兰丹），参半国（今老挝西北）等。[1]

此外，在唐朝东面的日本及朝鲜半岛的高丽、新罗、百济三国，与唐朝关系更为密切。其中，日本遣使和新罗遣使入唐次数最多。

以上大致是属于中外关系范畴的外国朝贡情况，还有被唐朝同样视为四夷或荒服的周边的民族或政权，属中国古代民族关系的范畴。如东北的靺鞨、契丹、奚、霫、失韦、渤海，北方的铁勒诸族、东突厥、西突厥、薛延陀、回纥、黠戛斯、沙陀等，西北方的西域高昌、龟兹、焉耆、疏勒、于阗以及吐谷浑、党项等，西南方的吐蕃、南诏等国。他们在唐代统称为西域胡人或"藩"，藩王自己或其派遣使者赴京师长安朝贡，史籍记载颇多，不一一列举。

唐朝沿以前历代传统朝贡体制，设有专门接待朝贡藩王、使臣的机构——鸿胪寺及尚书省礼部下属之"主客郎中"，并制定了有关朝贡的一系列制度，以及主要国使、藩王住鸿胪客馆后，怎样迎劳、宴请、接受表章等礼仪。[2]其中最重要、最隆重的仪式，是唐朝皇帝亲自接见和宴请朝贡使臣、藩王。这是集中体现唐帝国与朝贡诸国或民族政治关系的象征仪式。这种仪式进行的场所，即大明宫内的主殿含元殿，它与殿外的丹凤门一道为举行"外朝"的地方。每岁至元正、冬至，皇帝举行大朝会，各国使臣、藩王也齐集含元殿，朝觐天子，盛况空前。唐朝诗人张莒《元日望含元殿御扇开合》（大历十三年吏部试）诗云："万国来朝岁，千年觐圣君。"[3]诗人崔立之《南至隔仗望含元殿香炉》诗亦云："千官望长安，万国拜含元。"[4]大诗人王维《和贾舍人早朝大明宫之作》亦云："九天阊阖开宫殿，万国衣冠拜冕旒。"[5]所谓"万国"，是形容朝贡各国数量之多，朝贡藩王及使臣规定"服其国服"，故有"万国衣冠"之说；冕旒，即皇帝所戴冠冕，此处指唐天子。正、冬含元殿大朝会，有诸藩国各献方物，"列为庭实"[6]；往往还举行宴会，伴以乐舞百戏。郑锡撰《正月一日含元殿观百兽率舞赋》云："开彤

---

[1] 周伟洲《唐朝与南海诸国通贡关系研究》，《中国史研究》2002年第3期。
[2] 杜佑撰《通典》卷一百三十一引《开元礼纂》，中华书局，1984年。
[3] 彭定求等编《全唐诗》卷二百八十一，中华书局，2003年，第3193页。
[4] 同上书，卷三百七十四，中华书局，2003年，第3882页。
[5] 同上书，卷一百二十八，中华书局，2003年，第1296页。
[6] 王溥撰《唐会要》卷二十四《受朝贺》，上海古籍出版社，1991年，第534页。

庭执玉帛者万国，发金奏韵箫韶而九成。祥风应律，庆云夹日，华夷会同，车书混一。"[1]

除大明宫含元殿外，皇帝有时也在大明宫宣政殿、麟德殿、紫宸殿、延英殿等处，接见或宴请朝贡诸国使臣、藩王。如贞观二十年（646），唐太宗在大明宫芳兰殿（紫兰殿）宴请回纥等铁勒诸部首领；[2] 至德元年（756），肃宗于宣政殿接见回纥叶护等；[3] 贞元十年（794）三月，德宗于麟德殿接见南诏使，"赐赉甚厚"。[4] 唐代尚宫宋若宪《奉和御制麟德殿宴百官》诗云："端拱承休命，时清荷圣皇。四聪闻受谏，五服远朝王。"[5] 诗人卢纶《奉和圣制麟德殿宴百僚》诗也有"蛮夷陪作位，犀象舞成行"之句。[6]

最后，还值得提及的是，大明宫内宣政殿前还设置了门下省、中书省和御史台等机构。在中书省属下设有"四方馆"，通事舍人主之，掌职是接待四方使客。[7] 御史台也不时审理在长安居住的胡人及其他民族的案件。即大明宫内有些机构也有接待和管理外国和周边民族一些事务的职能。

唐代外国及周边诸民族政权至唐京师长安的朝贡、朝献，主要是一种政治关系的体现，同时也具有经济和文化交往的性质和意义。[8]

总之，大明宫作为唐代的政治中枢，由皇帝亲自接见、宴请朝贡诸国使臣、藩王的大朝会隆重仪式，表明了大明宫在有唐一代唐王朝与外国及周边民族政治关系中最高的、不可替代的地位和作用，这也最能体现其作为丝绸之路政治中枢和起点的地位和作用。

如今唐代大明宫遗址得到很好的保护和利用，陕西省从20世纪90年代末开始探索和实施大遗址保护管理的新思路，即大遗址保护与当地经济社会发展、群众生活水平提高、城市基本建设、环境改善的"四个结合"，并制定了大明宫遗址保护与利用的新的理念运作模式，在大明宫遗址上建立了"大明宫遗址公园"。由于这一新的遗址保护理念和实践的贯彻实施，2014年6月在多哈举行的联合国教科文组织第38届世界遗产委员会会议上，由三国联合申报的"丝绸之路：长安—天山廊道的路网"申遗成功，其中陕西省七处遗产中就有"唐大明宫遗址"，说明陕西省大遗址保护的新理念和实践得到了国

---

[1] 董诰等编《全唐文》卷四百零五，中华书局，1983年。
[2] 司马光主编《资治通鉴》卷一百九十八，贞观二十年（646）十二月庚辰，中华书局，1982年，第6242页。
[3] 王溥撰《唐会要》卷九十八《回纥》，上海古籍出版社，1991年，第2071页。
[4] 同上书，卷九十九《南诏蛮》，上海古籍出版社，1991年，第2093页。
[5] 彭定求等编《全唐诗》卷七，中华书局，2003年，第68页。
[6] 同上书，卷二百七十六，中华书局，2003年，第3138页。
[7] 司马光主编《资治通鉴》卷二百零六，神功元年（697）六月甲午及胡注，中华书局，1982年，第6521～6522页。
[8] 参见周伟洲《万国来朝岁 五服远朝王》，《中国文化遗产》2009年第4期。

际认可。

二、唐代丝绸之路经贸中心和起点——西市

大唐西安，原系隋代大兴城"利人市"，唐朝建立后，改大兴城为长安城，利人市改名为"西市"，仍占两坊之地，位于长安城宫城西南，属长安县（今长安区），与"东市"（属万年县）相对（见图2）。唐龙朔之后，西市繁华超过东市，故又有"金市"之称。[1] 关于大唐西市的研究及考古发掘报告等论著甚多，下面仅从丝绸之路中西方经济贸易的角度，对西市的地位和作用做一简述。

首先，大唐西市除集中一批唐朝商人之外，主要是从西域（狭义西域，今新疆地区）、中亚昭武九姓诸国、波斯、南亚及北方突厥、回纥诸地区来的商人（唐代泛称为"胡商"）或歌舞伎人等，他们经丝绸之路辗转到京师长安后（除朝贡使团由官方接待之外），大都聚居生活并从事各种行业贸易。宋敏求《长安志》卷八《唐京城二》记："万年县户

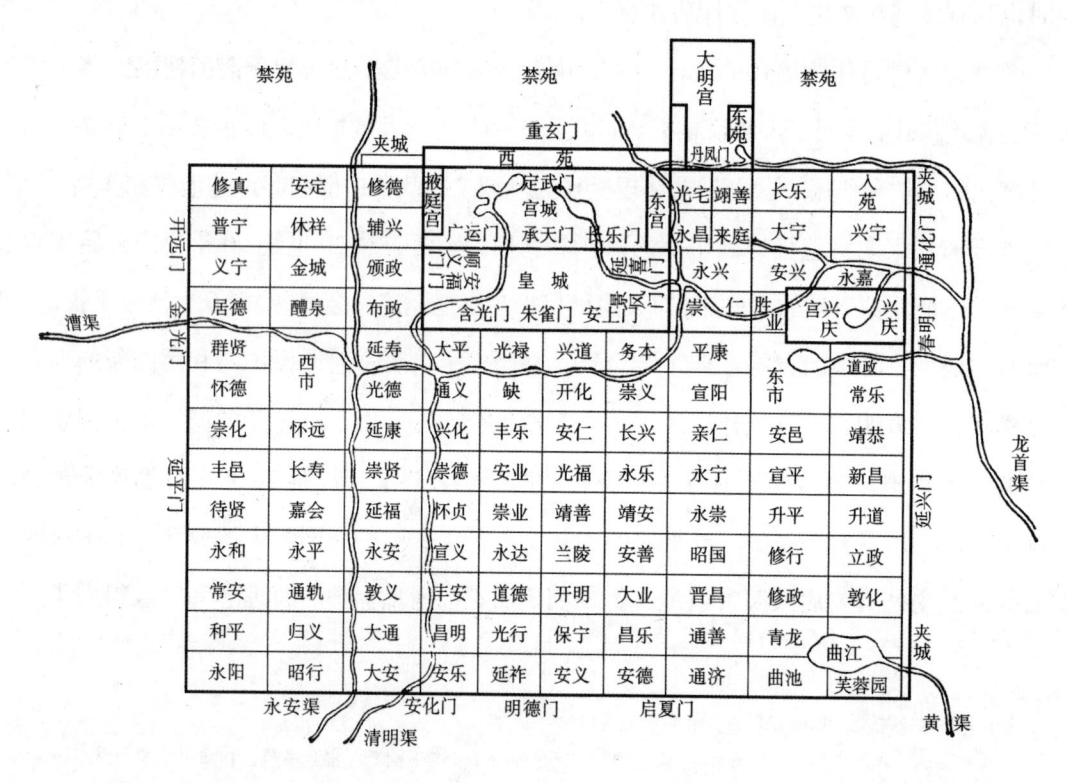

图2 东市西市位置图（徐松《唐两京城坊考》）

---

[1] 见吴融《春词》（彭定求等编《全唐诗》卷六百八十四，中华书局，2003年）；崔颢《渭城少年行》（彭定求等编《全唐诗》卷一百三十，中华书局，2003年）等。

口减于长安，公卿以下民止多在朱雀街东，第宅所占勋贵，由是商贾所凑所多归西市。"徐松《唐两京城坊考》卷四《西京》亦记："长安县所领四万余户，比万年为多，浮寄流寓，不可胜记。"《资治通鉴》卷二百三十二，唐贞元三年（787）七月条曾记："李泌知胡客留长安者，或四十余年，皆有妻子，买田宅，举质取利，安居不归，命检括胡客有田宅者，停其给。几得四千人……"有田宅者仅四千人，无田宅者多居西市，而以一般胡商、胡人数量更多，他们又被称为"西市胡"。

从文献所记可知，西市内与东市一样，市内至少有货财二百二十行，"四面立邸，四方珍奇，皆所积集"[1]。内有波斯邸、胡姬酒肆、衣肆、鞦辔行、秤行、窦家店、张家楼（食店）、麸行、绢行、卖饮子家（药店）、卖卜、锦行里、肉行、鱼肆、柜坊（为商人存放钱财）、凶肆、寄附（当铺）、帛肆，[2] 以及宴席、举贷（放高利贷）[3] 等。唐代笔记小说和诗词中，也多记有西市胡人、胡伎和胡商的故事和事迹。如西市商人窦义常周济西市胡人米亮，因米亮回报，得为巨富的故事。[4] 又如落魄无业的杜子春，遇长安老道士，道士约其到"西市波斯邸"，取三百万钱予之的故事。[5] 另有唐代琵琶高手康昆仑在东、西市祈雨，与西市斗声乐，败于西市一女郎（实为僧人段善本）之下，遂拜其为师的故事。[6] 贞观中，有"西市胡"入盗金城坊被获事。[7] 唐代大诗人李白《少年行三首》中有"五陵年少金市东，银鞍白马度春风。落花踏尽游何处，笑入胡姬酒肆中"[8]；白居易《效陶潜体诗十六首》中，也有"西市鬻金珠"之句等[9]。

从西市考古发掘的资料看，发掘的十字街、圆形建筑、暗排水道、砖瓦等建筑及材料和出土的三彩胡人头、玻璃器原料、佛龛、佛像座、陶瓷器、铜秤、铜尺、开元通宝钱币、石狮、骨器、水晶等[10]，反映出当时西市商贸的繁华景象，与文献记载大致是吻合的。

仅从上述的部分历史事实可知，有唐一代，西市为京师长安，乃至于全国中西贸易

---

[1] 宋敏求撰，辛德勇、郎洁点校《长安志》卷八《唐京城二》"东市"条，三秦出版社，2013年。
[2] 李健超《增订唐两京城坊考》（修订版），三秦出版社，2006年，第230～234页。
[3] 李昉撰《太平广记》卷四百九十六"吴凑"条，中华书局，2003年；《资治通鉴》卷二百三十二，唐贞元三年（787）七月，中华书局，1982年，第7493页。
[4] 李昉撰《太平广记》卷二百四十三"窦义"条，中华书局，2003年。
[5] 牛僧孺《玄怪录》卷一"杜子春"条，载《唐五代笔记小说大观》（上册），上海古籍出版社，2000年。
[6] 李昉撰《太平御览》卷五百八十五《乐部二一》"琵琶"条，中华书局，1960年。
[7] 徐松《唐两京城坊考》卷四《西京》"金城坊"条，《丛书集成初编》，中华书局，1936年。
[8] 彭定求等编《全唐诗》卷二十四，中华书局，2003年，第323页。
[9] 同上书，卷四百二十九，中华书局，2003年，第4724页。
[10] 胡戟主编《西市宝典》第二部分"西市遗址出土文物"，陕西师范大学出版社，2009年，第81～108页；中国考古研究所有关西市历次发掘报告及简报等。

的中心，聚居的胡人、胡商不远万里于此居住、生活、贸易，往返于丝绸之路上，获利无数。这正是大唐西市作为丝绸之路经贸中心和起点的集中体现。

其次，西市交通便利，邻近坊里有诸多胡寺，为西市胡商的宗教活动场所。大唐西市位于长安城西外郭三城门附近，与通往西域的道路较近。永安渠经市之东，连通漕渠、渭水，水路便利，又解决了西市的用水问题。

西市北邻的醴泉坊，据徐松撰《唐两京城坊考》卷四《西京》"醴泉坊"条记："十字街之东，旧波斯胡寺"下注"仪凤二年波斯王毕路斯奏请于此置波斯寺"，"西门之南，祆祠"，还有妙胜尼寺、救度寺（佛寺）[1]。醴泉坊东邻布政坊，据上引《唐两京城坊考》卷四《西京》"布政坊"条记"西南隅，胡祆祠"下原注："武德四年立，西域胡祆，神佛经所谓摩醯首罗也。祠内有萨宝府官，主祠祆神，亦以胡祝充其职。"程鸿诏《校补记》又记有"波斯胡寺"下注记："本在礼泉坊，景龙中移此坊西南隅。"中亚胡商或波斯胡商大多信仰祆教，又名拜火教、琐罗亚斯德教。因西市留居大量胡人、胡商，他们需要进行自己的宗教生活，故邻近坊里有祆祠、胡寺，且唐朝沿北周以来惯例，于胡人聚居之地设立"萨保府"之类的机构对之进行管理。[2]

交通的便利及邻近坊里胡商的宗教活动场所，既是保证西市工商业繁荣的条件，也是体现西市为西方胡商至长安城起居与西返，往来贸易的标识之一。

再次，大唐西市内，设有西市局（隶太府寺）、市署（市令署）、平准局（《长安志》卷十"西市"条作"平准署"）[3]、常平仓、市库[4]等管理机构。

市署，据《唐六典》卷二十《太府寺两京诸市署》记："京都诸市令，掌百族交易之事，丞为之贰。凡建标立候，陈肆辨物，以二物（秤、斗）平市，以三贾（精为上贾，次为中贾，粗为下贾）均市。凡与官交易及悬平赃物，并用中贾。其造弓矢、长刀，官为立样，仍题工人姓名，然后听鬻之。诸器物亦如之。以伪滥之物交易者没官，短狭不中量者还主……凡市以日午击鼓三百声，而众以会，日入前七刻，击钲三百声，而众以散。"可见市署对市的管理还是十分严格有序的。同书卷二十"平准署"（平准局）条也记："平准署，令二人，从七品下"，"平准令，掌供官市易之事（即官府平准物价，贵则卖之，贱则买之，

---

[1] 李健超《增订唐两京城坊考》（修订版），三秦出版社，2006年，第228、230页。
[2] 参见罗丰《萨保：一个唐朝惟一外来官职的再考察》，《唐研究》第四卷，北京大学出版社，1998年。
[3] 徐松《唐两京城坊考》卷四《西京》"西市"条，《丛书集成初编》，中华书局，1936年。
[4] 周伟洲《西安等地出土唐代银铤、银饼和银板研究》，载其《汉唐气象——长安遗珍与汉唐文明》，中国社会科学出版社，2013年，第119页。

则富商大贾无所牟大利）。丞为之贰。凡百司不在用之物，则以时出货。其没官物者，亦如之"。

常平仓，据《旧唐书》卷四《高宗纪上》记：永徽六年（655）八月己酉，"先是大雨，道路不通，京师米价暴贵，出仓粟粜之，京师东西二市置常平仓"。即永徽六年八月开始在西市设立"常平仓"，此仓是为了平抑京师粮价而设立的仓廪。

又1970年西安何家村出土的窖藏金银器中，有十二块墨书"东市库"字迹的银饼。有学者认为，此应为唐东市所设库房名，西市当亦有"西市库"，两库银饼可能即平准之物，或官营邸店之税钱，最后易为银，铸成银饼。[1]

唐朝对西市严格有序的管理，不仅是西市长期商贸繁荣的保证，而且也是西市作为丝绸之路经贸中心和起点的重要表征之一。

大唐西市遗址的保护与开发也取得了令人瞩目的成就。大唐西市博物馆的建立，再现唐西市风貌和丝绸之路的总体规划的实施，举行各种学术及丝绸之路相关活动，等等，使大唐西市焕发出新的活力。

三、唐代丝绸之路行程的起点——开远门

开远门，原为隋大兴城外郭西面北门，名安远门，唐改为开远门。唐长安城西外郭城有三门，"北开远门，中金光门，南延平门"[2]。开远门东正对着宫城的西门安福门，向东南约两坊之地即西市。宫城内上自帝王，下至一般官吏、使臣，西市的胡商，均由此门向西走丝绸之路的主干道至河西、西域，再经胡商辗转将丝绸等商品销往中亚、南亚、欧洲等地。（见图3）

开远门作为丝绸之路行程的最主要的标志，是立于门前的路标——"万里堠"。唐代大诗人元稹《西凉伎》诗，有"开远门前万里堠"之句。[3]堠，即中国古代作为记载里程的标志。宋代钱易撰《南部新书》己集有一则记载："平时开远门外立堠，云西去安西（即安西都护府治所龟兹，今新疆库车）九千九百里，以示成（一作'戎'）人不为万里之行"。[4]此所谓的"万里堠"，应是开远门为西行起点之明证。

---

[1] 周伟洲《西安等地出土唐代银铤、银饼和银板研究》，载其《汉唐气象——长安遗珍与汉唐文明》，中国社会科学出版社，2013年，第119页。
[2] 见徐松《唐两京城坊考》卷四《西京》"外郭城"条，《丛书集成初编》，中华书局，1936年。
[3] 彭定求等编《全唐诗》卷四百一十九，中华书局，2003年，第4616页。
[4] 钱易撰，黄寿成点校《南部新书》己集，中华书局，2006年。

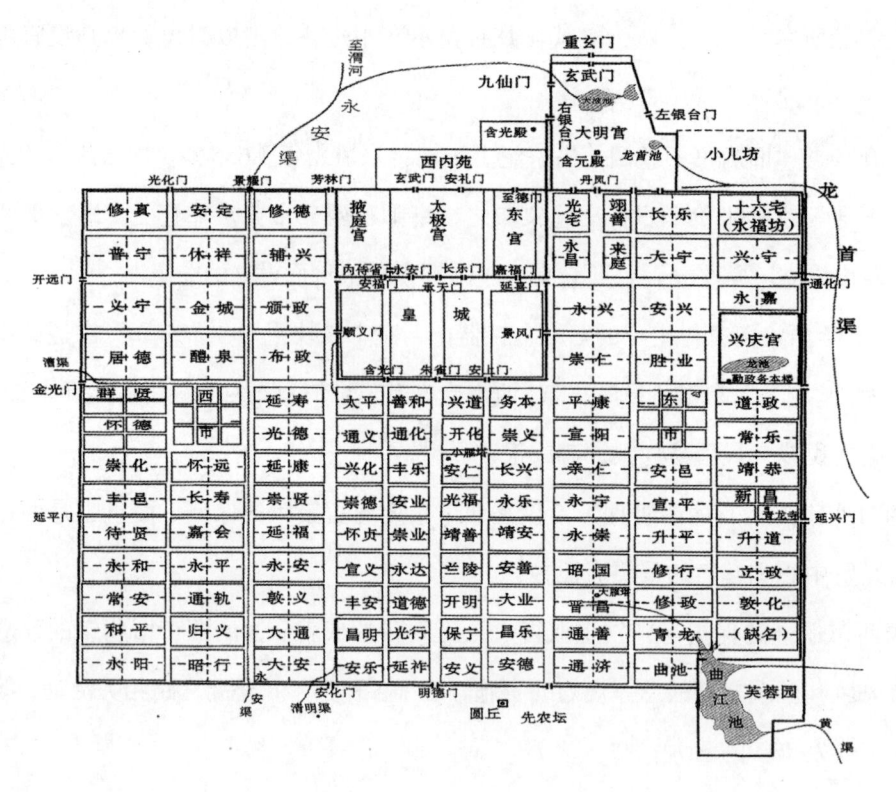

图3 开远门、西市、大明宫位置图（李健超《增订两京城坊考》）

其次，从长安城出发西行的驿站来看，西行起点，即丝绸之路干线起点的两个驿站，正好在开远门东、西两侧：东侧驿站为西"都亭驿"（另有东都亭驿，在曲江池之北），在长安城内，程大昌《雍录》卷八记此驿"在朱雀街西，近鸿胪寺"。又《资治通鉴》卷二六〇唐乾宁二年（895）胡注："都亭驿在朱雀门外西街含光门北来第二坊。"两说大致相近。此驿多为百官西行第一个大驿站。玄奘西行求法返长安城至此驿时，朝廷"列众礼谒"。[1]

出开远门往西第一驿站为"临皋驿"，关于此驿位置学者研究甚多，如严耕望考证此驿"在京师长安城西墙北来第一门开远门外约十里，盖滨临渭水，当中渭处……以其为京师西出主干驿道之第一驿"。[2]又李健超引新出土的《大唐朝议郎行内侍省宫闱局丞上柱国公士杜君墓志》，内记墓主于"开元七年岁次庚申，于京城西开远门外七里临皋驿前，予修砖塔一所"，考证临皋驿在开远门外（西）七里。[3]此说是。开远门内外两个西行的驿站，也证明了开远门为西行丝绸之路行程之起点。

---

[1] 释道宣撰《续高僧传》卷四《玄奘传》，载《高僧传合集》，上海古籍出版社，2011年。
[2] 严耕望《唐代交通图考》卷一"京都关内区"，台湾"中央研究院"历史语言研究所，1985年，第5~6页。
[3] 李健超《唐长安临皋驿》，《考古与文物》1984年第3期。

开远门遗址在今西安大土门村，村里房屋毗连，占压遗址，至今未探索和发掘。

总之，笔者以为汉唐丝绸之路的起点只有长安城一处，而长安城内的大明宫、西市和开远门称作丝绸之路起点的三大"标识"更为妥当。

本文原载于《长安大学学报》2016年第1期

（周伟洲，陕西师范大学中国西部边疆研究院教授，主要从事中国民族史及中外关系史研究。）

丝绸之路对汉代的影响

徐卫民

丝绸之路是指始于古代中国，连接亚洲、非洲和欧洲的古代陆上商业贸易路线，既方便了交通，也是文化交流之路和经济交流之路。丝绸之路包括陆上丝绸之路和海上丝绸之路。

陆上丝绸之路是连接中国腹地与中南亚、西亚、欧洲、非洲诸地的陆上商业贸易通道，主要是指经过河西走廊、西域通向西方的丝绸之路，形成于公元前2世纪至公元1世纪间，直至16世纪仍保留使用，是一条东方与西方之间进行经济、政治、文化交流的主要道路。汉武帝派张骞出使西域形成其基本干道，它以西汉时期长安为起点（东汉时为洛阳），经河西走廊到敦煌。同时也包括草原丝绸之路和西南丝绸之路。

海上丝绸之路是古代中国与外国交通贸易和文化交往的海上通道，该路主要以南海为中心，所以又称南海丝绸之路。海上丝绸之路是随着造船业的发展而兴起的，形成于汉武帝时期，发展于三国至隋朝时期，繁荣于唐宋时期，转变于明清时期，是已知的最为古老的海上航线。关于汉代丝绸之路的南海航线，《汉书·地理志》记载了汉武帝派遣的使者和应募的商人出海贸易的航程，自日南（今越南中部）或徐闻（今属广东）、合浦（今属广西）乘船出海，顺中南半岛东岸南行，经五个月抵达湄公河三角洲的都元（今越南南部的迪石）。复沿中南半岛的西岸北行，经四个月抵湄南河口的邑卢（今泰国的佛统）。自此南下沿马来半岛东岸，经二十余日驶抵湛离（今泰国的巴蜀），在此弃船登岸，横越地峡，步行十余日，抵达夫首都卢（今缅甸的丹那沙林）。再登船向西航行于印度洋，经两个多月到达黄支国（今印度东南海岸的康契普腊姆）。回国时，由黄支南下至已不程国（今斯里兰卡），然后向东直航，经八个月驶抵马六甲海峡，泊于皮宗（今新加坡西面的皮散岛），最后再航行两个多月，由皮宗驶达日南郡的象林县境（治所在今越南维川县南的茶荞）。在广西、广东发现的汉代墓葬中出土的中外交流文物正是海上丝绸之路开通的见证。

丝绸之路的开辟，有力地促进了中西方的经济文化交流，对促成汉朝的兴盛也产生了积极的作用。

过去我们研究丝绸之路的作用大多局限于汉文化的对外影响，而忽视了域外文化对汉文化的影响。本文主要就丝绸之路开通后域外文化对汉文化的影响加以论述，不妥之处，请方家指正。

张骞两次出使西域，开辟了中外交流的新纪元，并成功将东西方之间最后的堡垒掀开。从此，这条路线成为东西方交流的主要通道，各国使者、商人、传教士等络绎不绝。上自王公贵族，下至商人，都在这条路上留下了自己的足迹。这条东西通道，将中原、西域与阿拉伯、波斯湾紧密联系在一起。经过几个世纪的不断努力，丝绸之路向西伸展到了地中海。广义上丝绸之路的东段已经到达朝鲜、日本，西段至欧洲。通过海上丝绸之路还可达意大利、埃及，成为亚洲和欧洲、非洲各国经济文化交流的友谊之路。

古代世界形成了五大文明地区：尼罗河中下游流域的古埃及文明，西亚幼发拉底河、底格里斯河两河流域的古巴比伦文明，印度河中游的古印度文明，地中海沿岸的古希腊罗马文明，以及亚洲东部黄河、长江流域的古中国文明。这些古文明独立发展，中间隔着高山、大川、沙漠、大海。当大海还是无法逾越的屏障的时候，一些勇敢的探险者就通过驼、马等多种交通工具，向自己认知世界的边缘探险了。

沿着这条丝绸之路，中国的丝织品以及冶铁、凿井、造纸等技术相继西传。西方的毛皮、汗血马、石榴、葡萄以及佛教、百戏、音乐、舞蹈、雕塑等也纷纷东来。丝绸之路是西汉与西域交往和交流的历史见证，也是西汉时期及以后中国与西亚、欧洲各国的联系之路。丝绸之路促进了中外经济文化的交流，也密切了汉族与沿途的其他少数民族的关系。

一、政治上的影响

丝绸之路的开通对汉朝的兴盛起了积极的作用。西域都护府的设立大大加强了汉对西域地区的统治，扩大了汉王朝的疆域。

通过丝绸之路，扩大了汉王朝的对外影响。西汉政府为了联合大月氏和乌孙夹击匈奴，派张骞两次出使西域，使汉朝和西域的经济文化交流日益增多，汉朝的丝织品大量运到西域后再转运到西亚和欧洲，因此，丝绸之路的开通更大程度上是一种政府行为之后的民间行为所导致的结果。

通过交流使世界了解了汉王朝，汉王朝也变得更加开放。没有丝绸之路的开通，也许就不会有"汉武盛世"的出现。唐朝的盛世也得益于丝绸之路的作用。

二、文化上的影响

丝绸之路对汉代文化的影响是多领域的，包括宗教、音乐、百戏等。

佛教传入中国，逐渐适应中国并渐本土化，应该说是迄今为止，丝绸之路上文化交流的最大成果。佛教早在公元前2世纪以后就传入西域了，公元前87年传入西域于阗，公元前60年至公元前10年左右自于阗向西或北传播到叶城、莎车、塔什库尔干、喀什、阿克苏、库车、焉耆等和向东北传播到且末、若羌、米兰、楼兰等是理所当然之事。

尽管学术界个别人认为秦时已有佛教的传入，但这个观点还没得到普遍认可。佛教两汉之际传入中原是没有问题的，洛阳白马寺就是明证。

丝绸之路对汉代音乐的影响。丝绸之路的开辟，改变了上古时期华夏文化发展相对封闭的格局，开拓了中外文化交流的新纪元，逐渐形成以华夏音乐与西域音乐相互交流融合为特征的中古时期的音乐文化面貌。"汉初少数民族乐舞《于阗乐》《棹歌》《箜篌引》以及《摩诃兜勒》等相继进入汉室宫廷。源于少数民族的鼓吹乐进入中原后，迅速成为重要的宫廷仪仗音乐和军旅音乐。而少数民族舞蹈更是风靡两汉，在宫廷和民间舞蹈中不乏其身影。进入中原的乐器胡笳、胡箜篌等经过发展融合，也均已成为汉代宫廷音乐及俗乐的重要组成部分。这些少数民族音乐的传入，对汉文化的发展产生了重要的影响。"[1]《通典》记载："汉武帝使乐人侯调所作……今按其形，似瑟而小，七弦，用拨弹之如琵琶也。"此属琴瑟类的卧箜篌。从甘肃省嘉峪关魏晋墓砖书看，其面板上没有品柱。竖箜篌，汉代自西域传入，后被称为"胡箜篌"。《晋书·乐志》载："横吹有双角，即胡乐也，张博望入西域，传其法于西京，惟得《摩诃兜勒》一曲。"[2]《摩诃兜勒》一曲调名称显然是外来语的音译。"摩诃"是梵语"大"的意思，东汉时西域有兜勒国。梵语中有"达拉"（tala）一词，是奏乐或唱歌时打拍子的意思，后引申为乐器铜钹的名称。"横吹"乐和《摩诃兜勒》乐曲是张骞从丝绸之路带回中国的第一批音乐成果，使得汉代音乐成分开始发生新的变化。

汉朝时，西域的百戏（各种杂技）传入中国，有着悠久历史的中国杂技在和西域杂技相互借鉴补充之后更加丰富多彩，为人民的日常生活增添了几多乐趣。张骞的副使从安息返国时，安息"发使随汉使来观汉广大，以大鸟卵及黎轩善眩人献于汉"[3]。"眩

---

[1] 季伟《汉代传入中原的少数民族音乐及其影响》，《南都学坛》2008年第3期。
[2] 房玄龄《晋书·乐志》，中华书局，1965年。
[3] 司马迁《史记·大宛列传》，中华书局，1959年。

人"即幻人，指表演魔术杂技的艺人。"善眩人"是汉时对魔术家的称呼，"黎靬"就是今天埃及的亚历山大，当时属于罗马帝国的版图。《后汉书·西南夷传》记载："永宁元年，掸国（缅甸）王雍由调复遣使者诣阙朝贺，献乐及幻人，能变化、吐火，自支解，易牛马头。又善跳丸，数乃至千。"这些外来技艺除在文献中记载外，也被鲜活地表现在汉代画像石、画像砖中。以幻术为题材的汉画像中，吞刀吐火和易牛马头是较为多见的，其中不乏外来民族形象。河南登封中岳汉三阙之一的启母阙，东阙南面阙身第一层中雕一马翘尾站立，左面一人仰面，左手持瓶，右手执斧上举，两腿左右叉开，正在做"易牛马头"表演。此人身材肥壮，鼻子夸大，虬髯连须，装扮与汉人不同，可能是西亚人；右边一人头戴平帻饰雉尾，右手举树枝，左腿屈伸，右腿跪地，也正在表演。河南登封市出土吐火图画像石，画面分为三格，中格刻有一人头戴尖顶毡帽，仰面向上喷火，双手抱一长颈瓶，做迈步奔走状。左格刻有一人圆脸大耳，身穿长衣，正襟危坐。右格刻有一站立人，面前有一人跪拜。[1] 临沂吴白庄汉墓画像石表现的是外来人驯兽的场景。一艺人手执钩驱象，后有一执鞭骑骆驼者。驱象者和骑骆驼者都深目、高鼻、短发，骑骆驼者戴高帽，脚蹬靴，明显是外来民族的特征。[2]

汉灵帝时（168～189），西亚的生活习俗和音乐艺术开始风靡中原。"灵帝好胡服、胡帐、胡床、胡坐、胡饭、胡箜篌、胡笛、胡舞，京都贵亲皆竞为之。"[3] 翦伯赞指出："汉代的音乐和歌舞，已加进了不少外来成分……武帝时已有安息的马戏团来到中国，表演角力、杂耍、戏兽等技艺……在东汉中叶，罗马的魔术团也来到中国。"[4]

三、经济上的影响

西汉以前，少量中国丝绸经西北各民族辗转贩运到中亚、印度半岛等。张骞出使西域后，汉朝的使者、商人接踵西行，大量丝帛锦绣沿着通道不断西运，西域各国的奇珍异物也陆续输入中国。汉武帝以后，开辟了与南海诸国以及印度半岛等地的水上交通线，从事经常性的贸易往来，这就是海上丝绸之路。

自汉武帝设置合浦郡以来，合浦逐步成为汉代海上丝绸之路的始发港之一。自20世纪50年代以来，考古工作者在合浦附近发现了城址、墓葬、窑址等大量汉代遗址，其中

---

[1] 顾雅男《汉代乐舞百戏画像石研究》，山西师范大学2013年硕士学位论文。
[2] 邢亦田《画为心声：画像石、画像砖与壁画》，中华书局，2011年。
[3] 范晔《后汉书·五行志》，中华书局，1965年。
[4] 翦伯赞《秦汉史》，北京大学出版社，2001年。

包括大浪古城、草鞋村遗址,以及凤门岭汉墓、母猪岭汉墓、九只岭东汉墓等近万座汉墓群。大浪古城遗址中央有大型夯土基址,城西门外临江处还有码头依存,是一处西汉中期前后的城址。

考古工作者在广西合浦汉墓群中出土了许多琉璃、琥珀、玛瑙、水晶、肉红石髓、金花球、香料、胡人俑等,这些文物是通过海上丝绸之路输入或是中外文化交流产生的遗物。这些城址、墓葬、手工业作坊及琉璃、琥珀等遗物,对于研究汉代合浦港、汉代海上丝绸之路以及中外文化交流等具有重要意义。

北部湾地区的众多汉墓及出土的诸多遗物是汉代对外文化交流研究的重要内容。在广西合浦、广东广州以及云南等地出土的汉代珠饰与南亚、东南亚、东亚地区相关制品进行比较分析,以典型器物如多面体玻璃珠、玻璃器皿、蚀刻石髓珠、多面体石质珠、多面体金珠、绿柱石珠等,可以勾勒出这些器物在海上丝绸之路沿线的分布与传播概况。通过采用多种便携式无损分析技术对合浦汉墓出土的宝石珠饰等遗物进行检测分析,结合合浦和其他地区出土的其他相关文物的研究结果,大部分宝石珠饰应是通过海上丝绸之路由南亚经东南亚传入合浦的舶来品。

汉代开辟的丝绸之路昭示人们,文明只有在交流之中才能进一步发展。一个国家、一个民族文化的发展和兴盛与其开放程度有着直接关系,必须坚持立足传统,敞开胸怀,海纳百川,兼收并蓄,这样的民族才是有希望的。

总而言之,丝绸之路促进了文明的交流、交往、交融,改变了人们的生活方式,促使生产力不断发展和人类文明不断进步,形成了和平合作、开放包容、互学互鉴、互利共赢的"丝路"精神,在人类文明交流互鉴史上写下了重要篇章。

(徐卫民,西北大学文化遗产学院教授,博士生导师。主要从事秦汉历史与考古、中国历史地理、文化遗产学的研究。)

玄奘对唐代丝绸之路拓展的历史贡献

——以《大唐西域记》及《大慈恩寺三藏法师传》为中心

李芳民

自从张骞受汉武帝之命出使大月氏打开中国与西域的交通联系之后，以政治交往及商贸、文化交流为主要内容的丝绸之路，就在古代中西交往史上写下了极为辉煌的一页，并产生了极为广泛的影响。肇始于汉代的丝绸之路，经魏晋至周隋七百余年的绵延赓续，至唐而再续辉煌。可以说，唐人以其博大的胸怀与进取精神，不但继承了汉人开创的丝绸之路遗产，而且使丝绸之路交往的内涵也有了极大的拓展。在唐代丝绸之路的拓展方面，若论及个体人物的贡献，则玄奘堪称居功至伟。他对唐代丝绸之路发展的贡献，不仅谱写了中西文明交往史上的光辉篇章，而且对当代的文明交往及古丝绸之路的开发与建设，也具有十分重要的现实意义。本文拟以《大唐西域记》和《大慈恩寺三藏法师传》中的相关材料为中心，就玄奘对唐代丝绸之路发展的贡献与价值，略申浅见。

一

张骞出使西域，无疑开创了两千余年来中西交往与交流的先河。尽管当初他是以身负联络大月氏夹击匈奴的政治、军事使命而出使西域的，但是其实际的意义与价值，却远远超出政治、军事的范围。在十多年的艰苦历程中，张骞于羁留匈奴之外，尝亲至大宛、康居、大月氏、大夏等西域诸国，从而第一次为东方古国打开了西域世界的窗户，使人们知道了中原汉文明之外的新世界，大大开阔了人们的眼界，提高了人们对域外世界的认识与了解。也正是由于张骞的出使，才使中国史家对于西域诸国的记述有了依据与资料来源。对此司马迁在《史记·大宛列传》载云：

（张）骞身所至者大宛、大月氏、大夏、康居，而传闻其旁大国五六，具为天子言之。曰：

大宛在匈奴西南，在汉正西，去汉可万里。其俗土著，耕田，田稻麦。有蒲陶酒。多善马，马汗血，其先天马子也。有城郭屋室。其属邑大小七十余城，众可数十万。其兵弓矛骑射。其北则康居，西则大月氏，西南则大夏，东北则乌孙，东则扜罙、于窴。于窴之西，则水皆西流，注西海；其东水东流，注盐泽。盐泽潜行地下，其南则河源出焉。多玉石，河注中国。而楼兰、姑师邑有城郭，临盐泽。盐泽去长安可五千里。匈奴右方居盐泽以东，至陇西长城，南接羌，鬲汉道焉。

他因此而简略地记述了乌孙、康居、奄蔡、大月氏、安息、条枝、大夏诸国的地理、风俗、物产、军事等情况。这是西域世界首次进入中国史家叙述的视野。至东汉时，随着与西域交通关系的发展与汉王朝对西域的经营，汉人对西域诸国的了解较前有了进一步的深入，因此班固在《汉书》中，便专为西域立传，并在总述西域与汉关系始末及其总体情况后，分别记载了西域五十余国的地理位置、人口数量、官职设置、物产风俗以及与长安的道里距离等。相较司马迁而言，班固的记述，不仅西域诸国数量大增，而且其内容也有所丰富。这些都应该说是自张骞出使西域凿空以来，唐前中西交通关系史上最为引人关注的记述，也是后人了解西域状况的权威文献，其价值与意义自不容低估。

不过，作为史家的司马迁与班固，毕竟没有亲历西域的经历。尽管他们皆为具有良史之才的杰出史家，其对西域历史的记述也非常值得后人崇敬，但如希望对西域文明有更深入的了解，则还需对西域做出更为深入的探求。玄奘，作为唐代西行求法的一代高僧，以其坚毅的人格精神与百折不挠的勇气，跨越极为艰辛的丝绸之路西域段历程，完成了自长安至印度的宗教文化之旅，并以其博闻强识与过人才华，不仅补充了司马迁、班固等史家对西域历史文化的叙写，而且还开拓记述了新的丝绸之路世界，从而为唐代丝绸之路的拓展，做出了不可磨灭的贡献。

玄奘的贡献之一，即在于他不仅完成了自东土大唐至古印度的旅程，而且还通过《大唐西域记》的著述，完整地记录了古印度的历史面貌、风俗物产、文化宗教等情况。据《史记·大宛列传》记载，张骞出使西域至大夏时，曾从大夏人口中得知身毒国（即印度）之名，并据传闻对印度的情况有所记载。但当时中土与印度的交通并未开通。此后，随着佛教的东传，印度与中土的来往有所加强，而中土也出现了一些赴印度巡礼求法的僧徒。[1] 但以对开通中土与印度的交通往来的历史贡献而论，则其他人都不能与玄奘相提并论。原因在于，玄奘在从印度返回长安后所撰述的《大唐西域记》具有难以替代的历史文献

---

[1] 关于汉以后中土赴印度求法僧人的情况及其路线，南朝梁慧皎《高僧传》，唐释道宣《续高僧传》皆有所记述。而道宣《释迦方志》卷下《游履篇第五》记述更为详细完整。玄奘为中土众多求法高僧之一。

价值。据书中记载统计，其关于印度诸国的记述，共涉及 125 个国家（《大慈恩寺三藏法师传》谓玄奘历 128 个国家）。对此，季羡林先生曾将之与此前及以后外国相关著作进行比较，谓："统观全书，包括了一百多个'国'，玄奘的记述有长有短，但是不管多么短，他的记述似乎有一个比较固定的全面的章法：幅员大小、都城大小、地理形胜、农业、商业、风俗、文艺、语言、文字、货币、国王、宗教，等等。这些方面几乎都要涉及。当时和今天要想了解这个'国'，除了以上这些方面，还要了解些什么呢？他能用极其简洁的语言描绘大量的事实，不但确切，而且生动。所以，我们可以说……《大唐西域记》是一部稀世奇书，其他外国人的著作是很难同这一部书相比的。"[1] 玄奘对于印度历史文化等情况记述得完备周详，从其卷二"印度综述"所列内容即可看出，如他列有十七项，即释名、疆域、数量、岁时、邑居、衣饰、馔食、文字、教育、佛教、族姓、兵术、刑法、敬仪、病死、赋税、物产。这些内容，诚如季羡林先生所说，将古印度的各个方面"几乎都要涉及"，从中也不难看出其所具有的独特价值。而其具体记述之特点，我们不妨转录其"兵术"一节，以窥其一斑：

> 君王奕世，惟刹帝利。弑篡时起，异性称尊。国之战士，骁雄毕选，子父传业，遂穷兵术。居则宫庐周卫，征则奋旅前锋。凡有四兵，步马车象。象则被以坚甲，牙施利距，一将安乘，授其节度，两卒左右，为之驾驭。车乃驾以驷马，兵帅居其乘，列卒周卫，扶轮夹毂。马军散御，逐北奔命。步军轻捍，敢勇充选，负大橹，执长戟，或持刀剑，前奋行阵。凡诸戎器，莫不锋锐，所谓矛、楯、弓、矢、刀、剑、钺、斧、戈、殳、长矟、轮索之属，皆世习矣。[2]

这一节关于印度军事情况的记述，从军队兴起之因、军人的特点、军队兵种、战术及武器类型等方面做了介绍，真是内容丰富而要言不烦，这些有关古印度军队与军事情况的记述，不仅弥补了此前史家记述的不足，而且对了解古印度的军事情况，具有极为重要的价值。而在对古印度诸国的具体论述中，其内容的翔实，尤其是有关宗教文化的记述，更是成为今日研究古印度宗教发展情况的最为珍贵的史料。如卷七之"吠舍釐国"

---

[1] 季羡林《玄奘与〈大唐西域记〉——校注〈大唐西域记〉前言》，见《大唐西域记校注》，中华书局，2000年，第127～128页。

[2] 玄奘、辩机撰，季羡林等校注《大唐西域记校注》（上册），中华书局，2000年，第200页。

的记载，在概述其国的幅员大小、土宜物产、气候习俗、宗教文化之后，即分"佛说毗摩罗诘经所""佛舍利窣堵波及诸遗迹""无垢称及宝积故宅""菴没罗女园及佛预言涅槃处""千佛本生故事""重阁讲堂及诸圣迹""故城及大天王本生故事""七百贤圣结集""湿吠多补罗伽蓝""阿难分身寂灭传说"十节分别记述，其中多涉及佛教本事及其遗迹的介绍，如"七百贤圣结集"：

> 城东河南行十四五里，至大窣堵波，是七百贤圣重结集处。佛涅槃后百一十年，吠舍釐城有诸苾刍，远离佛法，谬行戒律。时长老耶舍陁住憍萨罗国，长老三菩伽住秣菟罗国，长老釐波多住韩若国，长老沙罗住舍釐国，长老富阇苏弥罗住波罗梨弗国。诸大罗汉心得自在，持三藏，得三明，有大名称，众所知识，皆是尊者阿难弟子。时耶舍陁遣使告诸贤圣，皆可集吠舍釐城，犹少一人，未满七百。是时富阇苏弥罗以天眼见诸大贤圣集议法事，运神足至法会。时三菩伽于大众中右袒长跪，扬言曰："众无哗，钦哉念哉！昔大圣法王善权寂灭，岁月虽淹，言教尚在。吠舍釐城懈怠苾刍，谬于戒律，有十事出，违十力教。今诸贤者深明持犯，俱承大德阿难指诲，念报佛恩，重宣圣旨。"时诸大众莫不悲感，即召集诸苾刍，依毗奈耶，诃责制止，削除谬法，宣明圣教。

七百贤圣重结集，是佛教史上的重要事件，佛教此后即因而分为上座部与大众部。玄奘不仅记述了这次贤圣结集的时间、起因与过程，特别值得注意的是，由于其游历所至，亲经其地，还准确地记述了其结集地之所在与地理位置，由此可见其所具有的佛教文化史研究的史料价值。

玄奘的贡献，还在于他通过其《大唐西域记》一书，以自己的亲历亲闻，对唐初时西域诸国的情况，做了更为翔实的记述，为唐代的丝绸之路西域段留下了极为珍贵的文献资料，并给丝绸之路的交往增添了丰富的文化底蕴。

自汉以后，作为丝绸之路重要部分的西域诸国情况，一直处在不断变化之中。对此《隋书·西域传》谓："汉氏初开西域，有三十六国，其后分立五十五王，置校尉、都护以抚纳之。王莽篡位，西域遂绝。至于后汉，班超所通者五十余国，西至西海，东西四万里，皆来朝贡，复置都护、校尉以相统摄。其后或绝或通，汉朝以为劳弊中国，其官时废时置。暨魏、晋之后，互相吞灭，不可详焉。"并载隋时的状况云："炀帝时，遣御史韦节、司隶从事杜行满使于西蕃诸国。至罽宾，得玛瑙杯；王舍城，得佛经；史国，得十舞女、师子皮、火鼠毛而还。帝复令闻喜公裴矩于武威、张掖间往来以引致之。其有君长者四十四国。矩因其使者入朝，啗以厚利，令其转相讽谕。大业年中，相率而来朝者三十余国，帝因置西域校尉以应接之。寻属中国大乱，朝贡遂绝。然事多亡失，今所存录者，二十国焉。"并因此记录了西域二十三国的情况。显然，自魏晋至隋，中原王朝因丧失了汉人的进取精神，与西域诸国的交往多为消极的接受与接纳，这自然限制了其对西域诸国情况全面详细的了解。特别是历经隋末大乱，西域的情况应该有更多的变化，对于唐人而言，打通西域往来联系的通道，实在需要对西域有新的认识。玄奘求法西行，对于西域的记述，无疑大大补充了历代史书记载西域情况的内容，且资料更为准确翔实。这里不妨以《隋书·西域传》中有关西域龟兹国的记述与《大唐西域记》中龟兹国（按：《大唐西域记》中玄奘译为"屈支国"）的记述做一比较。《隋书·西域传》记"龟兹国"云：

> 龟兹国，都白山之南百七十里，汉时旧国也。其王姓白，字苏尼咥。都城方六里。胜兵者数千。俗杀人者死，劫贼断其一臂，并刖一足。俗与焉耆同。王头系彩带，垂之于后，坐金师子座。土多稻、粟、菽、麦，饶铜、铁、铅、麖皮、氍毹、铙沙、盐绿、雌黄、胡粉、安息香、良马、封牛。东去焉耆九百里，南去于阗千四百里，西去疏勒千五百里，西北去突厥牙六百余里，东南去瓜州三千一百里。大业中，遣使贡方物。

而玄奘在《大唐西域记》卷一"屈支国"下则载云：

> 屈支国东西千余里，南北六百余里。国大都城周十七八里。宜糜麦，有粳稻，出蒲萄、石榴，多梨、柰、桃、杏。土产黄金、铜、铁、铅、锡。气序和，风俗质。文字取则印度，粗有改变。管弦伎乐，特善诸国。服饰锦褐，断发巾帽。货用金钱、银钱、小铜钱。王，屈支种也，智谋寡昧，迫于强臣。其俗生子以木押头，欲其匾𰆊也。伽蓝百余所，僧徒五千余人，习学小乘教说一切有部。经教律仪，取则印度，其习读者，即本文矣。尚拘渐教，食杂三净。洁清耽玩，人以功竞。

两相比较，虽然有一些义项相近，但记载内涵的丰富性则有较大区别。玄奘的记载，突出了其国的疆域面积、都城大小、物产类型、风俗钱币、国君特点、宗教情况几个方面的内容，其中有关幅员、国都、钱币、宗教的义项，是《隋书》所不载的，而关于习俗的记载，则较《隋书》更为详细，凡此都可以看出他的记述是对史家记述的补充与丰富，也为人们更好地认识和了解西域的风情提供了新的信息。不仅如此，在总述其国情况后，他还对一些重要的文物古迹、宗教传说，做了更细致的记录。如在"屈支国"之"总述"之后，还有"大龙池及金花王""昭怙釐二伽蓝""大会场及阿奢理贰伽蓝""传说"四个小节，分别记述其国之宗教古迹与传说情况，大大丰富了此前有关龟兹国记载的内容。如"大会场"一节记其国之佛教建筑与集会习俗：

> 大城西门外路左右各有立佛像，高九十余尺。于此像前建五年一大会处，每岁秋分数十日间，举国僧徒皆来集会。上自君王，下至士庶，捐废俗务，奉持斋戒，受经听法，渴日忘疲。诸僧伽蓝庄严佛像，莹以珍宝，饰之锦绮，载诸辇舆，谓之行像，动以千数，云集会所。常以月十五日晦日，国王大臣谋议国事，访及高僧，然后宣布。

此类内容的记述，可说是非亲历其地者不能知，而且也只有玄奘这样的博闻强识者才能记录下来。

与《隋书》的记载相比，《大唐西域记》的记述似乎缺少了其国方位的内容。其实，这个内容并没有缺失，而是更有其自己的特点。因为玄奘是以其西行经历所见为记述的次序的，因此，与《史记》《汉书》等史书的相关记载相比，其所记述的西域诸国之间的空间方位及其毗邻关系，就显得更为清晰。一般而言，他总是在记述一国完毕后，按照自己的行进方向，按顺序交代下一国或下一地区与此国之间的方位关系与距离远近。比如他的记述是从高昌以后开始的，因此，高昌以下，他按照顺序介绍云："出高昌故地，自近者始，曰阿耆尼国。"在阿耆尼国之后，他则介绍云："从此西南行二百余里，逾一小山，越二大河，西得平川，行七百余里，至屈支国。"屈支国之后，则云："从此西行六百里，经小沙碛，至跋禄迦国。"如此等等。这种循行进路线介绍诸国情况，从丝路交通往来的角度来看，在今天来看，无疑更具有价值与意义。

二

与西汉张骞、东汉班超等人的出使西域不同，玄奘是以西行求法为目的的，这就使他的此次西行之旅，更多地具有了文化交流的特点。从这一角度看，玄奘的此次西行，则可说为汉代张骞以来的中西交往，开拓了政治、军事、经济交流之外的新内容。而这也可说是其对唐代丝绸之路新开拓的又一重要贡献。

玄奘的西行之旅，是一次文化交流之旅，其纽带则是佛教。他西行的动因，即源于对佛理教义真谛的渴求。在西行之前，他本已是一位在佛教界头角峥嵘的年轻高僧，并受到了佛教硕学大德的称道。《大慈恩寺三藏法师传》载他在长安虚心学习佛法的经历谓：

> 时长安有常、辩二大德，解究二乘，行穷三学，为上京法匠，缁素所归，道振神州，声驰海外，负笈之侣从之如云，虽含综众经，而遍讲《摄大乘论》。法师既曾有功吴、蜀，自到长安，又随询采，然其所有深致，亦一拾斯尽。二德并深嗟赏，谓法师曰："汝可谓释门千里之驹，其再明慧日当在尔躬，恨吾辈老朽恐不见也。"自是学徒改观，誉满京师。[1]

但是，他并不满足自己已获得的声誉。出于对当时东土所传佛教义理分歧的困惑与对佛理真谛的渴求，他毅然决定西行求法。为了坚定自己的意志，他曾立下宏大的誓愿，并以苦行来考验自己忍受艰苦的毅力："既方事孤游，又承西路艰险，乃自试其心，以人间众苦种种调伏，堪任不退。"[2] 正是由于他在佛学上的造诣以及他对佛教信仰的笃诚和追求佛法的坚毅精神，才使他的西行之旅赢得了人们的尊敬，并为此次文化交流的成功提供了可靠的基础与保证。

中古时期，西域诸国深受佛教影响，并大都以佛教信仰为主。玄奘一路西行，既是西行求法者，同时由于他所具有的深厚的佛学造诣，某种意义上也是一位在西域地区的佛教弘法者。他在西域基本上都受到了当地国君以及士庶的欢迎与礼遇，而其原因乃在于佛教交流所形成的文化因缘。在未出关前至凉州时，他即以弘传佛法而受到人们的尊崇：

> 凉州为河西都会，襟带西蕃、葱右诸国，商侣往来，无有停绝。时开讲日，盛有其人，皆施珍宝，稽颡赞叹，归还各向其君长称叹法师之美，云欲西来求法于婆罗门国，以是西域诸城无不发欢心，严洒而待。散会之日，珍施丰厚，金钱、银钱、口马无数，

---

[1] 慧立、彦悰《大慈恩寺三藏法师传》卷一，中华书局，2000年，第9页。
[2] 同上注，第10页。

法师受一半燃灯，余外并施诸寺。[1]

出关之后至高昌国他所受到的礼遇，也同样是由于佛教的原因。由于高昌国尊崇佛教，所以对于玄奘这样一位来自东土的僧人就有了天然的宗教亲缘。我们看看高昌国君对玄奘的接待情况，就不难理解佛教作为文化交往所具有的特殊作用。玄奘未至高昌前，高昌王麹文泰即遣使远出伊吾来迎接，当他暮夜至高昌王城时，高昌王即令立刻迎接入城，《大慈恩寺三藏法师传》于此描述道：

时已日暮，法师欲停，城中官人及使者曰："王城在近请进，数换良马前去，法师先所乘赤马留使后来。"即以其夜半到王城。门司启王，王敕开门，法师入城，王与侍人前后列烛自出宫，迎法师入后院，坐一重阁宝帐中，拜问甚厚，云："弟子自闻师名，喜忘寝食。量准途路，知师今夜必至，与妻子皆未眠，读经敬待。"须臾，王妃共数十侍女又来礼拜。是时渐欲将晓，言久疲勚欲眠，王始还宫，留数黄门侍宿。方旦，法师未起，王已至门，率妃已下俱来礼问。王云："弟子思量碛路艰阻，师能独来，甚为奇也。"流泪称叹不能已。已遂设食解斋讫，而宫侧别有道场，王自引法师居之，遣阉人侍卫。[2]

玄奘之所以受到如此礼遇，既源于高昌国及其国王麹文泰对于佛教的尊崇，同时也与玄奘在佛学上的深厚修养与声望有关。由于这两重原因，麹文泰恳留玄奘，希望其留在高昌国弘传佛法，并祈请云："自承法师名，身心欢喜，手舞足蹈，拟师而止，受弟子供养以终一身。令一国人皆为师弟子，望师讲授，僧徒虽少，亦有数千，并使执经充师听众。伏愿察纳微心，不以西游为念。"[3] 但是，玄奘西游之志坚定不移，在多次恳留不果的情况下，他对玄奘西行依然予以强有力的支持：

为法师度四沙弥以充给侍。制法服三十具。以西土多寒，又造面衣、手衣、靴、袜等各数事。黄金一百两，银钱三万，绫及绢等五百匹，充法师往返二十年所用之资。

---

[1] 慧立、彦悰《大慈恩寺三藏法师传》卷一，中华书局，2000年，第11～12页。
[2] 同上注，第18～19页。
[3] 同上注，第19页。

给马三十匹,手力二十五人。遣殿中侍御史欢信送至叶护可汗衙。又作二十四封书,通屈支等二十四国,每一封书附大绫一匹为信。又以绫绢五百匹、果味两车献叶护可汗,并书称:"法师者是奴弟,欲求法于婆罗门国,愿可汗怜师如怜奴,仍请敕以西诸国给邬罗马递送出境。"[1]

玄奘不仅在西域诸国大都受到礼遇,其到达印度后也是同样如此。在他到达那烂陀寺时,即受到隆重接待。"向幼日王院安置于觉贤房第四重阁。七日供养已,更安置上房在护法菩萨房北,加诸供给。日得瞻步罗果一百二十枚,槟榔子二十颗,豆蔻二十颗,龙脑香一两,供大人米一升……月给油三斗,酥乳等随日取足。净人一人、婆罗门人一人,免诸僧事,行乘象舆。那烂陀寺主客僧万,预此供给添法师合有十人。其游践殊方,见礼如此。"[2]

从以上《大慈恩寺三藏法师传》所载的几个片段材料,不难看出玄奘此次西行所具有的不同于以往的特点。他是文化交流的使者,也是友好交往的使者。他是以真理的探求、文明的交往为目的,并以佛教为交流的纽带,架起了东方古国与西域诸国以及古印度之间交往的桥梁,正是由于这个原因,他的西行才充满了和谐与友好。

玄奘的西行,作为一次文化交流之旅,尽管原本是出于向天竺求法的目的,但是他并不是被动地学习,而是把学习与探索相结合,既有文化的吸纳,同时也有智慧的输出,体现了文化交往中的平等对话原则以及以才德服人的风采,充分彰显了文化交流的本义,从而为不同国家与民族的文明交往,树立了光辉的典范。这一点,无论是在西域还是在印度期间,都有充分的表现。比如在高昌国,他在同木叉毱多进行佛理探讨与交流时,即体现了以才德服人的文化交流特点:

> 过城西北阿奢理尔寺,是木叉毱多所住寺也。毱多理识闲敏,彼所宗归,游学印度二十余载,虽涉众经,而《声明》最善,王及国人咸所尊重,号称独步。见法师至,徒以客礼待之,未以知法为许。谓法师曰:"此土《杂心》、《俱舍》、《毗婆沙》等一切皆有,学之足得,不烦西涉受艰辛也。"法师报曰:"此有《瑜伽论》不?"毱多曰:"何用问是邪见书乎?真佛弟子者,不学是也。"法师初深敬之,及闻此

---

[1] 慧立、彦悰《大慈恩寺三藏法师传》卷一,中华书局,2000年,第21页。
[2] 同上书,卷三,中华书局,2000年,第68页。

言，视之犹土，报曰："《婆沙》、《俱舍》本国已有，恨其理疏言浅，非究竟说，所以故来欲学大乘《瑜伽论》耳。又《瑜伽》者是后身菩萨弥勒所说，今谓邪书，岂不惧无底枉坑乎？"彼曰："《婆娑》等汝所未解，何谓非深？"法师报曰："师今解不？"曰："我尽解。"法师即引《俱舍》初文问，发端即谬，因更穷之，色遂变动，云："汝更问余处。"又示一文，亦不通，曰："《论》无此语。"时王叔智月出家，亦解经论，时在傍坐，即证言《论》有此语，乃取本对读之，麹多极惭，云："老忘耳。"又问余部，亦无好释。[1]

可见，在西行途中，玄奘并不是一个单纯的行旅过客，他时时在进行着以佛学探求为纽带的交流与学习，他对主人也不是以盲目的依附来获取支持，而是以文化交流的平等态度赢得对方的尊敬，充分体现了自信、平等与尊严。即使在印度学习期间，他也不盲目崇拜，而是虚心向学，唯真理是服，并赢得人们的钦服：

> 时戒贤师遣法师为众讲《摄大乘论》、《唯识决择论》。时大德师子光先已为四众讲《中》、《百论》，述其旨破《瑜伽》义。法师妙闲《中》、《百》，又善《瑜伽》，以为圣人立教，各随一意，不相违妨，惑者不能会通，谓为乖反，此乃失在传人，岂关于法也。愍其局狭，数往征诘，复不能酬答，由是学徒渐散，而宗附法师。
>
> 法师又以《中》、《百论》旨唯破遍计所执，不言依他起性及圆成实性，师子光不能善悟，见《论》称"一切无所得"，谓《瑜伽》所立圆成实等亦皆须遣，所以每形于言。法师为和会二宗言不相违背，乃著《会宗论》三千颂。《论》成，呈戒贤及大众，无不称善，并共宣行。师子光惭报，遂出往菩提寺，别命东印度一同学名旃尼罗僧诃来相论难，冀解前耻。其人既至，悼威而默，不敢致言，法师声誉益甚。[2]

自贞观十九年（645）春返归东土以后，玄奘即开始了毕生的译经工作，"专务翻译，无弃寸阴。每日自立程课，若昼日有事不充，必兼夜以续之"[3]。至麟德元年（664）

---

[1] 慧立、彦悰《大慈恩寺三藏法师传》卷一，中华书局，2000年，第26页。
[2] 同上书，卷四，中华书局，2000年，第97～98页。
[3] 同上书，卷七，中华书局，2000年，第158页。

其去世时，共翻译经论，合七十四部，总一千三百三十五卷。正是由于他的努力，中国古代丝绸之路文化的交流，才呈现出前所未有的辉煌，他对唐代丝绸之路的发展、对中国古代中外文化的交流，做出了不可磨灭的贡献。

  人类居住的地球，幅员辽阔，人类创造的文明，丰富多样。由于古代山川阻隔，交通不便，不同文明之间的交流受到了很大的影响。不过，这些都无法阻挡不同民族、不同文明之间对交往的渴望。但是，纵观前现代时期人类不同文明的交往历史，却是大多伴随着战争、征服、仇恨与杀戮。历史上萨曼王朝对西域喀喇汗王朝的战争，蒙古成吉思汗大军对撒马尔罕花剌子模帝国的攻伐，帖木儿对奥斯曼帝国的征讨，罗马与萨珊波斯的争霸，等等，皆可为证。由此反观玄奘在文化交往中的作为与表现，不难发现其所具有的文明交往的伟大启迪意义。可以说，玄奘以自己一生的实践，树立了一种新的文明交往模式，这就是平等、和平、友好，互相学习，彼此吸纳，使不同文明在交往中获得共同的发展与进步。这就是玄奘对唐代丝绸之路发展最突出的贡献，也是给当代不同国家、不同民族、不同文明的交往所给予的最深刻的启示。

本文原载于《宝鸡文理学院学报》2018年第3期

（李芳民，西北大学文学院教授，硕士生导师。主要从事中国古代文学、中国古典文献学的教学与研究。）

元代丝绸之路上的香料药物流通及影响

王早娟

元代从拥有地域的广度上讲，是较为可观的，《元史》卷五十八《地理志》：

> 自封建变为郡县，有天下者，汉、隋、唐、宋为盛，然幅员之广，咸不逮元。汉梗于北狄，隋不能服东夷，唐患在西戎，宋患常在西北。若元，则起朔漠，并西域，平西夏，灭女真，臣高丽，定南诏，遂下江南，而天下为一，故其地北逾阴山，西极流沙，东尽辽左，南越海表。盖汉东西九千三百二里，南北一万三千三百六十八里，唐东西九千五百一十一里，南北一万六千九百一十八里，元东南所至不下汉、唐，而西北则过之，有难以里数限者矣。

元代疆域的广阔，打破了诸多前代丝绸之路上的壁垒，使东西陆上交通更加通畅。元代广设驿路，为长途跋涉者提供了良好的物资补给，"于是往来之使，止则有馆舍，顿则有供帐，饥则有饮食，而梯航毕达，海宇会同"（《元史·兵志·站赤》）。当时欧亚之间交通路线主要情况如下：

> 大致以察合台汗国首府阿力麻里（今新疆霍城附近）为枢纽，东西段均各分为两大干线。东段：一条由蒙古帝国都城哈喇和林（今外蒙鄂尔浑河上游一带）西行越杭爱山、阿尔泰山抵乌伦古河上游，然后沿该河行至布伦托海，再转西南到阿力麻里。一二九五年常德奉旨乘驿抵巴格达见旭烈兀，东段即走此路。另一条由元大都（今北京）西行，由宁夏过黄河入河西走廊；然后或由天山北道抵阿力麻里，或由天山南道入中亚阿姆河、锡尔河两河地区。马可·波罗由陆路来华，即走此路。

---

* 陕西省教育厅科研计划项目（17JK0725）；陕西省社科基金项目（2017C004）。

西段：一条由阿力麻里，经塔拉思（今中亚江布尔城）取道咸海、里海以北，穿行康里、钦察草原抵伏尔加河下游的撒莱；再由此或西去东欧，或经克里米亚半岛过黑海至君士坦丁堡，或经高加索到小亚细亚。[1]

元时绿洲丝绸之路的畅通使元人对西域的认识进一步增强。

一

元人所谓的色目人指的就是西域人，这一时期由于战争、贸易、地区政策等因素的影响，西域人比前代更多地选择入住中原地区。同时，元人也更多地深入西域，了解西域，这从当时流传资料中可略窥端倪。

元人中书令耶律楚材在元开国初年创作的《壬午西域河中游春十首》其七写道："四海从来皆兄弟，西行谁复叹行程。"[2]表现出元人对待西域的态度，熟悉而友好的情感不言自明。耶律楚材元初随军西征，行程五六万里，在西域地区生活了六七年，写了关于西域的作品《西游录》，对西域风土进行了简要介绍。这一时期描写西域风土人情的作品还有丘处机弟子李志常所撰《长春真人西游记》。1251年元宪宗蒙哥即位后，派其弟旭烈兀率领蒙古大军进行第三次西征，元宪宗九年（1259），常德奉命西觐旭烈兀。常德从和林出发，经由天山北麓向西前往撒马尔罕等地，往返14个月。1263年，刘郁执笔撰写《西使记》，记录了常德在当时绿洲丝绸之路上的见闻。

元代通过绿洲丝绸之路来华的外国人也留下了诸多文献，多方面记载了这条道路在当时的情况。意大利人柏朗嘉宾（Jean de Plan Carpin，1182～1252）在1245年4月至1247年11月，以65岁高龄从法国里昂启程，历两年半多的时间往返西欧和中亚，完成《柏朗嘉宾蒙古行纪》，这部行纪是以军事目的写就的，内容主要是对蒙古人的战争、武器等相关情况的记录。法国人佛兰德斯（Flanders）鲁布鲁克村的威廉（William of Rubruk）于1253～1255年在君士坦丁堡与蒙古草原之间往返，并撰成《鲁布鲁克东行纪》。其他相似作品有：驻波斯国孙丹尼牙城（Soltania）总主教约翰柯拉（John de Cora）于1330年写成的《大可汗国记》；西班牙传教士巴斯喀尔（Pascal）所撰《巴斯喀尔之信》；意大利佛罗伦萨的马黎诺里（Marignolli, Giovanni dei）作为罗马教皇使者，元末来华

---

[1] 蒋致洁《蒙元时期丝绸之路贸易新探》，《中国史研究》1991年第2期。
[2] 耶律楚材《湛然居士文集》卷五，商务印书馆，1937年，第60页。

并写就《马黎诺里游记》；意大利威尼斯人马可·波罗经陆路辗转四年，于元世祖至元十二年（1275）到达元大都（今北京），在中国游历十七年后，于公元1292年护送元公主嫁波斯伊儿汗国后从波斯返回欧洲，之后写就《马可·波罗游记》。以上作者皆亲自行走于丝绸之路，所见为实，这些东西游记作品的大量出现，能够反映出当时陆上丝绸之路繁华的基本状况。

在这条道路上，行走着来自意大利、波兰、君士坦丁堡以及阿拉伯、波斯等地的商人。元大都成为当时的贸易中心，来自意大利佛罗伦萨的裴哥罗梯（Pegolotti）写于大约1340年的《通商指南》记载当时北京的情况："尤以汗八里都城商务最盛。各国商贾辐辏于此，百货云集。"[1] 元代载入东方的物品主要是驼马、珍宝、水晶、香料、药物、玉器、文豹、狮虎等，而运往西方的物品则主要是丝绸、茶叶、瓷器、麝香、大黄、枸杞等。记载元代见闻的《鲁布鲁克东行纪》一文记载了僧侣用大黄汤给病人治病的情况。[2]

西域诸汗国与元之间的朝贡贸易中，药物与驼马、珍宝、水晶、玉器、文豹、狮虎等一起成为重要的朝贡物品。《元史·文宗本纪》记，1330年"诸王不赛因使者还西域，诏酬其所贡药物价值"[3]。元时的西凉府即今甘肃武威，是丝绸之路上通向西方非常重要的河西走廊，麝香在这里是极为常见的，马可·波罗所著《马可·波罗游记》载：

> 在这个国家（西凉国）又出产最优良和价值高昂的麝香，生产这种麝香的动物，是一种名叫香獐的动物。它的皮毛和一种较大的鹿相似。尾和脚很像羚羊，但头上不长角。它有四个突出的牙齿，长约七厘米，上下牙床各长两个，细长色白，宛如象牙。就整体讲，这是一种非常好看的动物。取麝香的方法是每当月圆之夜，这种香獐的脐部有一袋凝固的血块，专门猎取麝香的人利用星月的清辉，割下这个皮囊，晒干。这样美好的麝香，散发出来的香气最为浓郁喜人。他们捕得大批的香獐，肉也相当可口。马克·波罗曾把晒干的香獐头和脚带回威尼斯。[4]

《马可·波罗游记》还记载了契丹省的一种酒，"是由米加上香料和药材酿成的。这种饮料——或可称为酒——十分芬芳甘醇，他们简直认为没有任何东西可以胜过

---

[1] 张星烺编著《中西交通史料汇编》（第一册），中华书局，2003年，第417页。
[2] 耿昇、何高济译《柏朗嘉宾蒙古行纪／鲁布鲁克东行纪》，中华书局，1985年，第290页。
[3] 宋濂《元史》卷三十五，"本纪"第三十五，中华书局，1976年，第792页。
[4] 〔意〕马可·波罗著，梁生智译《马可·波罗游记》，中国文史出版社，1998年，第83页。

它"[1]。这些记载都能够表明当时绿洲丝绸之路沿线人们对别国香料药物的浓厚兴趣及交流情况。

道家医药在当时颇为有名,《长春真人西游记》卷上记载,丘处机曾于元太祖十七年（1222）夏在今印度库士山中八鲁湾遇到了在此避暑的元太祖,元太祖向丘处机询问长生之药事:"食次,问:'真人远来,有何长生之药以资朕乎?'师曰:'有卫生之道,而无长生之药。'上嘉其诚实,设二帐于御幄之东以居焉。"[2]该书卷下又记,俭俭州（今外蒙古唐努乌梁海境内）出肉苁蓉,表明丘处机师徒一路西行对沿途药材生产情况的关注。

回族医药学是阿拉伯—伊斯兰医药学体系的重要组成部分,由于语言的变化,回族的历史称谓也在不断变化,北魏时被称为袁纥、乌护,隋时称韦纥,唐时称回纥、回鹘,元明时称畏兀儿、回族,明朝后期称维吾尔。绿洲丝绸之路的开辟将回纥的香料、医药和医疗技术传入内地。

回纥医药发展历史甚为悠久,新疆吐鲁番发掘出西域高昌（高车）国干尸中,有的身上带有丸状药物,有的脑部和腹部竟然有做过手术的痕迹。这些两千多年前的干尸体现了当时回纥的医药发展及医疗水平。

唐代,苏敬等人于唐显庆初年编著的《新修本草》（亦称《唐本草》）记载的844种药物中有100多种回药。五代时西域回纥人李珣编纂了《海药本草》一书,李珣是居于四川的波斯商贾李苏沙之后人,该书专门记述由海外传入中国的药物,共计120多种。公元730年,回纥名医楠突从西域龟兹来到中原,他曾为扬州人鉴真和尚治疗双目。鉴真亦曾在扬州香药市场的西域回纥店中买到"奇效丸""多病药""丰心丹"等几十种药材和香料。

元时来华的西域人较多,他们带来了大量西域地区的医药文献。同时,由于蒙古西征军队的需要,一些伊斯兰医师跟随军队被带回,他们在骨科、眼病科以及肿毒的治疗方面有着独到之处。这种西域医者来华的现象在元人王沂《老胡卖药歌》中有所记载:"西域贾胡年八十,一生技能人不及。神农百草旧知名,久客江南是乡邑。朝来街北暮街东,闻掷铜铃竞来集。师心已解工名术,疗病何须说《难经》。……灯前酌酒醉婆娑,痼疾疲癃易得瘳。金丝膏药熬较好,伤折近来人苦多。川船南通有新药,海上奇方效如昨。

---

[1]〔意〕马可·波罗著,梁生智译《马可·波罗游记》,中国文史出版社,1998年,第140页。
[2] 李志常著,党宝海译注《长春真人西游记》卷上,河北人民出版社,2001年,第70页。

眼中万事不足论，流寓无如贾胡药。"[1]

元代统治者较为看重西域药物，设立了专门的回药机构，中统四年（1263），颇通西域诸国语言及星历、医药的爱薛掌西域星历、医药二司。爱薛，拂林（今叙利亚）人，元初入华，是阿拉伯天文学家、医学家，至元七年（1270）西域医药司改为广惠司，秩正三品，仍由其执掌。元代还创办京师回族医药院，由爱薛的妻子撒剌主持。爱薛曾为秘书监从国外搜集或个人编订了总共23种回族医药书籍。

统治者的关注，是回纥医药及医疗技术东来的重要助推力，"回鹘健康药物食品和医疗技术，不断给中国医学、医药市场增添了很多宝贵财富。在修增以后的《本草》等医典中，我们可以随处看到伊本·西拿等西域回鹘医学家在自己的《医典》中早已提出的很多医方制药、营养物品和中西分科等方面的内容，后来作为继承西域回纥文化、医学健康营养学的名人们——贯云石、鲁明善、忽思慧、萨德弥实、安藏、沙剌班、答里麻等，为广泛推广和丰富中原医学文化做出了共同努力"[2]。

二

蒙元时期积极推行有利于市舶建设的政策，调整相关措施，并能够积极有效地处理沿海边防，为沿海物资贸易提供了良好的保障。因此，蒙元时期的海上贸易依然繁荣，尤其是福建泉州港口的繁华，在经历宋、元两朝经营后，堪比汉、唐时期的福州港口。

从国家政策方面来看，蒙古族南下之后，沿袭了自宋代以来在南方设立市舶司管理海上贸易的方法，并且不断调整对市舶司的管理，以期寻求更加适合当时海上贸易发展需求的管理方法。《元史》载：

> 至元十四年，立市舶司一于泉州，令忙古领之。立市舶司三于庆元、上海、澉浦，令福建安抚使杨发督之。每岁招集舶商，于蕃邦博易珠翠香货等物。及次年回帆，依例抽解，然后听其货卖。[3]

元世祖在至元十五年（1278）八月，又下令：

---

[1] 王沂《伊滨集》卷五，清文渊阁《四库全书》本。
[2] 艾尔肯《传入东方的回鹘医学》，《中国民族报》2014年5月27日。
[3] 宋濂《元史》卷九十四，"志"第四十三，中华书局，1976年，第2401页。

诏行中书省唆都、蒲寿庚等曰："番国列居东南岛屿者，皆有慕义之心，可因番舶诸人宣布朕意，诚能来朝，朕将礼宠之，其往来互市，各从所欲。"[1]

这一诏令，进一步表明了自己对南方海上贸易的支持态度。在这样的情况下，南海香料贸易繁荣，元代海陵（今江苏泰州）人马玉麟《海舶行送赵克和任市舶提举》一诗写道：

玉峰山前沧海滨，南风海舶来如云。大艘龙骧驾万斛，小船星列罗秋汶。
舵楼挝鼓近沙浦，黄帽歌歌鸣健橹。海口人家把酒迎，争接前年富商贾。[2]

这是诗人对当时情况的记录。考古发掘同样证实了当时海上香料贸易的盛况，1973年在泉州湾发掘出一艘宋末元初回航的船只，船上香料重达四千七百余斤，香料种类包括胡椒、龙涎香、降真香、沉香、檀香、乳香等。元代香料是海上贸易往来的主要物品，在由元朝陈大震、吕桂孙撰写，成书于元成宗大德八年（1304），集中记载广州地方事宜的《大德南海志》中，列出的71种海路商品中香料就有36种。

元朝与印度半岛海上贸易往来频繁，元人船只装载丝绸、金银、药材前往德里王国、马拉巴王国、古者拉特王国等地换取胡椒、姜、肉桂皮等香料。印度的香料及药材当时亦向西运输至亚丁湾，再从亚丁湾运送到亚历山大港，《马可·波罗游记》中详细记载了运输的情况：

商人们在船到亚丁港后，将货物卸下船，然后用骆驼向内地转运，走三十日，到达尼罗河。再用一种叫作哲姆斯的小船装载货物，沿尼罗河运抵开罗，再从这里沿一条叫作加利齐恩的运河到达亚历山大港。[3]

当时繁荣的海上贸易给亚丁湾带来了可观的收益：

亚丁的苏丹（亚丁君主）向印度运来的商品以及从他的港口运出的商品征收关税，

---

[1] 宋濂《元史》卷十，"本纪"第十，中华书局，1976年，第204页。
[2] 马玉麟《东皋先生诗集》卷二，江苏古籍出版社，1988年，第16页。
[3]〔意〕马可·波罗著，梁生智译《马可·波罗游记》，中国文史出版社，1998年，第260页。

从中取得了巨额财富,因为这个港口是那一带最大的商品交易市场,也是一切商船来往的必需之所。[1]

元人商船还从东南亚地区的桑给巴尔岛上换取象牙和龙涎香。元时大量香料通过海上丝绸之路输入,元人宋本所撰《舶上谣送伯庸以番货事奉使闽浙》之八有:"薰陆胡椒腽肭脐,明珠象齿骇鸡犀。"[2]这充分表现出当时海路运输的繁华。

元代通过海上丝绸之路传入的香料数量也不在少数,上文提到《大德南海志》记录了当时广州地区通过南海的71种商品中香料就有36种。元时中国对胡椒的消费数量庞大,杭州市场上"每日上市的胡椒有四十三担,而每担重二百二十三磅"[3]。泉州港口的胡椒出口量在当时也非常大,而且利润可观,"精细货物必须付该货物总价的百分之三十作为运费,胡椒等需付百分之四十四,而檀香、药材以及一般商品则需付百分之四十。据估算,他们的费用连同关税和运费在内,总共占货物价值的一半以上,然而就是剩余的这一半中,他们也有很大的利润"。但这些货物中仅有不到百分之一的胡椒被运往西方的亚历山大港。[4]

除以上私人海外贸易外,元时亦有朝贡贸易。东南亚诸国多以香料药物前来朝贡,其中来华最多的是安南国。安南国也称交趾,位于今越南北部地区,该地主要出产阿魏、诃黎勒、郁金、朱砂等药物以及沉香、檀香、降真香、香附子等香料。至元二十六年(1289),安南进贡的香料药物名称记载于元人徐善明的《天南行记》:"一苏合香油盛用银瓶三口(油共重一百六十三两,瓶共重七十九两),一白檀香二齐(共重十斤十五两),一梅香檀五齐(七十斤),一甘麻然香一百斤,一草果十斤,一象牙二十扎,一犀角二十株。"[5]其他如占城、爪哇、真腊等地都曾入贡,元政府给这些国家朝贡来的使臣回赠的物品中也有香料药物,《元史》卷二百九《安南传》中记,中统四年(1263)十一月,"光昺遣杨安养充员外郎及内令武复桓、书舍阮求、中翼郎范举等奉表入谢,帝赐来使玉带、缯帛、药饵、鞍辔有差"[6]。

---

[1] 〔意〕马可·波罗著,梁生智译《马可·波罗游记》,中国文史出版社,1998年,第260页。
[2] 曹学佺《石仓历代诗选》卷二百八十,清文渊阁《四库全书》补配清文津阁《四库全书》本。
[3] 〔意〕马可·波罗著,梁生智译《马可·波罗游记》,中国文史出版社,1998年,第196页。
[4] 同上注,第209页。
[5] 陶宗仪《说郛》卷五十六,清文渊阁《四库全书》本。
[6] 宋濂《元史》卷二百九,"列传"第九十六"外夷二"《安南传》,中华书局,1976年,第4635页。

三

元代香料药物被用在生活的各个方面，祭祀礼仪、饮食、计时、熏香居室、房屋建筑、丧葬等都可见到香料。元代外来香料对于普通百姓而言仍然是价格高昂的物品，元初人有诗："薰陆番椒各有差，海南方物到贫家。自惭不及前人德，投我琼琚报木瓜。"[1]但这也并不妨碍这些香料被人们喜爱追捧。

元代香料是皇族大型仪式中不可或缺之物。在所有皇族参与的庆祝新年的白色节日上，"行礼完毕后，大主教走到一个陈设富丽的法坛前，坛上有一块红牌，写着大汗的御名，靠近牌位的地方有一个香炉焚着贡香。大主教以朝会众人的名义，手捧香火，对着牌位和祭坛毕恭毕敬地敬礼。这时，每个人都必须跪在地上"[2]。

元代，香木料依然是重要的建筑材料，皇宫建筑以及富贵人家家具制作的重要材料就是紫檀木。元皇宫内有一座修建精妙的紫檀殿，所用紫檀木料来自印度南部的马八儿王国。除了用为建筑材料，香料木也被用来制作家具，元末明初陶宗仪《南村辍耕录》中记元时春阁寝殿内的紫檀御榻是首次将紫檀木制成坐具的记录。

蒙元时期香料药物在饮食中的使用情况可见忽思慧成书于元文宗天历三年（1330）的《饮膳正要》，忽思慧于元仁宗延祐年间（1314～1320）选任饮膳太医一职，其书中所记是对之前元代宫廷饮食的总结。该书卷三"料物性味"部分载有：胡椒、小椒、良姜、茴香、莳萝、陈皮、草果、桂、姜黄、荜拨、缩砂、荜澄茄、甘草、芫荽子、干姜、生姜、五味子、苦豆、红麹、黑子儿、马思答吉（乳香）、咱夫兰（藏红花）、哈昔呢（阿魏）、稳展（阿魏树根）、胭脂、栀子、蒲黄、回回青（扁青）等二十八种香料药物。[3]

该书所载使用香料药物的汤品、饮品主要有马思答吉汤、苦豆汤、桂浆、桂沉浆、荔枝膏、梅子丸、五味子汤、人参汤、仙术汤、四和汤、茴香汤、橘皮醒醒汤等，饼类食物如莳萝角儿、黑子儿烧饼、橙香饼儿、牛髓膏子的制作也都需要添加香料。茶类的制作同样添加香料，如卷二"诸般汤煎"中"香茶"的配料是："白茶一袋，龙脑成片者三钱，百药煎半钱，麝香二钱同研细，用香粳米熬成粥，和成剂，印做饼。"[4]香料药物用于酿酒、煮粥、服食等各方面知识在该书中都有详细记载。这些记载集中体现了元人对香料药物在食用方面的认识及使用情况。

---

[1]侯克中《艮斋诗集》卷十《杨招讨送乳香胡椒答以木瓜煎戏赠》，清文渊阁《四库全书》本。
[2]〔意〕马可·波罗著，梁生智译《马可·波罗游记》，中国文史出版社，1998年，第118页。
[3]忽思慧著，刘玉书点校《饮膳正要》，人民卫生出版社，1986年，第148～152页。
[4]同上注，第58页。

元代进入中原地区的伊斯兰教徒饮食具有鲜明特色,这种饮食的最大特点就在于大量使用来自西域的香料,明马愈《马氏日钞》中记载:

> 回族茶饭中,自用西域香料,与中国不同。其拌俎醢,用马思答吉,形类地榭,极香。考性味苦香无毒,去邪恶气,温中利膈,顺气止痛,生津解渴,令人口香。又有咱夫兰,状如红花,味甘平无毒,主心忧郁,积气闷不散,令人久食心喜。其煮物用合昔泥,云即阿魏,味辛温无毒,主杀诸虫,去臭气,破症瘕,下恶除邪解蛊毒。其淹物用稳展,味与阿魏同,云即阿魏根,味辛苦温无毒,主杀虫去臭,淹羊肉香味甚美。面中用回回豆子,状如榛子,肉味,及香美磨细,和于面中,味香,去面毒。[1]

其中提到的香料有马思答吉(乳香)、咱夫兰(藏红花)、合昔泥(阿魏)、稳展(阿魏树根)等,这些香料大多是从中亚、西亚传入。元时伊斯兰教徒在中原地区聚集较多,所谓"元时回回遍天下"[2],伊斯兰特有的饮食方式在元代饮食系统中颇具特色。

除以上各方面外,香料在元代还被用于计时。用香计时是古人的一种生活习惯,但用来放置计时香器的物件在元代时得到改进,元代天文学家郭守敬就曾经制出精巧的"柜香漏"和"屏风香漏"。元时出现了线香。除了瓷器香炉,元代还出现了琉璃香炉及三彩香炉,琉璃三彩龙凤纹熏炉是元代香炉中的精品。这是香文化在元代进一步发展时在器物方面的表现。

元人在使用香料上也出现了新方法。元人龙辅《女红余志》一书记有"生香屦",这是一种非常特殊的鞋子,"无瑕屦墙之内,皆衬沉香,谓之生香屦"[3]。在鞋子的底部中空处放置沉香,取其香气。前代仅有用香料熏香鞋子的记载,直接在鞋子中放置香料的鞋在前代尚未出现,是元人在香料药物使用中的一个创举。

元末时有关木乃伊的记载首见于汉文史料,陶宗仪《南村辍耕录》"木乃伊"条记:

> 田地有年七八十岁老人,自愿舍身济众者,绝不饮食,惟澡身啖蜜。经月,便溺皆蜜,既死,国人殓以石棺,仍满用蜜浸,镌志岁月于棺盖,瘗之。俟百年启封,

---

[1] 马愈《马氏日抄》,烟霞小说本。
[2] 张廷玉《明史》卷三百三十二,"列传"第二百二十,中华书局,1974年,第8598页。
[3] 徐陵编,吴兆宜注《玉台新咏笺注》卷七,中华书局,1999年,第290页。

则蜜剂也。凡人损折肢体，食匕许，立愈。虽彼中亦不多得。俗曰蜜人，番言木乃伊。[1]

这段记载一方面反映了当时木乃伊的形成方法，另一个方面也反映了元末时人们对域外治疗跌打损伤特效药的一种追寻。但这种特效药似乎仅仅局限于传说，到明代李时珍撰写《本草纲目》时也仅仅是对《南村辍耕录》所收材料的简单转引，李时珍在这则材料后写道："陶氏所载如此，不知果有否？姑附卷末，以俟博识。"[2]

（王早娟，西北大学中国文化中心副教授。主要研究方向为宗教学、古代文学。）

---

[1] 陶宗仪《南村辍耕录》卷三，中华书局，2005年，第42页。
[2] 李时珍著，刘衡如等校注《本草纲目》（下）卷五十二，华夏出版社，2009年，第1940页。

中国方法：丝绸之路的历史高度以及艰难度

穆 涛

丝绸之路是中国方法，是汉朝探索出来的，让中国融入世界并渐而有发言权和影响力的一条大国之道。它最初是军事路、外交路，汉武帝派使臣联合西域的大宛、乌孙、大月氏等国，成立了一个松散的合作联盟，旨在孤立和削弱匈奴势力；之后是民生路、商业路、世贸路，再之后发展成了当时世界上最繁忙的物流大通道。丝绸之路得以宽广和壮大，是接着地气的，和民生息息相关。丝绸之路使中国自汉代起，就成为一个有国际影响的大国，但其形成过程是艰难的，甚至充满崎岖和曲折。

一、丝绸之路是世界观

丝绸之路不仅是一条路，重要的是世界观。

中国在汉代之前，走的是自强与自安的国家路线，因自得而自在，和外国基本没有往来，也没有对世界的认识，只有"天下"这个概念。"天下"在西周时期是这么界定的，用"五服"做区划，以首都地区（京畿）为核心，向东南西北四外延伸，每五百里为一服，五百里之内称"甸服"，一千里内称"侯服"，一千五百里内称"宾服"，两千里内称"要服"，两千五百里内称"荒服"。方圆五千里，泱泱大国，是为天下。"先王之制，邦内甸服，邦外侯服，侯卫宾服，夷蛮要服，戎翟荒服。"（《史记·周本纪》）"中国"这个词最早出现在夏代，但含义与今天不同。夏代先民开始筑城而居，"禹都阳城"，住在城里的人称"中国人"或"中国民"，简称"国人"。《说文》的注解是："夏者，中国之人也。""中国"即"国中"的意思，用以区别无组织的游牧部落。西周的"五服"观念，针对"国人"是一种大的进步，有行政区划意识了。

中国的大历史，至少有一半是和北方民族的砥砺交融史，也是以汉代为分水岭。汉代之前的北方民族犬戎、匈奴等，南侵中原的目的比较单纯，就是掠夺女人、粮食、金银、财物。汉代之后，北方民族开始对政权有野心，因此后世的历史里，有南北朝，有南宋和北宋，元代是蒙古人建立的，清代是满族和蒙古族合营的。

中原与北方民族的最早交恶，始于西周第五位君主周穆王的北征犬戎。据史书记载，那次北伐战绩一般，"得四白狼四白鹿以归"，但后果很严重，"自是荒服者不至"，从此以后，犬戎不来朝贡了。又过了两百年，西周被犬戎终结。周幽王治国无道，却是个恋爱男，偏宠褒姒，废申后，逐太子，大臣申侯恼怒之下引来犬戎大军，在骊山脚下杀死幽王，抢走褒姒，再把京城扫荡一空后班师北归。这一年是公元前771年。

秦朝建立后，匈奴在甘肃庆阳、陕西榆林一带屡屡犯边。公元前215年，秦始皇遣大将军蒙恬率军30万御北，用了大约六年时间，收复了黄河以南的失地，把匈奴驱至黄河以北，并把秦、赵、燕三国的旧长城连通，修筑了一条西起甘肃临洮，东至辽东的万里边防线，即今天人们常挂在嘴边的"万里长城"。

汉代建国，正值匈奴强盛期，纵有"和亲"政策，匈奴每年仍然大肆入侵边境，杀官吏，掠民财。汉与匈奴的边境线长达数千里，西起陕甘宁，中间是山西、河北，东至北京、辽东，西汉中期之前的国家要务主要是戍边。汉文帝时的贾谊，写过一篇文章《解县（悬）》，指出汉与匈奴的关系呈"倒悬"之势，是大国屈辱。这种"倒悬"的态势从刘邦开始，经历了惠帝刘盈、吕后、文帝刘恒、景帝刘启，到汉武帝刘彻执政的中后期，国家综合实力大增，又开启了丝绸之路这种治国模式才有所改善，但在军事上仍处于对峙期，汉军每打一次胜仗，匈奴均在他处疯狂报复。再经过昭帝刘弗陵，直到汉宣帝刘询时候，汉军把匈奴赶到贝加尔湖一带，边疆的维稳警报才算彻底解除。

丝绸之路最初是军事路、外交路，汉武帝派使臣联合西域的大宛、乌孙、大月氏等国，成立了一个松散的合作联盟，旨在孤立和削弱匈奴势力。之后是民生路、商业路、世贸路，再之后发展成了当时世界上最繁忙的物流大通道。由长安到西域，到中亚，到西亚，再绵延至欧洲。物质交流的同时，中国文化、印度的佛文化、伊斯兰文化、基督文化也相互交集共生。丝绸之路是汉朝探索出来的，让中国融入世界并渐而有发言权和影响力的一条大国之道。

二、与丝绸之路相关的物产

丝绸之路不是务虚的外交词汇，而是有很具体的实际内容。

德国地理学家李希霍芬1868年至1872年在中国考察了四年，之后写出了五卷本著作《中国——亲身旅行的成果和以此为根据的研究》。书中首次命名"丝绸之路"，指"从公元前114年到公元127年间，联结中国与河中（指中亚阿姆河与锡尔河之间）以及中国与印度，以丝绸之路贸易为媒介的西域交通路线"。公元前114年是西汉汉武帝元鼎三年,这一年丝绸之路的开拓人物张骞去世;公元127年是东汉汉顺帝永建二年,这期间的240年被认为是丝绸之路的首个高潮期。1910年,德国人赫尔曼在《中国与叙利亚之间的古代丝绸之路》一书中写道:"我们应该把这个名称的含义延伸到通往西方的叙利亚道路上。丝绸之路,即从长安到叙利亚。其实,丝绸之路这一概念是有局限的,讲东西交通和中西交通,既包括交通线,又包括所有的各种交流。例如,文化艺术、科技、宗教等各个方面。因此,我们把丝绸之路定义为:古代和中世纪从黄河流域和长江流域,经印度、中亚、西亚连接北非和欧洲,以丝绸贸易为主要媒介的文化交流之路。"

经由这一条物流大通道,中国的物产,如丝绸、茶叶、瓷器,包括五谷种植技术被输出,同时引进了良种马、苜蓿(军马的主饲料,汉又名"怀风","苜蓿一名怀风,时人或谓之光风。风在其间,常萧萧然",还叫连枝草等。有多个名字,是因为此植物刚被引入,尚无定名的原因)。葡萄(汉代写为蒲萄)、樱桃、胡麻、胡椒、胡萝卜、芫荽、石榴(安石榴)等,也多从这条路而来,再落地生根的。

汉武帝刘彻爱马,在帝位54年,他的坐骑有多匹来自大宛国(乌兹别克斯坦一域),有一副马具来自身毒国(印度)。"武帝时,身毒国献连环羁(马笼头),皆以白玉作之(皮革之上镶玉),玛瑙石为勒,白光琉璃为鞍,鞍在昏(暗)室中,常照十余丈,如昼日。自是长安始盛饰鞍马,竞加雕镂,或一马之饰直(值)百金。"(《西京杂记》)

《西京杂记》载,汉宣帝刘询生不逢时,才几个月大时,因"巫蛊之祸"受牵扯坐牢,入狱时,胳膊上佩戴着祖母史良娣编织的彩色丝绳,上面系着一枚产自印度的宝镜,镜面如八铢钱大小,民间传说此宝镜可照见妖邪,佩戴者得赐天福,因此宣帝才能转危为安。宣帝即位后每次见到这枚宝镜,都会长时间哭泣。

丝绸之路得以宽广和壮大,是接着地气的,和民生息息相关。国家倡行的政策,失去老百姓的参与和响应,是不可能成为大政的。

三、冒顿单于与吕后的一次互通国书

冒顿是匈奴划时代的领袖,一生充满传奇,是大单于,但也粗劣僭越至极。

公元前209年,冒顿弑父王头曼,自立单于。这次政变不是阴谋,是公开的。在一次狩猎中,冒顿把一支响箭射向父亲的头部,他的麾下立即万箭齐发,老单于现场殒命。冒顿多年来就是这么操练手下的,响箭是信号弹,是超级号令,也是狗眼里的骨头,扔向哪里狗群扑向哪里。

这一年,中国相对应的是秦二世元年(前209),但三年后,大秦帝国轰然崩塌。

偌大的秦朝只存世15年，从公元前221年到公元前206年。如此短命的朝代，后世执国者当引以为戒。与此同时，冒顿的帝国在北方迅速崛起。冒顿单于是军事家，也是战略家，他统一了北方草原一百多个部落，西征楼兰、乌孙，控制了西域大部分地区，向南兼并楼烦，占领黄河河套以南地区，东抵辽河，降服东胡王，北抵贝加尔湖一线，建立了辽阔的草原和大漠帝国。汉朝建立时期，正值匈奴的黄金时代。刘邦碰上这样的对手，也是生不逢时。

公元前200年是汉代建国第七个年头，事实上刘邦称帝是在汉建国第五年（前202）五月，同年十二月灭项羽，汉代纪元从刘邦首次攻入咸阳城那年开始计算，公元前206年，"沛公军霸上"。汉高帝七年（前200）农历十月，刘邦挂帅的汉军和冒顿单于率领的匈奴军在大同一带首次巅峰对决。这一年的冬天来得格外早，天公不作美，遭遇了极寒天气。汉军以南方子弟兵为主，从将军到士兵均对北方的恶劣天气准备不足，有二三成士卒被冻掉了手指和脚趾，"至楼烦（山西朔州一带），会大寒，士卒堕指者什二三"。在平城（大同），32万步兵被30万骑兵分割包围，被围困七天后，刘邦依靠给匈奴的王妃送重金才买了一条逃生路，侥幸逃脱。

这一仗之后，戍边的汉将纷纷倒戈率众降北，危及大厦初起的汉朝，匈奴势强、汉朝兵弱的南北格局形成。为维持新生政权，刘邦于无奈之中，用美女换和平，官方术语叫"和亲"，送"翁主"给冒顿做"阏氏"（夫人），每年还要奉送大量财物，以换取边疆苟安。皇帝的女儿叫公主，诸侯的女儿叫翁主。原本是要送公主的，但刘邦只有一个女儿，在吕后的软缠硬磨下才临行换人。"欲遣长公主。吕后泣曰：'妾唯以一太子、一女，奈何弃之匈奴！'上竟不能遣长公主，而取家人子（皇族女儿）为公主，妻单于。使敬往结和亲约。"（《汉书·郦陆朱刘叔孙传》）

汉高帝十二年（前195），刘邦去世，冒顿派使者给吕后送来国书，但不是吊唁，而是上门提亲，语气也极其粗鲁傲慢，说你是一个人，我也一个人，我想在中原多走走，咱俩凑合起来过日子吧。"孤偾（仆）之君，生于沮泽之中，长于平野牛马之城，数至边境，愿游中国。陛下独立，孤偾独居，两主不乐，无以自虞，愿以所有，易其所无。"

吕后有王者风范，忍下了此等巨大羞辱，且依国家礼仪回奉国书："单于不忘弊邑，赐之以书，弊邑恐惧。退日自图，年老气衰，发齿堕落，行步失度，单于过听，不足以自污。弊邑无罪，宜在见赦。窃有御车二乘，马二驷，以奉常驾。""退日自图"这句话是对提亲一事的答复，但软中见硬，柔里带刚。"我照着镜子端详了自己，年老气衰，发齿脱落，走路都打晃，单于您误听他人言了，不要亏了自己。"单于看了回书，立即再派来使者认错,"未尝闻中国礼义,陛下幸而赦之"。这是礼仪的力量,国力疲弱的时候,用礼仪也能抵挡一下。

但认错归认错,此后经年,匈奴在边境滋事不断,掠妇女,抢钱粮,杀边吏。汉朝廷的回应多以修书"严正抗议"为主,抗议国书的抬头是这样的:"皇帝敬问匈奴大单于无恙";冒顿回复的抬头则是这样:"天所立匈奴大单于敬问皇帝无恙"。冒顿去世后,他的儿子老上单于即位,国书的抬头写成这样:"天地所生,日月所置,匈奴大单于敬问汉皇帝无恙"。更为甚者,汉朝廷的国书函匣规格是一尺一,"以尺一牍";匈奴的函匣是一尺二,"以尺二寸牍",处处压过汉朝廷一头。

吕后之后,汉文帝刘恒时期边境冲突最为频仍,尽管有"和亲"、通关市(边境贸易)、给遗单于(大量奉送财物)三项政策,但匈奴大军不时入境侵扰,最多时达14万军队,"岁(每年)入边,杀略人民甚众"。侵扰地点几乎覆盖北方边境,东部在"辽东,云中(内蒙古南)",中部在"句注(山西雁门),飞狐口(张家口蔚县)",西部在"北地","朝那萧关(陕甘宁沿线)",汉朝当时已进入全民备战模式,"烽火通甘泉(咸阳淳化),长安"。汉景帝刘启即位后,因为匈奴内部不团结,"终景帝世,时时小入盗边,无大寇"。一直到汉武帝刘彻执国后,国家综合实力强大起来,中华再兴,这种大国屈辱的局面才得到基本改善。

四、"和亲"与"倒悬"

软骨头,指的不是骨头,是怯懦的心。怯懦有天生的,也有迫于无奈的,俗话叫示弱。

汉代的和亲政策是大国的屈辱之举,是用美女换和平,是礼仪之邦向野性的引弓之国示弱。这段辛酸和无奈的历史持续了大约150年,具体的时间节点是从汉高帝七年(前200)"平城之围",到汉宣帝甘露三年(前51),匈奴的呼韩邪单于首次以臣子身份入汉朝觐。这中间经历了七位皇帝和一位虽无帝名却是实际柄国者的吕后,依次为高帝刘邦、惠帝刘盈、吕后、文帝刘恒、景帝刘启、武帝刘彻、昭帝刘弗陵、宣帝刘询。

匈奴一统北国称霸的时间约150年,与和亲政策的时间范畴相对应,共经历十二位单于——冒顿单于、老上单于、军臣单于、伊稚斜单于、乌维单于、儿单于、句犁湖单于、且鞮侯单于、狐鹿姑单于、壶衍鞮单于、虚闾权渠单于、握衍朐鞮单于。之后匈奴内部出现大分裂,形成军阀割据时代,呼韩邪单于以臣子身份朝觐汉朝,是五单于并存时期。他到长安城来,是来寻求保护伞的。

关于和亲的细节,《汉书》中《匈奴传》《西域传》和诸帝王纪的记载不尽相同,主要是时间上有些出入。有确切记载的，自武帝至宣帝，对匈奴和亲八次，对西域乌孙国和亲三次。具体是，高祖刘邦一次，惠帝刘盈一次，文帝刘恒三次，景帝刘启两次，武帝刘彻即位后提议一次被匈奴拒绝，后与乌孙国和亲两次，宣帝刘询与匈奴和乌孙国各一次。

与匈奴八次和亲的细节如下：

汉高帝七年（前200），"平城之围"后首次和亲，"乃使刘敬（原名娄敬，和亲政策的设计人，赐姓刘），奉宗室女翁主为单于阏氏，岁奉匈奴絮缯酒食物，约为兄弟和亲"。（《汉书·匈奴传》）

汉惠帝三年（前192），"以宗室女为公主，嫁匈奴单于"。（《汉书·惠帝纪》）

汉文帝即位后，提议和亲。"至孝文即位，复修和亲"。汉文帝四年（前176），冒顿单于致汉文帝国书，问及和亲事，"天所立匈奴大单于敬向皇帝无恙，前时皇帝言和亲事，称书意合欢"。"汉许之"。（《汉书·匈奴传》）

以上三次和亲，嫁冒顿单于。

汉文帝六年（前174），"冒顿死，子稽粥立，号曰老上单于"。"老上稽粥单于初立，文帝复遣亲人女翁主为单于阏氏"。（《汉书·匈奴传》）

汉文帝后元二年（前162），"六月，匈奴和亲"。（《汉书·文帝纪》）

以上两次和亲，嫁老上单于。

军臣单于即位后，拒绝与汉和亲，大肆侵扰掠边。"军臣单于立岁余，匈奴复绝和亲，大入上郡（陕西榆林一带）、云中各三万骑，所杀略甚重。"（《汉书·匈奴传》）

汉景帝二年（前155），"秋，与匈奴和亲"。汉景帝五年（前152），"遣公主嫁匈奴单于"。

以上两次和亲，嫁军臣单于。

武帝即位（前140）后，积极推行边境贸易，给匈奴最优惠待遇。"武帝即位，明和亲约束，厚遇关市，饶给之。匈奴自单于以下皆亲汉，往来长城下。"（《汉书·匈奴传》）

汉武帝元封六年（前105）、太初三年（前102），两次与西域乌孙国和亲。汉武帝中后期，汉朝国力强盛，又联手西域诸国，与匈奴关系发生结构性变化，但仍处于军事对峙期，互有胜负；汉军每在一地取胜后，匈奴则在他处疯狂报复。

汉昭帝时期无和亲，匈奴提出和亲，汉朝不响应。始元二年（前85），"狐鹿姑单

于欲求和亲,会病死"。"壶衍鞮单于既立,风谓(即捎话,非正式国书)汉使者,言欲和亲"。(《汉书·匈奴传》)

汉宣帝神爵二年(前60),"匈奴单于遣名王奉献,贺正月,始和亲"。(《汉书·宣帝纪》)

此时,汉与匈奴关系已有本质变化,匈奴派重要使臣入"汉奉献,贺正月"。

汉宣帝甘露三年(前51),呼韩邪单于首次以臣子身份入汉朝觐,"汉宠以殊礼,位在诸侯王上"。公元前33年,呼韩邪单于第三次朝汉,"单于自言愿婿汉氏以自亲",汉元帝赐王昭君嫁单于。这一年汉元帝改元,称竟宁元年。

贾谊是汉文帝时的博士,汉代的博士比今天的院士地位高,相当于皇帝的文化顾问。他给汉文帝的奏折中,称"和亲"政策是"倒悬",是跛脚,是偏瘫,是国之大病。

"天下之势方倒悬,窃愿陛下省之也。凡天子者,天下之首也,何也?上也;蛮夷者,天下之足也,何也?下也。蛮夷征令,是主上之操也;天子共(供)贡,是臣下之礼也。足反居上,首顾居下,是倒悬之势,莫之能解,犹为国有人乎?非特倒悬而已也,又类蹩(跛脚),且病痱(偏瘫)。夫蹩者一面病,痱者一方痛。今西郡、北郡,虽有长爵不轻得复(很高爵位的人也不能免除徭役,复,此处为徭役,指戍边),五尺以上不轻得息(不能安居乐业),苦甚矣!中地左戍,延行数千里,粮食馈饷至难也。斥候者(瞭望哨兵)望烽燧而不敢卧,将吏戍者或介胄而睡。而匈奴欺侮侵掠,未知息时,于焉望信威广德难。"(贾谊《新书·解县(悬)》)

天子、蛮夷、首、足、上、下,这种观念是不妥当的,没有与邻为善的平等相处意识。但贾谊对国情态势分析有大眼光:"蛮夷征令,是主上之操也。天子共(供)贡,是臣下之礼也。"听命于匈奴,大国丧失发言权。给匈奴奉贡,是臣子的行为,向他国俯首称臣,是屈辱。"中地左戍,延行数千里,粮食馈饷至难也。"由内地到边境戍边,长途跋涉千里,军费支出巨大。汉代中期时候,全国人口约4500万,常规部队仅七八万人,而与匈奴的边境线长达数千里,西北从陕甘宁一线起,至山西、河北、北京,东至辽东,汉代不得已实施全民皆兵政策,国民23岁至56岁,每年每人均有三天兵役义务。

"匈奴欺侮侵略,未知息时于焉,望信威广德难。"在有和亲纳贡的政策下,匈奴每年仍要大肆侵边,不知何时能止,大国之威从何谈起。贾谊无奈地发出感慨:"倒悬之势,莫之能解,犹为国有人乎?"国家有难,无人能解,是国家没有栋梁之材。

中国自汉代起,才开始以世界的眼光,重构国家的格局,这是汉代的大器之处,是"汉唐气派"的原点所在。但是这个"大"是多么的来之不易，历经了太多的韬光养晦和自强不息。对大国崛起之前压抑地带的反思与内省，应是今天建立中国气派大时代的基础课。

（穆涛，中国作家协会散文委员会委员，《美文》杂志常务副主编，陕西省文艺评论家协会副主席。）

探索红河三角洲古代都市之谜

——越南交趾郡治羸䧚遗址的发掘成果

〔日〕黄晓芬

公元前111年，汉武帝攻略南越国，又划分其旧领地设置九郡。在越南北部设交趾、九真、日南三郡，其中交趾郡（州）为帝国南边的政治文化中心。然而，交趾郡（州）的治所何在？交趾都市建设及其文化面貌具有什么特点？史料缺乏明确记述。且红河三角洲古代郡县都市的考古学调查起步晚，久而久之形成了越南古代史及东亚文明史上的一个"空白地带"。

一、研究课题与问题点

《汉书·地理志》记载西汉时期交趾郡下设有羸䧚、安定、苟扁、麊泠、曲易、北带、稽徐、西于、龙编、朱䚦10县，交趾郡治在羸䧚县。然而文献未见记述羸䧚县的具体位置，汉代交趾郡治的所在地点不明。西汉末至东汉初期交趾郡的社会经济飞跃发展，郡下人口总数多达92440户，746237人，成为岭南、越南北部的政治、经济、文化之中枢地域。于是交趾郡治的城市建设亦突飞猛进变成当地拥有最多人口的大都会。当时的交趾郡太守锡光、任延在各自执政期间都竭力推进政治、经济建设及传播汉代礼仪文化，促进越南北部交趾郡县社会文化的发展与变革。（《汉书·循吏列传》）公元1世纪中期，交趾郡下的地方首领征氏姐妹起义，东汉伏波将军马援奉命率军赴交趾平定征氏姐妹的反叛势力之后，即着手整编交趾郡县制，整修郡县治所的城郭、沟渠等，以加强城市交通管理及促进水利灌溉建设事业。与此同时，还开拓了越南北部通往云南、广西之间的陆路交通等，在红河三角洲一带进一步推广汉文化，加深其传播与影响。（《后汉书·马援列传》）

公元3世纪初（东汉末至三国），交趾郡改称"交州刺史部"。有关交州治的所在位置，文献史料中的记载多有出入。《晋书》《元和郡县图志》记"龙编"县，可《水经注》《交州外域记》记为"麊泠"县，而《大越史记全书》《大越地舆全编》则转引《汉书》师古注交州治所设在"嬴陵"县等。至唐初（631），交州刺史部改称"交州都督府"，不久于唐高宗调露元年（679）又改名"安南都护府"。唐代安南都护府的政厅迁往河内之后，嬴陵古城逐渐开始走向衰退。

如是，交趾郡（州）的治所究竟何在？文献史料不见明确记载，至今未有定论。

越南首都河内市以东19千米，现北宁省顺成县垄溪社保留有一座被称为"LUYLAU"的古城（图1），这是一座由城墙与外濠围绕建造而成的方形城郭。最早对该城址进行实地考察和记录的是法国学者Cl.Madrolle，他观察分析从当地采集的砖瓦和陶片后，提出该城址有可能属于汉王朝的官署建筑遗迹。[1] 20世纪60年代，越南考古学者开始对LUYLAU城址进行实地调查，当时地表城墙、城濠保存基本完好，城内外亦散见汉至六朝以及隋唐时期的砖瓦和陶瓷残片，推定该城址的地上和地下都保留有丰富的文化遗存。因此，1963年LUYLAU城址成为越南文化部指定的国家历史文化遗迹。20世纪70年代，

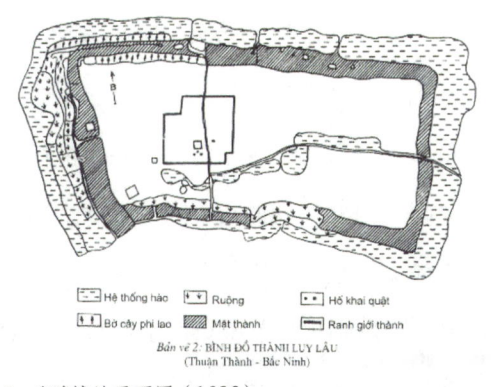

图1　嬴陵古城西北角　　　　　　图2　嬴陵城址平面图（1986）

越南考古学者在城内外展开临时考察，对古城西南隅的一段城墙进行试掘调查，根据遗迹现象及出土文物的特点判断其"城墙的年代晚于汉代"[2]。以后又在城外的试掘调查发现了唐代窑址。[3]

20世纪80年代，越南社会科学院考古研究所、河内大学历史系考古实习队和北宁省文化局等，对LUYLAU城址展开不定期的实地考察，根据城内外的地形观察提示这里可能建造过内城，并首次绘制了当时地面保存完整的LUYLAU城址平面图（图2），还

---

[1] Madrolle《古代的东京》，《法国远东学院学刊》1937年第37卷。
[2] 杜庭苗《通报1969年10月对嬴陵城的解剖结果》，越南社科院考古所内部资料，1969年。
[3] 杜文宁《顺城7～10世纪的砖瓦窑址》，《考古学》1970年第5～6期。

在城内外地表采集了不少汉至六朝以及隋唐时期的砖瓦和陶瓷片。21世纪初，河内大学考古实习队在古城中部试掘发现了唐代建筑址的一部分。还选择北墙、外濠一段开挖探沟调查，根据下层出土陶片的形式特征初次推定古城北墙的建造年代约为2～3世纪。由于LUYLAU城址的考古调查时断时续，且个别地点的试掘调查及出土文物的分类整理等受到多种因素的局限，大多数考古资料都未经系统整理及公开发表。关于LUYLAU都市建设的构造形制，出土文物的形式分期等始终缺乏详细的考察分析与系统的认识。于是，LUYLAU古城的性质及其文化内涵是什么？其都市建设的盛衰变迁又是怎样的？至今还是一个未解之谜。

2008年夏，笔者经越南国家历史博物馆考古部学者介绍陪同，首次赴红河三角洲地带考察越南汉墓，同时对当地各省市博物馆馆藏资料进行了调查。在北宁省顺成县清姜社的汉墓群踏察及简易GPS测量过程中，了解到这一带耕地周围被村民称作"汉墓"的大小封土成群。而更令人瞩目的是，在分布密集的汉墓群西侧500米处，还残存一座被称作"LUYLAU"的古城。城内地表散见汉至六朝以及隋唐时期的砖瓦和陶瓷片，还曾采集到刻印"万岁"铭文的瓦当残片，还发现人面纹、莲花纹瓦当等。这些遗迹和遗物现象都表明这是红河三角洲的一座古代都市，还可确认LUYLAU遗址（包括城址与汉墓群）与越南北属期的历史密切相关，为我们探索和揭示红河三角洲平原古代郡县都市的真相提供了重要线索。为了探索和具体揭示红河三角洲古代都市之谜，笔者与越南国家历史博物馆副馆长及考古部主任具体交谈商量之后达成协议，以LUYLAU遗址为中心展开越南古代都市的学术调查与发掘工作。当时由于笔者正在从事"汉魏帝国都城陵墓、直道、郡县都市"科研调查工作，对中国岭南、越南北部地区的郡县都市遗址主要进行资料调查及有关科研课题立项准备工作。2012年开始正式启动红河三角洲平原LUYLAU遗址的学术调查项目，计划制定课题调查方案，组织学术调查团队，向日本政府学术振兴会申报本课题的科研活动经费。2013年笔者所属日本东亚大学与越南国家历史博物馆签订《日越考古学共同调查五年协定》，连续四年对LUYLAU城址展开了考古发掘调查与综合研究，获得丰硕的学术成果。

二、交趾郡治嬴陵说

越南北部的红河三角洲平原留下数座古老城址，其中一座古城址的越语音读为"LUYLAU"，与汉字"嬴陵"谐音意通。《汉书·地理志》记述西汉时期的交趾郡治设在嬴陵县，因此，LUYLAU即史书所载交趾郡治"嬴陵"，亦为交趾郡下所属嬴陵县名称。笔者在考察LUYLAU城内外的古祠庙、寺院内保留的新旧碑刻资料时，寺院内的修缮碑及中世墓碑文中数次发现有"羸䣚"二字。古城附近出土的近世墓碑文字中亦有铭刻"羸䣚城"，释读其碑文皆以羸䣚城为标识来记述墓地的所在位置。当今走在古城内外的耕田池畔，古代的砖瓦和陶片随处散见。以前曾在此采集有汉代的施云纹及"万岁"铭文瓦当，还有三国时期"位至三公"瓦当，人面纹瓦当，以及六朝莲花纹瓦当等。而发掘出土文物更是多种多样，几乎以汉至六朝以及隋唐时期的砖瓦和陶瓷器为大宗，也发现了不少中世纪以后的越南陶瓷片。

直至20世纪80年代末，古城址的地面遗存保留仍基本完好，近30年来，随着越南改革开放，经济飞速发展，羸䣚古城及其坟墓群等濒临拆毁及盗掘破坏的危机。目前，羸䣚城郭遗址在地表仅残存西半部（图3），外郭北墙、西墙、南墙西段及其外城濠部分还基本保留之外，外郭东墙、东城濠以及城东南域遗迹几乎被削平殆尽，而古城东半部的空间已被密集的民宅建筑及新街路所占据。另外，在企业开发建设的潮流冲击下，羸䣚城东的汉墓群亦连年遭破坏，清姜墓区数十座古墓也在土地开发企业建设中彻底消失了。本科研项目组在实施羸䣚遗址的学术调查和计划发掘的同时，还积极参与配合当地的文物干部，促进展开地面历史文物古迹的调查和保护工作。2013年北宁省文化局文物处就在羸䣚城址上竖立"古城羸䣚"保护标牌，还在通往古城大道两旁的宅墙，以及周边居民街巷的通道上都挂出醒目的羸䣚城址路标等。实地调查羸䣚城内外的古寺庙遗址及坟墓群等，发现有不少遗迹、遗物与文献记载的交趾郡（交州）相关。

城内的士王庙 羸䣚城内西侧有一座保存完整且当地通称"士王庙"的古祠庙建筑群（图4、图5）。古来，这座祠庙内受奉祀的庙主是交趾郡太守士燮。文献记载士燮从东汉末至三国吴初赴任交趾郡太守，连续执政长达30多年。他在交趾任职期间，不仅注重交趾郡县政治及经济建设，开发水陆交通，促进南海贸易，更致力传授教习中国礼仪文

图3 红河三角洲地带的LUYLAU城址　　图4 士王庙供奉　图5 交趾郡太守士王庙的神主

化。由于士燮为红河三角洲的地域文化发展贡献卓越，深受当地民众爱戴，后世又被尊崇为"士王"。在羸䯢城内建有士王庙，经历代修缮保存完好。至今，士王庙堂中央祭台神座上还供奉着交趾郡太守衣冠（图4），每年定期在庙内举办传统的祭拜活动。

城郊的士王墓庙 羸䯢城以东2.5千米范围的稻田耕地中残留不少大大小小的"汉墓"封土堆，形成羸䯢坟墓群（图6）。而在坟墓群的东端保留一座交趾郡太守士（燮）王墓（图7、图8），封土墓前侧配置一对圆雕石羊（图7），观察其雕刻技法及造型特点，与山东半岛出土的东汉墓前石羊的雕刻样式类似，其制作年代亦相去不远。在士王墓南侧配置祭堂与钟楼、鼓楼，构成一组以守护、供奉士王墓而建设的墓庙建筑

图6 交趾郡治羸䯢遗址的立地方位图

图7 士王墓前的石雕羊

图8 交趾郡太守士王墓

图9 士王墓庙正门（表）"南交学祖"

图10 士王墓庙正门（里）"有功儒教"

图11 羸䯢城东陶璜庙

群。现正门牌坊题额中表面题铭"南交学祖"(图9),里面题刻"有功儒教"(图10),皆为赞颂太守士燮在交趾留下的丰功伟绩。太守士燮执政交趾的时代虽已流逝长达1800年之久,而嬴㟭城内的士王庙与城外的士王墓、墓庙的整体建筑都历经各代修缮建设,依旧保存完好。至今当地乡民依然遵照传统礼仪定期在此祭拜"南交学祖"。

城东的"陶璜庙"与出土残碑 嬴㟭城东的清姜社清怀村里有一座古老的城隍庙,现在村民也称之为清怀庙。古来,这座庙内供奉的城隍神主就是晋交州牧陶璜,至今庙内正殿中央高挂横匾题铭为"北朝梁(良)目(牧)"(图11),其左右对联为"传受为先延世系""民生后念德高超"等,都是为晋交州刺史陶璜歌功颂德的。2013年,北宁省文物处干部对古城周边的古寺庙保管碑文石刻资料进行了调查记录,在古城东侧的清怀庙内调查发现一块残碑题铭为"晋故使持节冠军将军交州牧陶列侯碑",根据该碑额文字铭刻有"晋","交州牧陶列侯",有关新闻报道及学术文章都认为此碑是为赞颂晋交州刺史陶璜功绩而竖立的个人显彰碑,一般称作"陶璜碑"。这一残碑为目前越南考古发现最古的石碑,深受学术界瞩目。

数年前在清姜社清怀村古老的城隍庙(亦称清怀庙)后院建设取土时偶然发现这块残碑,出土当时仅存圭首及碑座的残断部分。以后,文物干部又在清怀村水塘边铺路石中找回同一碑石的中段部分。如此三段残碑拼接修补后复原为一圭首方座石碑,2014年在庙旁设碑亭(图12)加以保护。笔者在嬴㟭城址发掘调查期间数次前往残碑出土现场实地调查,绘图、照相、制作拓片等。值得注意的现象是这通残碑出土于古城隍庙的后院,其出土地点西距嬴㟭外郭城东墙仅有200米。尤其是在嬴㟭城东发现交州刺史陶列侯碑,显示嬴㟭城址属于交趾郡(交州)治所的可能性大。

观察残碑的铭刻文字,发现碑阳的隶书碑文的磨损脱落比较严重,而碑阴的楷书碑文则基本保存完好,尤其是残碑阴阳两面的碑文中均可判读出明确纪年。例如,残碑阳面正文铭刻"……虎示堂建兴二年";而碑阴的纪年文字铭刻"惟宋元嘉二十七年",其碑文抬头则铭记"教故冠军将军交州牧列侯陶璜……"。此碑阴题铭与碑阳的圭首题铭"晋故使持节冠军将军交州牧陶列侯碑"文辞相通。经详细对比考察残碑阴阳两面的纪年及铭刻内

图12 陶璜庙内出土残碑的保护碑亭

容，再参照干支纪年及有关文献，比较释读这通残碑的铭文内容，其结果表明，碑阳的隶书铭文"建兴"年号非西晋纪年，当为三国吴期的"建兴二年（253）"。又碑阳的残断碑文可判读有"彪示堂""州庙"等字句，却不见关于（晋）"冠军将军交州牧列侯陶璜"之铭文记述。再结合考察残碑出土地点与嬴陵城的位置关系，可以认为这通残碑并非"陶璜碑"，应当属于三国吴"建兴"年间所建立的交州庙碑。[1]晋代以后，为纪念交州刺史陶璜的功绩而改称陶璜庙延续至今。碑阴的楷书铭文明确记述南宋"元嘉二十七年（451）"重修"冠军将军交州牧列侯陶璜"庙，并在修缮工程结束后又在旧碑阴面追刻纪念碑文。

通过以上实地考察，参照谷歌卫星地图确认了古城址与汉墓群呈东西直线配置（图6），显示城郭与汉墓群为一体建筑，可以认为嬴陵遗址是一座由方形城郭与汉墓群组建而成的复合性古代都市遗址。结合地面现存遗迹、遗物以及新发现的碑石文字资料、参考文献史料记载进行综合分析，结果表明北宁省顺成县残存的LUYLAU嬴陵古城就是交趾郡（交州）治的所在地，包括城郭与汉墓群在内统一定名"交趾郡治嬴陵遗址"。这座古城始建于汉，经六朝至隋唐时期的发展直至唐代安南都护府迁移河内为止，发展繁荣持续700年之久。

三、越南交趾郡治嬴陵的都市空间

2013年，本课题组对嬴陵遗址的立地景观进行了实地踏察与GPS测量调查，并走访民家探寻和确认被削平的城墙、外濠遗址，采集文物，对地面现存古城址、古河道、聚落遗址、坟墓群等的分布状况展开具体调查和记录。

1. 嬴陵城址的立地景观

交趾郡治嬴陵遗址位于越南首都河内以东19千米，海拔高度为8.1米。现存方形城郭由人工筑造的城墙、城濠环绕而成，东西长603米，南北约300米，方位角为北向偏西9度。[2]城内中部由南向北地形逐渐增高（图13），其北部偏高台地则是交趾郡（州）治的宫殿官署区。由此向北延伸6千米直抵耸立于红河三角洲平原上的梁可山，是秦汉时代都城与陵墓建筑以北为尊的标志。而由宫殿官署区直线往南延伸可抵达位于城郭南

---

[1] 黄晓芬编著《交趾郡治嬴陵遗迹Ⅱ——2014～2015年度発掘からみた紅河デルタの古代都市像—》，フジデンシ出版，2017年。
[2] 黄晓芬编著《交趾郡治嬴陵遗迹Ⅰ》科学成果报告书，东亚大学，2015年。

图13　嬴𨻭内城迹（北高南低）　　　　　　图14　嬴𨻭外城西墙迹

面中央的供奉佛道信仰的成道寺（寺院内残留六朝时期的方圆形柱础石）。考察城内外各地点的GPS测定数据表明，交趾郡治嬴𨻭城建设是继承秦汉都城的方位思想，依照南北轴线中心对称配置而展开的。[1]

嬴𨻭城郭是傍依红河支流的古桑河而建造的，在北墙、东墙、南墙外侧分别开设北濠、东濠、南濠，只有西墙外侧西城濠非人工建造，而是直接利用南流桑河而成的。观察现存嬴𨻭遗址可以发现，为确保嬴𨻭城濠环流贯通，首先在外城西北角导桑河水引入北城濠，又分流东濠、南濠到达西南城角，再连接西城濠南端地点与桑河交汇。嬴𨻭城的北、东、南城墙与其城濠相邻而建造，只有西城墙与西城濠（古桑河）之间相距40～80米（图14），接近西墙的地势较高，由此向西至西城濠则相对低下，其间呈缓坡地形。至于西墙至西濠之间的宽阔地带有何用途，越南学者推测可能属军事驻屯基地，由于这一带未经发掘调查，还缺乏实物证据。2013年冬，笔者赴现场考察时正逢当地农家在此修整扩大养鱼池，暴露出此斜坡地形的部分断面。观察其地层发现是混合碎砖瓦、陶片的瓦砾层与黏土层交替堆积而成坚硬土台，挖鱼池土堆周围散乱着大量的汉代至六朝以及隋唐时期的砖瓦和陶瓷片。观察其地层与堆积文物可以推测，西墙与西濠之间的宽阔平坦地带是由人工建造的台基式空间，其用途有可能属于交趾郡治嬴𨻭城的河川交通，如与物流相关的码头设施等。

2. 聚落、水运交通、古墓群

交趾郡治嬴𨻭地处辽阔的红河三角洲平原中部，古来自然资源丰富，稻作农耕兴旺，水运交通发达，经济生产富庶。嬴𨻭外郭西城墙顺着南流的桑河古河道建造，其外侧西城濠则直接利用桑河古河道而成，又在外郭城西北角截引桑河水环流北、东、南城濠。

---

[1] 黄晓芬《论西汉帝都长安的形制规划与都城理念》，《历史地理》2011年第25辑。

图 15　清姜汉墓（TK.M1） 　　　　　　　　　图 16　清姜汉墓群（TK.M31,32）

图 17　被盗砖室墓 TK.M28 的前室 　　　　　　图 18　被盗砖室墓 TK.M28 的后室

赢䁥古城北、西北方分布聚落遗址，城郭西北角沿着桑河古河道往北西方向延伸 800 米处的水田沟池边散见大量砖瓦和陶片，当地采集的砖瓦和陶瓷残片都与城市居民生活密切相关，从其器物造型纹饰特点观察，基本与赢䁥城内出土器物相同或类似，很有可能属于古城周边附属的大型聚落遗址。越南学者早在 20 世纪 80 年代就在城郭南墙外近桑水河畔发现了几处古窑址，还在马观和劲楚地区调查发现一座高约 1.5 米的陶窑遗址。[1] 其周围多见散乱的砖瓦和陶片，因此古城南边可能分布陶制品的生产作坊，附近或有河港交易集市。

赢䁥城东 2 千米的稻田耕地中散见大小的坟丘组成的古墓群，当地老乡称之为"Han-mu 汉墓"（图 15、图 16），截至 20 世纪末，这一带农田里保留基本完整的古墓群多达 100 座以上。然而赢䁥古墓群不见于任何文献记载，亦无任何考古调查记录，所以有关墓地建造年代等不明。20 世纪 90 年代，越南改革开放以来，经济飞速发展，古城址周边的企业建设、土地开发亦迅速改变了赢䁥的历史景观。近 20 年来城东汉墓群遭盗墓破坏现象十分严重，每年赴古城址发掘调查期间都要对被盗古墓进行清扫记录，基本

---

[1] 陈庭练、陈文谅《1989 年顺成考古发现和调查》，越南社科院考古所内部资料，1989 年。

归类于典型的东汉砖室结构（图17、图18）。2012年本课题组赴嬴㵢遗址展开考古调查项目主要是针对城东清姜汉墓的群分布现状实施GPS测量记录，首次对残存的32座汉墓进行编号定位，绘制了第一张嬴㵢汉墓分布图。

交趾郡治嬴㵢的建设基本按照中国古代的文明装置设计而成，既具备政厅都市的功能，更发挥了红河三角洲平原之河川水运交通之优势，是兼备汉帝国南边政治、经济、物流多种功能，因此在公元前后就已迅速发展扩大成为汉代岭南地区拥有最多人口的郡县都市。

四、从发掘成果看交趾郡治嬴㵢的都市文化特色

为揭示交趾郡治嬴㵢遗址的真面目，2012～2013年在嬴㵢遗址展开前期调查，把握遗址的立地景观及分布状况之后，我们选定城内发掘区于2014～2017年连续四年按计划实施了交趾郡治嬴㵢遗址的发掘调查工作，获得了丰硕的学术成果。

1. 嬴㵢都市建设的盛衰与编年

嬴㵢城址第一次（2014）发掘地点选定于城内砖瓦堆积集中区，共开设3个探方，编号14LL.T1～T3，进行考古发掘（图19）。发现了内城北墙、北门遗址T1（图20、

图19 交趾郡治嬴㵢城址发掘区T1、T2

图20 内城北门遗址T1

图21 内城发掘区T2

图 22　内城北墙、北门迹 T1

图 23　内城东北角、东墙迹 T2

图 24　内城北墙 T6

图22），及内城东北角 T2（图21、图23），确认古城嬴䣕是一座具有内外二重构造的方形城郭。还在内城西部开挖 T3 探方中发现唐代建筑址，又在 T3.tp4 的二次堆积层中首次发现并出土了越南东山文化系的铜鼓铸型片，同时出土的还有坩埚、吹风管等铸造器物约40件。这一发现为探寻越南铜鼓的制作及铸造问题提供了重要的线索。2015年，嬴䣕城址第二次发掘调查着重探寻内城范围，确认内城北墙、北门的下层遗址（15LL.T1），在地表2.8米以下发现交趾郡创设期——汉代地层（15LL.T2）。同时进一步追踪城内的铸造遗迹，探寻越南铜鼓铸型片的出土地层及包含物等（15LL.T3.tp4.L3）。2016年，古城址第三次发掘调查开设3个探方，逐次找到了内城北墙（16LL.T6）（图24）、西墙（T7）、南墙（T8）以及各方土墙外濠的所在位置，确认了内城垣墙的建筑构造及其规模形制，首次绘制出六朝期的嬴䣕内城复原平面图。2017年，古城址第四次发掘调查开设探方T9，确认了交趾郡治创建初期的汉代城濠遗址。连续四年的发掘调查成果表明，交趾郡治嬴䣕城市建设年代分期可分为四期，初步揭示了红河三角洲古代都市的盛衰变迁。[1]

通过对嬴䣕考古地层学及器物型式学的考察分析，参考碳14年代测定分析结果，首次确认嬴䣕筑城的四期区分，同时划定嬴䣕考古学编年。其盛衰变迁的过程可划分为如下三大阶段。

（1）创设期　西汉后期至东汉（公元前2世纪～公元2世纪），相当于嬴䣕筑城Ⅰ期。

---

[1] 黄晓芬编著《交趾郡治嬴䣕遗迹Ⅱ——2014～2015年度発掘からみた红河デルタの古代都市像—》，フジデンシ出版，2017年。

城址中部北侧探方 T1 下层发现初创期的城郭北门、门道遗址（15LL.T1）。又在探方 T2 下层发现一段东西向砖列（14LL.T2），在此向东扩方追踪调查，地表以下 2.8～3.5 米发现羸陬 I 期城濠（15LL.T2，15LL.T9），濠沟宽约 12 米，沟壁斜度 27 度。从城濠灰色黏土层出土施绳纹砖瓦片、灰釉砖、印文硬陶片及竹木器片、汉代漆耳杯、丝绸残片以及动植物遗骸等。从出土文物的器物型式学，年代测定及出土文物的科学分析结果表明，羸陬筑城 I 期的建造年代为公元前 1 世纪至东汉末年。而且创设期的羸陬城建筑规模比较小，是由城濠环绕的方形城郭。

（2）扩建发展期　汉末、三国吴至西晋、东晋（公元 3～4 世纪），相当于羸陬筑城 II 期。开创期的城郭外周堆土造墙，再环绕其外周扩建大规模的方形围墙与城濠，构成一座具有内外城的二重结构的新型城郭。内城东区地处低湿地带，在此采用大量砖瓦陶片充填的瓦砾层与黏土层交替堆积，对湿软地盘加以改造而构建坚硬地基。主持这一扩建开发事业的首要人物应当是汉末至三国吴交趾郡太守士燮，他在交趾执政 30 年留下辉煌的丰功伟绩，后世尊崇他为"士王"，并建了祠庙供奉至今。以后，吴末至西晋期任职交州刺史的陶璜同样为交州的繁荣昌盛尽力效劳，后世为他树碑立传，历代修庙，奉祀香火不断。另外，城内多处发现冶金铸造遗迹以及首次发现并出土大量越南铜鼓陶范残片（14-15LL.T3.tp4），确认汉文化与越南东山文化交融并存。

（3）衰退期　南朝至隋唐初期（公元 5～7 世纪），相当于羸陬筑城 III～IV 期。在内城中部的微高地上发现用砖砌造的唐代建筑址（14LL.T3）。然而，发掘地层表明，唐代羸陬城内中心区出现了大规模整地现象，内城北门遗址即为之削平埋没（14-15LL.T1）。由此可知，唐代安南都护府迁移河内之后，羸陬城开始走向衰退。

2. 羸陬出土的文物

交趾郡治羸陬城址连续三年（2014～2016）发掘调查出土各类文物总数达 1 万件以上。其中以汉至六朝以及隋唐时期的砖瓦建材和陶瓷器为主流，而出土金属器、冶金铸造器物、漆木器、丝绸、玻璃珠以及动植物遗存体等贵重资料多种多样。

瓦类　以汉至六朝时期的板瓦、筒瓦、瓦当为大宗。其中施纹瓦当多种多样，如"万岁""□官□□"的文字瓦当，施加云纹、人面纹、花叶纹、莲花纹等，人面纹饰瓦当（图 25）具有鲜明特色。20 世纪 80 年代越南学者在城内采集的文字瓦当中发现铭刻"位至三公"的瓦当。如此瓦当的装饰纹样与汉至六朝以及隋唐时期的瓦当纹饰相类似，以及共同因素比较明显，尤其是人面纹瓦当的面部刻画由写实逐渐抽象化，独具特色。观察出土瓦

图25 嬴䎢发掘出土瓦当

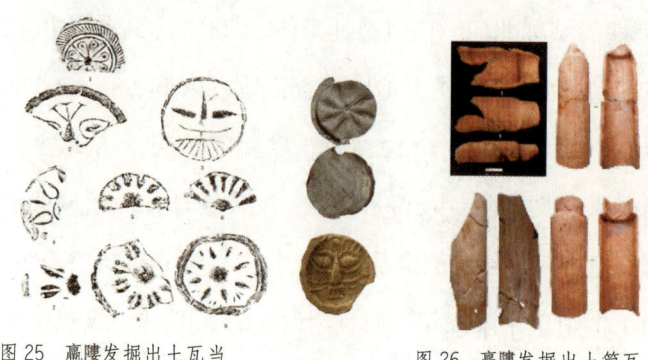

图26 嬴䎢发掘出土筒瓦

图27 嬴䎢发掘出土砖

图28 嬴䎢发掘出土陶瓷器　图29 嬴䎢出土越南铜鼓陶范

的制作特点,可知嬴䎢瓦的生产既有承继秦汉造瓦技术的一面,又有当地独自的制作技法(图25、图26)。

砖类　汉至六朝以及隋唐时代的造砖基本分为三大类:长方形砖、楔形砖、菱形砖,并且在砖的长侧、短侧边施加各种纹样者比较多见(图27)。汉砖的装饰纹样以格子纹、菱形纹等几何纹样为主流,20世纪70年代河内大学城内调查采集有车马人物画像砖。随着时代变迁,砖的装饰纹样出现圆形,S字纹、人面纹、植物纹、五铢钱纹、"大宫"及晋"元康"纪年砖,以及鱼骨纹、忍冬纹等。交趾郡治嬴䎢遗址出土的城砖、墓砖具有共同性,通过观察砖的造型纹饰特点及其型式学变化可以明确认识嬴䎢砖的分期编年。

陶瓷器　汉代地层出土少量岭南地区印文硬陶之外,汉至六朝以及隋唐陶瓷器为大宗。陶碗(施灰釉)、杯、盘、壶、砚台以及青瓷碗(图28)、盘、四系壶等为主流,观察出土器物的造型特点与长江中下游的重庆、南京、浙江及岭南福建、广东、广西一带出土的汉至六朝以及隋唐陶瓷器相通。发掘区上层发现较多越南陈朝、阮朝的陶瓷器。

铜铁器　青铜器类有铜镞2件(三棱铜镞1件、四棱铜镞1件),五铢钱4件,发掘区T3旁边鱼池采集的镀金佛像背光残片大小数十件。四棱铜镞出土于内城北墙下层(3世纪),镞头断面为正方形,颈部断面呈圆形,其下接续圆形铤部。四棱镞造型独特,除汉长安城武库遗址、乐浪土城等出土之外,其他郡县城市很少见。观察镀金铜佛背光的制作及造型特点,发现与南朝建康城出土的同类器物相似,又与南北朝时期镀金铜佛背光雷同。参考后者的纪年铭文,比较两者的造型纹饰特点,可推测嬴䎢城内出土的镀金铜佛背光是在6世纪前后制作的。[1]

冶金铸造器物 羸陵内城发掘区检出多量的冶金铸造关联遗物（14-15LL.T1/T3），其中坩埚、吹风管残片（图29）、铸型片、铜渣、铁渣、炉壁残片以及金属器成品加工研磨用砥石等具有代表性。采用透射X射线分析坩埚片

图30 羸陵出土越南铜鼓陶范

表面留下的熔结物质成分，可知这里出土的坩埚既有熔解铜的，又有熔解铁的，因此可以推测交趾郡治羸陵城内铸铜与冶铁生产设施是同地并存的。特别是在内城北部偏西的发掘区14-15LL.T3.tp4.L3的二次堆积层中集中出土了大小铸型片合计约600片以上，其中大多数是无纹饰的内范残片，施纹铸型片合计约100片。观察铸型片的装饰纹样特征，其绝大多数归属越南东山铜鼓的鼓面、鼓身、脚部内外范。考察铸型片的纹饰细部可以辨别出鼓面、鼓腰、鼓身的纹样特点（图30），对照越南东山系铜鼓纹样的型式学考察分析，可以推定羸陵城内出土铜鼓陶范的相对年代为1～4世纪。因此，当时在交趾郡（交州）治所范围内，越南东山文化铜鼓的生产铸造活动是持续存在的。历史上，越南铜鼓的出土品与传世品数量大，在东南亚地区流传范围很广。然而，东山铜鼓在哪里生产和铸造的，至今还是一个难解之谜。羸陵城内集中出土大量东山文化铜鼓铸型片为深入探索越南铜鼓文化及其东南亚地区传播路线问题都提供了重要线索。

另外，羸陵Ⅰ期的汉代城濠（15LL.T2.L5）中出土漆耳杯、木器盖以及纤维织物等，经科学分析鉴定织物片为汉代优质丝绸。六朝地层出土的黄色玻璃珠经分析测定结果为原产南印度，经由泰国、越南向东传播到达日本列岛。交趾郡治羸陵位于红河三角洲平原的水陆交通发达之地，是南海贸易中连接东亚与南亚文明十字路上的重要据点之一。

五、结语

羸陵考古发掘调查发现和出土了各种各样的文物古迹，为我们检索和认识红河三角洲古代都市的文化面貌提供了大量没有载入史册的实物信息。羸陵遗址的学术调查和发掘成果表明，越南北宁省顺成县羸陵城址就是交趾郡治的所在地。初建于西汉后期（公元前1世纪），3世纪东汉末至三国时期开发扩建，达到鼎盛期。以后经六朝建设发展直至唐代安南都护府迁移河内为止，羸陵都市持续发展繁荣长达700年之久。

---

[1] 黄晓芬编著《交趾郡治羸陵遗迹Ⅱ——2014～2015年度発掘からみた紅河デルタの古代都市像—》，フジデンシ出版，2017年。

这些丰富的考古资料不仅如实地刻画出交趾、交州社会的盛衰变迁，还生动地描绘了当时的人事往来、生产和生活方式等。反映出古代都市羸䐜不仅是红河三角洲的古代郡县都市文化之中心，还为促进古代南海贸易、海上丝绸之路的发展建设起了巨大作用。从而可以看出越南北部的交趾郡治羸䐜并非被汉帝国强大的军事、经济力量所吞并，而是在汉至六朝文化的直接传播影响下，与本土文化交汇融合，同时在相对平稳的文化交流之中持续发展繁荣起来的。这一新发现的历史事实与以往的征服史观不相符，而交趾文化的包容性也是不可以单纯的"侵略"与"抵抗"的概念来解释的。由此提示我们，在东亚文明史、古代文化交流研究过程中，需要注重古代社会宽容的文化理解，探索文化传播与受容的实质。

（黄晓芬，日本东亚大学大学院教授。研究领域为古代都城与陵墓的考古学调查、东亚文明史研究。）

从西域到东瀛

——长安青龙寺与密教祈雨东传

高兵兵

一、引言

汉唐长安，曾是我国的政治、社会、文化中心，它还曾是世界上最大的城市，是各国各族人民向往的地方，其发达、灿烂的文化对东亚及世界都产生过巨大的影响。日本自古受到中国文化的全面影响，他们使用汉字，学习以儒家经典为核心的汉文典籍，接受儒释道等中国思想价值体系。日本与隋唐长安的交流尤其广泛深入，使节往来频繁，他们从长安带去当时最先进的文化。

唐都长安，不仅是遣唐使朝拜、学习的必达之地，也是佛教僧侣朝圣、求法的主要目的地。日本入唐僧中的大多数都到过长安，长安与天台山、五台山，堪称僧侣必至的"三大圣地"。最受日本遣唐僧青睐的长安佛寺，当首推青龙寺。青龙寺是当时最为流行的密教道场，弘法大师空海于顺宗永贞元年（805）至青龙寺跟惠果阿阇梨学习真言宗，后得其真传，将密教带回日本，创立了真言宗，史称"东密"，青龙寺也因此在日本名声大振，成为日本僧侣最为向往的求法圣地之一。武宗会昌五年（845）"会昌废佛"后，长安的佛教及诸多外来宗教，均遭受了灭顶之灾，自此便在中国迅速衰落了，密教当然也不例外。所以，现今除了藏传佛教具有一定的密教色彩外，只有日本传承了完整的密教体系，祈雨仪式便是青龙寺佛教文化东传日本的一个典型事例。

本文将通过日本入宋僧奝然、成寻有关青龙寺的文书等大量史料及文学作品，来追溯一下长安青龙寺在密教祈雨东传日本过程中的事实及作用。

二、"入唐八家"与长安佛寺

首先来看一下唐代长安佛寺与日本僧侣相关的情况。日本平安时代初期，即9世纪到中国学习的归国僧侣，史称"入唐八家"。除了最著名的空海（弘法大师）和最澄（传教大师）外，还有圆仁（慈觉大师）、圆行、常晓、圆珍（智证大师）、惠运、宗睿六位。

其中除了最澄和常晓，其余六位均与长安佛教密切相关。

入唐僧到长安主要访学的寺院是大兴善寺、西明寺和青龙寺。基本情况见下表：

长安寺院	日本僧侣
大兴善寺	玄昉、空海、圆仁、圆珍、宗睿
西明寺	永忠、空海、圆载、圆珍、圆觉、真如、宗睿
青龙寺	空海、圆仁、圆载、圆行、惠运、圆珍、真如、宗睿

大兴善寺占靖善坊全域，是长安寺观中面积最大的，隋文帝迁都时就创建了这座寺院，名为遵善寺。大兴善寺位于朱雀街的东侧（方位属阳），与西侧（方位属阴）的道教寺院玄都观对称而立，显示了佛教在隋大兴城的重要性。大兴善寺是隋朝的国寺，是王朝宗教政策的根基所在。正因为大兴善寺的地理位置，因此，各国高僧到长安，如果能被安排住在大兴善寺，说明他受到了朝廷的最高礼遇。我们熟知的日本高僧空海、圆仁、圆珍等，都是到大兴善寺拜见高僧的。

西明寺原是隋尚书令越国公杨素的宅邸，高宗显庆元年（656），高宗为治愈孝敬太子的疾病，在此建立了寺院，宣宗大中六年（852）改名为福寿寺。西明寺离西市很近，因此成为外国僧侣逗留长安期间的首选住地。

青龙寺也初建于隋代，原名灵感寺，高宗龙朔二年（662），城阳公主改为观音寺，景云二年（711）改为青龙寺；它位于高处，利于远眺，"会昌法难"归于荒废后不久便再度兴旺起来。桑原隲藏在《大师入唐》（《东洋史说苑》所收）和《关于长安青龙寺遗址》（《东洋文明史论丛》所收）中，依据《咸宁县志》卷十二的说法，对青龙寺后来的情况做过阐述，说青龙寺后名石佛寺，存至清朝嘉庆年间，地点在祭台村，即长安县西南约4千米处。

青龙寺之所以成为日本僧侣争相朝拜的地方，主要是因为它当时是最为流行的密教道场。密教是佛教宗派的一种，于7世纪后半叶起源于印度。密教经典通过汉译传入大唐，是在玄宗至代宗时期，即主要指8世纪期间，印度僧人金刚智（669～741）和西域僧人不空（705～774）的活动。弘法大师空海在顺宗永贞元年（805）二月至六月间住在西明寺，六月移至青龙寺，跟惠果阿阇梨学习真言宗。后得其真传，将密教带回了日本，创立了真言宗，史称"东密"。而且，承和遣唐使刚刚回到日本，唐就发生了"会昌废佛"，佛教及诸多外来宗教，均遭受了灭顶之灾，自此便在中国迅速衰落了，密教当然也不例外。印度的佛教12世纪也已衰落，所以，除了藏传佛教具有一定的密教色彩外，只有日本传承了完整的密教体系。日本迁都平安京后至9世纪前半期派出的两次遣唐使，正好相当于日本密教的发展成熟期。

入长安青龙寺的重要学问僧，除空海之外，还有圆仁和圆珍，在此介绍一下。

圆仁，15岁投入比睿山最澄门下，颇受器重。公元838年，他以请益僧的身份随遣唐使赴唐，至扬州开元寺、五台山大华严寺等处求法，最终到达长安。在长安，他先从大兴善寺的元政受金刚界灌顶，又在青龙寺从义真受胎藏界灌顶，学习《大日经》秘法。在唐朝六年，圆仁收获颇丰。武宗会昌五年（845），他遇到武宗灭佛事件，便结束学习生活返回日本。在唐朝期间的行踪，圆仁做了详细的记载，结集为《入唐求法巡礼行记》。圆仁回国后，被敕封为延历寺座主。他把天台宗和密教进一步结合起来，对天台宗的发展方向影响颇大。圆仁圆寂后，朝廷授予他"慈觉大师"的谥号。

圆珍，是弘法大师空海的外甥。15岁投入比睿山座主义真门下，32岁时被推举为比睿山真言宗学头。公元853年入唐，先在福州开元寺、天台山国清寺等处求法，抄录经籍共500余卷。公元855年，圆珍和圆载一道前往长安，拜青龙寺法诠和尚为师，受瑜伽密旨、密教灌顶和教义；后从大兴善寺智慧轮三藏受两部密法。公元858年，圆珍回到日本，此后荣任延历寺座主。圆珍和圆仁一样，都热衷于修习密教，甚至认为密教高于显教。其游历唐朝的日记《行历抄》，可惜没能完整保存下来。圆珍圆寂后，醍醐天皇授予他"智证大师"的谥号。

总之，纵观"入唐八大家"，在最澄和空海之后，影响最大者即当推圆仁和圆珍。他们两人为补最澄天台宗密法之不足，相继入唐积极修习，回国后尽力把密教和天台教义糅为一体，甚至认为密教超越了天台教义，形成了"台密"。其间对他们影响最大的，仍莫过于长安青龙寺的密教。

综上所述，青龙寺是日本僧侣到访率最高的长安佛寺，因此它也成为对日本佛教最具影响力的佛教圣地。现在的青龙寺遗址上，还建有空海纪念碑和惠果空海纪念堂。

三、入宋僧行迹与青龙寺文书

唐灭亡后，长安城毁于一旦，青龙寺也几近荒芜了。然而，青龙寺在日本佛教界的影响力并没有马上衰退，它依然还是日本僧侣向往的地方。而且，空海和圆珍等在长安青龙寺的事迹，在平安末期甚至演变为传奇，在日本民众中广为传颂。

关于圆珍的传奇故事，大致内容是说，圆珍自唐归国后，某日命弟子取来佛堂"香水"向西泼洒,说是自己曾经修行的长安青龙寺失火了,洒香水是为了灭火。当时弟子将信将疑,而后自"大宋"来一商人,说去年某日青龙寺失火,忽然从东方飘来一片云,天空降下一阵雨浇灭了火焰,他的话验证了圆珍大师灭火之事。[1]

上节曾提到,历史上的圆珍是入唐八家之一,本是日本天台山(京都比睿山)的僧人,855年随遣唐使一行到达长安,于青龙寺受法诠和尚灌顶。[2] 回国后,为中日佛教交流做出了巨大贡献。圆珍入唐时携带的牒文中有:

> 圆珍为巡礼天台山、五台山并长安青龙、兴善寺等,询求圣教。(《平安遗文》104《延历僧圆珍牒》)

由此可知,圆珍是将长安青龙寺作为他首要目的地的。那么,圆珍为青龙寺救火的传说是怎么来的呢?实际上,日本僧侣的祈雨传说都与青龙寺有关。本节先通过两件入宋僧的青龙寺文书,将其渊源稍做一下交代。

在圆珍入唐二百余年后的1072年,同样身为天台宗的一位僧人又追随着圆珍的足迹来到了中国,他就是《参天台五台山记》的作者成寻。

在成寻给大宋皇帝的奏表里有一段话,与圆珍牒文中的语句甚为相似:

> 大日本国延历寺阿阇梨大云寺主传灯大法师位臣某,欲乞天恩,巡礼五台并大兴善寺、青龙寺等圣迹。(《参天台五台山记》卷一"熙宁五年六月")

此外,成寻在《参天台五台山记》卷七中还说过:"成寻是天台宗智证大师门徒",更说明他是以圆珍为祖师,并发誓沿着圆珍的足迹巡礼天台、五台及长安青龙寺的。并且,成寻与祈雨也有很大的关系。

成寻之所以要去往长安青龙寺,说是为了"至于真言、经、仪轨,持参青龙寺经藏,纠其讹谬"(《参天台五台山记》卷一"熙宁五年六月")。我们之前叙述过,圆珍从青龙寺带回了大量的密教典籍,成寻所持将要去青龙寺校勘的"真言、经、仪轨",一

---

[1] 圆珍故事出自《今昔物语集》卷十一,另《打闻集》及《观经疏传通记》等也收录有类似故事。
[2] 关于圆珍入唐,〔日〕小野胜年《入唐求法行历研究——智证大师圆珍篇(上·下)》(法藏馆,1982、1983年)有详细论述。

定与圆珍带回日本的经典之间有传承关系。成寻是想亲眼看到青龙寺的密教经典吧，因为对日本僧人来讲，那就是"真经"。

然而成寻去长安青龙寺的愿望，似乎并没有顺利实现。据《参天台五台山记》，成寻在大宋皇帝的庇护下，顺利到达五台山、洛阳、天台山等地，回到开封后，他把日记托付给了归国的弟子，自己则留在宋国，不知所终。

12世纪的长安，已经破败不堪，青龙寺也已经几近荒芜了。宋代陕西诗人李复（1052~1128？）《登青龙寺》有："废井余荒甃，残碑有旧名。几经兵火劫，禾黍徧新耕。"从中可以想象当时长安及青龙寺的衰败景象。

日本于894年废止遣唐使后，就几乎没有官方的关于长安的消息了。可以想见，当时长安及青龙寺的衰败景象并不为日本人所知，因此成寻才设定了去长安青龙寺校勘经典的目标。

此外，成寻打算去青龙寺的想法，也许还与另一位入宋僧人奝然有关。奝然是真言宗的僧人，于983年入宋，先于成寻近一百年。奝然当时也是打算到长安青龙寺去的，因为他带了给青龙寺的牒文。

日本国东大寺牒大唐青龙寺

传灯大法师位奝然

牒。往年祖师有空海大僧正入唐，受法惠果大和尚。圣教东流以降，殆垂二百载也。我朝入觐久绝、书信难通。沧海自隔，虽为一天之参商；白法是同，宁非八代之弟子！件奝然遥赴大方、慕礼圣迹。潢汗之间，顾鳌海而既燏；朝大之光，望乌景而不息。期于必遂，理不可夺。乞也察状，将慰万里泣跂之心，令得五台指南之便。谨牒。（《朝野群载》卷二十"异国"[1]）

奝然在此标榜自己是空海的第八代弟子，还提到了当时日本与唐之间国交断绝、音信难通的状况。奝然入宋后，也是到了天台山、五台山、洛阳等地，后来在扬州请人摹

---

[1] 另见于《扶桑略记》及东寺金刚藏藏《杲宝杂杂见闻集》卷二（《大日本佛教全书》第六十八卷"史传部七"所收高楠顺次郎编《入唐诸家传考》）。东寺金刚藏藏《杲宝杂杂见闻集》卷二所载为"日本国教王护国寺牒大唐青龙寺"，即东寺，文末年号为"天元四年"。

刻了"优填王所造栴檀释迦瑞像"带回日本，并未见他到长安青龙寺的记载。奝然所著《在唐记》四卷，后来散佚，今仅存于后人的辑录。现存的奝然的在宋记录中，仅可以找到他入宋50年前关于长安的蛛丝马迹。即奝然一行在洛阳遇到了50年前与宽建等一同入宋的超会，从他口中得知"澄觉等，长兴年中入京，诣五台山及遍礼诸方圣迹，到凤翔、长安、洛阳城等"[1]。这段记载，成了日本古代与长安有过交流的最后记录。

近一百年后的成寻入宋前，是知道奝然在唐的情况以及奝然提到的宽建、超会等人到过长安的信息的。《朝野群载》卷二十"异国"所收成寻入宋前给日本朝廷的奏状中有"加之天庆宽延、天历日延、天元奝然、长保寂照、皆蒙天朝之恩计、得礼唐家之圣迹"[2]。《参天台五台山记》卷六"熙宁六年二月十五日"也有"宽辅是朱雀院御时与宽建、超会等十一人来唐国人也，（中略）奝然法桥日记依超会大师语所记也，超会云入唐五十年，生年八十五云云"。

就这样，成寻带着一个世纪前听说的关于长安更早一些时候的些许讯息，带着对青龙寺的热切向往，来到了宋朝。日本的僧侣们根本想象不到长安已经破败，即使想到了，他们也不愿相信吧。

四、日本僧侣的祈雨活动与长安青龙寺

现在该说成寻与祈雨的关系了。在《参天台五台山记》中，有如下一段记载：

行事张大保来谈话。问云：日本国亦有如阿阇梨祈雨得感应人否。答云：多多也。<u>就中真言宗弘法大师于唐朝从青龙寺惠果和尚受"请雨经法"，归本朝后，依官家请，于神泉苑修《请雨经》</u>。时修圆僧都成嫉妒心，驱诸龙纳水瓶。而弘法大师祈雨坛上茅龙穿堂上，登天降大雨。后年又修祈雨法于神泉苑池边上，金色龙乘黑龙背出现，弘法大师并弟子高僧惠实大僧都、真济僧正、真雅僧正、真然僧正等十人，同见金色龙，余人不见。大师云此金色龙是无热池善如龙王之类也云云，其后大雨普下。<u>从其以来，真言宗修此秘法必感大雨。近五十年来，见仁海僧正修此法每度感雨，世云雨僧正</u>。其弟子现有成尊僧都修"请雨经法"，感大雨。

张大保重问云：阇梨何不修请雨法，修法华经云？答云：<u>成寻非真言宗，非弘

---

[1] 见于《鹅珠抄》卷六《奝然法桥在唐所会本朝大德教十人事》，引文据《新订增补国书逸文》（国书刊行会，1955年）。
[2]《新订增补国史大系》卷二十九"上"。

法大师门徒，不学"请雨经法"。真言宗中尚传此法人两三人，深秘口传，况他宗哉。成寻是天台宗智证大师门徒，祖师从青龙寺法全和尚究学真言，秘奥有"水天祈雨"，秘法有"俱哩迦龙祈雨法"。智学传受而修法花经所以者何，唐光宅寺云法师讲法华经祈雨，（中略）因之修此法感雨也。

这是成寻在开封受皇帝之命祈雨成功后，与官员张大保之间的一段问答。这里，成寻提到了三种不同传承系统的祈雨之法：

1. 请雨经法：青龙寺惠果→空海→惠实·真济·真雅·真然→仁海→成尊
2. 水天祈雨、俱哩迦龙祈雨法：青龙寺法全→圆珍……→成寻
3. 法花经祈雨：唐（实际上是"梁"）光宅寺云法师……→成寻

第一种，是空海受自青龙寺惠果的真言宗独有祈雨法，"近五十年"被因祈雨而著称的"雨僧正"仁海法师所继承。然而，成寻说自己是天台僧，因此并没有继承此种祈雨法，他于是提到了另外两种。

第二种，是圆珍受自青龙寺法诠的"水天祈雨法"和"俱哩迦龙祈雨法"。"水天祈雨"指密教的"水天供法"，"俱哩迦龙祈雨法"指依据密教经典《佛说俱利伽罗大龙胜外道伏陀罗尼经》的一种秘法。"俱哩迦龙"是黑龙的意思，它与"青龙寺"之名有无关联？还有待进一步考证。青龙寺之名，一般认为源于其所在位置，因为它位于长安城东城墙内侧，靠近东边中央的城门春明门，正好是"青龙"之位。

第三种，说的是源自"光宅寺云法师"的"法华经祈雨"法。此法与青龙寺及密教无关，故暂不做考证。

有关空海的祈雨，《弘法大师御传》等记载，他归国后于天长元年（824）在神泉苑祈雨成功。另外，《今昔物语集》《打闻集》等平安末期的传奇文学中也有类似的故事。成寻所言空海及其弟子的祈雨，似乎也可以作为一个旁证。

关于"雨僧正"仁海（951～1046）的祈雨，还有其他材料可以证明。今有《小野僧正请雨行法贺雨诗》传世，而且近年还新发现了包括仁海的师傅元杲及定贤资料在内的一个该诗集的异本，即《早大本贺雨诗》[1]。《小野僧正请雨行法贺雨诗》，是长元

---

[1] 据〔日〕後藤昭雄《围绕早稻田大学图书馆藏"小野僧正祈雨之间贺雨赠答诗"》（《本朝汉诗文资料论》，勉诚出版，2013年），早稻田大学中央图书馆藏《小野僧正祈雨之间贺雨赠答诗》还包括菅原辅正与元杲的《祈雨赠答诗》及《法务御房（定贤）祈雨孔雀法灵验记》，还附有《续群书类从》卷七百二十五所收《祈雨日记》的序文。

六年（1033）六月仁海于神泉苑祈雨后，与天台座主庆命、源师房等所作唱和诗。可见，仁海生活的时代，祈雨活动是实际举办过的，而且还在贵族中得到过好评。

成寻在日记中大谈空海传给仁海的真言宗祈雨经法，而对自己所学的其他两种祈雨法讳莫如深，大概也是因为仁海在日本祈雨成功已有高名吧。实际上，成寻在宋祈雨之事，除了他自己的《参天台五台山记》之外，并无其他记载，因此其真实性值得怀疑。[1]笔者认为，圆珍的青龙寺降雨救火传说以及成寻说自己在宋祈雨成功，均是出自天台宗僧人与真言宗相抗衡的一种意识而编造出来的。

值得一提的是，上文所说《小野僧正请雨行法贺雨诗》中，仁海诗的末尾有一段很长的自注：

> 玄宗末年，亢旱连月，请金刚智令行祈雨法。霈然洪澍，一人珍敬，四海称叹，赐开府仪同位（是正一品也）。弘法大师为凡僧之时，始蒙宣旨，于神泉苑修祈雨法，任少僧都，并给东寺为一门庭。大僧都元杲，蒙宣旨奉修同法三个度，每度有验，始任律师。次于神泉苑蒙少僧都宣命，后赐权大僧都职，赠私师元方。方今仁海蒙宣旨三个度祈雨，灵验每度揭焉，初补律师，去今两年未蒙其赏矣。

这里列举了金刚智、空海、元杲等依靠祈雨而得到晋升的事迹，可以与成寻所说的真言宗祈雨传承系谱互为补充。成寻言空海祈雨受自惠果，而仁海更是将真言宗祈雨上溯到了金刚智。

关于金刚智及惠果的祈雨，后文再述，这里先说说仁海的老师元杲。上面提到的《早大本贺雨诗》中，收有一首元杲奉和菅原辅正的七言绝句，第三句为"神泉苑里祖师迹"，下有自注"弘法大师昔于此处始修此法"，可知元杲继承了空海的祈雨方法。另一个资料是记录于东寺观智院藏反古、收于《大日本佛教全书》的《奝然元杲唱和诗集》，它收有奝然和元杲的诗各两首。奝然第一首诗的标题是《奉感神泉苑祈雨御修法有灵验之什》，可知这也是元杲在神泉苑祈雨之际的唱和诗。

原来，元杲和奝然是同门。我们之前提到过，奝然入宋时带了给青龙寺的牒文。而在他给元杲的诗中写道：

---

[1] 关于成寻祈雨的虚构性，〔日〕水口干记的专著《渡航僧成寻祈雨——读〈僧传〉看异文化之交错》（勉诚出版，2013年）中也有提到。

> 神泉苑里奇何事，喜雨滂沱几浅深。
> 高野大师流布昔，醍醐法眼泻瓶今。
> 欣龙满底化含水，湿雁云中蓄入霖。
> 若此生临唐竺境，应言请雨法甘心。

"高野大师"指空海，"醍醐法眼"指元杲。尾联的内容是劝说元杲入宋的。对此，元杲答诗的尾联是："适寻师迹虽弘道，愧变远行随从心。"其后有自注"相伴入唐之契，通事有惮稽留，故云"。据此，元杲本来是要与奝然一道入宋的，但对"通事"所言有所顾忌，所以作罢了。"愧变"就是他对奝然的愧疚吧。奝然与元杲同是真言弟子，曾相约一同入宋至长安青龙寺，且元杲与"雨僧正"仁海同样擅长祈雨。

综上所述，真言宗空海—仁海—元杲—奝然，以及天台宗圆珍—成寻，这一系列的关联绝非偶然。日本所有僧人的祈雨活动全都指向了长安青龙寺。

五、密教祈雨在长安

那么，成寻所言空海受自惠果的密教"请雨经法"，是否真的存在呢？据入唐僧圆行带回日本的《大唐青龙寺三朝供奉大德行状》，惠果与青龙寺的僧侣曾于贞元年间数次奉皇帝之命祈雨成功：

> 贞元五年，奉勒于当寺大佛殿□，令七僧祈雨。第七日夜，雨足。各赐绢一束茶十串表谢。（中略）贞元十四年五月大旱，五月上旬奉勒祈雨，七日在内道场专精持念祈雨，日足，恩赐绢一束茶十串谢臣僧等。素无功行，天降甘雨，皇帝感化，僧等谢绢及茶，不胜顶贺。（《大正藏》2057）

可是这个资料中没有提到祈雨所用的方法。空海所用的"请雨经"，曾被认为是密教经典《大云轮请雨经》二卷（《大正藏》0989、0991）或《大云经请雨品》（《大正藏》0990）[1]，只是这两个经都很长。惠果的老师不空翻译的《大云经祈雨坛法》（《大正藏》0990），则提出了有一种非常简单的祈雨法，即：

---

[1]〔日〕池上洵一校注《今昔物语集（三）》（新日本古典文学大系，岩波书店，1993年）卷十四《弘法大师修请雨经法降雨语·第四十一》的脚注说"请雨经法"是指《大云轮请雨经》。不过，《大云经》祈雨法日本在642年就用过（《日本书纪》"皇极天皇元年条"），可见其并非密教独特之法。

昼夜虔诚读此大云经，或二人、三人乃至七人，更替读诵，经声不应间断。亢旱之时，如是依法读此大云经，或经一日、二日乃至七日，定降注甘雨。

关于不空的祈雨法，《大唐故大德赠司空大辨正广不空三藏行状》有：

是岁也（天宝五载），终夏愆阳。帝请大师入内祈雨。制日，时不得赊，雨不得暴。大师奏大孔雀明王经坛法，未尽三日，膏泽弥洽。皇帝大悦……（《大正藏》2056）[1]

这里所提到的是《大孔雀明王经坛法》，而非《大云经》。《大孔雀明王经》也是不空翻译的，其中的"孔雀明王经法"是密教里一种重要的秘法，密教的"请雨经法"大概指的就是它，而非"大云经祈雨坛法"。《旱大本降雨诗》所收《法桥御房祈雨孔雀经法灵验记》中记载，仁海的弟子定贤曾于宽治三年（1089）以"孔雀经法"祈雨，也可作为旁证。但无论是"大云经祈雨坛法"，还是"孔雀经法"，都出自惠果的老师不空。看来，至少从不空开始，密教是拥有所谓的"请雨经法"的。

不空的功绩在于其翻译了祈雨的经典，完善了祈雨的方法。而在他之前，金刚智和善无畏也曾在长安、洛阳为皇帝祈雨。关于金刚智的祈雨活动，见于《宋高僧传·金刚智传》（《大正藏》2061），因其篇幅较长，这里姑且引用一段比较简洁的《佛祖历代通载》中的记载：

帝大悦，馆于大慈恩寺。未几夏旱，诏智祈雨。智结坛图七俱胝像。约开眸即雨。阅三日像果开眸。有物自坛布云弥空。斯须而雨。帝特降诏褒美。（《大正藏》2036）

关于善无畏的祈雨活动，见于《宋高僧传·善无畏传》：

天亢旱。帝遣中官高力士。疾召畏祈雨。畏曰。今旱数当然也。若苦召龙致雨。必暴适足所损。不可为也。帝强之曰。人苦暑病矣。虽风雷亦足快意。辞不获已。

---

[1] 《宋高僧传·不空传》也有类似记载。

有司为陈请雨具。幡幢螺钹备焉。畏笑曰。斯不足以致雨。急撤之。乃盛一钵水以小刀搅之。梵言数百。呪之须臾有物如龙。其大如指。赤色矫首瞰水面复潜于钵底。畏且搅且呪。顷之有白气自钵而兴。径上数尺。稍稍引去。畏谓力士曰。亟去雨至矣。力士驰去。回顾见白气疾旋自讲堂而西。若一匹素翻空而上。既而昏霾大风震电。力士才及天津桥。风雨随马而骤。街中大树多拔焉。力士入奏。而衣尽沾湿矣。帝稽首迎畏。再三致谢。（《大正藏》2061）

总之，被称作"开元三大士"的密教三祖，都曾为唐朝皇帝成功祈雨，显示出他们的能力。[1] 前文提到过，"雨僧正"仁海的诗注也曾列举了金刚智的祈雨事迹，说明日本真言宗僧侣是将密教祖先的祈雨当作自己家传之法的。或许因为空海是在青龙寺跟惠果所学的，所以日本才有了祈雨源自青龙寺的观念吧。

六、结语

综上所述，10世纪以后，真实的青龙寺虽然已经淡出了人们的视线，但在日本入宋僧的眼中，它仍旧是朝圣的对象。而这和当时元杲、仁海等真言宗僧侣祈雨活动的盛行不无关联，因为日本的祈雨始于他们的祖师空海。并且，由于当时真言宗僧侣祈雨名声大振，使得天台僧颇为眼红，才有了圆珍青龙寺灭火的传说及成寻的祈雨故事吧。

如此，源自西域的密教及其祈雨大法，由日本僧侣带到了东瀛并发扬光大。而关于青龙寺与祈雨之间的关联，包括寺名由来与印度"黑龙祈雨法"之间是否有关联等问题，还有待今后深入挖掘和考证。

（高兵兵，西北大学文学院教授，西北大学日本文化研究中心主任，陕西省外国文学学会常务理事。主要研究方向为日本汉文学、中日古典诗歌比较、中日文化交流史等。）

---

[1] 关于唐代佛教僧的祈雨，有吕学良《唐朝佛教祈雨仪式的特点及其作用》（《长安学刊》2010年第4期），其中列举的事迹，也多是不空、金刚智、善无畏等人的。

中国文化及对外传播研究

体貌与文相

党圣元

"体"是中国古代文论中的一个重要范畴，古代文献中有以"体"为词根的一系列文论概念群。在古典学的语境中，"体"有一种义项是指文章或者文学的整体性存在或整体风貌，双音节词"体貌"等与这一义项相关。魏晋以降的关乎相人之法的人物品藻开启了以"体"论"文"的中国特有之批评方式，而以"体"论"文"也是《文心雕龙》的重要内容。这就需要从"体"的原始意义和中国传统的思维方式说起。

一、"体"之历史语义学阐释

"体"字的繁体为"體"，从骨，豊声，是个形声字。"骨"是形旁，表意；"豊"是声旁，表音。《说文》："体，总十二属也。"段注："十二属，许未详言。今以人体及许书核之。首之属有三：曰顶，曰面，曰颐；身之属有三：曰肩，曰脊，曰尻；手之属有三：曰肱，曰臂，曰手；足之属有三：曰股，曰胫，曰足。他礼切。"[1] 所谓"十二属"，皆承之于骨，故从骨；豊为礼器，凡祭祀，礼器必望厚，豊因之有望厚意。体"总十二属"，体有豊意。故体从豊声，亦从豊意。说明"体"最初是指由"十二属"构成的人的整体，"体"的本义是指身体，是指人的全身。所以"体"是一个整体性的称谓，是指一个生气灌注的有机整体，也可以理解为将各部分合成一个有机整体。从这一原始用意可以看出，"整体"义项构成了"体"在古典汉语语境中的基本内涵。但"体"有时也指身体的一部分，比如"四体不勤，五谷不分""五体投地"之"体"，就是指身体的某些部分，但是这种"体"的用法更多的是代指身体的全部。

"体"的本义是指人的身体，所谓"体，身也"[2]。后来引申为泛指事物之存在的

---

[1] 段玉裁《说文解字注》四篇下，上海书店，1992年，影印清嘉庆二十年（1815）经韵楼刻本，第166页上。
[2] 王念孙《广雅疏证》卷六下"释亲"，中华书局，1983年，影印清嘉庆王氏家刻本，第203页上。

实在性、基础和本根，比如"阴阳合德，而刚柔有体"[1]"天之与地，皆体也"[2]等句中的"体"便是；亦可训释为"物质存在的形态"，诸如"液体""固体""气体"等。总之，凡实在之物皆有"体"，故我们也把物叫作"物体"。此外还指相对抽象的制度性、体制性存在，如我们还说"政体""国体"等。"体"即物的实在的显现，是完全的完整的显现，因此我们有"整体""总体"的说法。"体"的本义与"形"密不可分，《庄子·天地》："物成生理，谓之形；形体保神。"[3]"形"在庄子那里是一个生理学的范畴。在中国古人看来，无论人的肢体、物之形体、事之大体主体，都有一定的形态，都有一定的"体"，天地万物如此，文章也应该如此，而"体"正是文章由内容到形式的枢纽。没有这一枢纽，文章就难以成形，而凡文章必有体。因此，古代文论中的"体"在很多情况下是指文章的存在形态，是指融合形式、风格、内容等的文章的整体形态。古人以"体"称文的用意之一，正是为了突出"文章整体"和主次条理、井然有序的有机性这层含义。

基于"天人合一"的大传统，"体"论包含了古人身体观的独特认知。它强调身体的整体性，认为"形与神俱""形神合一"，同时认为天人同构，身体是一小宇宙，宇宙是一大身体，即人体作为小宇宙与大宇宙是相通互融的。尤其汉儒讲天地人合以成体，是把人作为自然系统中的一个重要的、不可缺少的要素看待，甚至将之上升到"天人相副"的高度。董仲舒认为："人之形体，化天数而成。人之血气，化天志而仁。人之德行，化天理而义。人之好恶，化天之暖清。人之喜怒，化天之寒暑。人之受命，化天之四时。……天之副在乎人。"[4]体，本义是人的身体，引申为宇宙整体，这个命题形象地表现了董仲舒把整个宇宙看作一个普遍联系的、有机整体的思想。当然在此之前，中国人在观察世界时，总是将宇宙看成一个有生命的、有机的整体，总是习惯于以人自身来加以拟附。《周易·系辞下》云："古者包牺氏之王天下也，仰则观象于天，俯则观法于地，观鸟兽之文，与地之宜，近取诸身，远取诸物，于是始作八卦，以通神明之德，以类万物之情。"[5]所谓"近取诸身，远取诸物"，便是这种思维方式的最好概括。

为什么人类社会的早期总是将对外物的认识和自身联系起来，尤其要和自己的身体联系起来呢？从认识论角度看，"人是万物的尺度，是存在的事物存在的尺度，也是不

---

[1]《周易·系辞下》，阮元校刻《十三经注疏》上册，中华书局，1980年，第89页上。
[2] 黄晖《论衡校释》卷七《道虚篇》，中华书局，1990年，第319页。
[3] 郭庆藩《庄子集释》卷五上《天地第十二》，中华书局，2012年，第430页。
[4] 苏舆《春秋繁露义证》卷十一《为人者天第四十一》，中华书局，1992年，第318～319页。
[5]《周易·系辞下》，阮元校刻《十三经注疏》上册，中华书局，1980年，第86页中。

存在的事物不存在的尺度"[1]，人类并非对所有成为直观对象的事物或现象都形成认识，只是和主体相关的事物或现象才成为现实的认识对象。也就是说，认识客体是为了满足主体的需要，而主体的需要最为迫切的是对自身的认识。所以，为了认识客体就须首先回到认识主体上来，然后再以对主体的认识结果作为参照系去加深对客体的认识。因此，人可以以自身为对象，去把握宇宙。西方谚语说："认识你自己吧。"人体是上帝的杰作。哲人说："人啊！请正视你的身体。"所以在古希腊艺术中，对人体美的欣赏比对自然美的欣赏还要早。中国人虽然没有像希腊人那样在艺术中充分表现身体，但是从身体出发认识事物、比附对象，却有着久远的传统。

二、以"体"论文与"象喻"批评

中国固有文学批评在批评思维和用语上擅用比拟，往往以自然植物为喻、以人为喻、以生命为喻来论文。天人同构，人的身体与天地万物同构，作为人文制作的文章，既与人的身体也与天地万物同构，而"一气贯通"，贯穿这一切的是生生不息之气。

以自然物象比喻文章的"象喻"批评，体现了古人"远取诸物"而认为文章与天地万物同构的基本思想。关于以自然、植物为喻，我们举例说明。

唐白居易说："《诗》者，根情、苗言、华声、实义。"[2]视诗如植物。

明代胡应麟将动植物联喻以言诗："诗之筋骨，犹木之根干也；肌肉犹之叶也；色泽神韵，犹花蕊也。筋骨立于中，肤肉荣于外，色泽神韵充溢其间，而后诗之美善备，犹木根干苍然，枝叶蔚然，花蕊烂然，而后木之生意完。"[3]视诗歌如同树木和动物，两者兼之，可见其比拟具有相通之处。

清叶燮说："夫天有四时，四时有春秋，春气滋生，秋气肃杀。滋生则敷荣，肃杀则衰飒。气之候不同，非气之有优劣也。使气有优劣，春与秋亦有优劣乎？故衰飒以为气，秋气也。衰杀以为声，商声也。俱天地之出于自然者，不可以为贬也。又盛唐之诗，春花也。桃李之华，牡丹芍药之妍艳，其品华美贵重，略无寒瘦俭薄之态，固足美也。晚唐之诗，秋花也。江上之芙蓉，篱边之丛菊，极幽艳晚香之韵，可不为美乎？"[4]视迭代诗风如同四季气候转换。

---

[1] 古希腊智者派的主要代表人物普罗泰戈拉提出的关于人的著名的哲学命题，北京大学哲学系外国哲学史教研室编译《古希腊罗马哲学》，商务印书馆，1961年，第138页。
[2] 白居易撰，谢思炜校注《白居易文集校注》卷八《与元九书》，中华书局，2011年，第322页。
[3] 胡应麟《诗薮》外篇卷五，中华书局，1962年，第204页。
[4] 叶燮《原诗》外篇下，人民文学出版社，1979年，第66～67页。

以自然之物作为比拟在中国古代文学批评中可谓俯拾即是。至于以人、以人体为比拟来论文论艺，更是中国固有文学批评的一个重要特点，体现的是我们古人"近取诸身"而认为文章结构与人的身体结构同构的基本思想。这里我们首先从表象入手，来看看中国固有文学批评的这个特点。

1. 以"体"论"文"

借助人的身体概念来论文，乃是中国古代文学批评中屡见不鲜的事。

齐梁刘勰说："必以情志为神明，事义有骨髓，辞采为肤肌，宫商为声气。"[1]由里而外，由"情志""事义""辞采""宫商"构成的文章整体，就活脱脱的是由"神明""骨髓""肌肤""声气"构成的活人。

北齐颜之推说："文章当以理致为心肾，气调为筋骨，事义为皮肤，华丽为冠冕。"[2]

唐贾岛："诗体若人之有身。人生世间，禀一元相而成体，中间或风姿峭拔，盖人伦之难。"[3]"一元"者，气也，人之"体"乃一气化成，诗之"体"亦复如此。"风姿峭拔"者，人之"体貌"也，也可用来描述诗之"体貌"。

唐徐夤说："体者，诗之象，如人之体象，须使形神丰被，不露风骨，斯为妙手。"[4]"体象"犹"体貌"。

宋李廌说："凡文之不可无者有四：一曰体，二曰志，三曰气，四曰韵。……文章之无体，譬之无耳目口鼻，不能成人；文章之无志，譬之虽有耳目口鼻，而不知视听臭味之所能，若土木偶人，形质皆具而无所用之；文章之无气，虽知视听臭味，而血气不充于内，手足求卫于外，若奄奄病人，支离憔悴，生意消削；文章之无韵，譬之壮者，其躯干枯然，骨强气盛，而神气昏慒，言动凡浊，则庸俗鄙人而已。有体、有志、有气、有韵，夫是谓成全。"[5]"全"文当如"全"人，无"志""气""韵"之文如断气无神之人（行尸走肉），但无"体"之文则如无所依托的游魂，古人重志气、神韵而不轻体貌。

宋吴沆说："诗有肌肤，有血脉，有骨格，有精神。无肌肤则不全，无血脉则不通，

---

[1] 刘勰《文心雕龙》卷四十三《附会》，陆侃如、牟世金译注《文心雕龙译注》，齐鲁书社，1995，第511页。
[2] 王利器《颜氏家训集解》卷四《文章第九》，中华书局，1993年，第324页。
[3] 贾岛《二南密旨》"论载体升降"条，《丛书集成初编》，第2546册，中华书局，1985年，第17页。
[4] 徐夤《雅道机要》，张伯伟《全唐五代诗格汇考》，江苏古籍出版社，2002年，第436页。
[5] 李廌《济南集》卷八《答赵士舞德茂宣义论宏词书》，四川大学古籍整理研究所编《宋集珍本丛刊》，第30册，线装书局，2004年，第727页上～下。

无骨格则不健，无精神则不美。四者备，然后成诗。"[1]

南宋姜夔说："大凡诗，自有气象、体面、血脉、韵度。气象欲其浑厚，其失也露；韵度散其飘逸，其失也轻。"[2]

元杨维桢说："评诗之品无异人品也。人有面目骨体，有情性神气，诗之丑好高下亦然。"他还说："面目未识，而谓得骨骸，妄矣；骨骸未得，而谓得情性，妄矣；情性未得，而谓得其神气，益妄矣。"[3]

明归庄说："余尝论诗，气、格、声、华，四者缺一不可。譬之于人，气犹人之气，人所赖以生者也，一肢不贯，则成死肌，全体不贯，形神离矣；格如人五官四体，有定位，不可易，易位则非人矣；声如人之音吐及珩璜琚瑀之节；华如人之威仪及衣裳冠履之饰。"[4] "格"类陶明濬所谓"体制（体式）"，"华"之"威仪"类若"体貌"。

清孙联奎说："人无精神，便如槁木；文无精神，便如死灰。"[5]

清方东树说："观于人身及万物动植，皆全是气所鼓荡。气才绝，即腐败臭恶不可近；诗文亦然。"[6] 诗文与人身及万物动植，皆一气化成，故而同构，而品文之法与相人之术通。

清姚鼐在《古文辞类纂·序目》中将文章的要素分成八种，曰："神、理、气、味、格、律、声、色。神、理、气、味者，文之精也；格、律、声、色者，文之粗也。然苟舍其粗，则精者亦胡以寓焉？学者之于古人，必始而遇其粗，中而遇其精，终则御其精者而遗其粗者。"[7] "粗"与"精"或"形"与"神"之论，也关乎文之"体"构成的层次性。

近人陶明濬《诗说杂记》疏解严羽"兴趣"说："此盖以诗章与人身体相比拟……体制如人之体干，必须佼壮；格力如人之筋骨，必须劲健；气象如人之仪容，必须庄重；兴趣如人之精神，必须活泼；音节如人之言语，必须清朗。五者既备，然后可以为人；亦为备五者之长，而后可以为诗。"文章之"体制（体式）""格力"如人之"体干""筋骨"，而文章之"气象"则如人之"体貌（仪容）"，文之"体"的构成也是有由内而外的层次性的。

以上列举的言说，都是将人体的结构和文体的结构进行比附、联想和判断、推衍，

---

[1] 吴沆《环溪诗话》卷中，惠洪、朱弁、吴沆《冷斋夜话 风月堂诗话 环溪诗话》，中华书局，1988年，第130页。
[2] 姜夔《白石道人诗说》，何文焕辑《历代诗话》，中华书局，1981年，第680页。
[3] 杨维桢《东维子文集》卷七《赵氏诗录序》，《四部丛刊》本。
[4] 归庄《归庄集》卷三《玉山诗集序》，中华书局，1962年，第206页。
[5] 孙联奎《诗品臆说》"精神"条，孙联奎、杨廷芝《司空图〈诗品〉解说二种》，齐鲁书社，1980年，第29页。
[6] 方东树《昭昧詹言》卷一，人民文学出版社，1961年，第25页。
[7] 姚鼐编选，吴孟复等评注《古文辞类纂评注》，安徽教育出版社，2004年，第18页。

所谓"盖以诗章与人身体相比拟",从而表达自己对文学艺术的认识。不过以上列举的只是中国古有文学批评以体论文的冰山一角[1],我们可以想象,如果没有诸如单音节词"气""力""形""体""神""貌""肥""瘦""壮""弱""病""健""首""腹""尾""筋""骨""皮""脉""髓""魄",双音节词"精神""神韵""气骨""风骨""血脉""皮毛""文心""诗眼""主脑""肌理"等术语,中国传统的诗文品评将会是什么样子。可以肯定地说,如果没有这样一些人化的理论术语或者喻象,中国古代文学批评尤其是诗文品评甚至是书画理论,都将会陷入"失语"的尴尬之中。可见借体论文已经成了中国古有文学批评的一个特点。时至今日,有学者还认为文体结构与人体结构相同,并运用这种方式来论文。"一种文体的基本结构,犹如人体结构,应包括从外至内依次递进的四个层次,即:(1)体制,指文体外在的形状、面貌、构架,犹如人的外表体形;(2)语体,指文体的语言系统、语言修辞和语言风格,犹如人的语言谈吐;(3)体式,指文体的表现方式,犹如人的体态动作;(4)体性,指文体的表现对象和审美精神,犹如人的心灵、性格。"[2]而刘勰《文心雕龙》实际上也暗含此类分层法(详论见后)。

2. 借"体"论"艺"

如书画等,首先是以身体比附描写对象,在传统山水画论中的评论和对画理的比拟中,往往现"身"说法,总是不离身体。譬如宋郭熙认为:

> 石者,天地之骨也,骨贵坚深而不浅露;水者,大地之血也,血贵周流而不凝滞。[3]

> 山以水为血脉,以草为毛发,以云烟为神采。故山得水而活,得草木而华,得烟云而秀媚。水以山为面,以亭榭为眉目,以渔樵为精神。故水得山而媚,得亭榭而明快,得渔樵而旷落。此山水之布置也。[4]

把石头和水比作天地的骨血,从而引起画者在将自然"迹化"为作品的同时,融入

---

[1] 钱锺书除了在《中国固有的文学批评的一个特点》一文中有举例外,还在《管锥编》和《谈艺录》两书中列举了众多的例证。
[2] 郭英德《中国古代文体学论稿》,北京大学出版社,2005年,第4页。
[3] 郭熙《林泉高致》,山东画报出版社,2010年,第50页。
[4] 同上注,第49页。

对自己身体的联想，则画必如活人之体而血脉流动、神采焕发。又譬如：

> 石有面有肩，有足有腹，一如人之俯仰坐卧。[1]

> 山以林木为衣，以草为毛发，以烟霞为神采，以景物为装饰。以水为血脉，以岚雾为气象。[2]

以身体演示画理，有些画论简直就可以为你描绘出一个活生生的人体来。这在中国画论和绘画术语中屡见不鲜。它们把画中最精彩、最传神的细部叫作"画眼"，把关键性的部分叫作"点睛"，把拘泥于细节而失去整体效果叫作"谨毛失貌"，等等，这背后无不藏着身体及整体的尺度。就连画论中最为推崇的"气""力""势""态"之类的概念也无不从"体"观念中来。南齐谢赫的"六法"，其中核心的、纲领性的内容就借助于身体的联想。"气韵生动""骨法用笔"，都出于对身体状态和身体部件的联想。气与韵以及气韵，都是从人的肉体和生命现象中引申出来的感觉，转而投射于艺术作品，并进而成为品鉴标准，相人之术已成品画之法。"骨法"是更为典型的以身体为蓝本而衍生出的审美标准，这种审美标准从根本上来说是抽象的，其言说方式是比喻、比拟性的，因而给人以生动质感，并能触动人的联想。

在书法理论之中，这种情况更是普遍，列举如下。

五代荆浩说："凡笔有四势，谓筋、骨、肉、气。笔绝而断谓之筋，起伏成文谓之肉，生死刚正谓之骨，迹画不败谓之气。故知墨大质者夫其体，色微者败正气，筋列者无肉，迹断者无筋，苟媚者无骨。"[3]

刘宋王僧虔说："骨丰肉润，入妙通灵。""骨骼丰满，肌肉润泽，那就可以自接进入无穷妙境，与神灵相通。"[4]

北宋朱长文说："（沈传师之书）爽快骞举，如许迈学仙，（骨）轻神健，飘飘然

---

[1] 龚贤《画诀》，鲍廷博辑《知不足斋丛书》（第四册），中华书局影印本，1999年，第695页下。
[2] 韩拙《山水纯全集·论山》，《丛书集成初编》，第1641册，中华书局，1985年，第2页。
[3] 荆浩《记异》，秦祖永辑《画学心印》卷一，《续修四库全书》，第1085册，子部艺术类，上海古籍出版社，1996年，第424页上。
[4] 王僧虔《笔意赞》，冯武《书法正传》篆言上，上海书画出版社，1985年，第134页。

欲腾霄云。""骨骼轻盈，精神健全，飘飘然好像要腾飞一样。"[1]

北宋苏轼说："书必有神、气、骨、血、肉，五者缺一，不为书也。"[2]

北宋米芾说："字要骨格，肉须裹筋，筋须藏肉。"[3]

明丰坊说："书有筋骨血肉。"[4]

清康有为说："书若人然，须备筋、骨、血、肉。血浓骨老，筋藏肉莹，加之姿态奇逆，可谓美矣。"[5]

"肉""血""骨""气""神"也可显见画之结构如人之身体结构在构成上由表及里的层次性。古代的书法家总是视书法为一种生命的艺术，总是力求要在字里行间表现出生命体的筋骨血肉的感觉来，因此在批评书法和描绘书法性状时表现出明显的"体"观念，那就是艺术鉴赏中的拟人化倾向，以人论艺，以体论艺。如前所述，基于人类认识"近取诸身"的思维特点，从身体出发，并向人的综合素质延伸，论述艺术如同人的身体的有机性和整体性，这也是再自然不过的事情。所以，当中国人说"画如其人"的时候，就已经从人的身体散发出了许多东西，衍生出了许多尺度，内中也隐含了中国古人的致思方式——今人如钱锺书、朱光潜等先生多有所论。

这里显示的是，将艺术美视为犹如人之形体、生命，重视感性生命，以生命呈现在人体自然中的力量、气质、姿容为美的审美观念和理论思维。表征人体的体，"于是在漫长而复杂的思维和审美历程中移用于文学艺术论的'体'，既用于艺术门类和表现形式的区分，又常常由整体性和主次条理的原则意义引申，指具体作品的基本构局法式和艺术表现的倾向性"[6]。

中国学者对此进行的理论概括，应该从钱锺书先生对中西文学批评的比较说起。在钱锺书先生看来，中国文论中既具有普遍性、独特性，又具有世界性的特点就是：

> 把文章通盘的人化或生命化（animism）。《易·系辞》云："近取诸身……以通神明之德，以类万物之情"，可以移作解释：我们把文章看成我们自己同类的活

---

[1] 朱长文纂辑《墨池编》卷三《续书断上》"妙品十六人"，清文渊阁《四库全书》，第812册，上海古籍出版社，2003年。
[2] 苏轼《论书》，王原祁等纂辑《佩文斋书画谱》卷六，中国书店，1984年，第156页上。
[3] 米芾《海岳名言》，文渊阁《四库全书》，第813册，上海古籍出版社，2003年。
[4] 丰坊《书诀》，《丛书集成续编》，第99册，台湾新文丰出版公司，1988年，第6页下。
[5] 康有为《广艺舟双楫》余论第十九，中国书店，1983年，第46页。
[6] 涂光社《文心十论》，春风文艺出版社，1986年，第122页。

人。《文心雕龙·风含篇》云:"辞之待骨,如体之树骸,情之含风,犹形之包气……瘠养肥词";又《附会篇》云:"以情志为神明,事义为骨髓,辞采为肌肤"……这种例子哪里举得尽呢?我们自己喜欢乱谈诗文的人,做到批评,还会用什么"气","骨","力","魄","神","脉","髓","文心","句眼"等名词。翁方纲精思卓识,正式拈出"肌理",为我们的文评,更添一个新颖的生命化名词。[1]

钱锺书先生的这一见解见于其1937年5月23日写成的长文《中国固有的文学批评的一个特点》,刊载于《文学杂志》第1卷第4期(1937年8月1日)。其中核心的认识就是"把文章通盘的人化或生命化",亦即所谓的"人化"或者"生命化"。此后钱先生陆续对此说进行补充,使之对中国固有文学批评特点的概括更加完善,论证更加充分。比如钱锺书先生在《谈艺录》中曾说,中国古代文学批评的一个重要特色是:"谓其能近取诸身,以文拟人;以文拟人,斯形神一贯,文质相宣矣。"[2]钱锺书先生还从中国人认识思维的角度指出:"盖吾人观物,有二结习:一、以无生者作有生看(animism);二、以非人作人看(anthromorphism)。鉴书衡文,道一以贯。图画得其筋骨气韵,诗文何独不可。"[3]中国传统文化与哲学的这种特征,必然会深深地影响中国传统美学思想,并孕育出相应的富于中国传统文化特征的美学理论,其特色就是以人拟文,以人拟艺。这一特色的形成,从哲学上讲是与中国古代哲学、美学中的"天人合一"思想有关的;从文艺传统上讲,又不能不说它在一定程度上受了魏晋以来将人物品藻与诗人评论结合传统的影响。

著名美学家朱光潜先生对此也很认同并做了补充。朱光潜在《文学杂志》第1卷第4期"编辑后记"中说:"钱锺书先生拿中国文学批评和西方文学批评相比较,指出它的特色在'人化',繁征博引,头头是道。儒家论诗,以'温柔敦厚'为理想,《乐记》论声音,举和柔直廉粗厉发散啴缓噍杀六种差别,《易·系辞》称'精义入神'都是最早的'人化'批评。汉以后道家思想盛行,'气','神'等观念遂成为文艺理论中的重要台柱。魏晋人论诗文,很少没有受道家思想影响的。应用'人化'观念者不仅有文学批评家,论书画者尤为显著。同时'人化'之外,'物化'或'托物'也是中国文艺批评的一个特色……司空图《诗品》是'人化'与'物化'杂糅,最足以代表'中国固

---

[1] 钱锺书《钱锺书散文》,浙江文艺出版社,1997年,第391页。
[2] 钱锺书《谈艺录》,中华书局,1986年,第40页。
[3] 钱锺书《管锥编》(第四册),中华书局,1979年,第1357页。

有文学批评'的一部杰作。看过钱先生的论文以后，我们想到如果用他的看法去看中国的文艺思想，可说的话还很多，希望他将来对于这问题能写一部专书。"[1]可惜除了看见钱先生的专论之外，我们并未看到专书的诞生。可见这一问题也正如中国文学批评的特色，只可通过喻象来形象把握和体会，而不可以充分地理论化。

"近取诸身"，中国人习惯以人体结构来看待客体，中国古代审美心理学思想中的许多范畴和命题，如气脉、气象、体面、血脉、韵度、神韵、风骨、形神等，都来自这一观念。古代文论十分关注文之"体"的生气充溢的性质，如一些文论概念：风骨、诗眼、气韵生动、活、肌理……都应该是"体"的性质延伸。同时，中国文学批评家喜欢把艺术与人体视为"异质同构"，喜欢用人体结构来比拟艺术结构。这可以视作与中国文论喜欢以"道""气"等浑朴性概念把握对象相并行的把握方法，如果说用"道""气"是以难以把握的概念去把握难以把握的对象的话，那么，用身体概念就是以可以把握的概念去把握不能把握的对象，有由实及虚、由粗而精、由表及里、由具象到抽象的认识倾向。这种启发式的理论表述，不是将理论论域封闭起来，而是通过比拟使得表述更形象化、生动化，构筑起一个可以感知和体悟的理论体系，从而将读者也纳入理论的生成过程中，形成开放的理论论域，增强理论的感悟性。

三、体貌与文相："体"论与人物品藻

魏晋以降的"人物品藻"，是中国即"体"论"文"趋于成熟的一大关节点。在我们古人看来，合而论之，宇宙万物本为一"体"，人是一"体"，文章也是一"体"；分而论之，古人又用两两相对的词或范畴来描述这一"体"：比如人之体有"体性（体气等）"与"体形（形体）"之分，或"神"与"形"之别，等等，但两者"不即"，也"不离"——文章亦复如此。因为"不离"，所以古人观察、鉴别人的一个重要方法就是"相面"：由人外在之"面相""体貌"察人内在之性格等。相面之法，观人术也——这就是始于汉代的人物品藻的做法，而如果说汉人"相"人是为了政治上选拔人才的话，更重视风神、神韵的魏晋人则使人物品藻成为一种审美上的品鉴，并且魏晋人开始逐步把这种"相"人之术转化为"品"文之法，并对后世产生了深远影响。[2]

《文心雕龙》大量以"体"论"文"的做法，应受到其时人物品藻的影响。《练字》

---

[1] 朱光潜《朱光潜全集》（第八卷），安徽教育出版社，1993年，第563页。
[2] 这方面的详细分析，参见张法《中国美学史》第三章《魏晋南北朝美学》相关内容，四川人民出版社，2006年，第83~87页。

篇有云:"夫文象列而结绳移,鸟迹明而书契作,斯乃言语之体貌,而文章之宅宇也"[1],字为言语之"体貌",而积字成句、积句成篇,则"文章"本身自然也有由文字构成的"体貌",这种整体的体貌也可称之为"文象(文相)"。"体貌"又做动词,《时序》篇有云:"陈思以公子之豪,下笔琳琅。并体貌英逸,故俊才云蒸"[2],《汉书·贾谊传》:"所以体貌大臣,而励其节也。"颜注:"体貌,谓加礼容而敬之。""体貌"虽可解作尊敬,而"加礼容"云云则表明"体貌"也需要外在的仪式加以表现。又,《书记》篇:"状者,貌也。体貌本原,取其事实"[3],"体貌"虽也解作尊敬、尊重,但也有使"本原"由内而外、由隐而显之意。又,《练字》篇:"状貌山川,古今咸用"[4];《夸饰》:"至如气貌山海,体势宫殿;嵯峨揭业,熠耀焜煌之状,光采炜炜而欲然,声貌岌岌其将动矣;莫不因夸以成状,沿饰而得奇也。"[5]作为动词的"状貌""气貌"与"体貌"义近。推而广之,文章制作之法也需"体貌"之,而文章品鉴之法则需"相"之。

当然,《文心雕龙》中提到更多的是山水景物之貌,《神思》有"物以貌求"之语,而以"貌"求"物"乃是山水景物文章(诗赋等)的基本套路:

"论山水,则循声而得貌;言节候,则披文而见时。"[6](《辨骚》)

"巧言切状,如印之印泥……故能瞻言而见貌,即字而知时","体物为妙,功在密附"[7],"情貌无遗"[8],"流连万象之际,沈吟视听之区"[9],"窥情风景之上,钻貌草木之中"[10]。(《物色》)

"造怀指事,不求纤密之巧;驱辞逐貌,唯取昭晰之能"[11],"情必极貌以写物,辞必穷力而追新"[12]。(《明诗》)

"赋自《诗》出,分歧异派。写物图貌,蔚似雕画。"[13](《诠赋》)

---

[1] 陆侃如、牟世金译注《文心雕龙译注》,齐鲁书社,1995年,第470页。
[2] 同上注,第537页。
[3] 同上注,第348页。
[4] 同上注,第476页。
[5] 同上注,第454~455页。
[6] 同上注,第134页。
[7] 同上注,第552页。
[8] 同上注,第550页。
[9] 同上注,第549页。
[10] 同上注,第552页。
[11] 同上注,第143页。
[12] 同上注,第144页。
[13] 同上注,第168页。

"延寿继志,瑰颖独标;其善图物写貌,岂枚乘之遗术欤!"[1](《才略》)

当文章家能"体物""密附"而用语言成功表现出景物之体貌(写物图貌)时,景物之体貌也就成为文章之体貌。后世唐僧皎然《诗议》即直接以"体貌"论诗:"论人,则康乐公秉独善之姿,振颓靡之俗。沈建昌评:'自灵均已来,一人而已。'此后,江宁侯温而朗,鲍参军丽而气多,《杂体》、《从军》,殆凌前古。恨其纵舍盘薄,'体貌'犹少。"[2]又,《文心雕龙》之《辨骚》篇云:"《离骚》之文,依经立义;驷虬、乘翳,则时乘六龙;昆仑、流沙,则《禹贡》敷土;名儒辞赋,莫不拟其仪表;所谓'金相玉质,百世无匹'者也"[3],"不有屈原,岂见《离骚》?惊才风逸,壮志烟高。山川无极,情理实劳。金相玉式,艳溢锱毫"[4]。"金相"论也可谓"文相"论。

除了"物"之"貌"外,《文心雕龙》中还多有"声貌"之论:

"及灵均唱《骚》,始广声貌"[5],"遂客主以首引,极声貌以穷文"[6],"子渊《洞箫》,穷变于声貌"。[7](《诠赋》)

"夫夸张声貌,则汉初已极。"[8](《通变》)

"王褒构采,以密巧为致,附声测貌,泠然可观。"[9](《才略》)

今人一般认为"声貌"有两解:或解作"声音与状貌",或解作"声音的状貌"。"子渊《洞箫》,穷变于声貌"之"声貌"当作"声音的状貌"解,汉代尤其魏晋以降大量音乐题材的大赋,往往通过繁复的景物描写来状声音之"貌"。形貌是诉诸视觉的,大量音乐赋表明:"不可见的"声音特性是可以通过"可见的"景物表现出来的,可谓"体貌(或状貌、气貌)声音";而"不可见的"情感等也是可以通过景物之"貌"表现出来的。

"是以诗人感物,联类不穷;流连万象之际,沈吟视听之区。写气图貌,既随物以宛转;属采附声,亦与心而徘徊。故'灼灼'状桃花之鲜,'依依'尽杨柳之貌,'杲杲'为出日之容,'瀌瀌'拟雨雪之状,'喈喈'逐黄鸟之声,'喓喓'学草虫之韵。'皎日'、'嘒星',一言穷理;'参差'、'沃若',两字穷形。并以少总多,情貌无遗矣。虽复思经千载,

---

[1] 陆侃如、牟世金译注《文心雕龙译注》,齐鲁书社,1995年,第561页。
[2] 皎然《诗议》,[日]遍照金刚《文镜秘府论》南卷"论文意",人民文学出版社,1975年,第142页。
[3] 陆侃如、牟世金译注《文心雕龙译注》,齐鲁书社,1995年,第126~127页。
[4] 同上注,第136页。
[5] 同上注,第160页。
[6] 同上。
[7] 同上注,第165页。
[8] 同上注,第388页。
[9] 同上注,第561页。

将何易夺？及《离骚》代兴，触类而长。物貌难尽，故重沓舒状，于是'嵯峨'之类聚，'葳蕤'之群积矣……自近代以来，文贵形似。窥情风景之上，钻貌草木之中；吟咏所发，志惟深远；体物为妙，功在密附。故巧言切状，如印之印泥，不加雕削，而曲写毫芥。故能瞻言而见貌，印字而知时也。"[1]（《物色》）

"神居胸臆，而志气统其关键；物沿耳目，而辞令管其枢机。枢机方通，则物无隐貌；关键将塞，则神有遁心……赞曰：神用象通，情变所孕。物以貌求，心以理应。刻镂声律，萌芽比兴。结虑司契，垂帷制胜。"[2]（《神思》）

物、万象、貌、采、声、形、物貌、风景、草木等为一端，感、气、心、情、志、神、志气等为一端，今人囿于西人分析性二分思维法，将这两端割裂开来理解，视前一端为所谓"形式"，后一端为"内容"，即使再怎么强调两端统一，也未得彦和之理。即使从文章法的角度来看，《文心雕龙》以骈体表述，也当互文见义。《物色》篇还说："春秋代序，阴阳惨舒，物色之动，心亦摇焉。……献岁发春，悦豫之情畅；滔滔孟夏，郁陶之心凝；天高气清，阴沈之志远；霰雪无垠，矜肃之虑深：岁有其物，物有其容；情以物迁，辞以情发。"[3]"情"既然随物之"容""貌"而迁并以辞而发，则由辞所描画的物之体貌，可察人之情。上引数语后来多为诗话中的意象、情景论所征引，若云象、景为文之体貌，则由此体貌、文相而察，观其中之意、情，方是"相"文、"品"文、"评"文之正道。

又，《文心雕龙·比兴》篇云："夫'比'之为义，取类不常：或喻于声，或方于貌，或拟于心，或譬于事。"[4]"诗人比兴，触物圆览；物虽胡越，合则肝胆；拟容取心，断辞必敢。攒杂咏歌，如川之涣。"[5]"拟容取心"亦可谓"体貌"法。《颂赞》又云："'四始'之至，颂居其极。颂者，容也，所以美盛德而述形容也。"[6]传统的礼乐（诗、舞）交融的活动与身体有直接的关联，特别重视其中的"声"与"容（表情、肢体动作等）"之正，可以说，以音乐、舞蹈艺术结构来"正"人的身体动作，进而使"心"正——此乃即"体"言"文"的思想渊源之一。

古人品藻人物、相人之术是有层次性的，一般来说，"貌"或"色"是最外在的层

---

[1] 陆侃如、牟世金译注《文心雕龙译注》，齐鲁书社，1995年，第552页。
[2] 同上注，第359～366页。
[3] 同上注，第548页。
[4] 同上注，第448页。
[5] 同上注，第450页。
[6] 同上注，第169页。

次,所"相"者,"面相",再进一层则还当观"骨相"——"相"文之法亦复如此,前引陶明濬语即云:"此盖以诗章与人身体相比拟……体制如人之体干,必须佼壮;格力如人之筋骨,必须劲健;气象如人之仪容,必须庄重。"若云观文之"体貌(仪容)"是第一层,则更进一层当相文之"体制""体式""体格(类人之'体干''筋骨')",对此《文心雕龙》亦有分析:

> 并情性所铄,陶染所凝,是以笔区云谲,文苑波诡者矣。故辞理庸俊,莫能翻其才;风趣刚柔,宁或改其气;事义浅深,未闻乖其学;体式雅郑,鲜有反其习:各师成心,其异如面。若总其归涂,则数穷八体。[1](《体性》)

> 夫设文之体有常,变文之数无方。何以明其然耶?凡诗、赋、书、记,名理相因,此有常之体也;文辞气力,通变则久,此无方之数也。名理有常,体必资于故实;通变无方,数必酌于新声:故能骋无穷之路,饮不竭之源。然绠短者衔渴,足疲者辍涂;非文理之数尽,乃通变之术疏耳。故论文之方,譬诸草木:根干丽土而同性,臭味晞阳而异品矣。[2](《通变》)

今人视以上为西人所谓"风格"论,并以"风格"为所谓"形式特性",而与所谓"内容"无关——这种支离的理解也是不得彦和之要领的。以上也提到了"情性""气力"等,"内容"乎?"形式"乎?其实,对应于人之体,相关问题就豁然开朗了:文之"体貌(犹人之肉、容、色等)"对应的是一般所谓的感情、情绪等,对应于文之"体式(体格,犹人之体格、骨骼等)"的则往往被表述为性情、情性、风趣等——而骨肉相连,文之"体貌"与"体式"岂可支离而割肉剔骨乎?以西人之语来表述,我们古人的形式、风格、内容三者是"一气贯通"的,而西人之弊正在支离——明乎此,我们再回过头来看前已引《文心雕龙·附会》之语"必以情志为神明,事义有骨髓,辞采为肌肤,宫商为声气"[3],其层次性就昭然可见了:若以"情志""事义"为"内容",以"辞采""宫商"为"形式",则难免支离;若从层次看,则四者可环环相扣而成一整体。总之,理解古人文体"结构"论,结合人体"结构"来看至关重要。"体式雅郑"也是古代文论的重要话题,而这其实与相人之术也是

---

[1] 陆侃如、牟世金译注《文心雕龙译注》,齐鲁书社,1995年,第368页。
[2] 同上注,第384页。
[3] 同上注,第511页。

相通的，语云体貌不端，则心术不正；而文章家欲得性情、心术之正，则当重视文之体式之正，当然，"正"不弃"变"，"通变"之谓也，兹不多论。

前引彦和"貌"论，既有"物貌"之说，也有"情貌""气貌"之语，不惟人有"情""气"，物亦有之，天地万物、人文制作等皆一气化成。人之情，气不可见，物之情，气乃至"道"亦不可见，也需"体貌"以见。《文心雕龙·原道》赞曰："道心惟微，神理设教。光采玄圣，炳耀仁孝。龙图献体，龟书呈貌；天文斯观，民胥以效。"[1]若云"道"为文之"体"，则"文"者，"道"之"貌"也。《夸饰》云："夫形而上者谓之'道'，形而下者谓之'器'。神道难摹，精言不能追其极；形器易写，壮辞可得喻其真。才非短长，理自难易耳。故自天地以降，豫入声貌，文辞所被，夸饰恒存。虽《诗》、《书》雅言，风格训世，事必宜广，文亦过焉。"[2]辞若得喻形器、万物之真，则近乎"道"。《诠赋》云："拟诸形容，则言务纤密；象其物宜，则理贵侧附。斯又小制之区畛，奇巧之机要也"[3]，用词多化用《易》语，文章若能"象其物宜"，则也可以物貌见道。

不管怎么诠释，大致来说，体之貌、文之相（象），首先是感性而非知性把握的对象，而人把握体貌、文相的主要感官是耳目，《文心雕龙》《情采》篇有"声文""形文""情文"之"三文"说，前两"文"就是诉诸耳目的体貌、文相的两个方面，而统领《文心雕龙》全书的首篇《原道》其实也贯穿着这三"文"之思路：

> 文之为德也，大矣；与天地并生者，何哉？夫玄黄色杂，方圆体分，日月叠璧，以垂丽天之象；山川焕绮，以铺理地之形。此盖道之文也。仰观吐曜，俯察含章；高卑定位，故两仪既生矣。惟人参之，性灵所钟，是谓三才。为五行之秀，实天地之心。心生而言立，言立而文明，自然之道也。傍及万品，动植皆文。龙凤以藻绘呈瑞，虎豹以炳蔚凝姿。云霞雕色，有逾画工之妙；草木贲华，无待锦匠之奇。夫岂外饰，盖自然耳。至于林籁结响，调如竽瑟；泉石激韵，和若球锽。故形立则章成矣，声发则文生矣。夫以无识之物，郁然有彩；有心之器，其无文欤？[4]

"形立则章成"者，"形文"也；"声发则文生"者，"声文"也；天地万物皆以"形

---

[1] 陆侃如、牟世金译注《文心雕龙译注》，齐鲁书社，1995年，第102页。
[2] 同上注，第452页。
[3] 同上注，第163页。
[4] 同上注，第96页。

文""声文"显现其貌；万物之形文、声文又皆是"道之文"，或曰"道"以万物之形文、声文而见；而作为"天地之心"的人，又以"言"之形文、声文表现天地万物之"文"，而"道"在其中；而仰观俯察之法，同样也是"相"文之法。统领全书的末篇《序志》也表达了同样的思路：

> 夫"文心"者，言为文之用心也。昔涓子《琴心》，王孙《巧心》，"心"哉美矣，故用之焉。古来文章，以雕缛成体，岂取驺奭之群言"雕龙"也？夫宇宙绵邈，黎献纷杂；拔萃出类，智术而已。岁月飘忽，性灵不居；腾声飞实，制作而已。夫有肖貌天地，禀性五才，拟耳目于日月，方声气乎风雷；其超出万物，亦已灵矣。形同草木之脆，名逾金石之坚，是以君子处世，树德建言。岂好辩哉？不得已也。[1]

人以耳目"肖貌"万物，也主要以耳目把握天地万物，并以语言形文、声文之"制作"表现天地万物——此即文章也，而"道"在其中，"性"在其中，"情"在其中。人以文章制作而参天地之化育，并因而不朽——这也是刘勰的基本文章价值观。

总之，"近取诸身，远取诸物"，文章等人文制作参天地之化育，与天地万物、人之身体等皆一气化成，故而一气贯通，异质同构，而品文之法与相人之术及对天地万物的仰观俯察之法，也道通为一。中国古代的以"体"论文及"象喻"批评等，体现了中华文化天人合一的宇宙观、人文观、生命观、价值观等，对于中华美学精神的当代建设具有积极意义，我们理应加以重视。

（党圣元，中国社会科学院研究员，中国社会科学院研究生院教授、博士生导师。主要研究方向为中国古代文论、文艺学、传统思想文化。）

---

[1] 陆侃如、牟世金译注《文心雕龙译注》，齐鲁书社，1995年，第602页。

中国文化中的"工具理性"*

张再林

一、缘起:中国文化中之"工具理性缺乏论"

在马克斯·韦伯看来,一部人类文明的历史就是一部"祛魅"的合理化的历史。进而,当他对这种合理化的"理性"进行深入思考时,从中又为我们分梳出最主要的两种"理性"类型,即"工具理性"与"价值理性"。关于这两种"理性",他是这样定义的:

其一,就"工具理性"而言,"它决定于对客体在环境中的表现和他人的表现的预期;行动者会把这些预期用作'条件'或者'手段',以实现自身的理性追求和特定目标"[1]。

其二,就"价值理性"而言,"它决定于对某种包含在特定行为方式中的无条件的内在价值的自觉信仰,无论该价值是伦理的、美学的、宗教的还是其他的什么东西,只追求这种行为本身,而不管其成败与否"[2]。

简言之,所谓"工具理性",就是一种把我们的目标、手段和与之相伴的后果一起合理性地加以考虑和估量的理性;而所谓"价值理性",就是一种只重视我们行为本身内在的价值意义,而对其能否兑现和成败得失不予考虑的理性。

虽然韦伯认为这两种理性各有利弊、互有所补,但两相比较,韦伯心目中更为重视的却是"工具理性",而非"价值理性"。他认为就合理性程度而言,前者在位阶上更优越于后者,这不仅由于"工具理性"以其目标和手段的双重性、以其对手段的可计算性、以其后果的可预测性、以其价值的中立性,而与人类理性之为理性的性质更为相符,代表了一种更为精致和更高层次的人类理性精神,而且还由于"工具理性"上述种种意蕴同时又与高标实证科学、工业技术、资本增值的"现代化"精神深深相契,而体现了人类合理化运动的最新的历史趋势。相反,"价值理性"虽对行为的价值意义给予反思,

---

*基金项目:国家社会科学基金一般项目"身体哲学视域中的中西体育思想比较研究"(15BTY001)。

[1]〔德〕马克斯·韦伯著,阎克文译《经济与社会》(第一卷),上海人民出版社,2010年,第114页。

[2] 同上。

却留有未能彻底摆脱激情、信仰等非理性的孑遗，而只能在理性化的程度上退处其次。

其实，在韦伯的学说里，他的这种理性观中的"工具理性优先论"与其文明观中的"西方文明中心论"，二者是携手而行、并行不悖的。因此，当他从理性比较转向文明比较考察时，以中国文明为代表的东方文明之"工具理性缺乏论"就成为韦伯学说的应有之论。

在韦伯看来，这种工具理性的缺乏是如此的明显，以至于它体现在中国古代社会生活中的方方面面。在韦伯研究中国文化的代表之作——《儒教与道教》一书里，他就为我们揭示出了这种缺乏的种种面相，如"自然科学思维之欠缺""缺乏自然法与形式的法逻辑""礼的中心概念""对专家的排斥""宗法制氏族的坚不可摧与无所不能""没有理性的技艺训练""摆脱了所有竞争"。再如，中国古人虽并不反对对财富的追求，但是"在中国的经济里，未出现理性的客观化倾向"[1]，"（司马迁）把经商看作营利的手段并加以推荐，却让儒教徒感到有失体统"[2]，"在中国，真正的'社团'并不存在（尤其是在城市里），因为没有纯粹以经营为目的的经济社会化形式与经济企业形式"[3]。凡此种种，使中西的历史发展呈现出迥然异趣的格局：当西方基于理性地变革与支配这个世界的有用工具及"工具人"，为自己推出了资本主义这一崭新的社会形态之际，"中国尽管具有各种有利于资本主义产生的外在条件，但就像在西方和东方的古代，或在印度和伊斯兰教盛行的地方一样，在中国发展不出资本主义"[4]。

对于韦伯来说，究其故端，中国文化中的这种"工具理性"的缺乏实际上源于其文化中"价值理性"的唯一至上。故韦伯在书中提到，在中国，"名声就是一切，美德是'目的本身'"[5]。并且，他认为，正是这种旨在价值性的"目的本身"的美德的追求，才导致了儒家所谓的"君子不器"的人生理想："'君子不器'这个根本原理告诉我们，君子是目的本身，而不只是作为某一特殊有用之目的的手段。……这种建立在全才基础上的'美德'，即自我完善，比起通过片面化知识（Vereinseitigung）所获得的财富要来得崇高。即使是处于最有影响地位的人，若不具备来源于教育的这种美德，在世上便会一事无成。因此，'高等'的人所追求的是这种美德而非营利。"[6]这样，在韦伯看来，作为工具理性必然产物的西方的"专家至上"思想就理所当然地在儒家眼里失去了市场：

---

[1]〔德〕马克斯·韦伯著，洪天富译《儒教与道教》，江苏人民出版社，2010年，第92页。
[2]同上注，第175页。
[3]同上注，第247页。
[4]同上注，第252～254页。
[5]同上注，第176页。
[6]同上注，第169页。

"在儒教徒看来，专家尽管具有社会功利主义的价值，但是无法具有真正正面的尊严。因为起决定性作用的因素是'有教养的人'（君子），而不是'工具'，也就是说，在适应现世的自我完善之中，君子本身就是目的，而非实现某种客观目的的手段。儒教伦理的这一核心原则，拒斥了行业的专门化、现代的专家官僚体制与专业的训练，尤其是拒斥了为营利而进行的经济训练。"[1]

因此，尽管韦伯在其论著中并没有明确从两种理性出发对比中西文化，尽管韦伯在其论著中似乎并没有对中国文化断然给出"工具理性缺乏"的结论。但如上所述，在韦伯的观点里，其显然把中国文化完全纳入价值理性的类型，并且中国文化以其扬此而抑彼，显然被韦伯逐出了工具理性的文化阵营，乃至可以说，它与其说是工具理性的缺失，不如说是与工具理性格格不入，而不啻成为工具理性的对立面的典型，以一种难得的"反例"，为我们具体而明确地说明了工具理性何以是一种更为优越的人类合理性。

耐人寻思的是，无独有偶，这种对中国文化中的"工具理性"的无视，不仅体现在西人韦伯对中国文化的阐释和解读里，也在国人对中国文化的阐释和解读中难以幸免地得以反映，尽管较之韦伯，后者更多的是立足于对中国文化维护和讴歌的立场之上。

为此，就不能不涉及当代新儒家代表人物牟宗三先生对中国文化的哲学精神的阐释和解读，一种被很多人视为是对中国文化的哲学精神的最具专业性、也最为权威性的阐释和解读。在笔者看来，该阐释和解读所体现的对中国文化之"工具理性"的无视主要表现为以下几个方面：

第一，宗三先生对中国文化的哲学精神的阐释和解读，实际上仅仅是从力宗"易简工夫"的陆王心学出发的，是以这种陆王心学为中国哲学代表的。而陆王心学就其对"直指本心""自性圆满""当下顿悟""只好恶就尽了是非"等的强调，显然其学说实质是非工具理性的、反工具理性的，并且显然区别于强调"格致工夫"的工具主义的程朱理学。而对于宗三先生而言，如果说这种非工具理性的陆王心学乃中国哲学的正统、正宗的话，那么，工具理性的程朱理学则由于被其冠之以"别子为宗"，作为中国哲学传统的"歧出""异数"而被其彻底打入中国哲学的冷宫。

第二，经由宗三先生阐释和解读的产物的"新儒学"，其最为核心的概念是所谓的"智的直觉"。直觉者，直接把握者也，不假中介者也。显然，这种"智的直觉"不仅与张载的"德性之知"、阳明的"致良知"、熊十力的"性智"这些直悟型的概念可谓同趣，

---

[1]〔德〕马克斯·韦伯著，洪天富译《儒教与道教》，江苏人民出版社，2010年，第251页。

也从中再次为我们突显了宗三先生"新儒学"的非工具主义的特色。故正是从这种"智的直觉"出发，他视中西哲学判然有别，体用殊绝。也即他认为中国哲学与西方哲学之代表的康德哲学最根本的区别恰恰在于，人是否有这种"智的直觉"，更确切地说，是否有一种对道德本体的直觉。由此就导致了其认为正是以其有才使中国哲学最终走向了"道德形上学"，而正是以其无则使康德哲学仅仅流于"道德的神学"。"道德形上学"对道德本体的把握是"逆觉体证"，是"明觉活动之自知自证"，与之不同，"道德神学"对道德本体的把握则是借助于"神""上帝"的预设而假道而成。

第三，宗三先生对中国哲学的解读完全是将之泛道德化、泛价值化。这不仅表现为其将"心体""性体"视为天或宇宙的实体，还表现为其继阳明思想的余绪，坚持所谓的"意之所在便是物"，甚至完全否认了康德哲学中的"物自体"，主张"物自体"不过是一个"有价值意味的概念"而已，并随之也使"物交而知"的"见闻之知"淡出了其哲学的视域。这一切，正应了牟氏所谓的"以道德为入路，渗透至宇宙论，来适应道德形上学"的思路和思理。

第四，固然，在其学说中，宗三先生亦积极强调和隆重祭出了德福相即的"圆善"概念，似乎想借此在他的哲学中为祸福得失留有一席之地，并试图最终为我们消解康德哲学中冥顽不化的德性与功利二者之间背反的二律。但同时他又称："同一世间一切事，概括之亦可说同一心意知物之事，若念念执着，即是人欲……若能通化自在，以其情应万物而无情，以其心普万物而无心，则即是天理。……顺理而迹本圆即是天地之化……不顺理，则人欲横流，迹本交丧，人间便成地狱。顺理不顺理只在转手间耳。"[1]正如这一表述所示，这种德福相即的"圆善"，只是"一心开二门"所致，只是心意态度的"一念之差"所致，以其突出的"境界论"而非"实践论""实行论"，使其自身依然打上了鲜明的唯心主义、唯价值主义的印记。这种唯心主义、唯价值主义与牟氏所谓的"内圣外王"的哲学理想不无抵牾。于是，如何从道德形而上的"心体"开出现代科技制度文明的"物理"，就成为牟氏将儒学现代化而不得不直面的问题。正是在这一背景下，一种其所谓的"良知坎陷说"就在其学说中不可避免地推出了。此处的"坎陷"取自《易传》，宗三先生对之给出的英文是 self-negation，它不过是黑格尔"自我否定"概念的中国版。牟氏认为那种天人合一的"天心"唯有经过"自我坎陷"才能成为与物相对而二的"了别心"，从而与道德"良知"迥异的"知识""技术"之维也才能在中国哲学中得以确立。然而，同时他又讲："坎陷其自己而为别以从物，从物始能知物，知物始能宰物。及其可以宰

---

[1] 牟宗三《圆善论》，《牟宗三先生全集》22，台北联经出版公司，2003年，第315页。

也，它复自坎陷中涌出其自己而复会物以归己，成为自己之所统与所摄。"[1]不难看出，这里所表述的与黑格尔的绝对理念通过"否定之否定"而最终依然回归自身的逻辑可谓异曲而同工。这无疑表明，牟氏的"良知自我坎陷"之说与其说旨在使自己的"新儒学"学说中先天缺乏的"工具理性"得以开显，不如说就其最终归宿而言，正如黑格尔的绝对理念的异化与回归走着同一条道路那样，牟氏的这种开显充其量不过是为至尊的"价值理性"做嫁衣裳，充其量不过是以一种貌合神离的"中体西用"的方式，仅仅是使更加本位的"价值理性"得以真正付诸实现的一种手段，并且也是继韦伯之后，为中国文化的"工具理性缺乏论"再次做出了一种中国式的理论的论证和思想的申辩。

因此，从马克斯·韦伯到牟宗三，在其对中国文化的阐释和解读里，都有一种思想一以贯之地贯彻其中，那就是，他们都坚持如果说西方传统文化是一种以"工具理性"出发的文化的话，那么中国传统文化则以"价值理性"为本为宗，并且顾此失彼地使自身患有一种"工具理性"的"先天缺乏症"。我们看到，这种观点是如此深入人心，以至于它不仅众口铄金地几乎成为学界一致的共识，而且还令学者们八仙过海、各显神通，从中衍生出的形形色色、不胜枚举的各种现代新儒家理论论著有如汗牛充栋。然而，20世纪亚洲"四小龙"的经济奇迹、世纪之交中国经济的迅猛崛起，这些以"君子不器"为传统的儒家文化圈的地区、国度在器物文明上所取得的不可思议的巨大进步，不能不使这种不无风靡的"工具理性缺乏论"的观点备受质疑，也不能不使人们把中国传统文化中固有的"工具理性"精神的发掘列入中国文化研究的重大议题。下面，一种对中国传统文化再次深入的探索将使我们发现，事实胜于雄辩，中国文化不惟不缺乏"工具理性"，而且正是这种"工具理性"为我们支撑着悠久而博大的中国文化的半壁江山。

二、中国哲学中的"工具理性"思想

就"工具理性"与"价值理性"这两种理性方式的关系，韦伯曾写道："仅仅以这些方式中的其中之一作为取向，这样的具体行动，尤其是社会行动，恐怕是极为罕见的"[2]，例如，"完全为了理性地达到目的而与基本的价值观无涉，这样的行动取向实际上也并不多见"[3]。在这里，韦伯为我们指出，虽然我们可以在思想上抽取出两种截然异趣的理性，但在现实中，这两种理性却是互相依存的、缺一不可的。他所力推的西方"新

---

[1] 牟宗三《致知疑难》，《从陆象山到刘蕺山》，上海古籍出版社，2001年，第177页。
[2] [德]马克斯·韦伯著，阎克文译《经济与社会》（第一卷），上海人民出版社，2010年，第116页。
[3] 同上。

教伦理"恰恰为我们说明了这一点：这种"新教伦理"既以其强调特定工具的实践而为"工具理性"，又以其崇尚普世价值的信仰而为"价值理性"。西方文化是如此，中国文化也不例外。正如西方文化对"工具理性"的崇尚并不意味着其完全无视"价值理性"一样，中国文化对"价值理性"的青睐亦并不意味着其在"工具理性"上留有空白。

为了说明这一点，让我们不妨从中国文化中最核心、最根本的东西，即中国哲学思想谈起。而作为中国哲学源头的《周易》思想（尤其对"经"做出解读的《易传》思想），无疑可视为中国古代"工具理性"得以滥觞的真正的发祥之地。

一旦进入《周易》的思想领地，我们就会发现，与那种奢谈"尽心知天"的后儒不同，《周易》最为关切的问题是"利用安身"。所谓"利用安身"，是指用什么方式趋利避害，以使我们生活得更好。故和耻于言利的后世儒学形成鲜明对比，《周易》是这样的"唯利是图"，以至于其提出"利见大人""利涉大川""变动以利言""利用为大作""自天佑之，吉无不利""屈伸相感而利生焉""二人同心，其利断金""乾始能以美利利天下"，而把对"利"的诉诸无疑推向了极致。又，关于"利"，《说文解字》曰："利，铦也，从刀。""利"即作为农具的铦。故段玉裁注："铦者，臿属。引申为铦利字，铦利引申为凡利害之利。"

既然"利"的原型乃"铦"这一工具，那么，这必然使《周易》从"利用安身"走向"尚象制器"。故《周易》不仅明确提出"以制器者尚其象"（《系辞上》），也即认为人类一切制作工具的活动实际上都取法于《周易》的卦象，而且还不厌其烦地为我们一一列举了何器取法于何象，如"刳木为舟，剡木为楫"取法"涣"，"服牛乘马，利重致远"取法"随"，"重门击柝，以待暴客"取法"豫"，"断木为杵，掘地为臼"取法"小过"，"弦木为弧，剡木为矢"取法"睽"，如此等等。（以上见《系辞下》）更有甚者，除此之外，《周易》还明确地把这种"尚象制器"的创举归功于诸如包牺氏、神农氏、黄帝、尧、舜这些古之圣人与后世圣人，如包牺氏取法"离"而为我们制造了以佃以渔的网罟，神农氏取法"益"而为我们制造了耜和耒，黄帝、尧、舜取法"乾""坤"而为我们制造了上衣下裳。在这些无稽可考如神话般的传说里；如果说人们更多看到的是新工具的发明是如何推动人类进步的一种"历史唯物主义"的话，那么，我们则更多看到的是《周易》的"圣人观"乃如何迥异于后人。也就是说，在这里，圣人之为圣人，已不在于他们是垂范千古的道德楷模、至高无上的道德象征，而在于他们恰恰是人们借以安身的生产、生活工具的伟大的创造者和发明者。

值得一提的是，《周易》的这种"工具理性"思想并非孤鸣独发，而是在先秦之际以其此起彼应，形成多家合鸣之势。其中，墨子就其提出"本、原、用"的三表法（《墨子·非命上》），提出"合其志功"（《墨子·鲁问》），提出"处利害，决嫌疑"（《墨子·小取》），提出"中效则是也，不中效则非也"（《墨子·小取》），而为我们推出了中国古代的工具主义的认识论。韩非子就其提出"世无自善之民"，提出"参伍以验""审合刑名"以及"抱法处势"，而为我们推出了中国古代的工具主义的政治学。庄子则就其提出"荃者所以在鱼，得鱼而忘荃；蹄者所以在兔，得兔而忘蹄；言者所以在意，得意而忘言。吾安得夫忘言之人而与之言哉"（《庄子·外物》），而为我们推出了中国古代的工具主义的语言学。在此，庄子的这种工具主义的语言学尤其值得人们关注。因为它不仅使后来的王弼"尽扫象数"，反对"任名以号物"，而实开"越名教而任自然"的"魏晋风度"的崇尚人格自由、独立之风，还使后世的禅宗主张"不立文字""不涉言诠""不执义解"，把一切经典学说都"方便为究竟"地视作为我所需、拿来主义的"方便法门"，并标志着一种"六经注我"而非"我注六经"的中国古代解释学的真正奠定。

其实，在先秦诸子中，最能使《周易》的"工具理性"精神得以理论阐发和发明光大的，则首推荀子。正是荀子，在中国思想史上最早提出了"明于天人之分"的思想。这种天人二分的思想对中国古代思想是如此的重要，以至于它不仅使中国古人告别了"天人合一"的原始的冥契主义，从而使一种"天行有常，不为尧存，不为桀亡"的自在而异己的自然世界真正得以确立。这样，对于荀子来说，要使该异己的自然世界成为为我的自然世界，一种人为的"制之""用之""使之""化之"的活动就成为不可或缺的："大天而思之，孰与物畜而制之；从天而颂之，孰与制天命而用之；望时而待之，孰与应时而使之；因物而多之，孰与骋能而化之；思物而物之，孰与理物而勿失之也！愿于物之所以生，孰与有物之所以成！故错人而思天，则失万物之情。"（《荀子·天论》）也即荀子认为，与其"慕其在天者"而等待天的恩赐，不如"尽其在己"而利用天为人服务。这样，在荀子学说中，就把人实现自己目的的手段问题正式地提上议事日程。

在荀子那里，一方面，这种手段是我们认识自然世界的手段。它不仅包括"缘天官"地借助我们感觉器官产生感性的认识，还包括通过"天君"的"心"对我们各种"不相能"的感觉材料的综合、分析、选择、权衡，使我们的认识逐渐由直觉的感性过渡到思维的知性，最终上升为"名""辞""辨说"等知识形式。另一方面，对于荀子来说，这种手段又是指我们支配自然世界的手段。也即在认识自然世界的基础上，利用自然规律以实现人自身的目的。故荀子雄论滔滔地写道："登高而招，臂非加长也，而见者远；顺风而呼，声非加疾也，而闻者彰。假舆马者，非利足也，而致千里；假舟楫者，非能水也，而绝江河。君子生非异也，善假于物也。"（《荀子·劝学》）通过这些铿锵有力、掷地有声的话语，荀子毋宁说为我们发布了中国"工具主义"思想的最早宣言，它比起那种西人所谓的"人是制造和使用工具的动物"之说的推出，时间上几乎提前了两千多年！

人们看到，正是从这种自觉而明确的"工具主义"思想出发，才使荀子不同于提倡"生而知之""良知良能"的儒学，积极强调后天"学习"的不可或缺，而实开儒家的"工夫论"思想之先河；正是从这种自觉而明确的"工具主义"思想出发，才使荀子告别了儒家沉迷于"血缘化""氏族化"的社会情结，走上了一种耳目一新的"明分使群"的社会组织学说，而与韦伯所力推的社会分工思想不谋而合；同时，也正是从这种自觉而明确的"工具主义"思想出发，才使荀子虽置身于儒家的"道之以德"的喧哗声中，却清醒地认识到"治之经，礼与刑，君子以修百姓宁"（《荀子·成相》），实现了儒家从"内圣"向"外王"的历史性转折，并使自己当之无愧地成为所谓"制度儒学"的奠基者。

不无遗憾的是，在中国古代思想史上，为荀子在理论上所集大成的这种"工具理性"思想，不仅长期以来未受人们重视，反而随着时间推移，而愈呈被边缘化的趋势。这种趋势随着后古的宋明新儒学的异军突起被推向了极致。也就是说，尽管宋明新儒学中的"理学"以其"格物致知""涵养省察"的工夫强调，为我们体现了一定的"工具理性"的取向，但就总体上而言，无论是该新儒学的"心学"也罢，还是该新儒学的"理学"也罢，其都旨在服务于、归宿于一种价值性的"德性之知"。这种"德性之知"也即王阳明的"致良知"的"良知"，在王阳明那里，这种"良知"乃取自孟子的"不学而能，不虑而知"的"良知良能"，它是自性圆满、本自具足和不假他求的，他使我们"见父自然知孝，见兄自然知悌，见孺子入于井自然知恻隐"。故"良知"的祭出，不仅意味着宋明新儒学之"抑孟而抑荀"，同时也标志着为荀子所高扬的"工具理性"在中国思想史上的最终退隐。

然而，物极必反，在中国思想史上，随后的一种"后理学"思潮的出现，作为思想的否定之否定，却使这种业已隐而不彰的"工具理性"得以再度彰显和弘扬。

就"后理学"思潮对"工具理性"的提撕而言，以王艮为代表的泰州学派无疑为我们留下了重重的一笔。为了说明这一点，就不能不从与《周易》的"利用安身"可以互发的王艮的"明哲保身"的命题谈起。也就是说，与宋明新儒学不同，不是"心性"的"心"而是"身体"的"身"被移步换景为王艮的"后理学"学说的中心。故王艮宣称"止至善者，安身也。安身者，立天下之大本也"（《语录上》），宣称"身与道原是一体。

圣人以道济天下，是至尊者道也。人能弘道，是至尊者身也。尊身不尊道，不谓之尊身；尊道不尊身，不谓之尊道"（同上）。而一旦"身"被提升到本体的"道"的高度，那么，这意味着人类的最高使命已不再是致力于"心思"的发明，而是致力于身体生命的爱护、保存。故王艮提出"爱身如宝"，提出"人有困于贫而冻馁其身者，则亦失其本而非学也"（同上）。随之一道的是，为宋明新儒学所无视的人的生理的欲望、需要、利益等东西被泰州学派再一次得以肯定。从颜钧的"制欲非体仁"到何心隐的"心不能以无欲"，从罗汝芳的"嗜欲岂出天机外"到李贽的"穿衣吃饭即是人伦物理"，无一不是其佐证。

这样，王艮的一种"百姓日用即道"的主张就顺理成章并大张旗鼓地推出了。乃至他宣称"圣人之道，无异于百姓日用，凡有异者，皆谓之异端"（《语录》），宣称"百姓日用条理处，即是圣人之条理处。圣人知，便不失，百姓不知，便会失"（《语录》），这里的"百姓日用"，即诸如饥食渴饮、夏葛冬裘这些满足人的日常生理需求的活动。对于王艮来说，这些活动不惟不像"理欲之辨"的道学家所认为的那样，是我们实现"道"的羁绊，反而恰恰是"道"自身的直接体现。于是，这不仅意味着至尊的"道"从天上降尊纡贵地世俗化至人间，而且使"道"从理想的"体"转为实际的"用"，从而使发端于《周易》中的沉睡千年的中国实用性的"工具理性"精神再次得以觉振和唤醒，并且是富含新的历史因子的觉振和唤醒。以至于可以说，以王艮为代表的泰州学派既是明清之际破土而出的社会工商阶层利益的代言者，又可视为是中国近代涛声阵阵的资本主义精神的先声之鸣。

此外，谈到"后理学"的"工具理性"，明清之际著名思想家方以智的理论贡献不能不提。如果说以王艮为代表的泰州学派的"工具理性"主要体现在中国文化的伦理上的话，那么，方以智的"工具理性"则主要见之于中国文化的认知领域。而他的与培根的归纳法相媲美的"质测之学"的推出即其显例。关于"质测"，方以智谓"物有其故，实考究之，大而会元，小而草木蠢蠕，类其性情，征其好恶，推其常变，是曰'质测'"（《物理小识自序》）。这里所谓的"物有其故，实考究之"，是指对物的所以然"以实事征实理"（《东西均·扩信》）。而这里"以实事征实理"的第一步"类其性情"即将众多的事物归类排比，以找出相通一致之处。其与培根归纳的"三表法"第一表的"具有法"（把具有所考察的某种性质的一些例证列在一起）极其吻合；这里"以实事征实理"的第二步的"征其好恶"即将类比得出的结论再从好坏两个方面加以比照验证，其与培根的归纳的"三表法"第二表的"差异表"（列举出与上表中的例证情形近似，可却没有出现所要考察的某种性质的一些例证）不无类似；这里"以实事征实理"的第三步的"推其常变"即将比照所得结论再次类推,以窥其在不同条件下的适应程度,其与培根的归纳的"三表法"第三表的"程度表"(列举出按不同程度出现的所要考察的某些性质的一些例证)庶几近之。[1]

因此,不难看出,虽然中西天各一方,但方以智与培根这两位历史上几乎生活在同时期的人的思想却可以心有灵犀地遥相呼应。他们都从传统的"空空穷理"走向了"物性确证",他们的"实证类比"与"经验归纳"不仅根本精神相契,而且实际步骤亦不可思议地所见略同。无怪乎现代启蒙主义思想家梁启超在《中国近三百年学术史·清初学海波澜余录》中,列"方以智"为首出,并对其学术论著给予极高的评价。故当人们把培根看作人类知识"新工具"的奠基者之际,请不要忘记在大洋彼岸的中国,还有方以智以同样贡献可与之并肩而立。所不同的仅仅在于,西方人从培根的"新工具"思想出发,在科学的道路上策马扬鞭、一日千里,而不无遗憾的是,方以智的"新工具"思想自其诞生之日起,就在清人之于"理学"的故步自封和乐此不疲中夭折于摇篮里。

谈方以智就不能不谈到王夫之。这不仅由于王夫之是对方氏的"质测之学"给予高度认可的同时代之人,[2] 更由于王夫之"唯器主义"思想的推出,和方以智一样,使"后理学"的"工具理性"思想得到更有力的揭示。

众所周知,以其与宋明理学的"心性"学说迥异,王夫之的学说被人视为是一种唯物主义。但是,王夫之心目中的"物"并非"自在之物"意义上的"物",而是如他"以我为人乃有物"所说的,乃是"为我之物"意义上的"物",也即在人的身行实践中不仅"与其事"且"亲用之"的"用具"之物。这种"用具"之物,按中国古人的说法,也即所谓的"器"。在《说文》中,"器"者"皿"也,而"皿"作为象形字,取象于"饭食之用器也"。其"用具"之义已表露无遗。不难看出,王夫之的这种"物"即"器"的思想完全可以与海德格尔的"物"的理解互为发明,因为在海德格尔那里,他亦把"物"看作一种"应手"(ready-at-hand)中的"家伙",也即一种缘人而在并呈现出一定合目的性的"用具",以至于森林乃是一片林场,山是采石场,河流是水力,风是扬帆之风。

因此,正是从这种以"器"训"物"的唯器主义思想出发,才使王夫之把"物"的世界完全等同于"器"的世界,故他提出"天下唯器而已矣"(《周易外传》卷五),提出"盈天地之间皆器矣"(同上),而这"物世界"向"器世界"的转移,虽是一字

---

[1] 参看蒋国保《方以智与明清哲学》一书中论述"质测之学"的部分,黄山书社,2009年。
[2] 参看蒋国保《方以智与明清哲学》一书中"评王夫之论方以智",黄山书社,2009年。

之易，却对中国哲学变革具有战略性的意义，因为它代表了中国版的亚里士多德式的"用具形而上学"的真正开启。正是从这种以"器"训"物"的唯器主义思想出发，才使王夫之一反"理学"的"道本器末"的观点，而坚持"道以器丽""器体道用"的一种全新的主张，故他宣称"无车何乘？无器何贮？故曰体以致用；不贮非器，不乘非车，故曰用以备体"（同上），宣称"未有弓矢而无射道，未有车马而无御道，未有牢醴璧币，钟磬管乐而无礼乐之道"（同上），在王夫之的笔下，君临万物、至高无上的"道"不过是君子不屑为之的"器"的功能功用、"器"的人所鄙之的"奇技淫巧"。同时，也正是从这种以"器"训"物"的唯器主义思想出发，才使王夫之面对后儒的"一先生之言""六经之绪说"的道的株守，强调"无其器则无其道，人鲜能言之，而固其诚然者也。洪荒无揖让之道，唐虞无吊伐之道，汉唐无今日之道，而今日无他年之道者多矣"（同上），也即强调"道因时而万殊"（《周易外传》卷七），从中不仅使一种中国式的"进步"的理念得以开显，也破天荒地在中国思想与工具进步决定历史进步的马克思的"历史唯物主义"之间架起了桥梁。

显而易见，这种对"器"的前所未有的推举，既是对宋明新儒的"轻器"思想的奋起矫之，又是对《周易》的"重器"思想的再次重启。中国哲学的"工具理性"思想经此否定之否定，在王夫之的学说中已被趋至登峰造极，并由是也标志着它与中国哲学的"价值理性"一起，而真正成为中国哲学中不可或缺的有机组成部分之一。乃至即使在现代中国，它也由于历史传统的巨大惯性，使自身始终葆有着勃勃的生机。从民国时期胡适的"多谈些问题，少谈些主义"的问题意识，到改革开放时期"白猫黑猫论"的实验、实用取向，不正是我们民族为这种"工具理性"所谱写出的时代新曲吗？不正可视为是这种"工具理性"绵延不绝的传统的重继和再续吗？

三、"工具理性"在中国历史中的体现

如果说"价值理性"以其"纯思"而使自身往往流于坐而论道的话，那么，"工具理性"则以其"实践"而使自身与我们实际的生活相勾连。这使我们对"工具理性"的考察必然从思想史落实到人类生活的现实史。换言之，唯有从实际的历史出发，才能使"工具理性"的存在得到真正的检验。

一旦步入中国的历史，我们就会发现，中华民族不仅以其精神文明为人所称颂，同时亦以其"工具文明"而著称于世。在这方面，除了产生了举世公认的"四大发明"外，还有诸如万里长城、秦直道、丝绸之路、大运河、都江堰等令人叹为观止的工程一个个

在中华大地接踵而出。它们作为一座座巍峨而无字的历史丰碑，不仅象征着中华民族征服自然的丰功伟业，也使中华民族文化中的"工具理性"精神得到直接生动、不言而喻的注解，亦是征诸史实地对所谓中国文化"工具理性缺乏论"的当头棒喝！

同时，一旦步入中国的历史，我们还会发现，但凡中国历史上的"盛世"，其都与"工具理性"结下了不解之缘，其都使"工具理性"在自己的时代中得到空前的彰显。而中国历史中"辉煌的汉唐"恰恰为我们说明了这一点。

以汉代为例，汉之所以享国四百余年，之所以与同时期罗马帝国并列为世界最先进、最文明的强大帝国，正是得益于"工具理性"之助。正是基于这种"工具理性"，才使汉人无论是在器物文明上，还是在思想文化上，都取得了前所未有的、无与伦比的、巨大的进步。

首先，在器物文明上，汉人所取得的成就是有目共睹的。在这方面，除了蔡伦的造纸术被列入世界"四大发明"外，我们还看到张衡制成了世界第一台能够测知地震的地动仪，落下闳等人制定了第一次将二十四节气订入历法的《太初历》，《九章算术》的推出是中国古代数学体系形成的显著标志，张仲景的《伤寒论》、华佗的麻醉术使中国医学迈向新的黄金时期，铁、铜的冶炼技术不断提升，水能机械的发明代表着水能利用取得了根本性进步。与此同时，陶瓷开始出现，水利工程业已引起人们高度重视，汉人已懂得利用凸透镜来聚光取火，用各种仪器以"观乎天文"，食盐的生产和运输日趋繁荣，铸币业开始步入了鼎盛，农耕技术的不断改善有力推进了农业文明，丝绸纺织技术亦愈来愈精益求精，由此才有了马王堆汉墓里的"薄如蚕翼"的纱衣的出土，以及丝绸业已作为中华高度的物质文明象征和向世界输出这种物质文明的"丝绸之路"在汉代的开通。所有这一切，无一不是汉代发达的器物文明的显证。而这种令人目不暇接的器物文明，不正告诉我们，在经历了"天下苦秦久矣"之后的汉人，如何如梦初醒地使自身重新皈依于中国"利用厚生"的传统，并为自己时代打下了鲜明的"工具理性"的烙印吗？

其实，这种"工具理性"精神同样也体现在汉代的思想文化上。也就是说，虽然汉代以好古尊经著称于世，虽然中国思想文化的"大一统"格局恰恰在汉代正式确立，但实际情况却是，汉人并没有由此走向了不无教条的原教旨主义，而是以无比清醒的实事求是、因时制宜的意识，使自己成为以我为主的"拿来主义"的思想文化的先驱，而让自己的思想文化在中国历史上独树一帜。

本被排除在"六经"之外的黄老思想在汉初的大放异彩、备受礼遇适足以为例。针对秦代的"政苛刑惨""赋敛重数"的历史教训，并直面多年战争所造成的民不聊生、经济凋敝的历史境遇，汉高祖刘邦登基后，任萧何为丞相，采取旨在与民消息、清静无为、休养生息的"黄老之术"。汉惠帝二年（195），萧何死，曹参为汉相国，萧规曹随，继续沿用刘邦所推行的"黄老之术"，其"治道贵清静，而民自立"，在"无为"思想的指导下，推行约法省禁、轻徭薄赋的政策，达到了"政不出于房户，天下晏然""天下俱称其美"的社会效果。人们看到，正是基于这种汉初大力推行的"黄老之术"，才有了旨在"达于道者，反于清净，容于物者，终于无为"（《淮南子·原道训》）的《淮南鸿烈》这一"新道家"的鸿篇巨制在汉初的正式推出，也才有了作为其现实对应者的汉代的"文景之治"的流芳千古。

即使在独尊儒术而罢黜百家的汉武帝期间，这种汉人所擅长的一反教条的"拿来主义"亦未停下自己的步履，反而被日益自觉地臻至运用自如。其表现为，名义上是儒术的独尊，实际上却是从现实政治出发的左右其手的"王霸杂之"和"儒法互用"。由此就有了《汉书》所谓的董仲舒、公孙弘、儿宽"三人皆儒者，通于世务，明习文法，以经术润饰吏事。天子器之"（《汉书·循吏传》）的记载，而其中的公孙弘尤得这种"儒法互用"之三昧，以至于深合武帝圣意，官至相位。此外，汉人的这种"王霸杂之"和"儒法互用"还可见之于史书的汉元帝纪。书中记述汉元帝为太子时"柔仁好儒"，见宣帝所用"多文法吏，以刑名绳下"，尝侍燕从容言："陛下持刑太深，宜用儒生。"宣帝却正色诫曰："汉家自有制度，本以霸王道杂之。奈何纯任德教，用周政乎！且俗儒不达时宜，好是古非今，使人眩于名实，不知所守，何足委任。"（《汉书·元帝纪》）在这些事例中，汉人的思想文化观可谓一览无余，他们与其说更为看重的是思想文化中的所谓"终极价值"，不如说是对思想文化能否"通于世务"、能否"达于时宜"尤为独钟。唯其如此，才使汉人虽"独尊儒术"却未步入"执一而贼道"的误区，虽力纠秦人的"严刑峻法"却仍可"汉承秦制"；唯其如此，才使汉人在看似迥异的儒、法两大思想体系中看到其互补之处，从而在两者的各取所需中使自己成为不无实用的"工具理性"的忠实信徒。

汉唐并称，而且在中国历史上，唐朝乃比汉朝更为强盛，以至于可以说，中国历史唯有步入有唐之际，才为自己迎来了最为灿烂辉煌的黄金期。正如汉代的强盛离不开中国的"工具理性"一样，这种"工具理性"亦可视为唐代走向鼎盛的通衢大道之一。为了说明这一点，我们不妨先从唐代"工具理性"最为直接也最为集中的社会表现形式，即唐代的科技文明谈起。

众所周知，尽管学界一些人对唐代科技文明的水平评价有失公允，乃至出现诸如所谓的"唐代的科技文明与人文文化相形见绌",所谓的"唐代文学的繁荣是以其科技文明的相对滞后为牺牲"等议论,但实际情况却是,唐代不仅人文文化在中国历史中是独领风骚的,而且科技文明在中国历史中亦是一骑绝尘的。这一点表现为:一方面,天文学家僧一行在世界上首次测量了子午线的长度,药王孙思邈推出了堪称中国医学百科全书的《千金方》,中国《金刚经》的印制乃目前世界已知最早的雕版印刷。另一方面,在其他科技门类,亦取得了令人刮目相看的非凡成就。如在制瓷业上实现了第二次高温技术的突破,开创了白瓷、彩瓷的生产技术,如在造纸业上新创动物胶施胶与明矾沉淀剂技术,如在水果业上取得嫁接理论的突破性认识及其广泛应用,如在纺织业上设计出人工程序控制的小、大花楼提花机,如在冶炼业上形成钢铁生产技术体系并被后世长期沿用,如在农业上创造曲辕犁、制作各种形式的龙骨水车,如此等等。[1]也正是这些不胜枚举的科技创新,为唐代各个行业的经济繁荣奠定了基础,也为后来宋代的科技文明新的飞跃提供了平台。另外,论及唐代的科技文明,其科学技术的"建制化"发展亦不能不值得一提。它包括唐代科技启蒙教育,科技实科学校、科技人才选拔任用制度,等等。这既是唐人对中国科技文明发展的重要的创举,也是唐人留给后人的极其宝贵的科技文明遗产,借以才能使中国古代的科技文明代代相继、薪火相传。也许,正是在这一点上,才体现了唐人对中国科技文明最为实质性的贡献。

与此同时,一如汉代,唐代的"工具理性"精神同样也体现在思想文化上。一种为汉人所擅长的思想文化上的"拿来主义"同样为唐人所拥有,并且较之汉人,其在这方面更胜一筹,更显得运用自如以及气象的雍容大度。

如果说汉人的"拿来主义"主要直面的是本土思想文化的种种选择的话,那么,随着唐代国门的大开,唐人的"拿来主义"则主要直面的是外来思想文化的应对。对蜂拥而至的外来思想文化,是拒之以千里之外呢,还是择其善者而用之?当置身于这一问题时,唐人义无反顾地选择了后者。职是之故,才有了唐太宗李世民的"古今皆贵中华,贱夷狄,朕独爱之如一"这一气魄博大的话语。职是之故,才使不仅诸如佛教、祆教、摩尼教、景教和伊斯兰教得以传入中国,而且还有印度天文思想与中国天文思想的结合,而一行和尚的《大衍历》即是这一结合的产物。同时,职是之故,才使我们穿越时空走进唐都长安城时,触目可见的是一个胡骑、胡服、胡乐、胡舞、胡食、胡姬的世界,从中产生了中国民族器乐中著名的"二胡""京胡",还有唐玄宗将中国音乐与印度、波斯的音

---

[1] 周尚兵《对唐代科学技术水平的再认识》,《北京理工大学学报》(社会科学版)2009年第6期。

律合成的《霓裳羽衣曲》这一美不胜收的艺术之作。

佛教的中国化更是这种"拿来主义"的杰出之作。众所周知，自唐以降，源于印度的佛学在中国的发展被推向鼎盛阶段。唐代不仅"民间佛书，多于六经数十百倍""天下僧民，不可胜数"，而且"传衣钵者其于庾岭，谈法界、阐名相者盛于长安"，佛教已由先前的"格义"（简单介绍解释）发展为自觉地创立判教体系、教门林立的阶段。佛的论旨已由"教"正式上升为"学"，思想理论界也由"独尊儒术"的一统局面让位于"儒、释、道"三足鼎立。佛学已取得了几乎执中国思想界之牛耳的地位。这最终导致了中唐儒、佛之间的火并，以及以韩愈为代表的"排佛"运动的诞生。

应该承认，这种"排佛"运动的出现并非偶然。本来，佛学与儒学分属两种格格不入的思想体系。二者不仅思理迥异，而且趣旨殊绝。一为"实学"，一为"空学"；一主"在家"，一主"出家"；一倡"入世"，一倡"出世"；一重"人伦"，一轻"人伦"；一尊"血缘"，一贬"血缘"；一崇"生生"，一崇"寂灭"；一为"主动"，一为"主静"；一宗"乐道"，一宗"苦谛"；一隆"忧患"，一破"烦恼"，如此等等，不一而足。然而，归根到底，二者的歧出则可一言以蔽之地归结为"尊身"与"尊心"之分。

与儒学的"尊身"不同，佛学的"尊心"乃毋庸置疑的事实。佛学所谓的"一念三千""万法唯识""直指人心""自心是佛""一心开二门""如来藏自性清净心""应无所住而生其心"为我们谈论的是"心"；佛学的"觉"是"心"的觉，佛学的"识"是"心"的识，佛学的"慧"是"心"的慧，佛学的"解脱"是"心"的解脱，佛学的"烦恼"是"心"的烦恼，佛学的"寂静"是"心"的寂静，佛学的"圆满"是"心"的圆满；无论是佛学的"观"的"中观"，还是佛学的"行"的"戒定慧"，其都是以"心"为不二法门："中观"是借"心"的"唯识观"来扫除偏执和贯通一切，"戒慧定"是我心固有、不假他力的戒慧定，用惠能的表述即"心地无非自性戒，心地无痴自性慧，心地无乱自性定"（《坛经·顿渐第八》）。因此，这一切都充分表明了，一种真正的佛学乃人类最自觉也最彻底的心的学说，而这种"唯心主义"之所以在佛学中成为可能，不仅在于佛土印度民族文化所特有的"纯思辨性"，还在于当人类试图借助于客观环境的"外缘"改变人生苦难而难以实现之时，不得不使自己的努力重心转向"心"的"内因"。

一旦我们把佛学定位于一种重心、尊心的学说，我们就不难理解何以这种学说一进入中国就突然成为热门货，就不难理解何以举国上下对这种"终日吃饭，不曾咬破一粒米；终日着衣，不曾挂着一条丝"（朱熹语）的异端学说表现得如此如饥似渴。原因恰恰在于，虽然儒道两家都有关于"心"的表述，实际上原先本土化的我们的文化不过是一种"无心的文化"，原先本土化的我们的民族恰恰是一种"无心的民族"。正是这种"心"的空场，才使我们民族虽立足于一种"以身体之"的不无世俗化的现实世界，却使一种"心领神会"的超越世俗的精神世界付之阙如。正是这种"心"的空场，才使我们民族虽在"肉身的富有"上下功夫，却在灵魂的永恒不朽上三缄其口。同时，也正是这种"心"的空场，才使我们民族的思想文化虽在形而下实学方面引以为荣，却由于缺乏思想和概念的支撑，而在形而上哲学方面远逊于西人。

唐人的伟大，恰恰在于面对这一佛风东渐的千古难逢的历史机遇，非但不将佛学拒之于千里之外，反而是以彼之长补己之短，佛为中用地对其接纳之，吸收之，并批判地借鉴之。故有唐一代，对佛学取经者有之，译经者有之，释经者有之，判经者有之，发明者有之，并在此基础上将强调"心"的佛学与强调"身"的儒学最终熔为一炉。其结果就是中国化的佛学"禅宗"的破土而出，还有与这种禅宗并行的，以阳明学为代表的宋明"心性"新儒学的正式出炉。而这种宋明"心性"新儒学的诞生，以其寓心于身、寓形上于形下、寓超越于内在的从容中道的高明，既标志着儒佛抗衡中儒学的决定性胜利，又宣告了有别于"外在超越"型的西方哲学的"内在超越"型的中国哲学的正式奠定，中国哲学正式跻身于世界哲学之林。而思及这一切，我们从中感受到的，与其说是唐人无比博大的胸襟，与其说是唐人无人能及的"文化自信"，不如说是唐人的那种更为自觉也更为成熟的"拿来主义"式的"工具理性"精神，以及这种精神为我们所带来的极其丰硕的中国文明。

鉴往而知今，今天的现代中国虽然去唐已远，却也同样面临着唐人所置身的种种思想文化境遇、唐人所直面的种种思想文化课题，甚至是更为严峻的思想文化境遇与课题。例如，今天势如潮涌的新科技主义思潮、人工智能和生物技术思潮的冲击就是其中之一。人工智能的迅疾发展乃至高智灵机器人在智慧上战胜人的事实带给我们的，不仅是人类已开始对自己可能被一种新的类人的物种取而代之的忧心忡忡，还有中国古老的"天地之性人为贵"（《孝经》）、"惟人万物之灵"（《尚书·泰誓》）的人本主义传统也将随之一道寿终正寝。如果说人工智能思潮对中国思想文化传统的威胁以其猜想尚属杞人忧天的话，那么生物技术思潮则使这种威胁变得更为直接、更为真切。生物技术中的器官移植作为身体组织的欠缺的改良，在向儒家的"父母全而生之，子全而归之"的"全体"思想挑战的同时，乃是对中国传统的身体生命"自足性"信念的威胁。生物技术中基因改造以其对身体遗传基因重新编码，除了可为新种族主义、新"超人"理论鸣锣开道外，也必然在我们今人与坚持我们身体是父母的"遗体"、坚持重血缘重遗传的中国传统思想之间做出了切割。生物技术中的体外生殖，意味着胎儿可以在机房中制造出来，它既是对自然主义上的父母生殖观的无情的推翻，又是之于"乾称父，坤称母"（《西铭》）、"天亲合一"的中国传统的大哉孝道观念的彻底了断。生物技术中的人类寿命急速延长，表面上看，它似乎与中国传统"天地之大德曰生"的"重生""唯生"的思想不无吻合，但实际情况并非这么简单。因为，其带给我们的，不仅是"老年社会"的诸多麻烦，不仅是随着生命延长人的预期、欲望、情感、能力这些"人性"的恶性膨胀，不仅是家庭结构的突然改变给社会秩序带来的难以预测的改变，更重要的是，中国传统的源自"天人合一"观念的"生命之时"思想将面对巨大的挑战。这种"生命之时"思想决定"天地盈虚，与时消息"（《周易·彖传》），"原始反终，故知死生之说"（《系辞上》），正如自然事物有消有长、有始有终那样，人类的生命也有生亦有死，故古人谓"大哉死乎"（《荀子·大略》），谓"善吾生者，乃所以善吾死也"（《庄子·大宗师》）。从而显而易见的是，现代生物技术那种一味求生拒死不啻与中国传统思想完全背道而驰。[1]

因此，在一些人看来，这一切似乎使中国文化传统正面临着灭顶之灾。但是，值此之时，我们为什么不想想中国历史上的唐代，不想想唐人在面对一种全新而又异己的思潮时所采取的思想姿态。故我们相信，正如唐人在应对传统的挑战时使自己走向一种"工具理性"的拿来主义那样，对这种"工具理性"的重拾也将是我们今人的必然之举。这意味着，如果说当时的唐人通过"工具理性"的运用，将佛学的挑战变成发展自己的机遇，并借此"援佛于儒"地为中国思想最终迎来宋明新儒学这一新的黄金期的话，那么，今天的中国人，也将通过"工具理性"的运用使新生命科技思潮的挑战转化为自身成长的千载难逢之机，并借此"援科于玄"地为自己的"重身""重生"的古老而深刻的哲思之道再谱历史的新曲。

本文原载于《人文杂志》2017年第12期

（张再林，西安交通大学人文学院教授，博士生导师，西安交通大学文化哲学研究所执行所长。主要研究方向为中西哲学比较、身体哲学。）

---

[1] 关于这种人工智能和生物技术思潮对中国传统思想的挑战，可参考陈少明教授在2016年北京"'学以成人'国际研讨会"上题为《儒学与人性的前景》的会议发言。

社会流动视阈下南朝韦华家系势力迁转及其文化意义*

王 伟

中古社会变动剧烈，家族作为历史发展的重要力量，其在地域迁徙和阶层对流为主的社会流动中对中古历史进程产生了深远影响。学界现有成果中，或从胡汉关系探究留北之汉族大姓与燕代胡族之联动性，并申论民族国家在整合华夷关系基础上所展现出的融合特质，对隋唐统一政权出现的必然性予以佐论；或从士庶变迁角度剖析南朝侨姓、吴姓由紧张而缓和的互动关系，为士族存续与文化赓传建构制度化的阐释系统。无疑，这两种理路均产生了一批重要成果，并推深中古史的研究。但问题是，西晋以降，无论南北，社会矛盾均呈现出多元化特点，胡汉、士庶矛盾并存互融是社会常态，简单抽取其一，固然有益问题阐释，但于历史事实之去蔽反而不利，因此选取一个能够涵盖以上所述之多种内容的区域进行深入个案研究，以打破目前的学术困境，便成为学界广泛关注的问题。襄阳由于地处南北要冲，文化、政治层面均处于胡汉冲突、士庶对立的前哨，对其区域内的北方南下家族群体进行研究无疑具有典型意义。就已有成果看，学界对依违南北、侨居襄阳之关中晚渡家族的研究主要有张琳《东晋南朝时期襄宛地方社会的变迁与雍州侨置始末》（《魏晋南北朝隋唐史资料》第15辑），《南朝时期的雍州中下层豪族》（《武汉大学学报》（哲社版）1997年第6期），李天石《萧衍覆齐建梁考论》（《江苏社会科学》1999年第2期），张灿辉《雍州势力与梁代政治》（《文史》2001年第3期），章义和《雍州集团的变迁》（见《地域集团与南朝政治》，华东师范大学出版社2002年版），韩树峰《雍州豪族与宋梁政治》（见《南北朝时期淮汉迤北的边境豪族》，社会科学文献出版社2003年版），吕春盛《梁武帝的功臣集团与梁初的权力结构》（《台湾师范大学学报》2011年第46期）等，这些成果大多从宏观场域对襄阳晚渡

---

* 基金项目：本文为2016年国家社科基金项目"文化转型与唐代关中文学群体互涵关系研究"（16XZW009）、2015年教育部人文社科一般项目"文化转型与唐代关中文学群体研究"（15YJA751028）的阶段性成果。

家族进行研究，使得学人对南北政治力量消长和历史走势有了逐渐明晰的了解与认识，但由于缺乏深入的族群个案研究作为支撑，所以对于学界自下而上的观照南北朝历史演变的具体轨辙仍留有可供开掘的空间。此外，宋艳梅《永嘉乱后京兆韦氏南迁江左考述》（《南京晓庄学院学报》2009 年第 5 期）一文虽对南下家族进行了仔细梳理，线索爬梳得较为明晰，但是由于其研究思路仍是就家族论家族，因而缺乏供人进一步思索的宏大历史叙事背景。范兆飞认为，"一个比较优秀的个案研究，需要具备两个必要条件：（1）'聚焦镜'：精细的个案考察；（2）'望远镜'：宏阔的问题意识"[1]，无疑，这种"以小见大、大小结合"的研究思路对于破解中古政治史、社会史的研究困境具有重要意义。职是之故，本文以中古雍襄晚渡家族之代表——京兆韦氏为研究对象，通过对胡汉、士庶、中央—地方等矛盾关系在家族内部的投射及其家族发展因之而进行的调整进行分析，探究晚渡家族发展道路与结构变迁的具体轨迹，从而为中古皇权与乡土势力间的较量与互动提供具体阐释语境，并为士族阶层或社会如何走向庶化提供微观案例，或亦可为胡汉关系由紧张最终走向融合的具体过程在家族内部进行速写或剪影式描述。

一、韦氏南渡襄阳前后家族发展动态

韦氏自西汉韦贤始，父子为相，爵位蝉联，名著三辅。至魏晋，或牧守州郡，或操持选举，亦有声于世。谚谓"城南韦杜，去天尺五"，其意不仅指其祖居地杜陵地近长安，亦隐喻其政治地位之崇重。然永嘉乱后，关中次第为前赵、后赵、前秦、西燕、后秦、东晋、夏等所有，三辅旧族多被摧抑，京兆韦氏亦难幸免。"初京兆韦泓丧乱之际，亲属遇饥疫并尽。……经寇丧资，一身特立，短褐不掩形，菜蔬不充朝"[2]，亲属并尽，食难果腹，反映家族受时局丧乱之累而呈现出凋敝之态。然与洛阳公卿士族群相比，由于关中偏居关西，受祸较洛阳为轻，加之祖茔旧宅与田产并未立即遭受毁灭性打击，故韦氏等关中士族在永嘉乱后并未大规模跨江南渡，而多据守乡里，试图与异族合作。如韦謏于前赵刘曜、后赵石虎政权中历守七郡，"四登九列，六在尚书，二为侍中，再为太子太傅，封京兆公"。然胡主性多残暴，"降城陷垒，不复断别善恶，坑斩士女，鲜有遗类"[3]，韦謏终因降胡处置一事与冉闵政见相左而见诛，并累及其子伯阳连颈受戮[4]。此外，政

---

[1] 范兆飞《超越个案：士族研究的问题与路径》，《中国史研究动态》2017 年第 1 期。
[2] 房玄龄《晋书》卷七十《应詹传》，中华书局，1974 年，第 1861 页。
[3] 同上书，卷一百零六《石季龙·上》，中华书局，1974 年，第 2761 页。
[4] 同上书，卷九十一《儒林传》，中华书局，1974 年，第 2361 页。

权频繁转替亦徒增仕宦风险。韦钟于前秦仕为尚书，淝水役后，与子韦谦俱为西燕慕容冲执，迫受冯翊太守。慕容冲意在借助韦谦望族身份，寻求关中之稳定，显现出政治势力以权位为诱饵对社会力量的拉拢。韦谦迫于情势，屈从强权，招致地方势力的强烈谴责，"冯翊垒主郭安民等责谦曰：'君雍州望族，今乃从贼，与之为不忠不义，何面目以行于世乎？'谦以告钟，钟自杀，谦来奔"[1]。至此，在外来势力诱迫与在地势力的反对声中，韦氏再难蹈足"中间路线"而骑墙自保，为使家族薪火不熄，韦华、韦谦兄弟及韦轨于太元十年（385）举族南徙襄阳[2]。

襄阳扼南北要冲，永嘉乱后历经流寇侵扰、羯胡凌暴，本地势力丧亡殆尽。"自刘石乱后，诸蛮无所忌惮，故其种类，渐得北迁，陆浑以南，满于山谷，宛洛萧条，略为丘墟矣。"[3]襄宛空乏正好为沿荆襄驿道络绎南下的雍秦流民提供了发展空间。如果说永嘉乱后先期涌至襄宛地区的雍秦流民势力尚且弱小，且多散居杂处，还未在襄阳地方政治格局中占据重要位置的话[4]，那么淝水战后的数十年里，以三辅豪族为核心的雍秦士民"南出樊沔"[5]，举族同乡而徙，聚族而居，襄阳政治格局则随之而发生变化。在这股浪潮中，除京兆韦华、韦谦、韦轨外[6]，扶风鲁彦仁[7]、京兆王如[8]、蓝田康

---

[1] 司马光编著，胡三省音注《资治通鉴》卷一百零六，中华书局，1956年，第3341～3342页。

[2] 韦氏播迁大潮中，韦谦以襄阳为目的地，为南渡韦氏之主体。此外，南迁者还有韦轨（见《梁书·韦叡传》）和韦黑（见《魏书·韦阆传》）。

[3] 魏收《魏书》卷一百零一《蛮》，中华书局，1974年，第2246页。

[4] 永嘉乱后，经荆襄驿道迁徙的北方流民，在数量以及宗族乡里集团力量上远不及当时相率而过江淮的河北、山东、山西、河南及苏、皖之淮北流民（参谭其骧《晋永嘉之乱后之民族迁徙》，载氏著《长水集》，人民出版社，1987年），以及此后胡亡氐乱之际南下襄宛的三辅流民。这一时期迁居襄宛的族姓，主要有河东柳元景曾祖柳卓（《宋书》卷七十七《柳元景传》载其本郡迁襄阳，见《宋书》第1981页）和司州南阳宗越（《宋书》卷八十三《宗越传》载"晋乱，徙南阳宛县"，见《宋书》第2109页）。他们主要源自司州。其虽门第不低，但迁往襄阳者确实"宗族盖寡"（《周书》卷四十二《柳霞传》，第766页）。《宋书》卷三十七《州郡志三》"荆州南河东郡"条载："晋成帝咸康三年，征西将军庾亮以司州侨户立。"（第1122页）可见，东晋初年司州流民尤其是河东柳氏更多徙居于江陵附近。居留襄阳者，势力多弱小。《南齐书》卷十五《州郡志下》"雍州"条称："咸康八年（342），尚书殷融言：'襄阳、石城，疆场之地，对接荒寇。诸荒残寄治郡县，民户寡少，可合并之。'"（第281页）可见经过数十年的发展，寡弱的荒残流民不仅不足以充实民户空乏的襄阳旧土，甚至连寄治郡县也因"民户寡少"要被朝廷合并。其迁入人口之少可以想见。

[5] 沈约《宋书》卷三十七《州郡志三·雍州》，中华书局，1974年，第1135页。

[6] 姚思廉《梁书》卷十二《韦叡传附族弟爱传》云"（爱）曾祖轨以孝武太元之初，南迁襄阳"（第226页）。韦华、韦谦南迁，见前揭。

[7] 沈约《宋书》卷七十四《鲁爽传》，中华书局，1974年，第1922页。传云："（鲁爽）祖宗之字彦仁，晋孝武太元末，自乡里出襄阳，历官至南郡太守。"

[8] 房玄龄《晋书》卷一百《王如传》，中华书局，1974年，第2618页。传云："初为州武吏，遇乱流移至宛。"

穆[1]、安定席衡[2]、弘农杨亮[3]、河东薛弘敞[4]亦先后南下。襄阳不仅在人口数量上得以充实,而且在社会力量格局上也有了巨大改观。囿于乡土情谊、家族观念或现实需要等因素,流民在迁入襄阳后多依附强族,聚群而居,故大族首领具有很强大的社会势力。如薛安都"世为强族,同姓有三千家"[5],元嘉二十一年(444)徙居襄。柳元景宗族强盛,"群从多为雍部二千石"[6]。隆安三年(399),"京兆韦华、谯郡夏侯轨、始平庞眺等率襄阳流人一万叛晋,奔于兴"[7],韦华能够号令万人,可见其族业已成为襄阳重要的社会力量。

  然在门阀政治日臻成熟、士族政治圈逐渐封闭的东晋后期,襄阳外来势力要获得建康士族政治集团的认同与款纳并非易事。"晚度北人,南朝常以伧荒遇之,虽复人才可施,每为清途所隔",余嘉锡释云,"'伧'之为言,特骂人之词,本无定地,但于其所鄙薄者,则以此加之"[8],以"伧荒"可见侨姓士族对襄阳晚渡家族的鄙薄。弘农杨佺期"自云门户承籍,江表莫比,有以其门第比王珣者,犹恚恨。而时人以其晚过江,婚宦失类,每排抑之,恒慷慨切齿,欲因事际以逞其志"。王珣系王导之孙,虽时乃江左盛族,然在汉魏士族旧牒中,其地位远较弘农杨氏为下,故杨佺期不愿与之并提。然于现实中,杨佺期却屡因晚渡而受排抑,令其"慷慨切齿"。此种遭遇于弘农杨氏(亮)、扶风鲁氏(宗之)、河东裴氏(邕)处亦有记载。韦华首次入襄,未见有何官职记载,或是其亦被排挤出官僚圈之外了。[9]即使晚渡家族有个别成员入仕,也多僻处荒州边郡。[10]此种不被信重,自然令襄阳晚渡集团不满。隆安三年(399)前后,韦华率襄阳流人一万

---

[1] 姚思廉《梁书》卷十八《康绚传》,中华书局,1983年,第290页。传云:"宋永初中,穆举乡族三千余家,入襄阳之岘南,宋为置华山郡蓝田县,寄居于襄阳。"
[2] 令狐德棻《周书》卷四十四《席固传》,中华书局,1971年,第798页。传云:"(席固)其先安定人也,高祖衡,因后秦之乱,寓居于襄阳。"
[3] 房玄龄《晋书》卷八十四《杨佺期传》,中华书局,1974年,第2200页。传云:"(佺期)父亮,少仕伪朝,后归国,终于梁州刺史。"
[4] 令狐德棻《周书》卷三十八《薛憕传》,中华书局,1971年,第683页。传云:"(薛憕)曾祖弘敞,值赫连之乱,率宗人避地襄阳。"
[5] 沈约《宋书》卷八十八《薛安都传》,中华书局,1974年,第2215页。
[6] 司马光编著,胡三省音注《资治通鉴》卷一百二十八《宋纪十》"孝武帝大明元年"条,中华书局,1956年,第4031页。
[7] 房玄龄《晋书》卷一百一十七《姚兴载记上》,中华书局,1974年,第2980页。
[8] 余嘉锡《释伧楚》,见《余嘉锡论学论著》,中华书局,2007年,第230页。
[9] 此又可参看〔日〕安田二郎《晋宋革命和雍州(襄阳)的侨民——从军政支配到民政支配》之三《军政支配和侨民的反抗》,见《东洋史研究》1983年第42卷第1期。其中有对韦华入襄前后的考证。
[10] 如这一时期河东柳纯历任建平太守、巴东监军,柳恬为河西太守,柳卓仕伪汝南太守,弘农杨亮位梁州刺史,扶风鲁宗之官南阳太守。以地域看,都处于东晋的北部边境,以安绥流民、抵御北寇、弹压山蛮为职责。

叛晋[1]，北依姚兴羌族政权。在南行的队伍中，韦华逆向而动的身影格外显眼，他以激变的形式表达对政治待遇不公平的抗议。在胡汉关系紧张的年代，韦华以弃汉投胡的举动揭示出东晋南朝士庶关系之尖锐，也表明士庶对立的激烈程度当在胡汉民族矛盾之上。韦华在后秦先后任中书令、司徒、右仆射等要职。然随姚秦崩亡，关中扰乱，韦华再次率众归顺东晋，官雍州别驾。后随刘义真东归，韦华再度率族南下襄阳[2]。东晋一朝，韦华家族往返南北的经历表明，在家族利益优先的利害倾向下，家族对迁徙地的选择以保族全宗、仕宦通达为标准，在迁徙中，家族凝聚力与团结性亦得到空前加强。韦华率族而动，表现出其作为家族领袖的巨大号召力和家族作为命运共同体的本质。韦华子韦玄在十六国后期"隐居养志，有高名"[3]。姚兴、刘裕以权位相邀，韦玄均高卧不起。这与其素养情志有关，亦与其家族在地势力紧密联系，故姚、刘对其无可奈何。然值韦华再次举族南迁襄阳，韦玄所依凭的家族力量荡然无存，其被诛杀，势所难免。可见在艰危时局前，个人一旦失去家族奥援，其命运均若水中漂萍，不堪一击。

与韦玄不同者，其子韦祖征、韦祖归南渡后主动向刘宋输款纳诚。宋齐时期，雍襄成为居分陕之重的重镇，晚渡之关辅大族将劲悍尚武的风习带入这片新土，从而不仅使雍襄势力在南北对战中发挥着重要的屏障和堡垒作用，而且在内部的"荆扬之争"中又起到制衡荆州集团的作用。元嘉二十六年（449），朝廷割荆州之襄阳、南阳、新野、顺阳、随五郡为雍州，将侨雍州实土化[4]。又鉴于"襄阳多杂姓"，故"条次氏族，辩其高下"[5]，使宗豪大姓逐渐由流民帅转变为雍州社会的代表，其所驭率的流民也逐渐转化为植根于雍州地方社会之武装力量。在政治斗争中，雍州势力同气相求，成为南朝政治舞台上举足轻重的势力集团。伴随其在权力版图之重要性的日渐凸显，以襄阳为中心的雍州集团必然对与之地位相匹配的社会、政治权力提出诉求。柳元景、薛安都、宗越、

---

[1] 房玄龄《晋书》卷一百一十七《姚兴载记上》，中华书局，1974年，第2980页。
[2] 此时南下之韦氏，共有两支。一为韦华支裔。另为韦惠度，《周书》卷三十九《韦瑱传》云："韦瑱字世珍，京兆杜陵人也。世为三辅著姓。曾祖惠度，姚泓尚书郎。随刘义真过江，仕宋为镇西府司马，顺阳太守，行南雍州事。"（第693页）
[3] 沈约《宋书》卷九十五《索虏传》，中华书局，1974年，第2331页。
[4]《宋书》卷三十七《州郡志三》"雍州"条云："孝武大明中，又分实土郡县以为郡县境。"（第1135页）此次土断主要包含以下内容：割雍州实土郡界为侨郡实境域；以雍州实土县充入侨郡领域；分侨县入实郡界。关于雍襄侨置与土断，可谓几经波折。具体可参张琳《东晋南朝时期襄宛地方社会的变迁与雍州侨置始末》（见载于《魏晋南北朝隋唐史资料》1997年刊）。另，仇鹿鸣《侨郡改置与前燕政权中的胡汉关系》一文中认为，东晋及刘宋政权侨置郡县，是受到前燕慕容政权之影响与启发，详见《中国历史地理论丛》2007年第4期。
[5] 沈约《宋书》卷八十三《宗越传》，中华书局，1974年，第2109页。

刘胡、武念、蔡那等雍襄军将先后被起用，或拱卫京师，或入值禁省，都说明雍襄力量已逐渐取代北府兵，成为南朝政治、军事格局中的重要力量。作为雍襄势力的重要部分，韦氏仕宦与上述人物相比，显得迟缓很多。韦轨"以孝武太元之初，南迁襄阳，为本州别驾，散骑侍郎"[1]，韦祖征"累为郡守"[2]。韦祖归则仕为宁远长史。宦于家乡及附近地区固然有利于厚植家族根基，然思欲有为，则需寻求更大发展平台。元嘉三十年（453），以伐蛮起家、时任襄阳太守的柳元景追随刘骏，逐鹿江东，助其称帝承祚。事后柳元景官拜尚书令，其部将亦多得封侯。这是雍襄集团打入江左朝廷核心的首次尝试。在丰硕的政治成果前，依附江左皇权核心人物，以军功自效，打入中枢，无疑为雍襄集团仕进指出向上一路，自然也对韦氏具有启示意义。作为南迁韦氏第三代的核心人物，韦叡正是循此道路，利用齐梁换代，结纳萧衍，率族挺进政权中心的。

韦叡幼具"乡里盛名"，齐末"求为上庸太守，加建威将军"[3]。上庸地近襄阳，主动回归家族聚居地，似表明其已预见天下将变而试图聚族收宗以俟时机。其在太守任，并带将军衔，地方豪强色彩颇浓。但真正使韦叡在历史舞台崭露头角，乃缘于他举族投入萧梁政权的建立。《梁书》本传载：

> 俄而太尉陈显达、护军将军崔慧景频逼京师，民心遑骇，未有所定，西土人谋之于叡。叡曰："陈虽旧将，非命世才；崔颇更事，懦而不武。其取赤族也，宜哉！天下真人，殆兴于吾州矣。"乃遣其二子，自结于高祖。[4]

"西土人"当为寓居襄阳之关辅父老。天下将变，乡人问计韦叡，可见其在地方社会深具人望威信。韦叡对政局的研判与日后走向完全吻合，说明他虽远离政治中心建康，但对朝局与天下却有密切的关注和惊人的洞察力。韦叡在齐末遣二子结纳于萧衍，表明其家族早已不甘囿于一域而急欲突破发展瓶颈。永元三年（501），萧衍自雍州举事，韦叡率众来附，对于主力源自雍州的萧衍而言，此举无疑为其后方稳固、兵员招募提供了重要保障。这一效果稍后就立即显现了出来。

---

[1] 姚思廉《梁书》卷十二《韦叡传》，中华书局，1973年，第226页。
[2] 李延寿《南史》卷五十八《韦叡传》，中华书局，1975年，第1425页。
[3] 姚思廉《梁书》卷十二《韦叡传》，中华书局，1973年，第220页。
[4] 同上注，第221页。

> 时京邑未定，雍州空虚，魏兴太守颜僧都等据郡反，州内惊扰，百姓携贰。爱沉敏有谋，素为州里信伏，乃推心抚御，晓示逆顺；兼率募乡里，得千余人，与僧都等战于始平郡南，大破之，百姓乃安。[1]

韦爱属韦叡族弟，曾与萧衍同为雍州刺史袁抃府中主簿。萧衍起事后，与韦叡一同归附。襄阳乃萧衍家小的安顿地与萧梁政权的龙兴地[2]，萧衍在南下之际，"以爱为壮武将军、冠军南平王司马，带襄阳令"，可见对其托付之重与信任之深。颜僧都之反，使萧衍在"京邑未定"的情况下顿时陷入腹背受敌的境地。可幸的是，韦爱"素为州里信伏"，招募乡勇千人，一举破之。此战不仅有功于萧衍霸业之建立，而且对雍州士庶之保全也善莫大焉，对于宦于外郡或中央而根脉留于襄阳的晚渡家族而言，亦免乡里沦陷之祸。故经此战，韦叡、韦爱一族在襄阳地方社会的影响力与号召力得到巨大提升。

就史料来看，除韦叡外，韦爱等韦氏子弟在萧衍称帝后多衔命后方。及柳庆远卒，韦叡接任雍州刺史。其子韦放曾任雍州刺史南平王萧恪的军府长史[3]，萧恪"年少未闲庶务，委之群下"[4]，故雍州事务多属长史韦放决断，后转襄阳太守、竟陵太守。韦叡次子韦正，"位襄陵太守"。这一系列官职迁转表明，在梁初，韦叡一系的发展重心仍未远离襄阳。最终推动韦叡跨进中央，实赖淮河长江沿线的抗魏勋绩。在与北魏的战争中，韦叡战绩辉煌，尤以合肥、邵阳洲之役斩获最著，威名闻于敌，以至北军歌曰："'不畏萧娘与吕姥，但畏合肥有韦武'，武谓韦叡也。"[5]后姚察曰："韦睿起上庸以附义，其地比悛则薄，及合肥、邵阳之役，其功甚盛！"良以为然。当然，韦叡之功还不止于破敌。萧梁驻守长江之将领多系雍襄集团所出，侨民原具重同姓、乡里的意识。定居此地后，仍有强烈乡族意识。"光禄大夫韦祖征州里宿德，世隆虽已贵重，每为之拜"[6]，"州里宿德"说明韦祖征在雍襄具有较高社会地位，柳世隆虽官职崇贵，但见之每拜，可见萧梁前期雍襄仍是晚渡大族的根本，同乡或乡里意识仍具重要价值。天监二年（503），

---

[1] 姚思廉《梁书》卷十二《韦叡传附韦爱传》，中华书局，1973年，第226页。
[2] 永元元年（499）三月前后，萧衍恐日后起事亲人遇害，遂先后迎接亲人至雍州。约于永泰元年（498）年底，包括夫人郗徽及两个女儿，以及八弟萧伟，十一弟萧憺都已迎接到雍州。永元三年（501），萧衍起兵于襄阳。
[3] 韦放任轻车南平王长史，当在丁父忧之后。韦叡卒于普通元年（520），但《梁书·南平王传》中载萧伟仅在齐末与天监四年（505）前担任长史，故推测传中所言南平王当指萧伟子萧恪。
[4] 李延寿《南史》卷五十二《萧恪传》，中华书局，1975年，第1292页。
[5] 同上书，卷五十一《临川靖惠王宏传》，中华书局，1975年，第1275页。
[6] 同上书，卷三十八《柳元景传》，中华书局，1975年，第985页。

元魏南攻，梁将内讧，形势危急，萧衍委韦叡予以调停。其中曹景宗为人恃功倨傲，虽同朝公卿亦无所推揖，"惟韦叡年长，且州里胜流，特相敬重，同燕御筵，亦曲躬谦逊"[1]，韦叡能使刚愎桀骜的曹景宗"曲躬谦逊"，并使不满以柳仲礼为大都督的裴之高服从调配，均与其"州里胜流"的身份相关。韦叡、韦爱的社会地位使其在以雍襄起家并以该地武力立国的萧梁政权中颇具影响，他们对于稳固长江防线、凝聚军心、调和矛盾均具重要作用。天监九年（510），韦叡"征员外散骑常侍、右卫将军，累迁左卫将军、太子詹事，寻加通直散骑常侍"，真正踏入中央朝廷，并受梁武帝敬重，"居朝廷，恂恂未尝忤视，高祖甚礼敬之"[2]。普通元年（520），韦叡以疾卒于家，位终侍中、车骑将军，时年七十九。萧衍即日临哭甚恸，"赐钱十万，布二百匹，东园秘器，朝服一具，衣一袭，丧事取给于官，遣中书舍人监护。赠侍中、车骑将军、开府仪同三司"，备极哀荣。《梁书》将其及家族系于"列传第六"，位次靠前，亦是其家族在萧梁一朝地位重要与显赫的体现。综合以上来看，从十六国到齐梁，韦氏家族的发展在整体上呈现出以下特点：

首先，韦华家系发展与中央政权之强弱变动关系密切。在十六国中期，国家力量涣散，韦华趁势而起，举族往来南北间，地方豪强色彩甚明，家族势力大为抬头。迨刘宋肇建以迄萧齐，皇权加强，韦氏仕宦之中央化趋势亦日渐明显。借齐梁换代，韦叡、韦爱凭借地方势力和乡兵族勇，参与萧梁肇建，并仕宦中央，子孙亦多有发展，遂呈现出双家发展形态。总而言之，南迁韦氏的地域流动和阶层对流之实质是地方势力与中央权力的互动，即当中央势力衰弱，地域势力与家族力量就会抬头，而当中央权力再度加强时，地方势力则随之收缩，并为国家势力所乘，再次走上国家官僚的道路。

其次，利用地方社会聚族而居的状态使家族保持稳定发展。聚族襄阳为其家族发展提供动力，乡里为其经营重点。"北人重同姓，谓之骨肉，有远来相投者，莫不竭力营赡；若不至者，以为不义，不为乡里相容"（《宋书》卷四十六《王懿传》），同姓互助、相济不仅使乡里充满温情，也更团结和具有凝聚力。韦叡"性慈爱，抚孤兄子过于己子，历官所得禄赐，皆散之亲故，家无余财"[3]；"（韦叡兄）阐为建宁县，所得俸禄百余万，还家悉委伯父处分。乡里宗事之"；其子韦放"性弘厚笃实，轻财好施，于诸弟尤雍穆。每将远别及行役初还，常同一室卧起，时比之三姜"[4]。这种手足间的通财互助，表明

---

[1] 姚思廉《梁书》卷十九《曹景宗传》，中华书局，1973年，第181页。
[2] 同上书，卷十二《韦叡传》，中书书局，1973年，第225页。
[3] 同上。
[4] 李延寿《南史》卷五十八《韦叡传》，中华书局，1975年，第1431页。

韦叡父子均将家族利益置于首位，具有家族发展的整体观。其轻财好施、善抚宗亲的特点使得家族关系在儒家伦理和浓厚家族意识的影响下更为牢固。当韦叡出仕外郡或中央时，家族及乡里能为其提供强大支持，其又可反过来保护并援助襄阳乡里。

再次，结姻雍襄晚渡大族，形成利益共同体。以聚居为基础，韦氏还通过乡里纽带与其他家族缔结婚姻，编织社会关系。"时叡内兄王憕、姨弟杜恽，并有乡里盛名。……外兄杜幼文为梁州刺史，要叡俱行。"[1] 杜幼文乃南豫州土豪乡望杜骥之子，"骥年十三，父使候同郡韦华。华子玄有高名，见而异之，以女妻焉"[2]，故杜幼文为韦叡外兄。京兆杜恽即梁武临雍部，向其询求州纲纪者，自为雍士名望。韦叡亦与齐梁雍州代表性人物柳庆远联姻，通过姻亲网络的巧妙编织，韦叡聚合雍州大姓甲族，扩大在地影响，形成体系严密的利益共同体。

最后，在皇权加强的背景下，家族易为国家所乘，其发展呈现出涣散端倪。这可从韦氏对齐梁禅代革命的态度窥见一斑。活跃在齐末政坛的韦氏人物主要是韦纂、韦阐和韦叡三兄弟。韦纂齐末官司徒记室参军、特进，其于天下板荡之际，未见有何反应，韦阐一如其兄，无任何迹象显示他有何举动。与二位兄长态度迥异的是，韦叡与族弟韦爱则旗帜鲜明地支持萧衍代齐，并招募部族，拥护新朝。此外，族内也还存在反对的声音。"初，叡起兵，乡中客阴双光泣止叡，叡还为州，双光道候"[3]，以"客"的身份看，阴双光或可视为韦氏私人力量的代表，其于韦叡起兵之初"泣止"，说明家族内部对拥梁反齐也还存有反对意见。可见，单就齐梁禅代，南渡韦氏族内就有拥护、沉默和反对三种态度。这表明南迁之后，韦氏缺乏十六国时期韦华那样发号施令的家族领袖或父老组成的家族领导组织来引领家族发展方向，已肇家族力量涣散之端倪。

二、南附建康后韦氏家族的结构变动

陈寅恪认为："南朝的历史可分为三个阶段，一为东晋，二为宋、齐、梁，三为陈。东晋为北来士族与江东士族协力所建，宋、齐、梁由北来中层阶级的楚子与南北士族共同维持，陈则为北来下等阶级（经推断后亦列为南人）与南方土著掌握政权的朝代。"[4] 义宁先生的三分法为我们宏观把握江左近二百年的历史风云提供了基本架构。可以说，

---

[1] 姚思廉《梁书》卷十二《韦叡传》，中华书局，1973年，第220页。
[2] 李延寿《南史》卷七十《杜骥传》，中华书局，1975年，第1699页。
[3] 姚思廉《梁书》卷十二《韦叡传》，中华书局，1973年，第224页。
[4] 万绳楠整理《陈寅恪魏晋南北朝讲演录》，黄山书社，1987年，第145页。

第一阶段与第二、第三阶段的差异就是皇权与士族在社会结构中的位置和力量对比发生了改变，即士族高门的地位和力量在南朝由第一阶段的巅峰逐渐滑向第二、第三阶段的衰落和消亡。皇权重新实现了对整个社会的控制。这种皇权与地方势力间的攻守易势构成了韦氏在梁、陈活动的背景。

前已有述，萧梁立国后，韦叡父子在家族发展道路上呈现出双家发展形态，但家族重心始终未离襄阳。而将家族发展重心南移建康，则始自韦粲。

韦粲，系韦放长子，"少有父风"，早年入萧纲雍州刺史府。中大通三年（531），萧纲被立为太子，"粲以旧恩，任寄绸密，虽居职屡徙，常留宿卫，颇擅威名"[1]，韦粲因得萧纲信重，随迁建康，入充宿卫，值戍禁省。有关此次迁徙的规模，史无明载，然据侯景之乱后，"粲子尼及三弟助、警、构、从弟昂皆战死，亲戚死者数百人"[2]，可知韦粲一族的主体力量已于531年前后迁往建康。沈约曾言："今之士人，并聚京师，其有守土不迁，非直愚贱"[3]，沈约一生横跨宋、齐、梁三朝，文中所言之"今"，即是他上疏的梁代天监年间，说明各地士人中央化的倾向。韦粲迁居建康，正是此种趋势之体现。

韦粲弃襄阳而徙建康，对其家族结构变化带来重要影响，具体表现为由父祖维持的"中央—地方"双家形态，逐渐转变为完全中央化、丧失襄阳田产祖业、彻底依附皇权的单家形态。"吾国中古士人，其祖坟住宅及田产皆有连带关系。……故其家非万不得已，决无舍弃其祖茔旧宅并与茔宅有关田产而他徙之理。"[4]现虽未见韦氏迁居建康的石刻史料，但对其于建康附近的田产营置，却有片段式的记载。韦粲族弟韦载"有田十余顷，在江乘县之白山，至是遂筑室而居"[5]，韦载弟韦鼎"至德初，鼎尽货田宅"，韦粲子弟在建康附近的求田问舍，说明以田产为核心的家庭经济重心已逐渐由襄阳转至建康。那么导致此种转移的原因何在呢？笔者以为是逐渐加强的皇权在窒息地方大族活力的同时，通过人事任命和官僚选拔途径的中央化，促使大家族在经济、社会关系等方面从乡土社会剥离，最终使地方力量由早先的潜在对手变为理政治国的助手。其结果是使建康取代雍襄而成为晚渡韦氏聚合和政治发展的中心。由于建康不比襄阳，可供开掘的生活

---

[1] 姚思廉《梁书》卷四十三《韦粲传》，中华书局，1973年，第605页。
[2] 同上注，第607页。
[3] 杜佑《通典》卷十六《选举四》，中华书局，1984年，第91页。
[4] 陈寅恪《金明馆丛稿二编》，生活·读书·新知三联书店，2001年，第2页。
[5] 李延寿《南史》卷五十八《韦叡传》，中华书局，1975年，第1535页。

空间毕竟有限，韦氏遂由聚居变为散居，家族规模自然缩小，从而难以照拂襄阳旧族。伴随宗族活动的难以维系，与襄阳故园情感渐趋疏淡。襄阳在地力量亦难为韦粲一支提供经济、人力、社会资源支援。韦粲一系移居建康后，既不富于财资，又无众多部曲以供驱遣，从而与其作为地方豪强时期与乡土宗族直接相关的情况形成鲜明对比。[1]

伴随家族规模的缩小，抗拒外力的能力也随之下降。颜之推在《观我生赋》自注云："中原冠带随晋渡江者百家，故江东有《百谱》。至是（即侯景之乱），在都者覆灭殆尽。"[2]这是都下士族之命运，也是韦氏在梁末的真实写照。萧梁末期，局势动荡，韦粲虽又有机会像韦叡在齐末一样举族从征。但实际情况是，侯景之乱时，"公卿在位及闾里士大夫莫见兵甲，贼至卒迫，公私骇震。时宿将已尽，后进少年并出在外，城中惟有（羊）侃及柳津、韦黯，津年老且疾，黯儒而无谋"[3]，可见此时非但无法趁势取利，反而只能联颈受戮。"粲子尼及三弟助、警、构、从弟昂皆战死，亲戚死者数百人"[4]，除个别成员幸免外，其余皆陷锋刃，从而对家族造成毁灭性打击。韦氏余支在梁没后又由建康再南迁徐州。但这次迁居，意义并不明显。入陈，韦氏呈现出一副人才凋零的样态。及陈亡入隋者，唯韦鼎一人而已。"文物衣冠尽入秦，六朝繁盛忽尘埃"，韦粲南迁建康一支最终彻底衰亡。而留居襄阳之余支，伴随韦叡、韦爱及韦粲等雍襄人物以从龙之勋，带领地方武装及上流阶层从地方社会游离出来后，襄阳势力也逐渐陷入衰退。中大通三年（531），魏荆州刺史贺拔胜南寇雍州，攻拔冯翊、安定、沔阳、酂城，"沔北荡为丘墟矣"[5]。西魏恭帝元年（554），西魏大军攻破江陵，雍州最终陷入西魏政权之手，改号"襄州"。大约于雍州陷落之际，韦氏留居襄阳的地方势力也被破坏殆尽，其中幸存的韦量则携子孙北迁关中。[6]至此，晚迁韦氏在南北朝近三百年，大致历经了"长安—襄阳—建康—南徐州—长安"的迁徙路线。

那么，南迁韦氏由襄阳至建康的地域空间迁移，究竟为家族发展带来何种影响呢？

---

[1] 陈明《儒学的历史文化功能》，学林出版社，1997年，第255页。
[2] 颜之推著，张霭堂译注《颜之推全集译注》，齐鲁书社，2004年，第320页。
[3] 李延寿《南史》卷六十三《羊侃传》，中华书局，1975年，第1545页。
[4] 同上书，卷五十八《韦叡传》，中华书局，1975年，第1434页。
[5] 司马光编著，胡三省音注《资治通鉴》卷一百五十六"梁武帝中大通五年"，中华书局，1956年，第4836页。
[6] 《全唐文补遗》第二辑《大唐故司勋郎中杨府君夫人韦氏（净光严）扶阳郡君墓志铭》云，韦瑗即为韦量子，韦量为韦华孙。而《新唐书·宰相世系表》则言："祖归三子：纂、阐、叡。纂，南齐司徒记室参军。曾孙弘瑗。"据此来看，韦弘瑗为韦纂曾孙，以墓志看，韦量为韦弘瑗父，据父子与子嗣情况看，韦量为韦纂子或孙殆无可疑。其在韦粲举族南迁建康之际，依然居留襄阳。554年，西魏南掠，约于此时，韦量北迁，并被免籍没。嗣后，其子孙接连仕于西魏、北周，并于隋唐接踵入朝。

首先，家族门风的转变。东晋以降，韦华因晚渡而以军功起家，地方豪强色彩浓郁。其后，韦叡在萧齐"累迁齐兴太守，本州别驾，长水校尉，右军将军"[1]。校尉、右军将军皆属武职，表明韦叡多以军职统领武力讨伐各地。入梁，除在江淮一带抗魏以外，韦叡还先后任江州刺史、雍州刺史，并带右卫将军、智武将军、护军将军、车骑将军衔。其族弟韦放在萧衍临雍时，即任主簿。大通元年（529），领明威将军，涡阳一役中，以胄贯三矢而勇冠三军，史称其"牧州典郡，破敌安边，咸著功绩"[2]。嗣后，其子弟多赞划军机，勒马杀敌，与江左高门风流儒雅的门风相比，韦氏在这一时期武质化发展轨迹甚明。

然而，文化与教养、家学与门风才是江左门第社会最重要的入场券。[3]韦华第二次迁居襄阳后，不甘以"伧荒"自处，在强调武功之同时，继承家族汉魏时期以经史立家之传统，对家族文化建设颇为重视。其孙韦祖征、韦祖归皆以能文知名乡里。韦祖归三子"并早知名，纂、叡皆好学，阐有清操"[4]。"纂仕齐位司徒记室、特进，沈约尝称纂于上曰：'恨陛下不与此人同时，其学非臣辈。'"；韦叡晚年，"慕万石、陆贾之为人，因书之于壁以自玩。时虽老，暇日犹课诸儿以学"；其子韦棱，虽善经史，世称其洽闻，"叡每坐棱使说书，其所发摘，棱犹弗之逮也"。可见韦叡一系自南渡以来，在修具兵甲之时，于翰墨之事亦未弛废。韦阐之"清操"与韦叡之善经史，表明家族呈现出以文化族、以学立身、玄儒双修的特点，并暗合南北学术变迁之大势。韦叡之后，家族儒质化持续加强。其子韦棱"性恬素，以书史为业，博物强记，当世之上，咸就质疑。……著《汉书续训》三卷"[5]。幼子韦黯"性强正，少习经史，有文词"[6]。韦叡族弟韦爱"性

---

[1] 姚思廉《梁书》卷十二《韦叡传》，中华书局，1973年，第220页。
[2] 同上书，卷二十八《韦放传》，中华书局，1973年，第424页。
[3] 雍襄晚渡家族在东晋及刘宋时一直生活在"士庶天隔"的社会环境中，面对自身存在的先天不足，其无论在起家还是入朝时期，都以军功自效。但东晋末年和刘宋后期的动荡、无序的政治环境给雍襄集团的选择带来极大困难。统治阶层内部争权夺利的斗争异常激烈，缺少政治斗争经验的雍州集团在做出政治选择时，大多盲目、冲动，政治倾向模糊，容易成为政治斗争的牺牲品。这在雍襄集团首次踏进建康，并展现出强盛发展势头的刘宋后期表现得很突出。柳元景、宗越是这一时期襄阳晚渡家族的代表人物，他们都因拥戴刘骏而在孝武帝一朝获高位，但因参与皇储废立之事而被诛。其中，柳元景于永光元年（465）夏，因谋废帝事泄而被杀，累及家族数十人；宗越在明帝即位后，"虑太宗不能容之，上接待虽厚，内并怀惧"，后谋发难，被明帝所杀。由于吸取前代教训，所以韦棨等南下建康后，逐渐褪尽家族旧有之武质色彩，而改走文质道路，希望可以借此与江左士族文化和光同尘，融为一体。事实表明，韦棨在逐渐摆脱来自襄阳故里影响的同时，确实也得到了部分士族的接纳，当然这也使其在侯景之乱中付出惨重代价。
[4] 姚思廉《梁书》卷十二《韦叡传》，中华书局，1973年，第220页。
[5] 同上书，卷十二《韦叡传附韦棱传》，中华书局，1973年，第225～226页。
[6] 同上书，卷十二《韦叡传附韦黯传》，中华书局，1973年，第226页。

清介，不妄交游，而笃志好学。……及长，博学有文才，尤善《周易》及《春秋左氏》义"[1]。这种家族文质化背景下对儒家经典的究治，至韦粲南迁建康前后终成洪流，成为家族文化的主体，标志着家族发展已由武而入文，文质化成为家族发展的重要支撑。

  韦载（韦正子）"少聪慧，笃志好学。年十二，随叔父棱见沛国刘显。显问《汉书》十事，载随问应答，曾无疑滞。及长，博涉文史，沉敏有器局"。（《陈书·韦载传》）

  韦鼎"少通脱，博涉经史，明阴阳逆刺，尤善相术"。（《陈书·韦鼎传》）

  韦弘"有文学"。（《陈书·韦载传》）

  韦仲于书法"善飞白"。（《南史》卷七十二）

对经史典籍的传习，不仅使韦叡、韦粲祖孙预流齐梁之际玄儒升降的学思变化，也是对梁武帝奖倡儒学之举的积极响应。《梁书·儒林传》载，自天监四年（505）起，梁武帝不仅在中央设五经博士，且在州郡建立学堂，太子王侯无不劝令就学。在梁武帝打破"清官必授甲族"之惯例的背景下，韦氏对儒学的传习，在优化家族仕进之文化平台的同时，亦为家族门第提升提供凭依。梁武帝中期以来，韦氏族员群体性出任王府僚属的现象即为明证。

  （韦放）初为齐晋安王宁朔迎主簿，高祖临雍州，又召为主簿。……（天监元年）为盱眙太守，还除通直郎，寻为轻车晋安王中兵参军，迁镇右始兴王谘议参军。……（涡阳大捷后）还为太子右卫率，转通直散骑常侍。[2]（《梁书·韦放传》）

  （韦粲）初为云麾晋安王行参军。俄署法曹，迁外兵参军，兼中兵。……及王迁镇雍州，随转记室，并中兵如故。王立为皇太子，粲迁步兵校尉，入为东宫领直，丁父忧去职。寻起为招远将军，复为领直。服阕，袭爵永昌县侯，除安西湘东王府谘议。累迁太子仆，左卫率，领直并如故。（《梁书·韦粲传》）

  （韦臧）历官尚书三公郎，太子洗马，东宫领直。（《梁书·韦粲传》）

---

[1] 姚思廉《梁书》卷十二《韦叡传附韦爱传》，中华书局，1973年，第226页。
[2] 萧统在齐末，其父任雍州刺史时，就曾镇守襄阳，时韦叡任上庸太守，皆受萧衍节制。后韦放仕竟陵太守，地近襄阳。故韦放父子两代皆算萧统早年故交，此次入太子府，算是旧交与新勋身份的融合。

（韦正）起家南康王行参军，稍迁中书侍郎，出为襄阳太守。（《梁书·韦正传》）

（韦载）起家梁邵陵王法曹参军，迁太子舍人，尚书三公郎……（永定）二年，进号轻车将军，寻加散骑常侍，太子右卫率。（《陈书·韦载传》）

（韦鼎）仕梁，起家湘东王法曹参军。……服阕，为邵陵王主簿。……（入陈）领安右晋安王长史、行王府事。……（入隋）领安右晋安王长史。（《隋书·韦鼎传》）

（韦棱）起家安成王府行参军，稍迁治书侍御史，太子仆。（《梁书·韦睿传》）

（韦黯）起家太子舍人，稍迁太仆卿，南豫州刺史，太府卿。（《梁书·韦棱传》）

（韦宏）历官至永嘉王府咨议参军。陈亡入隋。（《陈书》卷十八）

（韦仲）在湘东王府……为中兵参军。（《南史》卷七十二）

（韦谅）以学业为陈始兴王叔陵所引，为中录事参军兼记室。（《南史》卷五十八）

由上述韦氏子孙的官属来看，韦粲一支在南迁建康后仕宦多以诸王王府僚属为主。太子和诸王僚属，在梁大致处于流内四班至二班之间，属于门第二品士人起家之官，故其既属显职，又获超次擢拔，清贵异常。在家族文质演进背景下，与前期仅靠个别成员军功而取高位的情况不同的是，萧梁及陈，韦氏呈现出以父子、兄弟为主的群体性仕宦倾向和以中央显职文官和王储僚属等清望官为主体的倾向，表明其不仅获得皇权的全面接纳，也得到了士族社会的认可。从社会演进的层面看，这既是韦氏南迁后家族文化由武向文的转变，也反映了东晋门阀政治向皇权政治的过渡。

其次，家族门第得以抬升。门第高下向以婚宦二途为标识，马端临曰："魏晋以来，最重世族，公家以此定选举，私门以此订婚姻，寒门之视华族，如冠履之不侔。"[1] 故"六朝门阀制度之下，最为人所重视者为'婚'与'宦'"[2]。于宦而言，有清浊之别，士庶各不相入，其中尤以起家官最具标志意义。以韦载的起家官为例来看，韦载起家梁邵陵王法曹参军，迁太子舍人、尚书三公郎。邵陵王萧纶为萧衍第六子，依宫崎市定的分类，其所建军府属皇弟皇子府，属于地位最高的正王，故军府内部僚属官品自然也较其他军府高，而法曹参军在军府诸曹行参军中又排位第一，在贵族风气盛行的萧梁，士族视此

---

[1] 马端临《文献通考》卷十二《职役考》，中华书局，1986年，第126页。
[2] 周一良《南朝境内之各种人及政府对待之政策》，见《魏晋南北朝史论集》，中华书局，1963年，第64页。

位为鳌头。[1]在南朝社会，一般高门子弟经由秘书郎、著作佐郎起家，次任官通常为太子舍人的清官官历。刘宋以后，以皇弟皇子府参军起家，次任太子舍人的官历迁转中，皇弟皇子府参军已取得与秘书郎、著作佐郎略同的地位。至梁陈，则为定制。[2]而韦载稍后担任太子舍人亦证实了韦氏的家族地位已较此前有大幅的提升。太子属官"通为清显，洗马掌文翰，尤其清者，近世用人皆取甲族有才望者"[3]，且因太子为法定皇位继承人，其属官得到重用的概率尤大。故宫崎市定认为："洗马一职甚至远居给事中之上。太子舍人不同于公府舍人，和洗马一起掌管文翰，而实际承担公府舍人工作的是太子家令。家令在太子属官中属于浊官，一流名门绝不肯担任此职。太子詹事、中庶子、庶子班位虽高，但在清官这点上，比不上洗马和舍人。"[4]可知，太子洗马和太子舍人俱为当时一流清官。韦载担任太子舍人，或是萧纲与韦粲之主仆旧情所致，但其兄弟子侄能群体性的担任王储僚属，则说明其已融入江左高门甲族的序列。

门第提升亦可从婚媾与交游窥其一斑。韦放"与吴郡张率皆有侧室怀孕，因指为婚姻。……时有贵族请昏者，放曰：'吾不失信于故友。'乃以息岐娶率女，又以女适率子"[5]。南朝社会婚媾关系素为士族所重，如梁末侯景"请娶于王、谢，帝曰：'王、谢门高非偶，可于朱张以下访之'"（《南史·侯景传》）。可见婚姻观念中的门第秩序仍旧稳固如磐。张率，系出吴郡张氏，韦放与其结为回环亲模式，构建起牢固的姻亲关系，若以门第相匹之观念予以审视，则韦氏南移建康已获江南名族接纳。另，韦粲"为云麾晋安王行参军……时颍川庾仲容、吴郡张率，前辈才名，与粲同府，并忘年交好"[6]，庾仲容出自颍川庾氏一系，其家族为一流高门。张率出自吴郡张氏，其兄张缵尝与琅琊王锡齐名，也跻身吴姓大族。韦粲在萧纲幕中之际，与吴郡张率、颍川庾仲容交好，这不仅为其南下发展奠定了基础，也是家族地位提高的标志。

再次，南迁韦氏的家族凝聚力与向心力受到减损。韦粲率领亲族徙往建康，明显是从政治角度考虑后的主动选择。当其专注于官宦，在激烈竞争中奋力博取高品官职，且以此为家族经营目标时，我们几乎看不到韦氏族人在官场中彼此呼应的形势。以韦粲来看，其家声、家业在萧梁后期达到顶点，然并未见其与同族在朝势力有亲密往来。紧随

---

[1]〔日〕宫崎市定著，韩昇、刘建英译《九品官人法研究》，中华书局，2008年，第198～203页。
[2] 赵立新《南朝的宗室政治与仕官结构：以皇弟皇子府参军为中心》，台湾大学历史系2010年博士学位论文。
[3] 姚思廉《梁书》卷四十九《庾于陵传》，中华书局，1973年，第689页。
[4]〔日〕宫崎市定著，韩昇、刘建英译《九品官人法研究》，中华书局，2008年，第198～203页。
[5] 姚思廉《梁书》卷二十八《韦放传》，中华书局，1973年，第424页。
[6] 同上书，卷四十三《韦粲传》，中华书局，1973年，第605页。

韦粲寓居建康者，除其亲兄弟韦助、韦警、韦构外，只有从弟韦昂一人。与韦粲同时任职梁代朝廷者，韦载时任尚书三公郎，侯景之乱爆发后，元帝承制，拜中书侍郎，及乱平，又历琅琊、义兴太守。韦鼎兄韦昂随韦粲战死京口后，韦鼎负其尸而出，寄于中兴寺，后又辗转于王僧辩、陈霸先幕下。而韦翙则于陈霸先南徐州刺史府下任征北参军。这些家庭虽在平日享有大小不等的权力，但却没有迹象表明他们会主动聚集在韦氏家族旗帜下，整合力量完成一番家族事业。反倒是更多地表现出个人对权位的不竭追求。同建康状况类似的是，襄阳地区韦氏的剩余力量，在梁末也未能与寓居建康之家族力量呼应，反而内部也呈现出进退不一的局面。韦量于554年前后随西魏大军北返关中，繁盛于此后之北周与隋唐，而韦洸、韦琳等则在西梁小朝廷中分别担任江陵总管与舍人，身后之事俱不见载，没落之势显见。[1]而侯景之乱后，各个家庭遭遇也不尽相同，且对时局判断与去向选择亦互有不同。这表明，伴随家族结构缩小，家族发展主要以个体家庭为主，家族内部缺乏统一的领导。这种多元化趋向，比齐末更进一步，与韦华在东晋与刘宋时的情形已判若云泥。

对于这种情况，我们可从经济与文化两个视角予以分析。在经济上，韦华于东晋末率族南下，因襄阳民户流荒，故能抢占山林川泽，为"百室合户、千丁共籍"的大家族奠定经济基础。而韦粲南下之建康，旧为吴姓传统辐聚之地，复为侨姓再次圈占，实无大片荒原山泽可就耕，如此，大家族存在的经济基础已然不存，其间韦载、韦鼎营田问舍均反映出个体家庭散居自处的特点。"过江八九世，未有力田，悉俸禄而食"[2]，家族经济来源遂由田庄转向朝廷俸禄，这种家族经济来源之单一与基础之脆弱，成为家族衰亡的要因。其次，在文化层面，魏晋以降文化与学术地域化、家族化日趋明显，韦叡在家族聚居襄阳间，"暇日犹课诸儿以学"，以学自重。但伴随韦粲南徙和成员出宦异地，大家庭日渐解体，成员在中央化、官僚化后，唯以权力获取为马首。对襄阳旧壤而言，大批精英人物的外流，对家族之文化地位提升、家学赓续、子弟之文化传授均产生消极影响，从而加速其庶化，此为家族衰落之又一要因。

因此，大家庭形态使南迁韦氏在十六国、东晋、宋、齐的动荡局势中都能保族全宗，

---

[1] 其命运几与西梁朝廷同步。伴随西梁灭亡，其或北迁，或留居江陵。然由于乡里宗族结构被打散或解体，故继续留居者影响甚微。北迁北周者，或许在形式上受到礼遇，但"他们是以个人而不是作为宗族乡里的代表发挥影响的，只要考察一下他们在北方的生存状态和心态就可明了"（牟发松《梁陈之际南人之北迁及其影响》，见殷宪主编《北朝史研究》，商务印书馆，2004年，第164页）。

[2] 颜延之撰，王利器集解《颜氏家训》卷四《涉务》，中华书局，1980年，第297页。

而家族结构缩小和紧密依附皇权，则使成员间缺乏奥援，进退失调。伴随家族向心力和凝聚力的减损，韦粲一族在政局动荡中顷刻覆灭也就在所难免了。张琳认为：

> 雍州地方乡族社会对宗豪大姓在政治中的兴败荣枯起着决定作用。依靠雍州强大的地方武装及乡族社会力量，雍州晚渡宗豪大姓方能在业已形成的士族政治圈中博得一席之地，并且在更迭动荡的政局中保住相对独立的权势。而一旦与其乡族社会或地方武装疏离，无论是业已在一朝一代中求得显宦，或在江左士族社会中赢得认同，或是依靠相对独立的武装力量，左右一时大局，这些宗豪大姓的结局都是在皇权易手、朝代更迭中，被远比他们强大的中央政权击败。[1]

此论虽泛言雍州大姓，但对韦氏尤为贴切。侯景之乱，韦粲子韦臧"奔江州，收旧部曲，据豫章，为其部下所害"[2]。由于远离家族根本和缺乏家族力量的拱卫，韦粲再也难以像其祖韦叡在齐梁禅代之际那样以雍襄强族为后援，短期内聚合数千人马投入天下纷争的洪流。即使其子韦臧奔走江州，收拢部分部曲，但由于其属性早由韦氏家兵转变为中央军，指挥系统和依靠力量已有巨大变化，故终为部下所害。我们由此或可洞见中古时期国家力量对于地方力量的分解与蚕食。

三、结论

韦华家族十六国以降，随国家势力发展之不连贯，在横向地域迁徙中，积极寻求家族上升之孔道。齐梁嬗代为韦氏势力上行提供了契机，韦叡凭借族望、地望与军功跃居中朝显贵，兼具朝野两种资源，并启双家发展模式，家族地位明显抬升。受权力诱导，韦粲于萧梁中期率族徙建康，促进家族发展步入快车道，亦使家族范围渐趋缩小，并使家族凝聚力与向心力不断减损。伴随社会、政治力量在家族内部的力量透射，个体家庭利益取代家族整体利益。梁陈易代，南迁韦氏损耗殆尽，再难复振。这既是南渡韦氏的发展轨迹，亦为晚渡士族发展的缩影。就本质而言，十六国至南朝，韦氏家族的地域流动与阶层对流犹如两股同向却异质的作用力，受国家与地方势力此消彼长的影响，使家族与社会发展呈现出一种沿各种作用力相互融合、消解之后向"中间"方向发展的趋势。

---

[1] 张琳《南朝时期侨居雍州的河东柳氏与京兆韦氏发展比较》，《武汉大学学报》（人文科学版）2000年第2期。
[2] 姚思廉《梁书》卷四十三《韦粲传》，中华书局，1973年，第608页。

据此，我们不仅为社会力量变化和宗族力量兴衰提供另种观察视角，而且在地方与中央的权力博弈中，见出南北朝后期国家统一的基层要素和政治力量的萌芽与成长。南北朝历史正是经过如此涓涓细流的积累方才成就百川东到海式的隋唐一统。

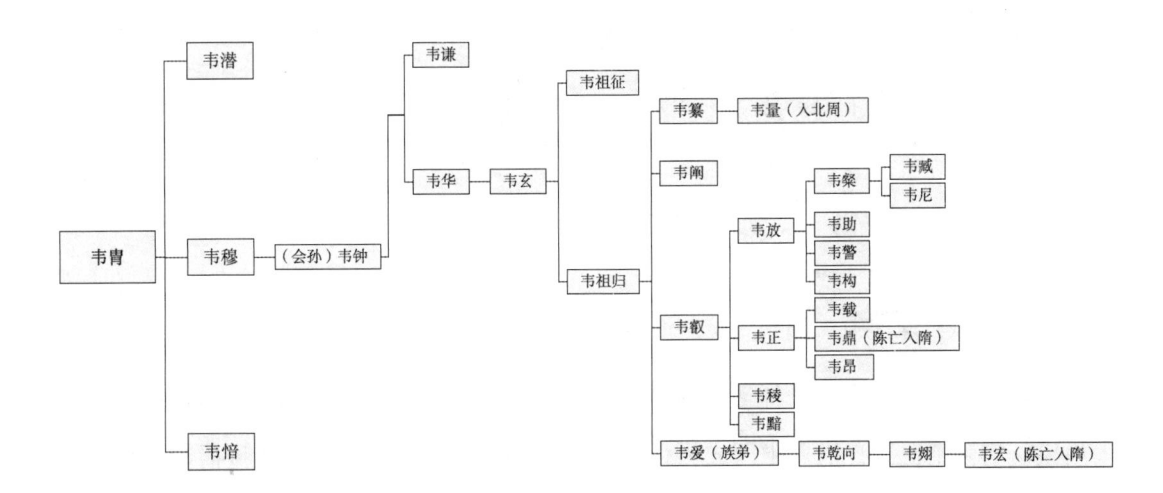

京兆韦氏晚渡族支谱系图（南朝时期）

（王伟，博士，陕西师范大学文学院古代文学专业教授。主要研究方向为中古文化与文学。）

道要译、译有道：
中华思想对外翻译传播模型建设[*]

钟 勇

一、前言

1. 一个行业性神话

开篇之际，先戳穿一个神话，即中文对外翻译的规模还不够大，还应继续加码，扩大规模。实际情况是，随着中国成为世界第二大经济体，中华文化对外传播渐成翻译工作中的重中之重。据黄友义[1]统计，中文译入外文的工作量已经超越外文译入中文，在2016年达到54.4%。再加上经年积累，比如《道德经》已经累计翻译出版了100多个版本，《论语》则是60多个版本。[2]还有一个事实，世界上发行量最大的翻译著作，除了《圣经》，《毛主席语录》《毛泽东诗词》也在其中。可以说，仅以规模而论，对外宣传翻译规模相当庞大了。

如本文稍后将要指出，中华文化思想对外翻译工作之短板和挑战，与其说是翻译的规模问题，不如说是译者的态度和工作方法问题。之所以说到态度，是因为大多数译者惰于进行高强度思考性翻译，更乐于并习惯于进行简单的文本对等转换式翻译，也就是把中文的甲乙丙丁翻译成英文的ABCD。之所以说到工作方法，是因为常规文本翻译，只涉及语言技能、技巧的运用，基本上译者只需面对原文文本、借助纸媒或电子词典、使用笔墨或者文字处理器，就能胜任并且完成。整个过程基本不涉及复杂、深度、批判性或者创造性思维。

---

[*] 基金项目：陕西社科院资助项目（12016ZB026、2016ZB014）。本论文主要内容曾在重庆大学、湖南师范大学的讲座中涉及。为此，笔者向两校外国语学院师生表示感谢，他们的反馈及其互动，对笔者启发很大。

[1] 转引自中国翻译研究中心《黄有义：中国崛起给翻译带来的变化》。见http://www.catl.org.cn/2017-03/29/content_40522839.htm

[2] 赵彦春：《文化交流中的翻译误区及解决路径》，《中国社会科学网——中国社会科学报》，2017年，网上链接：http://www.cssn.cn/djch/djch_djchhg/wlaqyscyl_94793/201707/t20170721_3587404.shtml；张璐《它们有了准确英译：君子译成gentleman，不合适！》，2017年，网上链接：http://cul.qq.com/a/20170519/004512.htm。

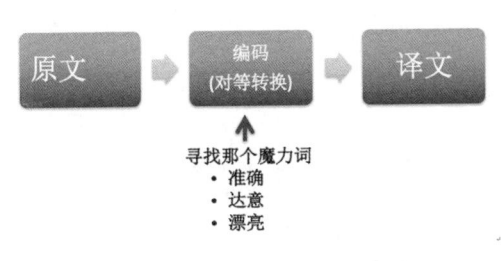

图1 "忠实准确"或者"传神达意"的翻译模型

这种对忠实对等文本转换的迷信,可以用下图(见图1)表现出来,如果将之和Shannon和Wiener的传播模型(见图2)比较,其片面性立现。如图1所示,被冠以"忠实准确"或者"传神达意"的翻译,基本上就是一个简单的、线性的从原文到译文的编码和转码过程,其关键环节仅仅是寻找、追求最准确、最达意的对应词,并且不涉及受众的主动参与,也不包含解码。

2. 一场没有出路的争论

翻译圈子里争论了多年还在继续争论着的,来来回回无非几个议题。首先是翻译标准,是应该信达雅还是应该传神达意;是应该忠实准确还是应该形似、意似或者神似?其次是为了达到翻译标准,应该用这个还是那个策略,应该音译、直译还是意译,应该同化、异化还是在地化?在译者选择方面,应该用中国人还是外国人,应该用专业翻译还是学者翻译?若涉及翻译作品,谁的翻译更忠实漂亮或谁的译文既不忠实也不漂亮?诸如此类的争论永远都是公说公有理,婆说婆有理,一没有系统理论或框架指导,二不使用客观科学方法,三不讲系统证据,四不做实证比较评估,基本就是谁的资源多,谁的权威大,谁的评判就更加占理。翻译实践及其讨论基本上沦为译者和翻译学者自娱自乐的圈子。

3. 一个少数人关心的谜

翻译是一个热衷于辩论标准和技巧的行业,偏偏很少有人关注翻译的目标受众,即所谓的读者。对翻译效果进行实证研究,或者对翻译受众进行的实证研究以及成果,寥寥无几。对受众的漠视,导致翻译成为自说自话的圈子,导致对外翻译成为自娱自乐,而非传播,也非社会活动,更非国际交流。译者只要把译作交出版社出版了,任务就完成了,少有人关心读者有什么样的阅读体验,甚至到底有没有读者。前面说到受众研究寥寥无几,不多几个之中,包括笔者参与的课题和依此发表的论文[1]。恰恰是这类受众

---

[1] ZHONG, Y. Translation Matters: Impact of Two English Rendition of One Chinese Political Text On International Readers. *T&I Review*, 2014.3, pp.147～166; ZHONG, Y. & LIN, J. Are Readers Lost in the Foreign Land? Investigating the Impact of Foreignized Translation in Guangzhou. *Perspectives: Studies in Translatology*, 2007.15, pp. 1～14; WANG, Q., CHEN, H. & ZHONG, Y. Foreign Is Not Unfamiliar: Foreign Is Not Unfamiliar: A Translation Impact Study Involving Taiwan Subjects. *Meta*, 2009.54, pp.342～356.

研究，引导笔者关注翻译以及另类翻译模式的效果。

4. 一个被遗忘多年的典范及其典型思想性翻译

对严复，很多人只知其一，不知其二；只知道他是翻译家，却很少有人知道他是一个成功的思想者、理念传播者、活跃的社会活动家。同样重要的是，他还是一个创新者，特别是在话语提炼方面。所谓话语提炼，就是创造新的说法，并同时推出新的术语和词汇。严复曾经为中国的学人和智者创造出大量的新鲜术语和词汇，商务印书馆曾经专门为严复译著整理发表了《中西译名表》，共收词482条[1]。当然，也有学者，包括黄克武和王彬彬[2]在内，批评严译逊色于日译。但依笔者的看法，严复以一己之力，和日译整体进行竞争，输给后者可说是虽败犹荣。需要感到惭愧和反思的是，我国的翻译界像严复这样的译者太少，愿意静下心来投身于话语提炼的译者太少。甚至，了解话语提炼的译者和学者也太少了。包括严复的研究者，常常也只说其一，不说其二；只研究他的翻译，特别是他的信达雅，很少研究他在话语提炼方面的作为和杰出贡献，很少研究他的话语提炼实践和成果对中国社会转型和进步发挥的关键性促进作用。

二、课题成果汇报

本课题致力于寻找中华文化思想对外翻译解决方案，通过搜索文献，参考相关模型，分析案例，反思并重审先期完成的课题，已经获得部分成果。其中，从现有理论和实践经验获得的启迪，呈现于本节。属于本课题原创性成果的对外翻译传播建模，将呈现在下一节。

1. 传播全过程：翻译、受众、共造

成果之一，是审慎回顾现有学术智慧并从中获得的启迪。影响本课题思路及其成果最大的理论包括Shannon的数学传播模式、马斯洛的人类需求模式和霍尔的作品及其意义的共造模式。这里先呈现三张模型原图，目的是展示经典理论特别是传播流程、信息分层、作品和意义共造的原理。根据这些经典理论和模式，本课题生成的原创对外翻译模式将稍后展开。

第一个模型（见图2），业内通常称之为数学性传播模型，由Shannon首创，Wie-

---

[1] 黄克武《惟适之安：严复与近代中国的文化转型》，台北联经出版公司，2010年。
[2] 王彬彬《隔在中西之间的日本——现代汉语中的日语"外来语"问题》，《上海文学》，2013年，网上链接：http://bbs.tianya.cn/post-free-2803832-1.shtml.

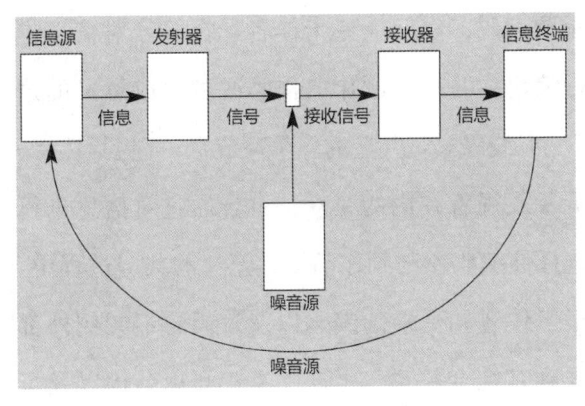

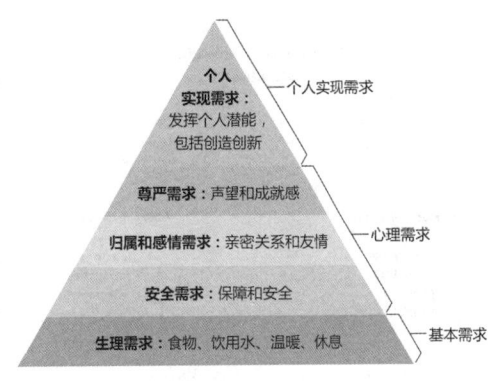

图2　数学性传播模型

图3　人类需求金字塔模型

ner[1]修改并完善。这个模式强调，被选信息通过传播者，经过其选择符号进行编码，再通过其选择媒介传播给特定的目标受众，由后者进行解码，再进入或融入目标语境或者目标文化氛围。Wiener加入最关键的一个环节，是目标受众及其语境给传播者及其信息提供的反馈。传播者和受众之间，传递信息和提出反馈持续并交替进行，促成传播的有效实现。总而言之，Shannon和Wiener理论及其模型给出的启发是：传播是一个渐进的、多重选项的、带有变数的过程，而且是一个交互和互动的过程。给本课题的启发是：作为传播工程，对外翻译不应该被视作例外。

第二个模型（见图3）由马斯洛设计、推出，而且为国人所熟知。因为其正三角形状常被称作金字塔图。这个模型强调，人的需求可分为多个层次。从金字塔底层往上，分别是生理需求、安全保障需求、归属和人际关系需求、尊严需求以及自我实现方面的需求。此金字塔图有助于说明，有必要将人的各种需求进行分层和切分。吃穿住行等各种生理需求被视作人的最基本需求，被置于金字塔的底部。依次向上，分别是安全保障需求、归属和人际关系需求、尊严需求，最顶端的是人的自我实现需求。简而言之，位于金字塔底层的是人的基本必备需求，位于其上部的是边际需求；基本需求满足后，边际需求满足得越多，人生就越完美。对于对外翻译，金字塔图给出的启发是，对翻译项目进行类似的分层，也有利于提高翻译的效率。

第三个模型名为编码解码共造图（见图4），由英国文化研究学者霍尔设计并推出。[2]

---

[1] SHANNON, E. C. Mathematical Theory of Communication. *Bell System Technical Journal*, 1948. pp.379～423 and pp.623～656; WIENER, N. Cybernetics: or Control and Communication in the Animal and the Machine, Cambridge, MA, Technology Press,1948.; WIENER, N.Human Use of Human Beings: Cybernetics and Society. NY: Avon,1986.

[2] HALL, S. Encoding and Decoding in Television Discourse. In: HALL, S., HOBSON, D., LOWE, A. & WILLIS, P. (eds.) *Culture, Media, Language.* London: Hutchinson,1981.

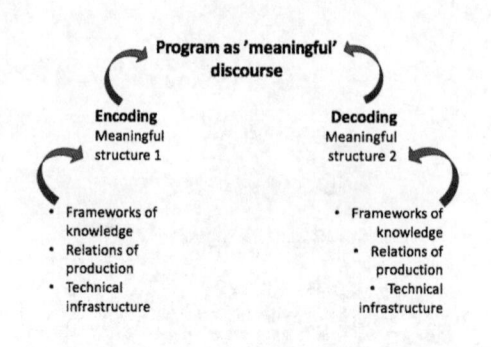

图4 编码解码作品或意义共造模型

所谓编码，实际上专指作者选择符号对信息进行编码，并将其制作成作品或者生成意义的过程。但编码只是共造的多个环节之一，包括读者、听者或视者在内的受众，也会通过对信息进行选择性解码参与到作品及其意义的共造过程中。至于作者和受众的编码以及解码，不无例外都受到其社会关系、生产关系、知识结构以及资源设施、语境的约束并因此充满变数。根据此模型，作品或者意义的出笼，不再是作者一手包办的结果，也不是固定、稳定、一成不变的。对于中华文化思想对外翻译传播，编码解码图给出的启示是，若要提升对外翻译的效率，必须有意识地将受众请进来，让其参与到作品以及意义的共造过程中。

2. 严复的另类启迪：读者先导、翻译分层、话语提炼

在 Reiss 功能翻译学说[1]、Zhong 方案翻译法[2]等模式引导下，本课题对前期完成的几个相关课题及其数据、成果进行了重新审视。其中包括对严复《天演论》中文译本进行的结构主义分析[3]、对袁天鹏《会议章程》翻译实践进行的人类学分析和行为学分析[4]。基于此，本课题演绎出如下几个解法，希望能对中华文化思想对外翻译传播工程发挥一些启发性作用。由于篇幅有限，又由于严复的个案更为典型，下文将着重讨论严复及其实践给我们的启发。至于袁天鹏以及也曾或多或少进行过类似翻译实践的梁启超、王国维等人，本文暂不论及。

（1）读者先导型翻译

如果将翻译视作传播过程，并且将交互式翻译传播流程以及意义共造作为评估标准，

---

[1] REISS, K. Text Types, Translation Types and Translation Assessment. In: CHESTERMAN, A. (ed.) *Readings in Translation Theory*. Helsinki: Finn Lectura, 1989.

[2] ZHONG, Y. Plan-Based Translation Assessment: An Alternative to the Standard-Based Cut-the-Feet-to-Fit-the-Shoes Style of Assessment. *Meta*, 2005, 50.

[3] ZHONG, Y. Moving Words to Move Mountain: A Post-Functional Assessment of Yan Fu's Translation Project Intended to Change China. In: BORODO, M., HOUSE, J. & WACHOWSKI, W. (eds.) *Moving Texts, Migrating People and Minority Languages*. Singapore: Springer, 2017.

[4] ZHONG, Y. 2016. Translate Live to Generate New Knowledge: A Case Study of An Activist Translation Project. *Translation Spaces*, 2016.5, pp.38～58.

严复的翻译实践无疑是成功的。根据笔者前期文本分析[1]，以《天演论》之中译为例，为了追求最有效的西学中译，并且最有效地推动中国现代化进程，严复对原作文本（如《天演论》和《国富论》）的挑选、翻译策略（包括他首创的信达雅）的优选，都独具匠心。但更加引人注目的是，他在目标读者（即所谓的朝廷要员、士大夫、文人雅士）精确定位、根据目标读者选用翻译策略和文体（即所谓的"雅"）等方面投入的功夫，是一般译者没有想到或者做到的。所以，虽然他译介的西学违背其目标受众的根本利益，但他的译著还是深受后者喜爱并为之熟读。

（2）翻译分层

和读者先导型翻译相比，话语提炼是严复使用的另一重要翻译策略和方法，下面将对此进行深入探讨。严复的话语提炼，实际上基于他对翻译进行的分层切割和处理——这个发现，受益于马斯洛文化分层金字塔的启发。笔者发现，严复采取的切割分层，具体表现包括：一是他的选材，二是他采用的翻译方法，三是他在不同翻译实践上的投入不同，四是他参与的翻译加活动。选材方面，严复选择的都是西学中的经典，而且其内容、其智慧恰恰是当时中国社会所急需的，如《天演论》《法意》《原富》《群己权界论》等。换言之，对推动社会进步无关或者无用的文本（即本文所谓的"零工散活"），他绝对不会选作翻译对象并且为之费心。在翻译方法方面，严复将之区分为两种：一是文本翻译，二是思想提炼和话语提炼。在投入方面，严复对话语提炼做出的投入，远超他对文本翻译做出的投入。用他本人的话说，就是"一名之立，旬月踟蹰"[2]。至于"翻译加"，和绝大多数只专注于案头室内文本翻译的译者不同，严复还通过撰写论文、公共辩论、演讲、经商（特别是传播出版方面的生意）、办学等社会活动传播新理念，并推动社会进步。仅以论文为例，他通过撰写《论世变之亟》《原强》《辟韩》《救亡决论》等论文，积极通过社会舆论和辩论传播推广新理念，另外，他还创造出一些新说法（如物竞天择，适者生存）和新概念（如逻辑、乌托邦）。

（3）话语提炼

作为译者，严复的话语提炼同样独树一帜、成果斐然——虽然以一己之力，他提炼

---

[1] ZHONG, Y. Moving Words to Move Mountain: A Post-Functional Assessment of Yan Fu's Translation Project Intended to Change China. In: BORODO, M., HOUSE, J. & WACHOWSKI, W. (eds.) *Moving Texts, Migrating People and Minority Languages*. Singapore: Springer, 2017. ZHONG, Y. Translate Live to Generate New Knowledge: A Case Study of An Activist Translation Project. *Translation Spaces*, 2016.5, pp.38～58.

[2] 严复《天演论》，商务印书馆，1981年。

的话语基本败给日译。严复的话语提炼,其实就是基于原文进行思想提炼,也即使用译入文元素,制造新词、新术语、新说法,将之用于对原文文本思想智慧进行提炼。这在王国维看,属于造译。[1]严复的话语提炼分为两种:一是对原著(如 Huxley 的 Evolution and Ethics and Other Essays,即《天演论》)的整体思想和智慧进行提炼和浓缩,制造出新的说法(如物竞天择、适者生存);二是制造新字词、新术语(如天演、乌托邦、逻辑)对原著中独立的新概念(如 evolution、utopia、logic)进行翻译。

若对严复的文本翻译和话语提炼进行效果比较,可以看出后者不弱于甚至远远超出前者。举例而言,严复译著《天演论》,当日此书风行不假。但他身后,读过此书的国人估计从来不在多数。但作为话语,其"物竞天择、适者生存",却流传至今,经久不衰,家喻户晓,并助推中国成为世界上最达尔文主义的社会之一。同样道理,"那无阿弥陀佛""各尽所能、按劳分配""各尽所能、按需分配""枪杆子里出政权""黑猫白猫"等话语,都提炼自各种相关理论、典籍,并且发挥着远远超出原著的影响,并先后从根本上改造了中国社会。遗憾的是,以严复一人之功力,再加上梁启超等偶尔为之的话语提炼行为,中国翻译界的话语提炼无论是投入还是成果都远远难能令人满意,导致众多日式新造词源源不断进入中文——这是另话,笔者另有论文专门讨论[2],这里不做赘述。

三、对外翻译建模

本课题受到现有传播理论模式和严复个案的深度启发,对这两方面思路及其文献,前文已进行了总结和反思。基于相关启发,本课题为跨文化、跨语言翻译传播设计出一个全新的模型(见图5),并相信,作为选项之一,这个模型特别适用于中华文化思想对外翻译传播工程。

图5由上下两层结构组成,上部结构突显作品及其意义共造的一种解法选项,下部结构突出表现翻译内容的分层以及各个分层之间的关系。这个模型包含多个元素及其意义,其细节及其探讨,将在下文详细展开。为方便计,讨论从下部结构开始。

1. 翻译分层

为求简单易懂并方便读者解读,下部结构被简化为三层。若是专为探讨翻译,三层

---

[1] 王国维《论新学语之输入》,载《静庵文集》,辽宁教育出版社,1997年,第118～119页。
[2] ZHONG, Y. Becoming Equivalent: Tracking the Chinese Renditions of "Discourse". *Culture and Dialogues*, 2016.4, pp.317～337.

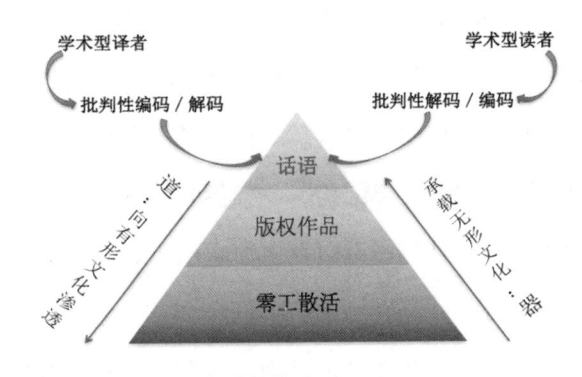

图5 跨文化跨语言翻译传播模型

可扩充为四至五层。如前所述，此结构受马斯洛金字塔图启发，对翻译内容进行切割和分层。其中，包括通用或私人文本、证件、商业文件在内的零工散活，虽然规模庞大、工作机会最多，但其附加价值最低，尤其是对外文化传播价值最低，因此将之放在金字塔最底层。其次是版权作品、专著、原创性文学艺术文化以及学术等所谓大部头作品，这类作品规模小于零工散活，但还是有一定的市场需求和工作量，并且其对外交流和传播价值要高于前者但低于话语提炼，所以它被放在中间层。在版权作品专著等大部头作品里，又有被公认为经典的作品，比如《红楼梦》《论语》《道德经》等古代经典和费孝通的《江村经济》、郝景芳的《北京折叠》等近代或现代经典。这种典籍作品数量或规模有限，但文化精神价值和影响力较高，如果将金字塔图扩充为四层，则这类典籍可置于其中。至于话语及其提炼，虽然其规模极其有限，但如上所述，话语才是思想和文化传播最有效的工具，其功效远超其他翻译内容。将它置于金字塔顶端，一可突显其重要性，二可表现其一字千金的附加价值。这个结构，也体现了古语"形而之上谓之道，形而之下谓之器"的智慧，即有行之物（如文本）至多只是供人品鉴把玩于一时之器件，只有无形之物（如话语、概念）方可承载思想传播四海、流传千古。话语和有形文本，即道和器，有高低之分，这等级意义，也充分表现在金字塔图里。

还有另外一层含义，就是意义的流转，如金字塔两侧箭头所示。所谓的"道"通过话语的碰撞探讨而自上而下对有形文本进行渗透；而作为"器"的有形文本反过来承载话语所表现出来的"道"，即中文古语所说的文以载道。最理想的状态是，中华优秀文化和思想智慧可以通过话语传播到异族，如果能被异族作家、学者、思想家糅进他们各自的作品里并借其进行跨文化传播，这将是中华文化对外传播最有效的路径。

2. 共造翻译特别是话语提炼型翻译

如前所述，作为跨语言、跨文化传播，理想的翻译模式应该包含读者的参与，而且不仅仅是作为受众被动地参与，而是共造式参与。这里所说读者之"读"，取的是主动解读的意思，不仅读出原文信息，还把自己的体验、判断、价值取向主动读进原文文本——

英文有"读出"（read out）原文和"读进"（read in）原文之分。本课题关注的学术型读者，属于"读进"型一类。前述严复的实践，包括其文本翻译更多的是话语提炼式翻译，实际上证明了共造翻译的可行性，也为之提供了可以借鉴的经验。图5的上部结构，借鉴自霍尔的编码解码模型，但图形颠倒180度以配合下部结构——颠倒基本是为了满足制图的美工需求及其视觉效果。如果说，中华思想对外翻译可以有多种途径和渠道，那么，这个结构表现出其中一个更有效并且基于实践证据的选项。

下部结构将译者和读者置于话语的两端，而且将两者都定义为学术型。译者不仅仅是擅长对等转换的语言工作者，而且必须是批判性思想者、创新者，就像严复那样。他们在文本翻译的基础上，不断对原文信息进行分析性、批评性、创造性解码——稍后还要提到，若有受众提出反馈和建议，他们同样要对之进行解码。在解码的同时，译者有目标地、明确地、灵活地利用译入语元素对原文整体信息进行编码，并在此基础上提炼、创造包括口号、标语或顺口溜等在内的新话语。至于原文所含关键新概念不多甚至缺席，表明原文文本思想价值有限，不值得对之进行过度话语提炼。

至于另一侧的读者，虽然身为"受众"，但其角色作用不仅仅局限于接受、阅读翻译文本的被动者，而是参与到相关话语及其新概念、新术语的批判性阅读、探索、讨论，甚至在学术、专业、行业、社交平台上以论文、评述、讨论、散文、虚构等形式对之进行利用、评论，以及提出意见以促进其不断提炼、提升、改进。换言之，理想的读者应该像当年严复的同志、批评者和辩论对手一样，积极参与到诸如"物竞天择、适者生存""天演""得半""有官""涅伏""乌托邦"和"逻辑"的公共讨论和辩论中，并借此推动话语进一步提炼。比如分别将其中的"天演""得半""有官""涅伏"经过不断提炼，最终提炼成"进化""妥协""有机"和"神经"。

综上所述，通过话语提炼，译者和读者需要共同投入到翻译共造。两者之间的交流过程中，可能是译者先编码（造译话语）后解码（解读者反馈之码），读者是先解码（解译者之造译）后编码（给译者反馈），因此，两者之行动可能有顺序之分。但是，学术型译者和学术型读者均身兼两职，既编码也解码，却是无疑的。根据本课题的研究，这个模型展示的翻译实践，很可能是对中华思想对外翻译传播工程最有效的方法之一。

四、总结

本文对近期完成的一个中华文化思想对外翻译传播工程之建模课题及其成果进行了汇报、反思和总结。论文开篇首先对工程现状进行了简明扼要的综述，指出工程目前遇到的短板并非规模问题，而是翻译思路、态度和方法问题，其关键点在于译者乐于文本对应转换而不疲并因此产生职业惰性，不愿费神费力进行思想性、话语性提炼。其次，本文回顾了相关领域的理论，特别是几个对本课题产生重大启迪和影响的模式，包括 Shannon 和 Wiener 的数学性传播模式、马斯洛的人类需求分层金字塔模式，以及霍尔的编码解码共造模式。接着本文对严复翻译之所以成功，并且之所以推动中国社会转型及其进步进行了探讨，指出他成功的两个关键，一是读者先导型翻译，另一个是话语提炼。本课题核心关注点是，上述理论模式和严复中译成功实践，可以对中华文化思想对外翻译传播工程产生什么样的启迪？

  基于上述文献回顾和严复个案分析，本课题尝试为中华文化思想对外翻译传播工程探索出文本对等翻译以外的、另类的途径和方法选项，并为之建模。通过反复尝试，本课题成功论证，话语提炼可以构成另外的一个翻译方法和路径选项，而且是一个共造性的选项。具体地说，它是一种共造话语提炼，即译者和读者共同参与话语提炼、流转和传播的模型。参照已有的传播理论及其模型，又参照严复话语提炼的成功案例，通过本课题研究，笔者有理由相信，话语提炼型翻译有助于中华文化思想的对外传播。只要中国译者在进行文本翻译的同时，愿意开动脑筋进行思考性翻译，特别是对话语提炼进行投入，他们就有机会和潜力为中华文化思想对外传播和翻译做出更大的贡献！

（钟勇，博士，中国西北大学特聘讲座教授，澳大利亚 University of NSW 研究员，长江大学楚天学者。兼任澳大利亚 ImmiStudy 教育科技创新公司外联总监（CPO），西安交通大学和福州大学等多所院校的荣誉教授或兼职教授。主要研究领域为翻译、学术方法、教学法、教育经济学等。）

"一带一路"概念下的文化传播与译介

王晨佳

一、引言

"一带一路"的概念溯源于古丝绸之路,遥想当年,东西交流之路极尽繁华,使节商队、游客学者川流不息。丝绸之路沿途的各国互通有无、互学互鉴,共同推动了人类文明的进步。习近平指出,两千多年中西交往历史证明了——只要坚持团结互信、平等互利、包容互鉴、合作共赢,不同种族、不同信仰、不同文化背景的国家完全可以共享和平,共同发展。[1]"一带一路"沿途各国的历史、宗教背景各不相同,唯有文化能够跨越国界,推动思想交流,实现民族沟通。文化交融是"一带一路"顺利推进的前提保障,是经济合作的基础。中华民族文化在当前时期的历史传承和传播是否与国家经济进步和地位提升的步伐匹配?如何越过国界的障碍实现不同文化的交流融合,焕发古丝绸之路的辉煌?季羡林认为,不同国家和民族之间,只要有往来就有交流的需要,就需要翻译。否则,思想就无法沟通,文化就难以交流,人类社会就难以前进。[2]由此可见,"一带一路"下的中国文化传播、译介,任重而道远。

二、"一带一路"概念的提出和译介

2013年9月7日,国家主席习近平在哈萨克斯坦纳扎尔巴耶夫大学发表演讲,提出"共建丝绸之路经济带"的构想;接着于2013年10月3日在印度尼西亚国会发表演讲,提出建设"21世纪海上丝绸之路"。至此,"一带一路"的概念初步确立。[3]作为一个国际合作倡议,"一带一路"起初是提案的创立、发起和倡导,由此被译作"The Belt

---

* 基金项目:陕西省科技厅软科学项目"文化与科技融合研究"(2012KRMl07)。

[1] 习近平倡议共建"丝绸之路经济带",新华网,http://news.xinhuanet.com/mrdx/2013-09/08/c_132701675.htm.

[2] 季羡林、许钧《翻译之为用大矣哉》,《译林》1998年第4期。

[3] "一带一路"用英文怎么说? http://www.hxen.com/word/xinwen/2014-12-31/374662.html。

and Road Initiative"。2014年APEC会议期间，"一带一路"作为推广规划被正式提出，"一带一路"的翻译演进成"One Belt and One Road project"，"project"的字面含义是项目、规划，表明已由倡议阶段发展至实施准备阶段。外媒对于"一带一路"的译法与国内又不尽相同：澳大利亚前总理陆克文建议在翻译时保留"Silk Road"这个具备历史感、影响范围较大、在东西方语言中都存在的词。加拿大《温哥华太阳报》则提出使用复兴古代的"丝绸之路"（a revival of the ancient "Silk Road"），这个说法对于西方人来说就是将"一带一路"的概念形象化为他们所熟知的古代丝绸之路，同时又不是传统意义上的古丝绸之路，而是复兴式、现代的丝绸之路。[1]

关于"一带一路"的翻译，一直是翻译界热议和讨论的话题：有的学者认为沿用"Belt and Road Initiative"，缩写为"BARI"，特指意大利港口城市"巴立"，会产生歧义。将"Belt and Road"缩写为"BAR"，"The Belt and Road"缩写为"TBAR"，都存在指代不清的问题。OBOR（One Belt One Road）也有混淆含义，因为丝绸之路除了陆上丝绸之路、海上丝绸之路之外，还有草原丝绸之路。傅莹2015年5月在芝加哥大学演讲中，将"一带一路"译为"land and maritime Silk Road programs"，更加注重译入语境的交际功能，成为公众认可度较高的版本。[2]翻译的目标是尽量使译入语的接受者与译入文本之间的关系和原文接受者与原文文本之间的关系趋同。[3]从功能对等理论角度来审视"一带一路"的英译，就是不断寻找该词在英语中的对等语（equivalence）。刘宓庆认为，中文所属的汉藏语系和英文所属的拉丁语系本不同源，两者没有形态上的一致性，译者必须把意义推到前面。[4]"一带一路"最初的字对字翻译体现了形式上的统一，却未能达到最优交际的目的。伴随"一带一路"概念的规划提出、落实、推广，这个概念的公众认知范围不断扩展，内涵也随之变化，作为译者很难用一成不变的标准去寻找其英语对等语。这就给译者提出了更高的要求，需要用动态对等的标准把握原文文本的动态语境变化，同时不断改进越过文化差异造成的障碍，准确流畅地传递信息。文化工作者必须具备主动对外传播文化的意识，若仅从静态的文本出发，不持续挖掘"一带一路"这个概念一直变化的本质，是很难完成跨文化沟通，实现"一带一路"的文化传承和发扬的。

---

[1] 王家全《"一带一路"翻译：写实党VS写意党》。http://dy.qq.com/article.htm? id=20150 626A00GJ300。
[2]《中国的成长与秩序之争论》，傅莹在芝加哥大学的演讲，http://www.360doc.com/content/150521/8/6518186_472257512.shtml
[3] Nida,Eugine. *Toward a Science of Translating* [M].Shanghai:Shanghai Foreign Language Education Press,2004.
[4] 刘宓庆、方华文《中西翻译文化对谈录》，《兰州大学学报》2006年第5期。

进一步分析,"一带一路"翻译的多样性充分体现了跨文化传播领域中归化(domestication)和异化(foreignization)的深层博弈。归化(domestication)和异化(foreignization)是两种翻译策略,顾名思义,"归化"就是指以读者的习惯和偏好为导向,翻译时尽量用通顺流畅的方式表达原文的意义,减少读者对译语的陌生感,以求得读者在最大范围内理解译文。与"归化"相反,"异化"是指尽可能保留原文语言的"异域风情",也就是鲁迅所说的"洋气",由此目的语的表达规范和习惯常常会受到影响,让读者感到十分陌生,却是在传达原汁原味的原文风格。[1] 具体到"一带一路"的翻译上,就造成了直译和意译的分野:"直译"就是字对字的翻译,按照原文顺序逐字逐句地翻译,对于词句的顺序不能随意改动,最大程度上保留原文的风格,"异化"策略下的翻译方法就是直译。相反,"意译"就是语意的翻译,实现表达意思的目标,为了读者能够充分理解原文的含义,原文的布局和顺序是可以打乱的,"归化"策略下的翻译方法就是意译。落脚到"一带一路","one belt one road""Belt and Road"的译法属于直译,而被普遍点赞的"Land and maritime Silk Road programs"和外媒的"a revival of the ancient 'Silk Road'"属于意译。归化和异化策略在不同语境、不同场合需要灵活切换,彼此互补。2015年9月25日,国家发展与改革委员会会同外交部、商务部统一"一带一路"的翻译:全称是"the Silk Road Economic Belt and the 21st-Century Maritime Silk Road"(丝绸之路经济带与二十一世纪海上丝绸之路),简称为"B & R,the Belt and Road",但是"一带一路"也可以根据场合和时间灵活处置,比如追溯谈及"一带一路"的提出和倡议,可以沿用initiative。[2] 由此可见,"一带一路"本身在变化,由倡议变为规划,继而成为实施方案,其公众认可度也越来越高。译法经过直译、意译,最后转化为直译的B&R,体现了由异化到归化,又回到异化的发展路径。长期以来归化和异化一直是文化传播,尤其是中国文化元素译介所面临的选择困境,由于"一带一路"沿线各国的文化背景各不相同,在译介该词时一定要遵循沿线各国人民的认知规律,借鉴其英译的经验,灵活切换归化与异化策略,获得最大程度上的认可和接受。

---

[1] 朱安博《归化与异化:中国文学翻译研究的百年流变》,苏州大学2007年博士学位论文。
[2] "一带一路"的英文意思终于有了官方翻译,http://www.jeixun.com/article/201509/100541.html。

三、"一带一路"概念下中国文化元素的译介

1. 中华文化进入全球视野——从人物称谓的翻译谈起

随着"一带一路"概念的提出和不断深化、实施,中国的影响力与日俱增。中华民族文化在全新的历史时期能否顺利传承,并在"一带一路"的推进中发扬光大,是"一带一路"政策能否顺利推行的重要条件。中国争取国际话语权体系的第一步就需要让世界准确、全面地了解中国,认识中国。世界四大文明当中只有中华文明没有消失中断,五千年来依然蓬勃发展、历久弥新。习近平在布鲁日欧洲学院演讲时指出,2000多年前,中国就出现了诸子百家的盛况,老子、孔子、墨子等思想家上究天文、下穷地理,广泛探讨人与人、人与社会、人与自然关系的真谛,提出了博大精深的思想体系。脱离了中国的历史,脱离了中国的文化,脱离了中国人的精神世界……是难以正确认识中国的。[1]这段话为"一带一路"概念下的文化传播和译介提供了重要、准确的语境来源和文化生态背景。

从时间角度溯源,中国传统文化流派的不同创始人称谓的翻译,在百年前就进入了世界文化的视野,而其重要的翻译方法就是将汉语拼音作为特定的符号,直接进入英语语言:孔子作为儒家学派的创始人,著名的思想家、教育家、文学家,有着许多流传后世的著作和脍炙人口的名言。而"孔子"英译为Confucius,这个词就是明朝传教士根据其发音"孔夫子,Kong Fuzi",将"孔"音译为"con",将"夫"音译为"fu",最后将"子"音译为"cius"。由于孔夫子是由传教士翻译的,当时拉丁文作为普遍流行语言,因此把confuci加上"us",变成拉丁文里哲学家的意思。孔子的代表作《论语》被译为 *The Analects of Confucius*,"儒教"的翻译为Confucianism。以此类推,"孟子"的翻译是Mencius,孟的音译为"men",而"子"和"孔夫子"的"子"一样,译为"cius"。"老子"的翻译也是音译,即Lao-tzu(a Chinese philosopher in the Spring and Autumn Period)。其代表作《道德经》的翻译是 *Tao The Ching*,完全取自于音译,"道教"就是"Taoism"。起初传教士翻译中国经典的目的是传播基督教,为宣扬其宗教事业进行铺垫。理雅格翻译中国的"四书五经(The classics)",前后历经20年,在这期间他对孔孟学说的态度发生了巨大转变:一开始他坚信"中国的孔孟之道一定会和基督教义产生极大的冲突,中国人需要抛弃心目中的圣人孔子转而相信上帝"。随后通过整理、剖析、翻译孔子的

---

[1] 习近平在布鲁日欧洲学院的演讲(全文)http://politics.people.com.cn/n/2014/0401/c1024-24798043.html.

中国传统儒家理论体系，理雅格承认"越了解孔子的观点和学说，我就越尊敬孔子，孔子学说对于中国人有着非常有益的影响，甚至对于基督教教徒也有十分重要的启发"。[1]这说明以中国文化元素为载体的中华文化通过英译进入西方视野，对西方哲学思想体系产生了一定的冲击和影响，对于让世界了解中国的重要性不言而喻。

类似这样的人物称谓进入英语语言体系的例子屡见不鲜：中国历史上第一个皇帝秦始皇，英译为 Emperor Qin Shihuang，虽然拼音"始皇"（shihuang）字面很容易理解，就是 the first Emperor。但由于秦始皇统一六国，统一了文字、货币以及度量衡的工具，对中华民族的发展意义重大。所以一直以来秦始皇的翻译还是部分保留其音译，并且通过添加注解来翻译：Emperor Qin Shihuang — the first Emperor of China。历史演进、朝代更迭，另外一个著名的例子是 Khan（汗），Khan 的意思也是皇帝，成吉思汗和忽必烈汗被译为 Genghis Khan 和 Hubla Khan。既然"汗"的意思很明确，就是皇帝，那么未采用译入语中对等语词 Emperor 的原因为何？这与蒙古帝国的历史紧密关联。众所周知，元朝开创了中国历史上最大的版图，面积超过 3500 万平方千米，横贯欧亚大陆。Khan 这个称谓早在 900 多年以前就出现在这个偌大的疆土之上，被动保留了下来，除了皇帝的原意之外，还体现出当时被征服国家和民族臣服归化的敬畏心理。那么关于"一带一路"的提出者习近平的称谓，外媒常见译法为 Xi Dada。外媒对"习大大"的翻译有两种，音译为 Xi Dada，意译则为 Uncle Xi，字面翻译为 Xi Bigbig（大大），意思就是习伯伯。[2]从翻译的功能对等角度审视，显然 Xi Bigbig 完全无法体现"大大"二字原文透出的亲切和幽默的风格，令人不解其意。"Uncle"的说法又过于普通和直白，未能表明老百姓对于"大大"的尊敬。将习大大音译为 Xi Dada，是典型的音译，并通过加脚注的方式进行说明和阐释，体现了对外文化传播的主动性和亲和性，在此将"大大"二字的脚注内容梳理如下，以供专业人士参考：一是由于习近平的家乡在陕西，很多陕西人尊称自己的父亲为大大，也就是爸爸的意思；二是安徽、河北、辽宁沈阳、甘肃天水，大大是对本族直系父辈的称呼；三是在湖南嘉禾县，安徽池州、山东泰安、临沂、山西吕梁、汾阳、阳泉、大同，以及内蒙古中南部方言中，大大是父亲的意思；四是扬州、镇江、泰州、徐州的方言里，"大大"是指父亲的哥哥。从方言整理可以看出，"大大"要么指代直系亲属父亲，要么是指代伯伯，都是对于本族父辈的敬称。另外，网络文学语言中的"大

---

[1]〔意〕利玛窦、金尼阁著，何高济等译《利玛窦中国札记》，中华书局，1983年。
[2] "习大大"的称呼有英文翻译啦！Xi Bigbig? http://www.i21st.cn/article/translate/6357_1.

大",经常用于指代知名小说的作者,字面说法从"大师"而来,有着高手和能人的意味,然而"大大"的称谓又比"大师"更接地气。

2. 中华文化核心概念译介

秦始皇、成吉思汗、忽必烈汗的称谓进入别国语言,是古代帝王的强权渗透和侵占在语言文化中的呈现,而传统文化经典的孔子、孟子、老子、儒教、道教等元素经过千年的沉淀保留至今,并且成功地进入英语词汇。习近平在孔子诞辰2565周年儒家学说国际研讨会上还提出,中国传统文化的核心内容,经历了几个历史阶段,从春秋战国时期百家争鸣、隋唐儒释道并立鼎盛发展,直至宋明的程朱理学。一路走来儒家思想保留了几个本质属性:首先儒家思想与其他学说不断碰撞、借鉴,彼此融合,然和而不同,不断兼收并蓄。其次儒家文化思想内核是随着社会发展和经济进步而不断变化和更新的,因此具有长期的旺盛的生命力。最后儒家思想强调实用性,特别注重以文化人的教化功能,所谓"正心、修身、齐家、治国、平天下",将个人、社会、国家的分层治理统一在一个思想框架之下,形成有机的管理体系,相互促进。[1]千年朝代更迭,儒家思想与释道并立、交融,形成贯穿整个中国历史的思想价值体系,夯实了中华民族特有的文化根基。更重要的是,任何一个民族想要发展就必须走出去,突破自我封闭的限制,本土文化与其他文化不可避免地要进行交流,在不断碰撞甚至冲突中,渐渐相互理解,相互交融。因此翻译是民族文化在空间上的一种拓展,在内涵上的一种丰富。[2]在"一带一路"的召唤下,中国文化必须先走出去,为随后开展的各项合作、交流做好铺垫。

在此很有必要对以儒家和道家为代表的中华传统文化核心概念的译介进行一个梳理。

先来看儒家文化核心概念。一是"仁"的翻译,若将其译为benevolence(慈爱、仁爱),这个概念就被内化、心理化了,与儒家学说中的"仁"这个广义社会化的概念所暗含的意味是有所区别的。并且"仁"的含义在不同语境下的翻译较为多样,比较有代表性的翻译见表1。

---

[1] 习近平在纪念孔子诞辰2565周年国际学术研讨会讲话,2014年9月25日,http://www.gov.cn/xinwen/2014-09/24/content_2755836.htm。

[2] 许钧《绕不过去的翻译问题》,《辞海新知》2001年第7期。

表1 "仁"的代表性翻译[1]

序号	翻译	作者	年份
1	true manhood, kindness	林语堂	1938 2009
2	Humanity	辜鸿铭	1898
3	Humanity	丁望道	2009
4	benevolence, benevolent actions true virtue, perfect virtues, excellence	理雅格	1861 1963
5	Authoritative conduct	安乐哲	1998
6	Humaneness	林戊荪	2003
7	Love others	庞德	1969
8	Humanity, Goodness	西蒙·利斯	1997

从上表可以看出，不同时代和不同国家的译者对于"仁"的理解不同，翻译各异。总而言之，"仁"是儒家思想的最高标准，位居儒家思想核心概念的第一位，《论语》对于"仁"有多种解释，如"孝悌为仁之本""仁、义、礼、智、信""仁者爱人""志士仁人"，等等。这些都是"仁"的描述和阐释，其实现的方法就是"己欲立而立人，己欲达而达人，能近取譬，可谓仁之方"。由此可见，它是一个综合的概念，翻译建议用音译加注解的方式：Ren—a collection of all virtues including benevolence goodness, kindness, love, humanity and generosity。[2]

二是"君子"的翻译。与"仁"密切相关，在《论语》中对"君子"也有诸多描述，作为道德典范的"君子"，满足于"仁人"的各项标准，"君子"的英译有过superior man、gentleman、a true philosopher等，但是均没有表达出这个文化含义。类似的，同样建议使用音译加注解的方式翻译"君子"就是：Junzi—a collection of all virtues of a perfect man。[3]

三是"礼"的翻译，在林语堂"中国文化系列丛书"之《孔子的智慧》中，"礼"的翻译也是多样的：哲学意义中的"礼"，是指整个社会范围内的规则和秩序，可译作the principle of social order；当适用到个人身上时则把它译为moral discipline（道德纪

---

[1] 资料来源：Legge, J. *The Four Books with English Translation and Notes* [M]. Shanghai: Chinese Book Press, 1861；儒风《〈论语〉的文化翻译策略研究》，《中国翻译》2008年第5期；王琰《国内外〈论语〉英译比较研究》，《外语研究》2010年第2期。

[2] 刘白玉、扈珺、刘夏青《中国传统文化元素翻译策略探讨——以〈论语〉核心词"仁"英译为例》，《山东外语教学》2011年第1期。

[3] 同上。

律）；然而作为个人的礼貌和礼节时，又被译为 propriety。就字面而言，狭义的"礼"，原意指典礼和仪式，译为 ritual、ceremony。广义的"礼"，是指很好的修养和礼貌，即 Good manners。[1]

四是"中庸"，常见译法是 Mean，字面意思为"平均的、平均值"，在林语堂笔下，"中庸"被灵活处理，在对原文准确理解的基础上有 The central of Harmony，The Central Clue，The Golden Mean 三种译法[2]。

接下来分析道家文化核心概念。《道德经》是道家的经典著作，也是西方翻译最多的中国传统文化经典论著，道家的基本概念——"道"又该如何翻译？字面意思就是"道路"，译为 the way。但早在百家争鸣时代，这个"道路"已产生了更多的含义，用以指代生活处事的原则和方法，即 the way of life。道家修炼的终极目标是得道成仙，在此"得道"就是掌握了长生不老的方法，也就是 the Way of Immortal。对"道"的翻译选择同时包含了意译和音译两种方法，有时是 the way，有时是 the Tao。林语堂在《老子的智慧》一书中对经典词句的"异化"式处理方法对翻译中国传统文化元素很有借鉴意义：

道生一，一生二，二生三，三生万物。

Out of Tao, One is born,

Out of one, two,

Out of two, three,

Out of three, the created universe.[3]

可以看出，这一段翻译以直译为主，从格式到语意，表达非常"中式"，为了准确地传达原文的风格和神韵，这些文中的重复用词在翻译中继续重复，译成英文的句式与原文一模一样。类似的例子还有：

道可道，非常道；名可名，非常名。

无，名天地之始；有，名万物之母。

The Tao that can be told of

Is not the Absolute Tao；

The Names that can be given

---

[1] 林语堂《在美编〈论语〉及其他》，《拾遗集》（下），《林语堂名著全集》（第18卷），东北师范大学出版社，1994年，第330页。

[2] Lin Yutang.*The wisdom of Confucius* [M].New York: Random House. 1938, pp.23,28.

[3] Lin Yutang .*The wisdom of Laotse* [M].New York: Random House. 1948, p.130.

Are not Absolute Names;

The Nameless is the origin of Heaven and Earth;

The Named is the Mother of All Things. [1]

《道德经》的风格是简洁精辟，特别是句子的节奏感非常强。林语堂提出了"最好的翻译是愚蠢的翻译"的论断，"愚蠢"的解读是不一味地追求读者的理解，从准确忠实传达原文的角度出发，看似"愚蠢"，实则"智慧"，是一种大智若愚的翻译策略。林语堂翻译遵循的"中国腔调"，也就是对中国传统文化精髓部分采取的专门翻译策略，让西方更加全面真实地了解中国。[2]进一步讲，就是通过不符合英文表达习惯的形式来强调中国文化的核心内容。英译汉中反对欧化，汉译英中主张汉化，实现真正的从中国语言到中国文化的传播。这就突显了林语堂所主张的翻译者最应具备的态度——传播中国文化，弘扬民族精神。

传统中国文化的其他特色元素还包括风水（Fengshui,the ways to predict fate and luck in Chinese peoples' life.In modem society, Fengshui was frequently used in architecture,interior design,the location of tomb etc[3]）、功夫（Kong Ku, the Chinese Martial Arts）、阴阳（Yin and Yang）等，异化策略下的直译说法同样广为人知。

3. "一带一路"同期中国特色元素的英文译写

随着中国国际影响力的不断提升，尝试用中文词汇影响世界语言词汇，正是中国主动与国际话语体系接轨道路上需要实现的重要跨越，然而反观近年来进入英语词汇的中文词汇，却呈现出另一种趋向。

一是音译为代表的中国特色词汇：2013年初，中文热词"大妈"（Dama）登上了《华尔街日报》；"土豪"（Tuhao）一词也被收入《牛津英语词典》中。翻译理论要求译者"对语言本身需要有敏锐的感知，对于母语和外语两个语种同时精通，更重要的是深入洞察、深刻了解原文和译入语言的两种文化背景"[4]。而这种直接进入英语语言的音译法似乎逾越了翻译的种种技巧，直接到达译入语。究其本质，大妈是以在海外投资、置业、买金，出手豪放，留给世界各国人民以深刻的印象；同理，土豪的出名是在其大手笔消费奢侈

---

[1] Lin Yutang .The wisdom of Laotse [M].New York: Random House. 1948, p.133.
[2] 冯志强《中国智慧的跨文化传播——林语堂英文著译研究》，华东师范大学2009年博士学位论文。
[3] 张世忠《华裔美国文学中中国传统文化元素的翻译：以〈喜福会〉为例》，广西大学2010年硕士学位论文。
[4] 廖七一《当代英国翻译理论》，湖北教育出版社，2001年。

品和支付豪宅豪车时。威尔斯认为，衡量译者翻译是否成功，取决于译者对原文的理解，以及对译文表达的双重能力，具备两种能力要求深度把握原文和译文在意义、风格方面的相似性、原文和译文在社会文化方面的差异度。[1]应该说这种一掷千金的行为在海外属于一种非正常的现象，因此当这种非常态现象反复出现的时候，由于缺乏这些词在译入语里的类似场景和文化共同点，找不到相应的对等语，唯有"Dama, Tuhao"才能充分体现其中文内涵。假如意译为"the very rich women & men"，其效果是要大打折扣的。

二是颇具中国特色的流行语。随着民众文化自觉意识的复苏而出现的许多相对准确的跨文化翻译，比如央视英语网将"海外中国消费者"译为 Chinsumer，并非 Chinese Consumer，就是在国外疯狂购物的中国人。再如在城镇化发展中离开家乡常年居住在城乡结合地区的蚁族，antizen，就是 ant + citizen 的合成词。这些词通过加工组合，其翻译对于外国读者而言可以做到自如传神的表达。《中国日报》（英文版）有一篇文章专门介绍这些中国特色词汇的翻译，标题就是 *Are you Chinsumer or antizen*？中国式消费者还是蚁族，你是哪一个？

三是有中国特色的专属词汇。这类词汇主要通过意译加注释的方式来呈现，比如农民工（migrant worker, who leave their families without registered Hukou thus lack of corresponding education welfare& medical insurance）、铁饭碗（iron rice bowl, the very stable job usually provided by the government）、楼脆脆（Lou Cuicui, which means fragile building, originated an unfinished building collapsed in Shanghai）。"躲猫猫"在《汉英大词典》里译为"hide-and-seek"，回译为捉迷藏，但是"躲猫猫"的真正含义也只有了解中国国情的读者才能看得懂，单看"hide and seek"是无法解读出暗含的有意躲避、推卸责任的意味。因此进一步改进为 Chinese hide and seek, which means not take ones own responsibility deliberately。

综上，从古代的孔子、老子、秦始皇、成吉思汗到今天的习大大，从中国传统文化特色的儒教、道教、君子、仁人到今天的土豪、大妈、中国消费者、蚁族等，这些词汇已经成功地进入国际语言词汇，然而是否每一个词语的直接进入都能体现中国梦背景下的文化传播目标，实现"一带一路"推进过程中文化传播和沟通先行的历史使命？还是我们走得太快了，社会大众在多元价值观冲击下急功近利，这种中国特色的浮躁也驱使

---

[1] Wilss.W: *Knowledge and Skills in Translator behavior* [M].Amsterdam Philadelphia, John Benjamin Publishing company,1996.

了许多词汇在目的语文化背景缺失的情况下简单生硬地进入英语体系。裴等华（2014）认为，目标语言使用者的文化认同是中国文化因子外译过程中的重要前提和基础。[1]文化认同是一个长期的演进过程，"土豪""大妈"这一类词汇很快会被淘汰。随着中国社会的发展和变迁，相信"铁饭碗""蚁族""农民工"这一类折射中国转型期的词汇也终将归于历史。随着各项制度的健全和环境的改善，"楼脆脆""APEC蓝"也将逐渐消失，沦为回忆。因此，在"一带一路"全新的历史时期，唯有建立在文化认同基础上的中国文化核心元素才能留存下来，发扬光大。

四、"一带一路"概念下的中华文化传播

1. 深入挖掘传统文化，主动接轨国际话语体系

古丝绸之路的精神内核在于其包容天下的开放精神和平等胸怀，大国崛起背景下中国文化元素语言符号进入世界语言词汇，正是中国主动与国际话语体系接轨道路上亟待迈出的重要一步。习近平在演讲中重申中国的古老文化文明溯源以及如何和世界接轨，提出诸子百家时期的许多理念——仁、义、礼、智、信至今仍然深深影响着中国人的思维，引导中国人的为人处世。他们提出的很多理念，仁者爱人、中庸之道、道法自然、自强不息等，对中国乃至世界有着深远的影响。[2]在中国文化精神理性回归，对外文化传播源头地位确立的时代，中国文化元素的译介，需要不断适应新的历史阶段，与时俱进。在全球化全速推进的今天，西方文化自我中心的传播方式负面影响越来越大，欧美主流价值观在全球日渐水土不服，越来越多的有识之士将眼光投向了遥远古老的东方，从东方传统文化中获取新的灵感。20世纪末几十位诺贝尔奖获得者在巴黎会议上发表观点，指出人类想要在21世纪更好地生活，就必须回首2500年前，从孔子思想中汲取营养。[3]

季羡林曾经指出，中华文化之所以能长葆青春，万应灵药就是翻译。翻译对于促进人类文化的交流，其作用是不可忽视的。在中国历史上，传教士翻译《论语》中"天""道""命""圣人""小人"是按照西方基督教思维进行的意译：heaven, the-way, fate, Saint, sinner，借基督教体系中的天国、向神之路、圣徒（基督教正式追封）以及原罪的概念以诠释《论语》的东方思想体系。然而随着翻译的推进和深入，儒学西渐，

---

[1] 裴等华《中国文化因子外译过程及其影响因素探析——基于"文化认同机制假说"的讨论》，《外语教学》2014年第4期。

[2] Nida, Eugine. *Toward a Science of Translating* [M]. Shanghai: Shanghai Foreign Language Education Press, 2004.

[3] Greel, H.G. *Confucius and Chinese Way*, New York: Harper&Brothers, 1960, p.5.

儒学的传播为西方思想界的启蒙运动造成了一定影响：西方哲学家康德、黑格尔、罗素、孟德斯鸠等都从儒家理论中汲取营养并将之纳入自己的理论体系中。孔子的思想对于欧洲民主起到了一定的推进作用。[1]中国传统文化专有词汇直接进入其他语言词汇，从古至今不胜枚举：老子、孔子、孟子、忽必烈、习大大，那么仁、义、礼、智、信这样体现传统文化精髓的元素完全可以直接进入英语，甚至"一带一路"各国语言，成为中国元素的特定符号。"归化"和"异化"的冲突与调和，不仅体现了直译和意译的方法，更关系到身份认同（culture identity）在不同文化体系下的分野，以及弱势文化与强势文化的碰撞，甚至是中西方文化、"一带一路"下的利益相关者之间的又一次交锋。中国正在积极寻求塑造国际形象，"一带一路"的提出与实施意味着中国主动靠近，力图接轨国际话语体系。中国国际影响力的提升也决定了中国已经并且将要用自己的话语影响国际话语体系，争取国际话语权。那么作为文化传播者，势必要在"归化"和"异化"的博弈中审时度势，游刃有余，主动传播"一带一路"概念下的中华五千年灿烂文化精神，这不仅是可以实现的，而且是应当和必须实现的。

2. 传播译介的路径建议

首先，文化传播者在深入挖掘中国传统文化的基础上，需要充分领悟"和而不同""中庸之道"的翻译艺术。"君子和而不同，小人同而不和"，"和"是一个非常深奥的概念，是指有差别的、多样性的统一，在文化传播和思想碰撞的过程中，冲突和偏差是不可避免的，一味将自己的观点和看法强加于别人之上，是一种文化霸权主义的体现。在跨文化传播过程中，"一带一路"沿线各国、各地区不同的宗教信仰、多种价值体系多元并存，文化强势国家更需要进行"文化自觉"的自省，在矛盾和碰撞的基础之上，通过交流、讨论、磋商，最大程度上求同存异，共同发展。"中庸之道"并不是没有原则、一团和气，而是不偏不倚、公正公平。文化的形成本身是一个漫长而循序渐进的过程，而文化的传播以及翻译同样是一个渐进式的历史过程，在求同存异的求索之路上进行取舍，这也符合"中庸之道"的内在机理。

其次，根据译入语语境主动发现文化差异，灵活处理。"归化"和"异化"的博弈是译者要面对的永恒主题，"一带一路"的全新历史时期，翻译者在对外文化译介的过程中应坚持"传播中国文化，弘扬民族精神"的态度和原则。不论是从英语中心体系下的

---

[1] 刘白玉、扈珺、刘夏青《中国传统文化元素翻译策略探讨——以〈论语〉核心词"仁"英译为例》，《山东外语教学》2011年第1期。

反文化霸权，还是强势文化译入弱势文化的反文化侵略，翻译总是充当着不同文化间的沟通者和调和者，不论是向读者靠拢的"归化"，还是向原文靠拢的"异化"，并没有统一的原则，只有在特定语境下更为合适贴切的表达。不同文化体系碰撞下定然会产生差异和冲突，译者不但要接受这些差异和冲突，更需要主动去寻找文化差异，才能克服文化不同产生的交流障碍，更好地表情达意。

最后，对于中国特色浓厚的词汇建议以"异化"为主，用"中式腔调"处理特色鲜明的文化元素翻译。具体可采用音译加注解的方式，比如"观音"（Kuanyin, Goddess of Mercy by her longer title, the Great Spirit of Great kindness and Great Mercy, savings the Afflicted and Distressed）、"聘礼"（Ping Li us usually given months before wedding by the bridegroom's family for the bride's family to buy her trousseace with, apart from the actual dresses），或者用直接音译的方式，比如"叩头（Kowtow）""拜堂（Baitang）"等；而对于非典型中国元素的处理，则建议采用"归化"策略，尽量以读者最为习惯的方式传达信息，以便最广范围内读者的接受和理解。

总而言之，译者需要灵活调整"向读者靠拢"和"向原文靠拢"的关系，在不同文化价值体系环境中不断碰撞、沟通、对话，形成文化体系间的和谐并存、良性互动，再现古丝绸之路的繁荣，共同推进人类文明的进步。

本文原载于《人文杂志》2016年第1期

（王晨佳，西北大学中国文化研究中心副教授。主要从事跨文化沟通研究。）

朝鲜文人次韵李白《浔阳紫极宫感秋》诗考察

苏 岑

李白作品很早就传入朝鲜半岛,至迟在高丽初期已为当时文人所熟知,特别是丽末鲜初《分类补注李太白诗》传入朝鲜并被刊刻后,李白作品进一步流行,出现了大量次韵之作,其中对《浔阳紫极宫感秋》一诗的次韵之作多达百余首,显得非常突出。次韵之作往往显示出次韵者对原诗的喜爱和崇尚,但《浔阳紫极宫感秋》一诗并非李白的代表作,历来也不为选家所重,它为何能在李白众多作品中独得朝鲜文人的关注呢?这值得做一番考察。

一

李白《浔阳紫极宫感秋》一诗如下:

> 何处闻秋声,翛翛北窗竹。
> 回薄万古心,揽之不盈掬。
> 静坐观众妙,浩然媚幽独。
> 白云南山来,就我檐下宿。
> 懒从唐生决,羞访季主卜。
> 四十九年非,一往不可复。
> 野情转萧洒,世道有翻覆。
> 陶令归去来,田家酒应熟。[1]

据詹瑛《李白诗文系年》,本诗作于天宝九载(750)秋,李白游历浔阳时,其时

---

[1] 詹锳《李白全集校注汇释集评》,百花文艺出版社,1996年,第3472页。

正当五十岁[1]，但从后人的许多次韵诗来看，似乎多认为此诗作于李白四十九岁时。诗中李白不仅抒发了感秋之意，也写出了人到晚年的困惑和思考，对人生的回顾与期望。尤其是其中"四十九年非，一往不可复"一句将这个反思的节点定在了四十九岁上。四十九岁，年近半百，对古人来说，已到人生暮年，正是生命的秋季，在悲秋之时自然而然带出身世感慨，巧妙地把"知非"之意融入其中，在悲慨中增加了理性思考的色彩。最后由反思人生之虚度、世道之无常而归结于归隐之思。最早次韵《浔阳紫极宫感秋》的是苏轼，后世对李白此诗的依韵效体以苏轼为发端。元丰七年（1084），苏轼游览江州紫极宫，作《和李太白并序》一篇，如下：

> 寄卧虚寂堂，月明浸疏竹。
> 冷然洗我心，欲饮不可掬。
> 流光发永叹，自昔非余独。
> 行年四十九，还此北窗宿。
> 缅怀卓道人，白首寓医卜。
> 谪仙固远矣，此士亦难复。
> 世道如弈棋，变化不容覆。
> 惟应玉芝老，待得蟠桃熟。[2]

在前叙中，苏轼说明了和诗的缘由，正是李诗中"四十九年非，一往不可复"的知非之意，引起了年当四十九的自己的感触："李太白有《浔阳紫极宫感秋》诗，紫极宫今天庆观也，道士胡洞微以石本示予，盖其师卓玘之所刻。玘有道术，节义过人，今亡矣。太白诗云'四十九年非，一往不可复'，今予亦四十九，感之次其韵。"

苏轼的次韵之作，回应并强化了李诗中原有的人生感慨和归隐之趣，并有东坡特有的旷达情怀。其后苏门后学黄庭坚承东坡之意，又对东坡之作有所唱和，作《次苏子瞻和李太白〈浔阳紫极宫感秋诗〉韵，追怀太白子瞻》[3]。因为苏黄对李诗的唱和，以及对知非之年的强调，后世不少诗人受他们影响，年至四十九岁之际，则唱和李诗作为纪

---

[1] 詹锳《李白诗文系年》，作家出版社，1958年，第75～77页。
[2] 苏轼《苏轼诗集》卷二十三，第4册，中华书局，1982年，第1232～1233页。
[3] 任渊《黄庭坚诗集注》，第2册，中华书局，2003年，第598～599页。

念,如刘克庄年已至五十九,仍次韵而和:"十一月二日至紫极宫,诵李白诗及坡谷和篇,因念苏李听竹时各年四十九,余今五十九矣,遂次其韵。"[1]其后谢枋得亦有唱和之作[2]。由刘、谢的次韵来看,二人上承李、苏、黄,又进一步强化了归隐之思,谢枋得更是对归隐满怀向往。但是自谢枋得之后,次韵唱和李诗在中土几乎戛然而止,没有再产生有力回响[3],反倒是在一江之隔的朝鲜半岛得到了意料之外的接续,次韵唱和之人极多,众多朝鲜著名文人都参与进来,并最终形成了一种朝鲜的文苑传统。

二

李白作品很早就传入了朝鲜半岛,到了朝鲜朝时期已经成为文人们学习的典范之一。[4]朝鲜朝文士对李白作品非常熟悉,在作品中化用李白诗文,使用李白典故更为普遍。和高丽朝文士零星的几篇唱和次韵李白之作比起来,朝鲜朝文士对李白诗文的唱和趋于繁盛,成为朝鲜朝李白接受上的一大特点。这些唱和之作,数量颇可观,据笔者简单统计,数量超过200首,所涉及的李白原作在60首左右,而其中仅对《浔阳紫极宫感秋》一诗的次韵之作则在百首左右,极为突出,可以看出朝鲜文人对李白这首诗有着非同一般的热情。

据目前资料来看,最早次韵李白《浔阳紫极宫感秋》诗的是朝鲜初期文人申叔舟(1417～1475),他在诗前小叙中说:"阅《诗林广记》,见东坡、山谷、后村、叠山和李太白《紫极宫感秋诗》,依韵书怀。"[5]《诗林广记》是宋末蔡正孙所选评诗集,传入朝鲜甚早,并得到多次刊行,其前集第三卷收入了李白原诗及东坡、山谷、后村、叠山四人的次韵之作。申叔舟通过《诗林广记》接触到四人的次韵之作而有感,他的次韵之作虽然最早,但并未受到朝鲜文人的重视,后世鲜有人提及。直到比申叔舟晚生80年的诗人周世鹏(1495～1554),才有人继申叔舟之后再次次韵李诗,周世鹏在诗尾小注说明自己创作缘由,提到了苏、黄的影响:"李太白四十九,作紫极宫感秋诗,其后苏、黄皆效之。余亦不觉其已到此也。今以省柏入石仓寺,阻雨三日,不得下山。夜诵三仙诗,

---

[1] 蔡正孙《诗林广记》,中华书局,1982年,第59～60页。
[2] 同上注,第60页。
[3] 据《四库全书》和基本古籍库电子版以关键词检索,宋以后次韵李诗的作品不足5首。
[4] 李白作品在韩国的传播可参看苏岑《李白作品在韩国的传播与刊刻》,《第17届李白年会暨李白国际学术研讨会论文集》(下册),2015年10月。
[5] 申叔舟《保闲斋集》卷十,《韩国文集丛刊》,第10册,第87页。

便怀多少感慨,乃次其韵。"[1]周世鹏,字景游,号慎斋,是朝鲜早期的性理学者,他对李诗的次韵,得到了朝鲜文人的关注,直接影响了另一位文人李滉(1501～1570)。李滉有《石仑寺效周景游次紫极宫感秋诗韵》,这也是一首次韵李诗之作,他在诗前小叙中写道:"景游诗叙云,李太白四十九,作紫极感秋诗,其后,苏、黄皆效之,余夜诵三贤诗,多少感慨,乃次其韵云云。盖景游时年四十九矣,滉今犬马之齿,亦不多不少,适与相值,然则其所感,宁有异于昔之数君子耶?敢用元韵,遣怀云。"[2]特别强调了周世鹏的导引之功。李滉,字景浩,号退溪、退陶等,是朝鲜历史上最著名的性理学者之一,人称海东朱子,影响极大。他的次韵之作,给后世朝鲜文人树立了新的榜样。他的弟子柳成龙紧随乃师步伐而次韵:"退陶先生集中有《次李白紫极宫诗》,谨步韵寄怀。"[3]在这些先贤的影响下,海东次韵李诗的风潮渐高,文人每至四十九岁时则次李诗,柳成龙之后,著名文人申钦次韵诗前小序写道:"李谪仙年四十九,有紫极宫之作,东坡亦于四十九和之,余今适丁是年,感两仙之致,步韵口占。"[4]其后,李民宬、金尚宪、李安讷、李敬舆、李植、张维等皆有次韵。申翊圣在次韵诗的前叙中说:"紫极宫诗,即太白四十九岁作也,东坡诸贤和之,我东方先达亦多继和之者。年前张新丰持国次韵以属诸不佞,而不敢当者,自惟非其人,而且嫌年未满也。"[5]这段话一方面说明先达的次韵行为已起到带动和示范作用,引起后人仿效,另一方面也强调了需要在四十九岁这个关键年纪时唱和。再比如尹宣举说:"偶阅《石室稿》,得见其《次李白紫极宫韵》。韵本白也四十九年作,余年适当是数,感叹而吟成一篇,奉示市南。"[6]李福源说:"月夜独坐无聊,偶看东坡和李白《紫极宫感秋诗》。李白诗曰'四十九年非,一往不可复'。东坡次韵之年,亦四十九。古人志气文章如彼卓然。而余之所同于古人者,其年而已。"[7]黄胤锡说:"白有此作,而苏长公步之,盖皆四十九岁。余既早年慕古,白首无成,偶兹秋夜,百感交集。屈指马牛齿适符古人,辄继声以志其慨。"[8]宋秉璿说:"白年四十九,作此诗。其后苏、黄及诸老先生,亦皆效之。今余贱齿适与相值,故敢忘僭猥,

---

[1] 周世鹏《武陵杂稿》卷一《石仑寺次李白紫极宫感秋韵》小注,《韩国文集丛刊》,第26册,第480页。
[2] 李滉《退溪先生文集》卷一,《韩国文集丛刊》,第29册,第69页。
[3] 柳成龙《西厓先生文集》卷一,《韩国文集丛刊》,第52册,第28页。
[4] 申钦《象村稿》卷六,《韩国文集丛刊》,第71册,第352页。
[5] 申翊圣《乐全堂集》卷一,《韩国文集丛刊》,第93册,第153页。
[6] 尹宣举《鲁西先生遗稿》卷二,《韩国文集丛刊》,第120册,第36页。
[7] 李福源《双溪遗稿》卷一,《韩国文集丛刊》,第237册,第16页。
[8] 黄胤锡《颐斋遗稿》卷四,《韩国文集丛刊》,第246册,第79页。

谨次述怀。"[1]这些人都特别强调了四十九岁这个节点以及先贤的导引作用。

但是，随着唱和风潮的流行，时间限制被突破。如金宗燮叙自己次韵缘由："独坐无聊，忽忆前秋公晦以所和《紫极宫诗》见示。余谓君年适满四十九，余已差过五岁，不必追赋。今更思之，昔李季章年未衰暮，而犹爱沈隐侯同衰暮之句，况余年过四十九，摧颓已甚，尤有感于斯也，因次韵寄谢。"[2]可见其年纪已超过五岁仍次韵作诗。再如宋时烈（1607～1689）年已近七十，仍受人请求而次韵为诗，他在诗前小叙中写道：

> 用诸老先生所次紫极宫韵，谨呈笼水亭主人。晦翁与陈同甫书曰："《抱膝吟》，久做不成，盖不合先寄陈叶二诗。田地都被占，却教人无下手处也。"夫以晦翁之海阔天高，被二诗先占，犹尚如此，况以十三篇见示。以此伎俩，宁有下手处也。然屡勤征督，不敢终孤，故敢此写呈，第有所告。此诗自青莲以下，皆作于四十九，而延之乃见征于已过二十年者，何也？既征于已过者，则宜征于不及者。未可以长公之严，属之于文谷父子，毕以见示耶？至恳至恳，小孙以不及廿三岁者，前日率尔尘浼，而甚有愧色矣。[3]

由此可见，次韵之风甚盛，年纪限制已被打破，"既征于已过者，则宜征于不及者"，不仅有年过四十九岁之人的次韵，也有不足二十三岁之人的次韵。且从"况以十三篇见示"看来，竟有一人就次韵十三篇，其流行可见一斑。宋时烈，字英甫，号尤庵、尤斋，他是朝鲜中期又一位著名的性理学家，作为在党争中长期主导政局的西人的领袖，他的地位和影响举足轻重，且又高寿，可想而知，他的参与必然又给后学许多鼓励。其后，尹宣举、李明汉、朴长远、李殷相、李端夏、苏斗山等人仍有次作，这么多人的不断参与，逐渐形成朝鲜文苑的一个诗家传统。权斗经写道："昔太白四十九岁，有《紫极宫感秋》之作。其后黄太史、苏长公诸君子追而和之。时年皆四十有九，遂成诗家一故事。余秋夕病，起坐待月楼，屈指流年，视古人不多不少。感叹之余，次太白韵，留题楼面。"[4]李栽："供奉之为此诗，适年四十九。以故后之人，其年纪相当，而一有所感于心，率多追次其韵，

---

[1] 宋炳璿《源斋先生文集》卷二，《韩国文集丛刊》，第329册，第30页。
[2] 金宗燮《济庵集》卷二，《韩国文集丛刊续编》，第99册，第148页。
[3] 宋时烈《宋子大全随劄》卷一，《韩国文集丛刊》，第108册，第99页。
[4] 权斗经《苍雪斋先生文集》卷三，《韩国文集丛刊》，第169册，第53页。

遂为骚家名言故事。今吾兄和韵,意盖出此。"[1]俞汉隽:"李白《浔阳紫极宫感秋》诗,年四十九岁时作也,自其后东坡以下宋诸文士,至我朝道德文章诸老先生,皆以四十九和此诗,遂为文苑故事。余今年亦四十九,和韵续貂,托名附骥,以示凡亲戚知旧,做此续和云尔。"[2]可见,四十九岁时次韵李诗的传统已经形成,成为"文苑故事",对许多文人形成了无形的压力,促使其在年龄相合时次韵相和。甚至有人本已戒诗,不再写作,但到了四十九岁仍为了响应潮流,次韵李白而破戒,如任宪晦在次韵诗前小叙中说明写作缘由即云:"愚自甲寅冬以后,绝不作诗。今为六年,年适四十九,不得已破戒。盖以青莲此诗平生所欲一次者也。"[3]

随着唱和渐多,出现了群体次韵的事情。如宋焕箕为其先祖宋时烈编纂文集后,参与编纂的众人就群起次韵李白本诗,并把作品编辑成册,命名《扫尘轴》:"先祖全集,余尝编摩。而近者校雠之役,开设于京城公廨,搢绅章甫会参者甚众。及其讫工,金台善之咏其事,而乃次集中所载《紫极宫》韵。同志诸人和者相续,成一大帙,名之曰《扫尘轴》。亦盛事也。"[4]这些编纂者,显然不可能都是四十九岁,他们却独次李白本诗,这颇可玩味,至少说明在文人群体中,次韵本诗已经成为一种风尚。再如宋秉璿记载,其家族中为先祖宋时烈修正文集后,仿照前《扫尘轴》例,再次群体次韵李白:"乙丑仲夏,叔父为修先书随劄,约会丹台舅氏于南涧精舍。潭皋翊洙,枕泉膺洙诸叔及金仲见龙赫,先后来到。余亦与金弟圣礼、永膺参席。首尾凡一个月而罢归。舅氏出大全所次《紫极宫》韵,请各和之。盖仿刊出大全时校正诸公步是韵,为《扫尘轴》故事也。敢次呈上,仰冀斤教。"[5]两次群体次韵,显然已打破了四十九岁之年的限制,同时充分说明了前贤对后辈次韵的促进作用。更有甚者,有人主动把社会上的文人次韵之作搜集成册,用来学习阅读,并流通于文人之间,如朴准源记载:"《紫极宫感秋》,李白四十九年之作也。词垣先达之至是年者,莫不续而和之。俞汝成裒辑为一册,余尝得阅于苍下。屈指余年尚隔数十寒暑,而居然之间,为此岁矣。方在考工直庐,听秋声于窗竹,则又一紫极宫也。急索白集,支枕一读,遂步其韵。"[6]如果不是数量可观,是无法裒辑成册的,而这种民间自发搜集流通的单行本,充分说明次韵李白本诗至此已经非常流行。

---

[1] 李栽《密庵先生文集》卷一,《韩国文集丛刊》,第173册,第34页。
[2] 俞汉隽《自著》卷七,《韩国文集丛刊》,第249册,第119页。
[3] 任宪晦《鼓山先生文集》卷一,《韩国文集丛刊》,第314册,第21页。
[4] 宋焕箕《性潭先生文集》卷二《和扫尘轴韵》,《韩国文集丛刊》,第244册,第31页。
[5] 宋秉璿《渊斋先生文集》卷一,《韩国文集丛刊》,第329册,第16页。
[6] 朴准源《锦石集》卷三《次李白紫极宫感秋诗叙》,《韩国文集丛刊》,第255册,第63页。

由这种盛况足可见其时参与的文人数量之众多，不仅有知名学者，较下层文人也加入了次韵之列。

从内容来看，因苏、李等诗强大的典范作用，大部分次韵之作都很难突破原诗的内容和表达的情感，在结构上也多类似。悲秋本是古典文学中表现得最多、最丰富的情感。宋玉《九辩》中的"悲哉秋之为气也，萧瑟兮草木摇落而变衰"，使这种感伤情绪一进入诗歌就带上了文人特有的忧患和失落。悲秋题材在宋玉之后的诗词创作中得到充分丰富和发展，成为蔚为壮观的一景。如曹丕《燕歌行》、杜甫《登高》、范仲淹《渔家傲》等无不借秋意抒发自己胸中的悲愁困苦，宣泄理想不得实现的人生失意，李白《浔阳紫极宫感秋》一诗自然也可纳入这一序列。但它又不是单纯的悲秋，在传统悲秋主题中还融入了"知非"之意。所谓的"知非"，是指四十九岁时反省以往四十九年的过错，这一典故，最早来自《淮南子》卷一《原道训》："凡人中寿七十岁，然而趋舍指凑，日以月悔也，以至于死，故蘧伯玉年五十而有四十九年非。"汉代高诱注："伯玉，卫大夫瑗瑗也。今年则行是也，则还顾知去年之所行非也。岁岁悔之，以至于死，故有四十九年非，所谓月悔朔，日悔昨也。"[1]因此后人常至四十九岁时反省以往的过失错误，谓之"知非"。从而李诗就在悲秋感伤之中加入了对自我人生的深深反思。从苏轼开始，包括朝鲜文人的次韵，都继承了李诗的这一特点。比如，尹光绍说："退翁诗叙云：'李太白四十九，作《紫极宫感秋诗》，周景游次其韵，盖其年四十九矣。某今犬马齿，适与相值，敢用原韵遣怀云。'而又有知非之词。噫！退翁尚如此，况余末学。历尽劫险，辊到七七年光，默数平日尤悔，奚但知非而已。窃不胜感时省愆之怀，敬次原韵，仍寄陶谷山人，盖亦同庚云。"[2]洪直弼说："今年甲申，即余四十九岁也。诵李白《紫极宫词》'四十九年非，一往不可复'一句，弥令人兴感。遂步韵叙怀，仍呈沈仲贤。"[3]洪奭周说："古人至四十九岁，多和李青莲紫极宫感秋诗，以其有'四十九年非，一往不可复'之句也。"[4]都特别强调了知非之意对自己次韵的感发作用。

此诗同李诗一样，大都以秋景起兴，以触发悲秋之感。申叔舟："西风万里来，秋声起丛竹。高堂也不寐，幽思正堪掬。"[5]柳成龙："山雨夜中来，鸣我南窗竹。"[6]

---

[1] 张双棣《淮南子校释》（上册），北京大学出版社，1997年，第72页。
[2] 尹光绍《素谷先生遗稿》卷四，《韩国文集丛刊》，第223册，第123页。
[3] 洪直弼《梅山先生文集》卷二，《韩国文集丛刊》，第295册，第76页。
[4] 洪奭周《渊泉先生文集》卷四，《韩国文集丛刊》，第293册，第95页。
[5] 申叔舟《保闲斋集》卷十，《韩国文集丛刊》，第10册，第87页。
[6] 柳成龙《西厓先生文集》卷一，《韩国文集丛刊》，第52册，第28页。

金尚宪："端居感时节，晚步随轻竹。"[1] 李植："朦胧月挂松，撼撼风敲竹。"[2] 苏斗山："秋声阗阗来，萧萧入庭竹。"[3] 尹凤朝："秋窗听小雨，陶泻比丝竹。"[4] 中间部分则是诗人的幽独之情，大都描写从节序交替中体会出的人生百态，或感叹时光流逝，如金寿恒："流光如掣电，闪烁不堪掬。"[5] 或感叹功业无成，或感慨人世无常，以及由此引发的对人生的反省和思索，不乏警策，最后则自然收结到归隐之趣上，如周世鹏："世情变鹝蛙，万事掌翻覆。何如赋归去，故国稻粱熟。"[6] 李安讷："幽情乐闲旷，末路畏倾覆。急欲解绶去，湖乡晚稻熟。"[7] 当然也有诗人能做出变化，如柳命天说："李太白《紫极宫感秋诗》，有曰'四十九年非，一往不可复'。坡翁亦以四十九感之，仍次其韵。余亦今年四十九，不禁旷世之感，遂步其韵，而反感秋为感春诗。"[8] 他反感秋为感春诗，但所抒发的则同样是年近半百的身世之感。

通览朝鲜文人的次韵之作会发现，在因袭李白之外，他们的次作强化了李诗中原有的理性思考意味，如李滉的次作中融入了自己的性理学思想，以诗来说理阐发自己的理学认识，他在诗的最后说"寡过胡不勉，夫仁亦在熟"，就明显透露出这一点。"寡过"的典故来自蘧伯玉，而"夫仁亦在熟"则出自《孟子·告子上》，宋人陈普《孟子·仁熟》诗："虽然仁道系心根，熟处工夫在所存。惟是日新常不息，取之左右自逢原。"[9] 指出仁虽然本于人心，但也需要不断培养和熟悉才能保存和体现出来，这正是典型的理学修养观念，所以在寡过知非之外，则又增加了仁熟这一理学修养观。李滉的次作在这一点上也影响了后来者，如李民宬《次李青莲紫极宫感秋作》"君看蘧瑗化，为仁亦在熟"[10]，显然因袭了李滉的观点。任宪晦《次紫极宫韵》"拙勤终当补，仁义期精熟"[11]，亦是此类。其他如柳健休："非高亦非远，要在日用熟。"[12] 金宗燮："日新而不已，

---

[1] 金尚宪《清阴先生集》卷八，《韩国文集丛刊》，第77册，第109页。
[2] 李植《泽堂先生集》卷五，《韩国文集丛刊》，第88册，第83页。
[3] 苏斗山《月洲集》卷一，《韩国文集丛刊》，第127册，第223页。
[4] 尹凤朝《圃崖集》卷三，《韩国文集丛刊》，第193册，第154页。
[5] 金寿恒《文谷集》卷四，《韩国文集丛刊》，第133册，第87页。
[6] 周世鹏《武陵杂稿》卷一《石崙寺次李白紫极宫感秋韵》小注，《韩国文集丛刊》，第26册，第480页。
[7] 李安讷《东岳先生集》卷十，《韩国文集丛刊》，第78册，第223页。
[8] 柳命天《退堂先生诗集》卷一，《韩国文集丛刊续编》，第40册，第382页。
[9] 陈普《石堂先生遗集》卷十九，明万历三年（1575）薛孔洵刻本。
[10] 李民宬《敬亭先生集》卷九，《韩国文集丛刊》，第76册，第333页。
[11] 任宪晦《鼓山先生集》卷一，《韩国文集丛刊》，第314册，第21页。
[12] 柳健休《大野文集》卷一，《韩国文集丛刊续编》，第110册，第346页。

或希稊稗熟。"[1]南汉纪:"物理良如此,天机验已熟。"[2]对于李滉诗中的这一发挥,朝鲜后学有着清醒的认识,如金宗燮在《和李白紫极宫感秋诗叙》中说"李白四十九作此诗,苏黄皆和之,至退陶先生,专及进修意"[3],就已经指出这一点。李象靖在《次李白紫极宫感秋诗叙》中阐述得更为明白:"李白四十九作《紫极感秋诗》,其后苏黄皆和之,遂为骚家口实。然率皆驰骋于词华之末,至退陶先生,独致意于寡过熟仁之功,则与伯玉知非之意,千载而一致,其所感又不既深矣乎?"[4]不仅认为李、苏、黄等人的诗作都是徒有词华,更是充分肯定了李滉诗中"独致意于寡过熟仁之功"。可以说李滉等人写入诗中的"理趣",是朝鲜文人对李诗中理性反思的一种极端拓展,这与朝鲜理学思想的发展有深刻关联。

从申叔舟开始,在500多年的时间里,次韵李诗的风潮贯穿了整个朝鲜朝,几乎未曾间断,此起彼伏,蔚为壮观。不仅留下的作品数量众多,未曾传世的作品更不在少数,许多重要的作家都参与了次韵,如申叔舟、李滉、李瀷、申钦、李植、张维、宋时烈、金泽荣、曹兢燮等人都是朝鲜时代第一流的文人和学者,他们的参与无疑推进了次韵风潮的发展。虽然大部分是一人次作一首,但也有人次作多首。年龄也不完全局限在四十九岁,而是多有突破。从这场次韵风潮的规模来看,不易找到其他诗可与之相媲美,那么到底是什么原因让这一首在李白所有作品中并不占突出地位的诗获得这一礼遇?这恐怕不能仅仅从悲秋来解释。

三

朝鲜文人次韵李白《紫极宫感秋》一诗,借以抒发自己的悲秋情怀,这当然是基于人类共同的情感体验,以及汉文化对朝鲜的深刻影响。但如果深入具体地探究朝鲜文人如此大规模次韵的原因,则还可从以下三个方面来认识。

第一,名家次韵的典范和榜样作用。在李白《浔阳紫极宫感秋》一诗的次韵历史上,苏轼显然具有非同一般的意义,他不仅是第一位次韵李诗的诗人,同时也是他别具慧眼地特别强调并申发了李诗中的知非之旨,奠定了后世次韵本诗的基调,他以自己的次韵诗实现了对李白原作之美的继承和光大,对后世产生了极大影响,具有鲜明的范式意义。

---

[1] 金宗燮《济庵集》卷二,《韩国文集丛刊》,第99册,第148页。
[2] 南汉纪《寄翁集》卷一,《韩国文集丛刊续编》,第58册,第450页。
[3] 金宗燮《济庵集》卷二,《韩国文集丛刊》,第99册,第148页。
[4] 李象靖《大山先生文集》卷二,《韩国文集丛刊》,第226册,第65页。

苏轼本人对于次韵古人之作具有开创之功，他在给苏辙的信中曾说："古人之诗，有拟古之作矣，未有追和古人者也。追和古人，则始于东坡。"[1]而苏轼本人又是一位在朝鲜影响极大的诗人，受到海东文人的普遍尊崇。现存高丽时代的文学主要属高丽明宗朝（1170～1197）以下者，此时文坛的最高典范正是苏轼。徐居正《东人诗话》卷上载："高丽文士专尚东坡，每及第榜出，则人曰'三十三东坡出矣'。"[2]朝鲜以儒学立国，杜甫成为最受赞赏的诗人，但自高丽延续而来的崇宋风气直到朝鲜朝中期才稍有衰歇，其间苏轼的影响仍然非常巨大，对其文集的刊刻虽不及杜甫，亦有多种。在这种崇苏的风气下，东坡对朝鲜文人次韵李白《浔阳紫极宫感秋》无疑起了极大的引导作用。我们从众多朝鲜诗人所次诗的叙文中都能看到这种影响。从朝鲜朝第一个次韵本诗的申叔舟，到其后的周世鹏、李滉、申钦、申翊圣、权斗经、李瀷、黄胤锡、俞汉隽等，许多诗人都提到了苏轼次韵诗的先导作用。除了苏轼，黄庭坚也是一位在朝鲜影响颇大的诗人，风靡一时的海东江西诗派就标榜专学苏、黄，所以不少诗人在次韵诗叙中说到写作缘起时都是苏、黄并提。

除了中国诗人，朝鲜朝第三个次韵李诗的李滉，同样具有很强的典范作用。作为一位有极大影响力的性理学家，他的次韵之作同样影响深远，可以说是在苏轼的典范之外，提供了一个朝鲜朝本地的鲜活范例，如柳成龙在诗题中就说是步韵李滉集中的次韵李诗，尹光绍甚至在题目中就直接标出是次韵李滉的感秋诗。在李滉之前次韵本诗的不过两人，而李滉之后次韵本诗的则呈爆发式增长。因此，朝鲜文人在叙文中谈及自己作诗缘由时，多提及前代诗人的影响，如李瀷说："李白四十九作感秋诗。后来苏黄皆有和篇。我东如周慎斋，李退溪，柳西厓诸先生亦莫不扳次其韵以寓感。余今年适四十九矣。遂赋以述怀。"[3]许薰说："李白四十九作《紫极宫诗》，前人多效之。余年亦及此，学无所成，徒有齿发晼晚之感，遂步其韵以遣怀。"[4]宋时烈是另一位具有深远影响的理学家，他也曾次韵本诗，他的族人后学两次整理刊刻其文集之后都群体次韵李白本诗作为纪念，也可见典范之作用。朝鲜末期的诗人曹兢燮在谈到自己的次韵缘由时，说到了前代诗人金兴洛次韵诗的影响："余于丙午秋，在金溪校《西山先生文集》，见有《次紫极宫感秋诗》二首，为之敛衽三复。盖先生平日为诗不多，而独此为叠韵，岂其忧深思远，不

---

[1] 苏轼《东坡先生和陶渊明诗引》，《苏轼诗集》，中华书局，1982年。
[2] 赵钟业编《修正增补韩国诗话丛编》（第一卷），首尔太学社，1996年，第444页。
[3] 李瀷《星湖先生全集》卷二，《韩国文集丛刊》，第198册，第80页。
[4] 许薰《舫山先生文集》卷三，《韩国文集丛刊》，第327册，第493页。

自觉其言之溢欤？然当时私窃计其犬马之齿，去先生作诗之期，尚有十五六年，意谓诚能以先生之所自励者，蕲向而鞭策之，至时庶几其无大咎矣。光阴忽忽，遽有今日，无论志业之无毫发加于前时，而尤悔之积，乃有不可胜数者。因读先生之诗，重为之戚戚然，谨次其韵，以念同志，以为胥戒交勉之资云。"[1]从这段话中，我们可以强烈感受到榜样的示范作用。

第二，性理学的影响。高丽末期性理学由安珦、白颐正等学者传入朝鲜，朝鲜建国后，以儒学立国，性理学得到长足发展，成为垄断性的学说和国家意识形态，朱子的学说成为最高学术典范，几乎成为衡量一切的标准。在理学家看来，万物皆各具其理而同出于天道，要把握理，就必须格物，程颐所谓"随事观理，而天下之理得"，鸢飞鱼跃，目击道存。道非山水、草木、虫鱼鸟兽，而山水、草木、虫鱼鸟兽可以见道，所以理学家都对万物自然别具身心，兴趣极浓，就是因为自然万物、山水景物中都包含天道，他们特别注重从中体会涵养，主张在活泼的大自然中体验天道和天理，参悟人生的道理。[2]李白《浔阳紫极宫感秋》一诗，不仅是悲秋，而且详细写出了在紫极宫对秋景的观察和欣赏，并从中体悟天道和人生之理，这和理学家的趣味颇为接近。也许正因为这份深沉思索，谭元春才评本诗曰："取太白诗，贵以幽细之语，补其轻快有余之失，似此即妙矣。"所谓"幽细之语"正指本诗中描写的体味自然的幽独之情，"回薄万古心，揽之不盈掬。静坐观众妙，浩然媚幽独"，诗人听到北窗的竹声而心动，乃收敛其悠悠怀古的情怀，静坐道观之内以观赏天地万物的美妙，反思人生，浩然长歌而复归于深深的孤独，其中充满了这种活泼的理趣。这样的诗在李白诗中并不多见，反倒有几分南宋诚斋体的味道。而在这一点上又恰巧契合了朝鲜朝性理学家的脾性。

在朝鲜朝这样一个性理学占据垄断地位的时代，不习性理学往往被视为离经叛道，甚至有性命之忧，因此几乎所有文人都有一定的理学修养，受朱子等理学宗师的影响，从大自然中悟道的理趣诗之创作颇为繁盛。具体到本诗，我们可以从朝鲜文人的次韵诗中看到，许多诗人的次韵之作中，渗透着对自然的体悟，阐发自己对人生的看法，甚至不少人赤裸裸地以之来说理，阐发自己对理学的认识和体会。而次韵李诗的文人中，性理学家为数甚多，如李滉、周世鹏、李象靖、柳健休、宋时烈、李端夏等人都是非常著名的理学家。李白原诗中那份独特的理趣，显然正好契合了他们的诗歌口味，从形式到

---

[1] 曹兢燮《崖栖先生文集》卷五，《韩国文集丛刊》，第350册，第61页。
[2] 参考张鸣《诚斋体与理学》，《文学遗产》1987年第3期。

题材，都给他们阐发理趣留下了巨大的空间。正因为哲理的渗透，大部分次韵诗悲而不伤，透出作者冷静理智的态度，一改宋玉以来悲秋诗的伤感情绪。

第三，陶渊明的影响。陶渊明是一位在朝鲜影响颇大的诗人，和陶诗创作在朝鲜半岛极为繁盛，仅就他的《归去来兮辞》从主题到遣词，从内容到形式，都引来海东文人的高度赞评和多方面的拟效取则[1]。陶渊明对隐逸的倾心，能在他的许多作品中找到，以至于隐逸成为陶渊明精神取向的一种标志，而历史上最早次韵陶渊明并发扬其隐逸情怀的则是苏轼，他作有《和陶归去来兮辞》等多篇次韵之作。东坡的和陶同样给海东文人很大的影响，促进了汉文学家学习和次韵陶渊明的繁荣。朝鲜汉文学家通过采用集字作诗、读后感、次韵赓和等方式表达其对陶渊明的仰慕效法之情。

而李白的《浔阳紫极宫感秋》一诗同样和陶渊明有紧密关联。在《浔阳紫极宫感秋》"白云"两句下，王琦注引陶渊明《拟古》其五："青松夹路生，白云宿檐端。"准确解释了这两句诗的渊源，而实际上，这两句和"回薄"二句也融汇了陶渊明"遥遥望白云，怀古一何深"（《和郭主簿二首》其一）的诗意，不仅如此，"四十"二句也与《归去来兮辞》"悟已往之不谏，知来者之可追"有关，而"陶公"二句则直接脱胎于《问来使》的末二句。从全诗的内容和结构来看，和传世陶集中的《问来使》一诗关系密切，有学者甚至指出，李诗就是对陶诗的拟作。[2]总之，李白这样一首融汇了众多陶诗意象诗意而成的作品，自然带上了非常浓厚的渊明气息，尤其是最后两句其中所透露出的隐逸之情和渊明的关联，更是一目了然，如李福源在次韵诗叙中就说"尤有感于陶令归去来，田家酒应熟之语，漫次二首"[3]，特别强调了最后两句对自己的感发。那么，李白本诗则巧妙地契合了朝鲜文人对渊明的欣赏和爱慕之心，在他们和渊明之间也架起了桥梁，一定程度上，对李白本诗的唱和可算是间接对陶渊明的唱和，从而可以纳入到朝鲜文人声势浩大的和陶洪流中。

中国自宋以后，虽然理学取得正统地位，但理趣诗的创作仍然衰落，也许这正是李白《浔阳紫极宫感秋》一诗的次韵在宋以后的中国得不到继承的原因。而在理学垄断的朝鲜，理趣诗的创作却极为繁盛，理学的深化也为朝鲜文人次韵李诗留下了足够大的言说空间和话语正当性，最后加上苏轼和李滉等人的榜样示范，以及朝鲜文人通过本诗对

---

[1] 关于《归去来兮辞》对韩国文人的影响，可参看曹虹《陶渊明〈归去来辞〉与韩国汉文学》，《南京大学学报》2001年第6期。

[2] 范子烨《李白的慕陶情与传世的伪陶诗》，《文史知识》2004年第12期。

[3] 李福源《双溪遗稿》卷一，《韩国文集丛刊》，第237册，第16页。

渊明隐逸情怀的追慕，共同促成了次韵《浔阳紫极宫感秋》创作行为的繁盛。

四

上文谈到李白《浔阳紫极宫感秋》一诗从内容和形式上都对陶渊明《问来使》一诗有化用，受其影响的痕迹非常明显，《问来使》一诗如下：

> 尔从山中来，早晚发天目。
> 我屋南窗下，今生几丛菊？
> 蔷薇叶已抽，秋兰气当馥。
> 归去来山中，山中酒应熟。

但有意思的是，有学者已经指出，这首《问来使》是一首伪陶诗，它虽然在李白之前就已经出现，却绝非渊明所作。而从艺术渊源来说，这首给予李白影响的伪陶诗，首先是拟张协《杂诗十首》其二；其次则是拟陶。这一点薛雪《一瓢诗话》和温汝清《陶诗汇评》卷二已经言及，在语言、意象以及意境等方面和陶诗有很多相似特征。

如果我们把从张协开始到朝鲜文人次韵李诗这个影响学习过程的发展脉络用图表示，则如下：

张协《杂诗十首》其二、陶渊明诗→《问来使》→李白《浔阳紫极宫感秋》→苏轼《和李白并叙》→黄庭坚《次苏子瞻》→刘后村《次韵紫极宫感秋》、谢枋得《次韵紫极宫感秋》→朝鲜学者周慎斋、李滉的次韵→众多朝鲜文人的次韵

据此，李白《浔阳紫极宫感秋》的渊源以及唱和影响一目了然。从这个图表来看，朝鲜学者对李白这首小诗的次韵运动，受到了不仅仅是李白原诗的影响，而是数位中国学者参与和融汇而成的整体文学传统的影响，显示了中国文化在向海东传播的过程中，并不是单一的，而是多元和丰富的。同时，在这个过程中，朝鲜文人的选择也不是被动的，也有基于他们文化和学术传统的考量。对《浔阳紫极宫感秋》这么一首，在中国宋后很少有人次韵的诗，在海东却得到了那么多人的关注和次韵，最终形成了朝鲜的文苑故事，确实有趣。爱德华·希尔斯在《论传统》中说到，传统，在被接受和相传的过程中，很可能经历某些变化，它的基本因素被保留下来，尽管是与其他变化的因素结合在一起，

但使之成为传统的，恰恰就是这些被称作基本因素的东西，它们使传统在后续过程中呈现出同一性来，正如马克思主义社会主义与乌托邦社会主义之间、科学的化学传统与炼金术之间的关系。[1]朝鲜文人们正是用这种"变化"的方式，用自己的次韵诗回应着来自中国的悲秋传统。

（苏岑，西北大学文学院讲师。）

---

[1]〔美〕爱德华·希尔斯著，傅铿、吕乐译《论传统》，上海人民出版社，2009年，第14页。

美国现当代英文诗中的李白本土化小议

何建军

学者对李白诗歌在英美文学中的译介和传播多有论述。赵毅衡《诗神远游》中虽然对李白诗在英美文学中的译介论述不多，但仍指出李白是最先引起美国诗坛注意的中国诗人，并且至今还是"第一号中国诗人"。[1] 王丽娜长文《李白诗歌在国外》收录自19世纪末以来英语文学中72位诗人学者对李白诗的翻译和介绍资料，内容颇为可观。王丽娜又有专文《李白诗歌在欧美》对李白诗歌在欧美的传播做了提纲挈领的总结。[2] 其他如陈怀志《李白诗歌在美国的翻译传播和影响》、[3] 陈怀志等《艾兹拉·庞德、艾米·洛威尔与李白的诗歌情缘》，[4] 费天响，邹国平、邹晨云等关于李白诗歌英文翻译具体问题的讨论从传播史的角度来介绍李白诗歌在美国文学的引介和流传，资料翔实，论述精当，对进一步的研究有相当的裨益。但是学者的目光似乎集中在描述李白诗歌在欧美文学中传播的历史上，虽然这些研究也触及李白诗歌对欧美文学的影响，但着眼点局限在英文翻译技巧以及对文学思潮影响等宏观考量上，对于李白诗歌在具体英文诗歌创作中的影响没有给予足够的重视。本文因此试图从美国现当代英文诗创作中来探讨李白诗歌的影响，具体来说，就是通过对从20世纪初到近年来美国诗歌中与李白唱和的作品的分析，来考察他们对李白诗歌在创作技巧、文化意象等方面的借鉴和回应，希望从这一特定角度对李白诗歌在英美文学中传播的总体研究做一点补充。从创作的角度来谈李白诗歌的影响可以是多方面、多角度的，比如看美国现当代诗歌在创作方法和意象上对李白的借鉴，考察李白所代表的精神和象征随时代和美国社会变化的演进，等等。在这篇文章中，笔者将集中讨论李白作为一种文化象征的美国本土化问题。

所谓李白诗歌在美国文学中的本土化，主要源自李白作为一个在时间和空间上异质

---

[1] 赵毅衡《诗神远游》，四川文艺出版社，2013年，第150页。
[2] 载《中国李白研究（2001～2002年集）——纪念李白诞生1300周年国际学术研讨会论文集》。
[3] 《唐代文学研究年鉴》，2014年。
[4] 《西昌学院学报》（社会科学版）2012年第3期。

的文化象征对美国现当代诗人和诗歌创作提出的挑战、提供的灵感、带来的借鉴和引发的反思。本文的研究兴趣不在于从诗歌史的宏观角度来描述李白诗的接受，相反，本文分析和细读涉及李白诗歌本土化的三首诗，并试图从中具体展示美国现当代诗人对李白诗歌的回应。

第一首是著名作家和诗人卡尔·桑德堡（Carl Sandburg）的。标题是《李白和老子来到内布拉斯加》（"Li Po And Lao Tse Come to Nebraska"）。[1] 诗的译文如下：

李白和老子来到内布拉斯加

1
给你的鸡蛋做每日备忘录，
放弃你钟爱的那些，以得到更好的
去爱。
宁可放弃最后的希望，也不低价抛售。

2
松开一段樱花，
试嗅其香。
折下一枝丁香，
恰如臂长。

3
在屠户的眼前，展示你的菜牛，
站在公猪般紧的栏杆前数你的火腿，
算计那些玉米饲养的、沉甸甸的肋肉。

这首诗应该写于1967年前，但于1999年才发表。桑德堡是继沃特·惠特曼（Walt Whiteman）之后的著名本土诗人。这首诗的题目很有意思：《李白和老子来到内布拉斯加》。读者禁不住问：为什么李白和老子到内布拉斯加？为什么是李白和老子？为什么

---

[1] Carl Sanburg, Li Po and Lao Tse Come to Nebraska, in *Poetry*, Vol. 174, No. 1（April 1999），p. 32. 本文三首英文诗的汉译均为本文作者自己的翻译。

是内布拉斯加？来了以后发生了什么呢？等等。这首诗是在讲来了以后发生了什么。

这首诗只有短短的三节，每节三到四行。从形式上看，有些类似于英译日本俳句的句式。第一节语言刻意模仿《道德经》英译文字，仿佛在营造一种神秘感。但高深难解的语言和意象，马上被世俗生活打破。第一句即用严肃的口吻将日常琐碎的行为仪式化。在这里，中国的神祕哲学与锱铢必较的农夫的生活形成一种出人意料的对比，这种由高到低的落差在第二句中继续："放弃你钟爱的，以得到更好的去爱"，在语言上拗口的，但又似乎含有深意的词语组合让我们想起老子的《道德经》："道可道，非常道；名可名，非常名。"第三句仍旧是从哲学开始。"最后的希望"来自于希腊神话，希望女神（Elpis）是潘多拉（Pandora）盒子中最后一个物品，但是在桑德堡的诗里，这种形而上的东西和老子的东方神秘哲学一样是应该被抛弃掉的（"give up"，"throw away"），为的是买卖，"不低价抛售"。这一节是关于东方哲学的，是老子的本土化问题。桑德堡在每一句中将哲学从高处摔落在内布拉斯加农夫的世俗生活面前。

在第一节中营造的哲学和世俗的紧张及冲突在第二节突然放松。第二节第一句"松开一段樱花"放缓了节奏，这一节也没有了上一节的仪式化和说教。第二节中出现樱花、丁香，这些意象指向自然，让人欣赏和愉悦。在这一节中自然是个人化的、亲密的，人的动作是松开、试嗅、折下如臂长。樱花毫无疑问是带有东方意味的花朵。丁香虽然让我们想起惠特曼著名的长诗《当丁香最近在庭院开放》（"When Lilacs Last in the Dooryard Bloom'd"），但这里桑德堡是在化用艾米·洛威尔（Amy Lowell）的《丁香》（"Lilacs"）一诗。洛威尔诗中将丁香和中国联系起来：

你（丁香），檀香和茶叶，
充满挥舞鹅毛笔疾书的文员鼻中
当来自中国的货船到达
You, and sandal-wood, and tea,
Charging the noses of quill-driving clerks
When a ship was in from China

然而，在洛威尔诗中不仅原产于东南欧的丁香变成了中国出产，她更将丁香描写成美国的象征，写到丁香在缅因、新罕布什尔、马萨诸塞、佛蒙特等州盛开："丁香的根深植于新英格兰的泥土中，丁香在我身，因为我即新英格兰。"（"Roots of lilac under all the soil of new England, Lilacs in me because I am New England."）[1]

洛威尔的诗中本土化的色彩非常明显。外来的丁香盛开在美国，与土壤和人化为一体。桑德堡这节中的丁香无疑化用了洛威尔的诗意。在桑德堡诗中，这一节中的情绪是放松的，享受的。意象虽然带有异国色彩，但因典故的运用而淡化，同时诗中人的行为将自然赋予亲密的感觉，很有诗的浪漫意味，与前一节故作高深的说教形成了鲜明的对比。这一节是关于诗，关于李白的，是对自然的爱，对自然的亲密感以及由此产生的舒适的情绪。

第三节由诗的国度跌落世俗。这一节中充满了粗俗的形象：屠户、菜牛、公猪、火腿、肋肉。但在语言的选择上又非常讲究。首先是 stage（展示），这个词通常都是和舞蹈等艺术相关的，这里却是向屠户展示菜牛，一下子毁掉 stage 这个词惯有的高大上的含义。接下来的词是活生生的乡土用语：hog-tight（猪圈栏）。站在猪圈栏杆前数火腿，将任何虚无的形而上的东西一下子剥离成实实在在的物欲的生活。最后一句 reckon（算计）也是美国农村人常用的词。Sagging 这个词指沉甸甸下坠的意思，视觉上的刺激也很鲜明。

哲学和诗歌在这一节跌落凡尘，如同在每一节中意象和词汇从高掉到低一样，最后落到内布拉斯加州真实的世俗生活中。高雅于是变为粗俗，浪漫突然转为平庸。桑德堡就此用粗暴的语言和粗俗的意象，毫不客气地宣示了李白和老子来到内州的结局，这是对外来文化进行本土化的直接的、毫不掩饰的庆祝。

桑德堡的诗应该是写于20世纪五六十年代。如果说在内州的农场哲学和诗歌就是被这种粗犷的、不容任何浮华和抽象的世俗充满自信地同化的话，Vern Rutsala 在20世纪80年代发表的《月下漫步：李白》（"Moonlight Walk:Li Po"）则展现出李白在美国都市中产阶级打理和经营内心世界中的价值。[2]

月下漫步：李白

黄昏时分我看到了月亮，血红的橙色，栖息在
树头，我想起了你。
可是对明月来说那里有黑暗——

---

[1] Melissa Bradshaw & Adrienne Munich ed., *Selected Poems of Amy Lowell*, Rutgers: Rutgers University Press, 2002.
[2] 发表于 *The Georgia Review*, Vol. 35, No. 4, The Place of Poetry: A Symposium (Winter 1981) p. 801.

所有的房屋都低沉压抑，只有风扇的咯吱自语

或是最后上床安歇的人，踩在楼梯上不安的吱喳声的回响。

无人在饮酒。更不用说

无人举杯邀明月。

我自己的影子，只有在街灯下翩翩起舞

然后消失

或是消TT散在我所知的遥远的河中。

凉爽安静的夜。步行良久，

听到火车和远处的汽车，甚至轮船的汽笛声，

感受到夜的沉重以及归家的愿望。

好在，我的旅程很短，我的流放在

一小时内结束。归途中，我又一次取出

你的诗篇，月辉荡漾。

你知道，你落笔摇五岳

或是，凭借着你的词句，那些微小的字迹，和你

挥毫的手，你纵横万里。

你也清楚

若无你诗篇留名

这个世界一无所有，如同一块盲石。

你的笔使万物更生，

你的诗篇使生命复苏

每一行一个复活。

你自诩受邀为仙，但那绝非自夸。

你的旅途遥遥，但贬谪

无法将你禁锢。只有酒

带来忘却、安宁和欢乐

脱你于困境

使你下笔有神。醉酒，你

不由自主。醉酒，你

一无羁绊。

诗一开始就营造出了一个压抑的、令人不安的世界：血红的橙色，黑暗，低沉压抑，喃喃自语的风扇，楼梯不安的咯吱声。在西方文学中月亮本是灵感的象征，在这里却成为这个世界的牺牲品。诗人紧接着想起李白的《月下独酌》，却连用两个"无人"哀叹无法与世沟通的孤独。诗中出现的"饮酒""举杯邀明月""影子""起舞"，重现《月下独酌》的场景，将自己与李白的孤独叠加、交融，然而这里邀月起舞的舞台却不是李白所处的花间，而是美国的都市：街灯、河水和各种现代交通工具。与李白诗中感情的层层波澜、跌宕起伏不同，Rutsala的孤独始终是压抑的、无可奈何的。李白《月下独酌》歌舞狂放，寂寞中却又洒脱，自有一种人格魅力在其中。而在这现代都市中，Rutsala在哀叹影子的消失、消散，感觉到夜的沉重和归家的愿望，充满了无力感。这种压抑与自卑在诗人自嘲自己一个小时的"流放"时达到极致，他聊以自我救赎的则是李白的诗篇。这首诗的后半段热情赞颂李白诗篇的伟大：没有李白"这个世界一无所有"，李白的笔赋予万物生命，甚至将李白比作神或上帝（《圣经》上帝创造之前无有一物），最后赞美李白的自由和一无羁绊。

这首诗中前半段的孤独和后半段的自由不羁形成了鲜明的对比。诗人在前半段将李白的孤独移景到现代都市中，与自己的情绪融合，但却无法做到李白的豁达。越是热情赞美李白，越衬托出诗人无法摆脱自身困境的尴尬。诗人或许在暗示，在这样一个现代都市中，成为像李白那样自由、自信以及充满力量的人是可望而不可即的吧。李白因此只是一个完美的象征，却无法达到。在现代都市中永远只是个神话。

Alison Pelegrin[1]的《在利维斯顿派瑞斯梦：李白》则是将李白写山水和田园诗中与自然的亲昵置换到美国南方乡下，通过对比衬托出自己失败的体验。

在利维斯顿派瑞斯梦：李白

李白，这是请你去螺旋桨酒吧的邀请，
一个喧闹的、廉价的酒吧，除了船外无法到达
在那里我们把船拴在浮坞上，然后，光着脚
或是穿着拖鞋，走钢丝般地穿过满地的小艇
两个周末寻欢客，无意惹是生非

---

[1] Alison Pelegrin, In Livingston Parish, Dreaming of Li Po, in Ploughshares, Vol. 31, No.4,（Winter 2005/2006）, p. 124.

但会对乡巴佬的羞辱毫不迟疑地出手。

我像浪人一样叼着牙签，酒在手中

虽然没有任何新面孔，什么也没有，除了粗野的同类

闯过那吊桥，来到这偏僻之地——

只有一窝犰狳，和硬币般大的青蛙

与你的月亮唱和。曾经有人闯入

我的院子，肩上扛着野生的火鸡，

但他并未停下交谈。后来我听说他是

偷住船屋的人，上岸后

洗劫了一个拖车房，留下

一地的船坞的垃圾，红黏土上的逃痕

等等。这提醒我，散开顶髻

套上橙色的马甲。这是弓箭射猎的季节

我担心野猪，或其他更糟的，会发现

你在矮棕榈树下，因粉红色的廉价葡萄酒而沉睡。

总是在夜间旅行，在飞虫的薄雾之中。

要是你寄来消息，我会开上四轮驱动车

在我的地界上等你。

　　这首诗题名中的 Livingston 教区应该就是位于路易斯安那州新奥尔良附近。诗中反复出现的场景不断提醒读者这是美国南方一个闭塞落后的地方：廉价的螺旋桨酒吧、浮坞、小艇、赤足、拖鞋，都是典型的南方沼泽地的景象。而这个偏僻陌生的地方是通过两个城里来的度周末的游客的眼睛描述出来的。这两个到"山水"游玩的城里人对此地的田园和土著非但没有喜悦和亲近感，反而很是恐惧，暗示当地人野蛮和有攻击性，说自己无意惹是生非，但却感到自己时时受到威胁，故此可笑地通过装腔作势来保护自己。他们与乡村格格不入，嘲笑当地人是乡巴佬，在廉价酒吧里点上流社会最爱的饮品——红酒。在他们眼中的田园没有任何美或赏心悦目的东西，有的只是奇怪的动物——犰狳、青蛙和野猪，或是非法闯入的流浪汉和潜在的罪犯。这个偏僻的地方到处是潮湿、危险、野蛮和不安，没有文明，更没有田园诗常描绘的恬适心情和宁静风光。当李白对世事失望，

宣布自己"明朝散发弄扁舟",在山水自然中寻找快乐和安慰时,诗中的城里人在担心更糟糕的事情发生。这里这位现代诗人再造田园生活的企图似乎彻底失败,但是在诗中李白在这陌生偏僻的地方似乎游刃有余,他可以饮廉价的葡萄酒安然入睡,或是在潮湿危险的夜里自由往来。李白的这种逆境不折的精神似乎给了诗人勇气,诗的最后两句说如果李白要来访,诗人会在自己土地的边境迎接,这里他是以主人翁的身份出现,暗示着另一个时间和空间的李白给来到陌生空间的现代诗人提供了信念和支持。李白所代表的自由不羁、自信洒脱的精神穿越了一切界限。

(何建军,肯塔基大学助理教授,主要从事先秦两汉文化史研究。)

汉唐文史研究

高阳古原有新篇

——《长安高阳原新出土隋唐墓志》初读述感

陈尚君

高阳原之名在《水经注》中已经有记载，渭水支流沈水先后流过下杜城和高阳原，然后注入渭水。其地汉设杜陵县，唐属万年县，今属长安县。唐都长安安化门西南行仅十里，即可到高阳原，为隋唐大族韦、杜两族世居之地，更因泉深土厚，为理想的寿穴之所。唐谚"城南韦杜，去天尺五"，就包括这块地方。从2001年至2006年，陕西省考古研究院在此进行了大规模的科学考古，出土了大批隋唐墓志。经过多年整理，这批墓志2016年9月由文物出版社出版，书名《长安高阳原新出土隋唐墓志》，是关中隋唐考古的重要收获。虽然近三十年间出土隋唐墓志数量极其巨大，但大多属于民间征集或盗墓所出，经公私各家汇辑拓本编录而成，本书则以科学系统考古发掘所得为依据，参与整理者又具有良好的学术背景，达到很高的学术水平。本书由故宫博物院王素先生作序，列举本书在墓志整理方面的独创之举，包括对墓志制作的详尽记录、解题记录墓志出土时地和发掘编号、记录出土时墓志在墓室位置及摆放状态，并附录原状图版，确实难能可贵。尤其是最后一项，更属特例。以往出版一人或一家墓志之考古报告，多存此例，现在一百多方墓志均循此例，说明考古研究院的学者在发掘之初，即有此构想，并能贯彻始终，对研究唐代不同地位、官阶、身份人员墓葬形制和墓志规范，提供了难得的第一手资料。

本书所收墓志凡107方，另志盖6种，其中隋12方，唐95方，讫于咸通十二年（871）。其中包括一些正史有传人物的墓志，如《北齐书》有传之刘世清，《周书》《北史》有传之吕思礼等，也包括一批北族和外族墓志，对此，王素序已有充分介绍，我愿谈谈我初读后的另外一些体会。

高阳原所在的长安南郊，是韦、杜两族世居之地。本书前言说到考古队曾住地西五桥村，应即杜甫在《何将军山林》中所说之第五桥，类似例子较多，可以知道杜甫天宝后期所住长安城南，当即在杜陵至高阳原一带。杜甫曾引过"城南韦杜，去天尺五"的俚语，是说当时的实况。本书收韦家墓志 12 方，杜家墓志未见，大约仅因开掘之处仍有一定局限。而 12 方韦氏墓志，恰说明韦家在其地势力之盛。其中韦维一系多达 8 方，最具代表性。且先列表将世系示意如下（墓志志主姓名后男加▲标识，妻则括注于夫名下）：

景略—瓒—叔谐

叔谦—知人—维▲—虚心▲—有邻▲

（妻崔氏▲）

     虚舟

（妻李氏▲）

绲

缙—鹏▲

绪

缜

绍

纵—通理▲

  虚受▲—粲

季武

此家属于京兆韦氏南皮公房，其间中心人物无疑是官至右庶子的韦维。宋欧阳修《集古录跋尾》卷六曾载先天元年（712）坊州石刻《韦维善政论》，云"著作郎杨齐哲撰。维，先天中为坊州刺史。齐哲所撰，其实德政碑也，特异其名尔"。此碑后不传。本书五六号《韦维墓志》撰于开元六年（718），为其婿旧相崔日用撰文，载其任坊州刺史是自户部郎中授，在职"剖符作牧，威名自远。淮阳不薄，素高长孺之风；承明未厌，更闻严助之宠"，只是一般叙述，不知当时为何兴师动众地立碑自颂。其子韦虚心夫妇及另一子一孙墓志，则各有特点。韦虚心墓志由崔日用子、李白友人崔宗之撰，其中叙述唐玄宗先天间事，有很高的史料价值："时大夫窦怀贞蓄缩自贤，蘧除好佞，内倚盖主，外交上官，众恶元规之尘，且防息夫之口。公挺然固守，不附回邪，由是为怀贞所忌，及有弹按，皆以直绳，不能上下其手。又为时宰所恶，乃移公判仓部员外郎，朝廷称屈。"此处有些将两次政变相混。窦在神龙间依附韦后，娶韦后乳母为妻，韦后败，复杀妻自解，为时论所讥。景云、先天间，他依附太平公主，即志所云"盖主"，打击玄宗亲信，韦虚心也被排挤。玄宗讨平太平一党，窦怀贞被杀，其间崔日用出力甚多。此志所述，应在此背景下理解。韦虚心在开元时期历任中外要职，墓志提供的史实极其丰富。其妻崔氏墓志，为虚心亲撰。述崔氏读书一节较可吟讽："尝读《列女传》，至贞顺节义，不能释手。及至辩通仁智，则曰美矣，然未足多。逮观古典，得其精义，凡所一历，成诵在心。晚年病亟，归信释氏，性相苦空，无不了达。"可作唐妇女读书之人生几部曲来看待。韦虚舟妻李氏墓志，由韦虚心与于休烈合作完成，韦虚舟自书，内容一般，估计兄弟各有所长，遂合作完成。虚心子有邻墓志，不署撰人，但志中自称"吾舅氏之子"，编者附按认为可能也是崔宗之，可从。此外，此一家族群墓志还包括韦维三位侄子，即韦缙子韦鹏、韦纵子韦通理、韦虚受墓志，都有一些特别记录。如云韦鹏开元中后期任新安郡司法参军时，"属海贼作梗，邦人连累，公以渠魁既戮，诖误尽原"。新安郡即歙州，距海甚远，而受诖误连坐者居然引及，事件一定不小，记载可贵。又韦虚受墓志云其天宝末任蜀州刺史，在玄宗西幸时，领蜀郡大都督府长史，对稳定地方，供应行在，立功甚大。肃宗灵武即位后，他则"军输资转输之勤"，但却坐微累贬官，所涉事皆甚大。

此外，所存韦慎名及妻刘约墓志，属韦氏郧公房。韦慎名主要仕历在武后时期，到开元十五年（727）卒，年七十六。刘约墓志云："自韦府君作牧外台，十有余载，政刑具举，风化大行，曷惟君子多才，实亦夫人助政。"直云夫人参与了夫君之政务，较为少见。

近代以来，凡划定地域所做科学系统考古，常能将一家族墓志系列出土。高阳原韦氏墓志如此丰富，对唐士族研究意义确实很重大。

就艺术史言，本书收殷氏家族三方墓志，即三九号颜顾墓志、四二号殷泰初墓志、四九号殷仲容墓志，提供了唐前期重要书家殷仲容生平和家室的重要记载。殷氏自陈殷不害以下，世工书画，代有美誉。仲容父令名，存世书迹以《益州长史裴镜民碑》著名，赵明诚《金石录》卷二十三以为"笔法精妙，不减欧虞"，康有为《广艺舟双楫》卷三谓"吾最爱殷令名书《裴镜民碑》，血肉丰泽"，"方润整朗者，当以《裴镜民碑》为第一，是碑笔兼方圆，体极匀整"。高宗、武后间，殷仲容之书尤负盛名，窦臮《述书赋》卷下谓其"奕世工书，尤善书额"，"皆精妙旷古"。存世以昭陵存《马周碑》和《昭陵六骏赞》著名。颜真卿后来之书法，所走正是"笔兼方圆""血肉丰泽"的路数，且其父颜惟贞、叔颜元孙早年皆于殷仲容家习书，真卿虽未见仲容，但因父早亡，也随母寄居殷家。颜顾为著名学者颜师古之女，十七岁嫁仲容，永隆二年（681）四十七岁时身殁，当时"所生男女，婚嫁已毕"。殷泰初为仲容长子，卒于次年，年二十八。两方墓志没有书撰人落款，但仔细阅读，可以确认二志皆殷仲容撰文，二志书迹也很明显是一人所书，皆仲容自书的可能性很大，后者当然还要比较仲容存世书迹方能确定。若然，则书史意义极其重大。《颜顼墓志》极赞其妇德，也述及其才艺："好尚文藻，手不释卷，留意管弦，特尽其妙。""动笔成章，发言为则。镜前微睇，疑画疑神，阶上徐回，如花如雪。"生动写出世家才女之风神。写自己的悲恸，则云"伉俪卅余年，春秋卌有七，奄忽长逝，何痛如之"。并云夫人"平生所愿，指期松竹"，且自誓"待尽天年，同归泉穴"，是唐亡妻墓志中较早且极其动情的一篇。殷泰初为仲容嗣子，白发人送黑发人，也极其悲痛，云："其父哭之而恸，三号遂止，叹曰：'死生有命，今古共同，修短在天，贤愚罕避。'"只能"骨肉任归土壤，魂气幸接来因"，寄望身后父子再见，沉痛至此。殷仲容卒于长安三年（703），年七十一，知他仅比颜顼年长二岁，妻亡后始终未娶，最终实现与妻同穴之愿。墓志述其生平甚详，在此不一一叙述。可以注意者，一是他在垂拱元年（685）曾"枉以亲累，左迁隆州长史"，长寿三年（694）又"滥冶长之非，左降施州司马"，时皆在武后篡唐之关键时期。二是他的才学与婚姻，仅云："公才雄著述，及精图写，千载之外，独冠古今。皆成部衺，发挥别传。唐秘书大监颜师古，海内羽仪，人物宗蒋，家有淑女，亲结其缡。"评价高到极致，估计因另有别传，未能详写，而他的婚姻由颜师古选定，确是盛事。三是墓志正文长达1044字，由"孤子承业书"，篆盖则旁书"孤子损之书"，二人为当时在世的四子与次子，可以见到其家传书学之延续。

文学史料，试举两例。十五六年前，日本伏见宫发现旧藏《杂钞》卷一四，见《书陵部纪要》五一号刊住吉朋彦《伏见宫旧藏杂钞卷一四》，其中有李南《落花词》一首："桃李蹊初合，逢春遍吐花。狂风不解惜，吹落万人家。"李南生平无考。因为同卷多中唐前期诗，或亦同时人。本书收长安二年（702）《李南墓志》，李南，字崇懿，陇西成纪人，恒州行唐令思俭（名宝）子。自大帝挽郎，迁幽州参军，改婺州司仓，卒年四十九，长安二年（702）葬，生卒年约为公元654～702年。与《杂抄》作者未见契合点，是否为一人，还有待审定。本书八五号《王正墓志》，志主为大历十三年（778）归葬，作者署"京兆府乡贡进士李儋撰"，其人应即韦应物名篇《寄李儋元锡》之受诗者。韦应物于大历九年（774）任京兆府功曹，曾摄高陵宰。十三年（778），任鄠县令。李儋此时称"京兆府乡贡进士"，即获京兆解得到至礼部冬集的机会。韦应物文集中与李儋来往的诗很多，此一题名可资解读诗意。

墓志所见唐代婚姻史料，特别可以揭出本书八四号韩云卿撰《大唐故乐安郡太君赠贝国太夫人墓志铭》。韩云卿为韩愈叔父，志撰于大历九年（774）。夫人姓任，为安西都护任师利孙女，咸阳丞任义方长女。"既笄，嫔于绛州府君于氏。""生今京兆尹兼御史中丞颀。"任氏卒于大历九年（774），年六十九，及笄约在开元中期。又云颀"始在襁褓"，任氏则因父亡，"自伤兄弟幼弱，家业将坠，遂誓心入道，捐舍世务，卒归父母之室，以佐弱振孤焉。由是与于氏绝，当时亲戚，无不义之"。于颀，《旧唐书》卷一百四十六《于颀传》载其父庭谓，仅任济王府仓曹，所谓绛州府君为颀贵后赠官。他大历八年（773）五月自太府卿为京兆尹，建中二年（781）自郑州刺史为河南尹，兴元元年（784）以御史大夫入蕃宣谕，寻再尹京。贞元十五年（799）以太子少师致仕卒，年七十四，即生年在开元十三年（725），算来也就在任氏归于家之一两年前。任氏因父死，母家无人主持，乃以入道为名，与颀父断绝夫妻关系，其亲戚无非议，且"莫不义之"，肯定她的行为。颀父乃别娶裴氏，生三子二女，其间经过十余年，颀父与裴氏皆亡故，据说因于颀及其父与裴氏所生子女"均在童孺，茕然而无所依"，任氏乃"复归于氏，均养诸子"。这里显然隐瞒了许多事实，即颀父与裴氏共同生活了十多年，加上任氏生子、丧父到与颀父分开的几年时间，于颀此时年龄应该已经在二十岁上下了，肯定已非童孺。任氏在颀父已亡，不是复婚的情况下，仅以颀母之身份，复归于氏，其间过程是很值得玩味的，很可能是在于颀以冢子身份主持家政后，复迎归其生母。任氏早年之离开于家，也很可能是被休弃而归。从中可看到唐代家庭婚姻的一些复杂面向。

可校今本《旧唐书》误文者，也举一例。《旧唐书》卷九十八《李元纮传》，载其"本姓丙氏"，因曾祖粲随李渊入关，参与建唐，"赐姓李氏"。本书三三号《李恸墓志》，志主为李粲侄孙，称其曾祖讳明，祖讳纲，叔祖即粲，"以功授上柱国、应国公，拜宗正卿，谥胡公，赐姓李氏"，与史合。《旧唐书》云李粲"年八十余卒，谥曰明"，则粲父名明，不得谥明，知今本"明"为"胡"之形误。

五三号泛义协墓志，为敦煌土著泛家的唐初重要墓志，其中既提到"父伏养，皇初起义，授通义大夫、仪同三司"，可能即以敦煌归唐之功。泛义协虽似主要生活在中原，年八十六卒时仅称"将仕郎"，其实终生未官。其子则为"前灵州鸣沙县令"，仍仕于敦煌，凡此皆颇可玩味。

本书也透露了一些研究院已见而未发表墓志的信息。如八七号《唐宗室妇清河张夫人墓志》附案云，此张夫人父母张浑夫妇墓志，已经在西安咸阳国际机场出土，"其曾祖母窦氏是玄宗之姨母，玄宗幼年丧母，为姨母窦氏所鞠养。其外祖父是玄宗第四弟岐王李范，其姑母是肃宗张皇后，其婶母是肃宗女郯国公主"。上述包含的信息太丰富了。玄宗母窦氏，因细故为武后所杀，玄宗后建骊山长生殿祭祀，寿王妃杨玉环借口为她追福而度为女道士。这里涉及玄宗早年的生活状况，以及与窦氏家族相关而涉及玄宗家人之婚姻状况，都值得深入探讨。

最后，我想稍谈对俚语"城南韦杜，去天尺五"产生时代的看法。清王谟《汉唐地理书钞》本《三秦记》据《御览》辑二句。《三秦记》作者辛氏，或云东汉人，或以为不晚于魏晋，此书若收二句，是先唐已有。然今检《太平御览》，并无此二句，不知辑者何据。今按此语之唐代书证，仅见三处，一是杜甫诗《赠韦七赞善》"时论同归尺五天"句自注，作俚语；二是《全唐文补遗》六辑收杨篆撰《韦媛墓志》，三是唐末韩鄂《岁华纪丽》卷二所引。宋人所引，今知有十多例，如邓名世《古今姓氏书辨证》卷二十四称"至隋唐都京兆，杜氏韦氏皆以衣冠名位显，故当时语"云云，程大昌《雍录》卷七云"语谓'城南韦杜，去天尺五'，以其迫近帝都也"，又云"韦曲在明德门外，韦后家在此，盖皇子陂之西也。所谓'城南韦杜，去天尺五'者也。杜曲在启夏门外向西，即少陵原也"。洪迈《容斋随笔》卷三《俗语有所本》即称"唐'城南去天尺五'之类"，都作唐时事。今人刘庆柱《三秦记辑注》（三秦出版社，2006年）认为"二地因唐代诸韦、杜姓贵族居此而得名"，推断本文非《三秦记》文是恰当的。本书所收大量韦氏家族墓志，更为此增添了有力的证明。

（陈尚君，复旦大学中文系教授。主要研究方向为中国古代文学、中国古典文献学。）

一带流动的音乐风景

——隋唐西域音乐与中国性的体现

沈 冬

一、前言

在中国音乐文化的历史长河中，有两个时段是笔者特别感兴趣的，一是魏晋六朝至隋唐，二是近现代，此二时段的最大特征都是外来音乐大举进入中国，异国新声成为音乐风景的焦点，华夏旧乐与外来新声之间，由不可避免的戛戛磨合至交相应和，也成为一代音乐的主旋律。私意以为，这两个时段适逢外来音乐席卷而至，全面改写了中国音乐的风貌，可称为中国音乐史上的"两个颠覆"，与之相对的，则是作为中国音乐文化"一个基础"的先秦时期。

概言之，中国音乐文化的基本形貌和特质奠基于先秦，其重点包括礼乐偕配的礼乐制度、钟磬琴瑟的金石之乐、十二律吕的旋宫转调、乐由心生的音乐美学等，凡此种种均对中国音乐文化影响深远，是为"一个基础"。魏晋南北朝，"新声奇变"的胡乐广受赏爱，"琵琶及当路，琴瑟殆绝音"[1]，雅乐崩毁、钟磬息音，是为第一个"颠覆"。近现代列强势力蹈海而来，西方音乐进入中国，钢琴管弦之器、合唱交响之声被视为高雅艺术，建立了全盘西化的学校音乐教育，传统戏曲、民族器乐相形失色，是为第二个"颠覆"。

"一个基础、两个颠覆"的概念，笔者以为是理解中国音乐发展的关键，在教授中国音乐史时已使用多年，但近日却赫然发现此一概念竟与"一带一路"有契合之处，实属偶然。所谓的"一带"——丝绸之路经济带，正是魏晋以降传入中原而备受赏爱、流播广远的各种"胡乐"的文化源头，而"一路"——21世纪海上丝绸之路，不但是近现代西方音乐文明进入中国的路径，也是渊源于上海的流行歌曲南下港、台，扩散于东南亚的一条海上康庄大道。

然而深入思考，音乐史上的"两个颠覆"与"一带一路"毕竟有本质的不同。"两

---

[1] 杜佑撰，王文锦等点校《通典》卷一百四十二，中华书局，1988年，第3615页。

个颠覆"的出现源于中国战乱、国势积弱不振,外来势力入侵,异邦之乐因而输入中国,而"一带一路"则是经济力量的向外扩散,在强势的对外拓展中推动了中外音乐文化的接触,两者虽然都是音乐文化的空间流动,但起源动机则是大相径庭的。

由音乐史上的"两个颠覆"看,流动的音乐风景必然造就盛世的繁音,因此魏晋南北朝以下就有隋唐音乐的灿然大备,然而,异国之乐输入中国,来源不同、时间各异,就其美善者言可谓百花齐放,就其混乱者言也是千头万绪、各行其是。在外来势力强悍进入、中华文化虚弱不振的时期,华夏旧乐如何统整、融合这些外来的"颠覆"力量,是这个文化母体的重大挑战,这是笔者在研究过程中更多思考的问题。隋唐音乐盛世出现的背景,断非胡乐进入中国这么一句简单的话可以交代,其间关键,还在作为文化母体的中国是否有能力统整,以及如何接受这些外来新音乐元素。日前读到项阳先生的《"一带一路"与中国音乐"特色话语"》一文,他说:

> 中国有着数千年文明积淀,历史上对外多有交流,但呈主导与渐融之别,显现中华文明之特色构成和开放胸怀。我们应该认知中国音乐文化的传统或称特色,加强对中国传统音乐文化历时性积淀梳理的力度,将音乐文化的深层内涵"讲清楚"。[1]

项阳先生在论及异邦之乐输入中国时,关注"中华文明之特色构成和开放胸怀",与笔者的思考殊途同归。他在文中提到了"固化为用",意即外来音乐被中华文化的礼乐制度纳入范畴,而"固化"稳定为中华文化的一部分,[2] 其说颇可参考。笔者以为,"固化"只是表象和框架上的现象,而"中国性"(Chineseness,或译华人性)应是更直指核心的一个概念。

以下拟以"一带"——丝绸之路经济带的音乐文化流动为研究对象,探究自魏晋南北朝以来进入中国的各种西域音乐。本文提出的问题只有一个:在这样百花齐放、铿锵镗鞳、洪心骇耳的胡乐声中,中华文化的母体如何吸纳、融会这些异邦之乐,将之成功转化为"盛世之音"。其间的关键因素,私意以为,即是中华文化恒久不变的"中国性"。本文分三部分,首先,欲理解西域音乐,必先理解西域文化背景,因此第一部分先概说西域地理与文化,第二部分则通过古籍资料——梳理魏晋南北朝以来进入中国的各种西

---

[1] 项阳《"一带一路"与中国音乐"特色话语"》,《中国文艺评论》2016年第9期。
[2] 同上。

域音乐，其三则从乐部、乐律两个层面，分析这些西域之乐如何被收编融入华夏旧乐。

本文指出，隋唐乐部的建立依循了《周礼》"四夷乐"之制，而"开皇乐议"时郑译的乐律讨论依旧以先秦乐律为本。由此，可知华夏旧乐吸纳西域音乐的根本原则，仍是承袭了先秦的经典制度、音乐理论，此即传之久远、恒长不变的"中国性"，也是历经战乱、外来势力强加于斯，也无法泯灭的文化主体性。探往而知来，本文由历史上"一带"的音乐风景流动探究"中国性"，其实也是为未来的盛世元音指陈了可能的发展路径。

二、"一带"音乐风景的源头——西域

本文试图呈现"一带"音乐风景的源头——西域的文化背景。西域之地，地形复杂，城邦林立；西域音乐，品类繁多，风貌各异。本部分由西域地理文化的多元复杂性切入，以作为下文探讨音乐的基础。

广义的西域在地理上东与中国内地接壤，向西直抵中亚细亚；境内有塔克拉玛干大沙漠，又有昆仑山、天山、阿尔泰山、葱岭等峻岭高原。张星烺在《中西交通史料汇篇》中评论此地的地理形势曰：

> 在此区域以内，无一川河流入大洋，天气全无洋海影响，中间有大沙漠，故空气干燥异常，夏则热风如烧，冬则寒风如刀。沙漠常迁徙无定，故旁沙漠而居者，常与天然抵抗；人力不能胜天，流沙侵来，唯迁让之而已。[1]

羽田亨在《西域文明史概论》中也有类似的意见：

> 是以此地带之地味，亦不饶富，纵通以运河，灌溉方便，经营农耕之处，其五谷产出，还是极形缺乏，因为此地气候寒暑太甚，生活其间，殊不快适也。加以交通果难，沙碛横亘诸方，妨碍人马骆驼之旅行，道路中随处可见人兽尸骨散布。有名的玄奘之《大唐西域记》，及《慈恩寺三藏传》，其记录形势即如上述。故此地得天独薄，诚然不毛之地也。[2]

---

[1] 参见张星烺《中西交通史料汇篇》第五册《古代中国与西部土耳其斯坦之交通》（辅仁大学丛书第一种），第1页。本段引文所论述的对象原本仅限于葱岭以西，所谓"西部土耳其斯坦"（West Turkestan），但此段文字用以形容葱岭以东的地理环境亦无不合；笔者征引其文，正是用以描述包括葱岭东西的广义西域，兼含了东西土耳其斯坦（East & West Turkestan）。

[2] 参见〔日〕羽田亨著，郑元芳译《西域文明史概论》，商务印书馆，1934年，第2页。

西域处在如此恶劣的自然环境之下，对于其文化自然有深远的影响，张星烺又述：

> 其地介于中国与欧洲印度之间，故言文化，则东洋文明与西洋文明杂糅；言人种，则黄白混合也。[1]

是则，自古以来西域即为东西文明接触交流的孔道，也是各种文化遭逢汇聚之所。中国当汉唐帝国之时，西域经常为其辖地或保护地，然而可异的是，当地所保留的诸般文化遗迹之中，中华文化却并未居于优势地位；此乃日人羽田亨在《西域文明史概论》一书中之主要论点。羽田氏大意以为汉唐两代在西域虽迭有开发，但在晚唐回纥入居西域之前，西域华化的情形甚浅，胡汉分居，各不相扰，即使今日所见出土文物颇不乏和中国古代文明相关者，亦为"在西域的中国人的文明"，而于西域本地人并无很大影响，因此中国文明终究对西域文明的特质无所改变。[2]岑仲勉先生《隋唐史》指出汉唐对待兄弟民族政策的特点有四：一、不强迫同化，只顺其自然；二、不掠取俘虏分散为奴；三、不使杂处通婚；四、不排斥各族不同的宗教，任其自由信奉。[3]岑先生以为，是汉唐这种宽大和平的政策，使得西域呈现了较为迟缓的柔性汉化，因而中国文化在西域无法成为显著的主导力量。唯其如此，才能解释何以中国音乐虽也输入西域，其影响力却不显著。[4]

西域虽被羽田亨称为"得天独薄"，但其地理位置占有一绝大优势，就是它身居东西亚、南北亚乃至于欧亚之间的交通孔道。因此，能在沙碛高山处，农业资源贫瘠的恶劣自然环境下立足的诸国，往往也是扼守东西交通要道的咽喉重镇，龟兹即其中一例。龟兹北由天山隘口可通蒙古及准噶尔草原；向西循喀什噶尔河而上，可达锡尔河中游；自帕米尔山中沿苏尔克阿不河则至阿姆河中游；向西转南，沿和阗河则为阿姆河上游或印度河上游；向东则入关为中国内地。龟兹在地理上居于四通八达的位置，因此学者称之为"十字路口"。[5]纵观西域诸国，多有如此类者。"十字路口"的位置，以及不甚饶裕的农

---

[1] 见张星烺《中西交通史料汇篇》第五册《古代中国与西部土耳其斯坦之交通》，第1页。
[2] 见〔日〕羽田亨著，郑元芳译《西域文明史概论》，商务印书馆，1934年，第42～92页。
[3] 见岑仲勉《隋唐史》，中华书局，1982年，第108～109页。
[4] 西域音乐并非仅自西向东，对中国的单向输出，中国音乐进入西域的事例早在前汉已有之。《汉书》卷九十六《西域传》载远嫁乌孙的解忧公主遣女名弟史者来长安学鼓琴，归时弟史为龟兹王截留，求为夫人；元康元年（前65），龟兹王与夫人入朝，汉赐以车骑旗鼓，歌吹数十人。由此即知中国的琴与歌吹之乐在汉武帝时已传入龟兹，但中国音乐在西域的声势不盛，对西域音乐的影响也不大。
[5] 关于龟兹"十字路口"的地理位置，详见朱英荣《龟兹文化与犍陀罗文化》一文，载在《新疆大学学报》1988年第1期。

业，使得此类国家之人不得不转而另谋发展，别寻生计，因而促成了西域诸国商业的兴隆；康国为其中之尤其著名者。《隋书·西域》称康国"诸夷交易，多凑其国"[1]。不仅是附近农牧矿产的集散地，更是遥远的西方与神祕的东方联系沟通的桥梁。《旧唐书·西戎》写康国人"善商贾，争分铢之利。男子年二十，即远之旁国，来适中夏，利之所在，无所不到"[2]。商队不畏流沙峻岭，烈日寒风，风尘仆仆，奔驰于连贯东西的丝绸大道上，这些商业中心，也因此具备了国际贸易的能力。

作为东西交通的孔道、国际贸易的中心，西域自然成为各种不同文化的遭遇之地。张星烺称此地"文化极复杂"，既然中华文化并非西域文化的主导者，究竟西域文化以何为主？今日西域文化的主流无疑为伊斯兰（Islam）文明，但伊斯兰教创始于公元7世纪（622），要到公元七八世纪之间其势力才渐及西域；[3]以本文所探讨的西域音乐而言，诸乐在隋唐以前均已传入中国，则可能来自伊斯兰文明的影响是微乎其微的。因此，若论隋唐以前，则西域文明中当无伊斯兰位置，而其时文化的主导者，一言以蔽之，应为印度文化与伊朗文化。今试论之。

印度文化之进入西域主要是借由佛教的传布。佛教创于印度，逐渐流布于葱岭以西安息[4]、大夏[5]、康居诸国[6]；大月氏贵霜王国的迦腻色迦王（Kanishka，120～160）尤为佛教功臣，[7]对佛教保护弘扬甚有功焉。张星烺《东西交通史料汇篇》

---

[1]《隋书·西域》，台北鼎文书局，1980年，第1849页。又，以下凡引用《二十五史》相关资料，均为同一版本，页码附记于引文之后，不另加注，以省篇幅。

[2]《旧唐书·西戎》，台北鼎文书局，1980年，第5310页。

[3] 今日西域文化的主导无疑为伊斯兰（Islam）文明，但伊斯兰教创始于7世纪，至盛唐之际其势力方及于西域。究其始，肇自大将屈底波都督中亚，大举征伐，以激烈手段倡导伊斯兰教，伊斯兰文明自兹大盛，伊斯兰（大食）也成为唐朝在中亚周旋争胜的主要敌手；若论隋唐以前，则伊斯兰文化尤逊印度文化和伊朗文化一筹。

[4] 根据近代学者的研究，中国所谓的"安息"即"阿尔撒西斯"王朝的对音，这个王国自公元前3世纪中叶起，延续了近500年（前248～224）。安息王朝是由伊朗语族建立的王朝，安息国的领土后来扩展到今日整个伊朗，其势力更发展在两河流域，安息王朝是伊朗史上一个重要的王朝。详见张星烺《中西交通史料汇篇》第四册《古代中国与伊兰之交通》，以及王治来《中亚史纲》（第三章第三节，湖南教育出版社，1986年，第72～85页）。

[5] 大夏即吐火罗（Tokhara），希腊称其地为巴克特里亚（Bactria），公元前250年，希腊塞琉古王朝（Selucidae）守将狄奥多托斯（Theodotus）据其地自立，由于当地统治者均为希腊人，事实上无异于希腊的殖民地。宗教艺术方面，其地兼有中亚、伊兰之风，又承受了希腊、印度、中国的影响。至汉武帝时，巴克特里亚王朝为西迁的大月氏人所灭。见王治来《中亚史纲》第三章，湖南教育出版社，1986年，第72～85页。

[6] 汉代康居即唐代之康国，一曰萨末鞬，亦曰飒秣建，《魏书》称之悉万斤，均为Samarkand之对音，此国及其附近地区希腊人称为"索格底亚那"（Sogdiana），《魏书》称"粟特"，即其对音。

[7] 大月氏原为东方突厥民族，为匈奴所迫，公元前160年左右侵入阿姆河流域，公元135年，灭了大夏的巴克特里亚王朝，建立贵霜王国。后改奉佛教，迦腻色迦王（Kanishka）尤为佛教功臣，在位时（120～160）对佛教保护倡导甚有功焉。亦见王治来《中亚史纲》第四章，湖南教育出版社，1986年，第115～146页。

缕述来华译经传教的月氏人及康居人,包括支娄迦谶(亦曰支谶)、支曜、支谦、康巨、康孟详、康僧铠等。[1] 沈福伟《中西文化交流史》又增列安息国人安清(安世高)、安玄。[2] 诸人皆是汉末以至三国之际在中国从事译经弘法的活动,成为魏晋以降中国佛教昌盛的先导者,由此亦可以见出葱岭以西诸国佛法昌盛之一般。

越葱岭而东,佛教更是重要的信仰。学者以为公元前 1 世纪左右,今日新疆西北部龟兹、于阗等城邦已有佛教传播的迹象,[3] 天山南北两路星罗棋布的国家多是佛教的大护法,《周书》卷五十《异域传》载焉耆曰:

> 焉耆国……文字与婆罗门同,俗事天神,并崇信佛法。尤重二月八日、四月八日。是日也,其国咸依释教,斋戒行道焉。(《周书·异域》,第 916 页)

于阗国尤其以好佛知名,《周书·异域传》曰:

> 于阗国……俗重佛法,寺塔僧尼甚众。王尤信向,每设斋日,必亲自洒扫馈食焉。(《周书·异域》,第 917 页)

《北史》记载与此略同,《大唐西域记》也载:

> 僧徒五千余人,并多习学大乘法教。[4]

龟兹则是《新唐书·西域》所谓"贵浮图法"的国家,《大唐西域记》对龟兹佛教有详尽的记载:

---

[1] 见《中西交通史料汇篇》第五册《古代中国与西部土耳其斯坦之交通》,第 41~51 页。当时由西域来华的佛教人士,以支为姓者,大抵为大月氏人,亦即贵霜国人;以安为姓者则为安息国人;以康为姓者则康居人了。
[2] 见沈福伟《中西文化交流史》,人民出版社,1985 年,第 78~80 页。马雍曾撰《东汉后期中亚人来华考》(《新疆大学学报》1984 年第 2 期;后收入氏著《西域史地文物丛考》,文物出版社,1990 年,第 46~50 页)详述以上诸人的事迹。
[3] 见王仲荦《魏晋南北朝史》,上海人民出版社,1979 年,第 804 页。
[4] 同上注,第 678 页。本段文字见于《大唐西域记》卷十二,商务印书馆人人文库,1971 年,第 182 页。"瞿萨旦那国",即于阗国。

> 伽蓝百余所，僧徒五千余人，习学小乘教说一切有部。经教律仪，取则印度。……常以月十五日，晦日，国王大臣谋议国事，访及高僧，然后宣布。[1]

佛教在龟兹有如此声势，僧侣亦能与闻国之大政，而龟兹来华沙门也同样为人尊崇。北朝后赵有龟兹僧人佛图澄，为石勒、石虎所信事，《高僧传》谓佛图澄"前后门徒几且一万，所历州郡，兴立佛寺八百九十三所，弘法之盛莫与先矣"[2]。对于佛学传播厥功至伟。译经大师鸠摩罗什之母亦为龟兹人，前秦吕光远征西域，其意即在迎取罗什，果然破龟兹，得罗什而还，而为中国译经事业开一新局。学者以为，汉魏以下直到唐代以前，佛典翻译大都依靠西域沙门，[3] 则中国佛教受惠于西域不少。由佛图澄、鸠摩罗什二人，吾人已可想见龟兹一地佛学水准之高；更由上述葱岭东西诸国的情形，证明西域佛教之普及，佛学之昌明，然则佛教源出之地的印度文化，自必伴随着佛教的传入，源源不断输入西域，公元4世纪末，第一位西行天竺求法取经的僧人法显曰："诸国俗人及沙门，尽行天竺法，但有精麤。"[4] 可见一斑。以宣扬佛学为目的，西域文化艺术因而熏染沐浴于印度风格之下，举凡伽蓝佛塔之建筑、佛像之雕塑、壁画之装点，以至于本文所探讨的音乐，种种佛教艺术，均受到印度文化的影响。

西域文化的另一主流为伊兰文化，所谓"伊兰"（Iran、伊朗）。伊朗民族自古居于伊朗高原，波斯（Persia）为其部落之一，因波斯统一全境，肇建王朝，最为强盛，故常以波斯文化称伊朗文化。

张星烺曰："据西史考之，唐以前，所有葱岭以西诸国，大宛康居大夏之属，皆伊兰民族也。"羽田亨以语言、骨骼为证据，也认为葱岭东西之住民均应属伊兰人种。[5] 其说和瑞典学者斯文赫定、英国学者史坦因（Aurel Stein）如出一辙，已成为学界定论。[6] 诚如此，则伊兰文化在此地自应有无可比拟的势力。事实上，不仅西域早期的居民多属伊朗人种，根据学者研究，历史上伊朗人还曾经数次大举迁入西域，使得鲜活的伊朗文

---

[1]《大唐西域记》卷一《屈支国》，商务印书馆人人文库，1971年，第6页。
[2] 大藏经刊行会编《大正新修大藏经》，第50册，《高僧传》卷九《竺佛图澄》，新文丰出版社，1983年，第387页。
[3] 沈福伟《中西文化交流史》分析唐以前东来译经之沙门，发现佛教传入初期（汉魏、西晋），译经师均来自月氏、安息、康居诸国，见该书第四章第八节"中印佛教的交流"。类似之说，早见于张星烺《中西交通史料汇篇》及冯承钧《历代求法翻经录》（台北商务印书馆，1970年）。
[4] 法显《佛国记》，《万有文库》第二集，商务印书馆，1937年，第1页。
[5] 见《中西交通史料汇篇》第五册《古代中国与西部土耳其斯坦之交通》第2页，以及《西域文明史概论》第三节。
[6] 关于西域原住民的人种仍有争议，如新疆社会科学院民族研究所编著的《新疆简史》即断然否认古代塔里木盆地居民均为伊朗人种之说法，见该书第17～18页。

明不断地注入东邻西域。

公元前4世纪，希腊亚历山大东征，波斯帝国因之灭亡。随着希腊军队的锋镝所指，大批伊朗人背井离乡，从中亚布哈拉（Bukhara）、塔什干（Tashkent）之地，直入塔里木盆地安居，此为伊朗民族第一次大举东迁。安息王朝时代（前248～224），安息居间仲介罗马帝国与中国的交通贸易，获利甚丰。公元97年，甘英出使大秦（罗马帝国），目的即在于摆脱安息，以求直接与西方贸易，结果无功而返；而众多安息商人、工匠，万里求财，不惮险阻，接踵而至，其中亦有不少安家落户于西域，此为伊朗民族第二次大举东迁。公元7世纪，伊斯兰势力兴起，阿拉伯王国（大食）迅速扩张，进攻伊朗，伊朗的萨珊王朝（Sassan）灭亡，大批伊朗人又再度去国离乡，远适异地，东来西域定居。此是伊朗民族第三度向东迁徙。[1]伊朗人如此源源不断地进入西域，伊朗文明也因此融入西域文明，成为西域文明主导的势力之一。以龟兹为例，今日库车、拜城等地的众多石窟，虽然以佛教为表现主题，但不论石窟建筑、壁画以及日月星辰图像等各方面，都明显地呈现出伊朗文化的特征。因而德国学者雷库克在《吐鲁番考古记》中说："应想象四世纪同五世纪时的库车（古龟兹）居民，是一个信奉佛教而使用萨珊时代波斯文化的民族。"[2]其说可谓一针见血，指出了西域文明的两大渊源。

葱岭以西之地由于地近伊朗，于伊朗文化熏习更深，即以发式而言，《旧唐书·西域传》载康国"丈夫剪发"；开元间慧超《往五天竺国传》亦曰："此中胡国（按：谓安、曹、史、石骠、米、康六国），并剪须发，爱着白毡帽子。"[3]复对照《旧唐书·西戎传》，谓波斯国"丈夫剪发，戴白皮帽，衣不开襟，并有巾帔"[4]。由上可知昭武诸国的发式是袭自波斯，即此一端，已可想见当地的日常生活是如何浸润于伊朗文化之中，处处呈现出伊朗文化的特征了。

上文讨论印度文明之所以能进入西域，主要是凭借着佛教的传布。事实上，古代各种文化的传播交流经常是借助宗教的力量，伊朗文化注入西域，亦有赖于宗教，主要是拜火的祆教、提倡二元学说的摩尼教，以及聂斯脱里派的基督教（景教）；其中祆教尤其重要。

---

[1] 有关伊朗民族的三次迁徙，详见朱英荣《论龟兹石窟中的伊朗文化》，《新疆大学学报》1987年第2期。
[2] 仍参见朱英荣《论龟兹石窟中的伊朗文化》，雷库克之说亦转引自朱文。
[3] 慧超或作惠超，新罗人，开元年间往印度求法。慧琳《一切经音义》卷一百收有《慧超往五天竺国传》，所记西域情势，栩栩如生。其书久已散佚，伯希和在敦煌发现残写本，首尾已缺，共存6000余字，罗振玉收入《敦煌石室遗书》第一册，藤田丰八曾有笺释。本文引自慧超著，张毅笺释《往五天竺国传笺释》，中华书局，1994年，第118页。
[4] 《旧唐书·西戎》，台北鼎文书局，1980年，第5311页。

祆教（琐罗亚斯德教，Zoroastrianism）于公元前 6 世纪由波斯人琐罗亚斯德创立，安息王朝时，随亚历山大东传的希腊文化影响仍大，祆教曾经一度消沉，至萨珊王朝力图振兴伊朗民族文化，祆教遂于公元 226 年成为萨珊国教。因其以火为善神而崇拜之，所以人称拜火教；日月星辰为光明之源，也在崇拜之列，所以中国人以为是拜天。

随着萨珊王朝的势力扩张，祆教在西域大行其道，《旧唐书·西戎》载"西域诸胡事火祆者，皆诣波斯受法焉"[1]。可知伊朗为中亚祆教的宗主国。葱岭以东的焉耆、疏勒、于阗均有奉祠祆神的记载；[2] 葱岭以西，祆教的声势更盛，昭武诸国均为其信徒。中国史籍对于昭武诸国之首的康国信奉祆教有较详细的记载。《隋书·西域》曰："康国……有胡律，置于祆寺，将决罚，则取而断之。"[3] 由此以观，以法律条文置于祆寺，则祆教无异象征着是非黑白的仲裁者，也是道德人伦的规范，可见祆教在社会上的崇高地位。然而《新唐书·西域》又称康国："尚浮图法，祠祆神。"[4]《旧唐书·西戎》则曰："有婆罗门为之占星候气，以定吉凶，颇有佛法。"[5] 在此，似乎又看到当地是佛、祆并行，而且佛法之盛，并不逊于祆。然而事实未必如此；唐代慧立《大慈恩寺三藏法师传》卷二记"飒秣建国"云：

> 王及百姓，不信佛法，以事火为道。有寺两所，迥无僧居；客僧投者，诸胡以火烧逐，不许停住。法师初至，王犹接慢……[6]

此处的记载和开元间慧超《往五天竺国传》是相符的：

> 又此六国（按：即上文所谓安、曹、史、石骡、米、康六国）惣事火祆，不识佛法，唯康国有一寺，有一僧，又不解敬也。[7]

---

[1]《旧唐书·西戎》，台北鼎文书局，1980 年，第 5311 页。
[2]《周书》卷五十《异域》谓："焉耆国……俗事天神。"《旧唐书》卷一百九十八《西域传》曰："疏勒国……俗事祆神。"同卷又曰："于阗国……好事祆神。"
[3]《隋书·西域》，台北鼎文书局，1980 年，第 1849 页。
[4]《新唐书·西域下》，台北鼎文书局，1980 年，第 6244 页。
[5]《旧唐书·西戎》，台北鼎文书局，1980 年，第 5311 页。
[6] 慧立、彦悰《大慈恩寺三藏法师传》卷二，中华书局，1983 年，第 30 页。
[7] 慧超著，张毅笺释《往五天竺国传笺释》，中华书局，1994 年，第 118 页。

玄奘及慧超均是亲造其国、身历其境的目击者，二人所述见闻又若合符节，自是更为可信；至少吾人可以确定，即使佛教在当地曾经兴盛一时，贞观、开元以来已日趋衰微，远不如祆教的盛行了。史籍均谓康国为汉时康居之后，如上文所论，唐居本为佛法昌明之区，何以隋唐以来祆教大行，佛学不振？直接原因之一是波斯萨珊王朝的亡国，亡国之人大举东迁，因而促成了萨珊国教的祆教在西域大为蓬勃，佛学也就日趋没落了。移民的东来，祆教的盛行，无疑保证了伊朗文明在西域的一片荣景，伊朗文明的特征，也在建筑、绘画、雕塑以及音乐等各方面留下了根深蒂固的烙印。

本部分为隋唐以前西域音乐的文化背景做一番鉴别，以突显西域音乐基本的形貌特征。先由西域的地理形势立论，以彰明地理对于西域交通、贸易、文化的影响，进而指出隋唐以前西域文化的两条主流——印度文化及伊朗文化。事实上，西域的文明绝不止于印度、伊朗两个源头，希腊文明随亚历山大东征而来，也在西域烙刻下不少痕迹，尤其在雕塑艺术方面，[1]而中华文化虽如前引岑仲勉先生所言"柔性""迟缓"，也留下若干痕迹，而北方游牧民族对西域文明也有若干影响，概言之，西域文化是多元文明的综合。《新唐书》卷二百二十一下《西域下》载，昭武九国之一的何国，"城左有重楼，北绘中华古帝，东突厥、婆罗门、西波斯、拂菻等诸王，其君且诣拜则退"[2]。颇能反映西域在文化上取法多方，进而自成一体的基本性格。下面进一步就输入中国的西域音乐做一全面性的概述。

三、"一带"流动的音乐风景——流入中国的西域音乐

这部分试图探究西域音乐传入中国的背景、年代及其发展变迁的状况，虽未触及隋唐"乐部"制度的建立，但乐部制度是西域音乐在华夏文化中的主要演示平台，因此这部分的讨论仍由乐部概念入手，探讨"十部乐"中的西域音乐。

1. 天竺乐

天竺乐是外国音乐进入中国的先河，但史传对于天竺乐的记载却并不充分。《隋书·音乐志》述其由来曰：

---

[1] 犍陀罗（Gandhara）之地在今巴基斯坦西北部喀布尔河流域，所谓的"犍陀罗文化"是以印度佛教文化为精髓，而融合了安息、波斯、希腊等各文化特征。在犍陀罗的佛教雕刻中自希腊汲取了不少技法。见朱英荣《龟兹文化与犍陀罗文化》，《新疆大学学报》1988年第1期。
[2]《新唐书·西域》，台北鼎文书局，1980年，第6247页。

> 天竺者，起自张重华据有凉州，重四译来贡男伎，天竺即其乐焉。（《隋书·音乐下》，第 378 页）

自西晋末（4 世纪初）张轨为凉州刺史，张氏因而据有凉州，建国前凉；张重华在位是公元 346 年至 353 年之间，据此，公元 4 世纪中叶，天竺乐已经借着一次外交访问的机会传入了凉州地区。启人疑窦的是，仅仅依赖一次短暂的官式访问演出，是否足以使天竺乐风靡当地，造成冲击，而奠定天竺乐在中国发展的基础？同时，此所谓天竺乐者与佛教音乐有什么样的关系？佛教早在公元 1 世纪左右传入中国，难道彼时佛教音乐竟未曾伴随而至？如果佛教音乐在 1 世纪已经东来，怎可谓天竺乐至 4 世纪张重华据有凉州时才翩然莅止？由于以上这些疑虑，使得吾人对于《隋书·音乐志》的说法信疑参半，不得不尝试另行考求。

20 世纪 70 年代初，甘肃省嘉峪县发掘了 8 座魏晋时代的墓穴，出土 600 余幅墓室砖画。根据牛龙菲《古乐发隐》的研究，其中已有凤首箜篌的图像，[1] 其时代还在张重华之前。凤首箜篌是一种弓形箜篌（Arched Harp），是天竺乐中最具印度特色，且不见于其他西域音乐的乐器，[2] 既然此种乐器已经出现在凉州，且画在墓室，代表此器已融入时人生活之中，然则天竺乐入凉州的时间显早于 4 世纪，不待张重华时万里来贡，凉州人早已惊识天竺之乐矣。

由地理方位来看，天竺和我国西南最近，何以天竺乐却先入于位在西北的凉州？大体而言，古代天竺与中国的来往主要是仰仗丝绸之路路及川滇缅印两道，而直通中亚的丝绸之路可能还是使用较多且较早开通的一条，张星烺于此早有论述。[3] 所以天竺乐初入中国，也是经过西域，循丝绸之路而进入了凉州地区。而欲推究天竺乐进入中国的缘起，可能还是拜佛教东来之赐。今观佛教典籍，多有提及音乐者，如《妙法莲华经》（鸠摩罗什译）方便品第二云：

---

[1] 见《古乐发隐》中《凤首箜篌——竖箜篌考》，人民音乐出版社，1985 年，第 361～384 页。牛龙菲认为，凤首箜篌的图像出现于砖画原编号三号墓 38 号，前室西壁中部下层，因图像漫漶过甚，无法转印。

[2] 凤首箜篌不只见于印度，也是缅甸的主要乐器，唐德宗贞元年间，缅甸的"骠国"（Pyu）来贡其乐，其事载在《新唐书·南蛮传》，全文长达千余字，记录乐器 19 种，是两《唐书》中有关音乐最长的记载，其中有关于凤首箜篌的说明，详细考订参见拙作《异音来骠国、初被奉常人——骠国乐考》，收入沈冬《唐代乐舞新论》，北京大学出版社，2004 年，第 142～188 页。

[3] 张星烺《中西交通史料汇篇》第六册《古代中国与印度之交通》。

箫笛琴箜篌，琵琶铙铜钹。[1]

再如《大乘显识经》卷上云：

又有细腰般挐、箜篌、长笛、铜钹、清歌，种种音声，数凡六万。[2]

在此，所谓的箜篌，应当是印度特色的凤首箜篌，而非来自波斯的角形箜篌（Angular Harp）。音乐是传教的利器之一，既然佛典之内已有种种音乐伴随着诸佛的记载，若谓佛教音乐不曾和佛教一起东传，几乎令人难以置信。[3] 吾人以为，如果天竺乐在张重华之前已经出现在凉州甚至中原，则以佛教为媒介的可能性是极高的。

《旧唐书·音乐志》又记："后其国王子为沙门来游，又传其方音。"[4] 然而《旧唐书》对于这位不远万里而来的王子来游的时间，所传的内容均无所交代，吾人因而对于天竺乐何时进入中原，在中国的流传如何所知甚为有限。依常理推判，佛教寺院应是天竺乐传布的主要渠道；南北朝诸君率皆佞佛，彼时具有天竺风味的佛教音乐必然处处可闻。《魏书·释老志》曰："今之僧寺，无处不有……梵唱屠音，连檐接响。"[5] 又如6世纪中叶杨衒之所撰《洛阳伽蓝记》卷三记"景明寺"曰："旛幢若林，香烟似雾。梵乐法音，聒动天地。"[6] 所谓"梵唱""梵乐"即梵呗，"屠音"为浮屠之音，亦即唱经时所用的具有印度或西域风味的声腔和乐曲。由"连檐接响""聒天动地"的声势看来，寺庙中的天竺乐是很兴盛的。

以上虽透过佛教音乐来谈天竺乐，但在此须澄清的是，日后立为乐部的天竺伎与寺庙佛教音乐推想是有所差距的。佛教音乐用于仪式祭典，为礼佛悦神而奏，其仪式及音乐并不适合全盘纳入朝廷宴飨的乐部，由此思索，张重华时来访的天竺乐为何在史上独受瞩目？可能因为这是天竺乐首次在中国做纯音乐性的表演，而不是以佛教音乐的形态

---

[1] 大藏经刊行会编《大正新修大藏经》，第9册，《妙法莲华经》卷一，新文丰出版社，1983年，第9页。
[2] 同上书，第12册，《大乘显识经》卷上，新文丰出版社，1983年，第179页。
[3] 周菁葆《丝绸之路的音乐文化》（新疆人民出版社，1988年）认为佛教东传，并未伴随着佛教音乐，仅单纯地陈述："天竺乐传入中原是公元四世纪，而佛教东渐则在公元一世纪，前后相差近三百年。很显然，宗教的传播并不意味着其音乐也一定会伴随而传。"（第127页）但由《洛阳伽蓝记》等书看来，北朝寺庙音乐备极繁华，北朝如此，难道东汉佛寺不然？其说仍有商榷余地。
[4] 《旧唐书·音乐》，台北鼎文书局，1980年，第1069页。
[5] 《魏书·释老志》，台北鼎文书局，1980年，第3045页。
[6] 杨衒之、杨勇校笺《洛阳伽蓝记校笺》，台北正文书局，1982年，第125页。

出现，因而书于史传，且于史文中划清界限，绝口不提佛教二字。事实上，伴随佛教东传的天竺乐早已在张重华之前已传入了凉州，"嘉峪关魏晋墓室砖画"便是绝佳的证据。

2. 龟兹乐

诸伎中龟兹进入中国稍晚于天竺，《隋书·音乐志下》述其由来始末云：

> 龟兹者，起于吕光灭龟兹，因得其声。吕氏亡，其乐分散，后魏平中原，复获之。其声后多变易，至隋有西国龟兹、齐朝龟兹、土龟兹等，凡三部。开皇中，其器大盛于闾阎。（《隋书·音乐下》，第378页）

《隋书》所述，包含了龟兹乐在中国发展的三个阶段：一、初入凉州；二、进入中原；三、大盛闾阎。如《隋书》所言，龟兹乐是吕光远征西域携回的战利品；根据《十六国春秋辑补》卷八十一，前秦苻坚于公元383年命吕光持节西讨，"遂有图西域之志"，二年之内乃平定西域36国。《魏书·吕光》载其事曰：

> （苻）坚以光为骁骑将军，率众七千讨西域，所经诸国，莫不降附。光至龟兹……（王）帛纯逃走，降者三十余国。光以驼二千余头，致外国珍宝及奇伎、异戏、殊禽、怪兽千有余品，骏马万余匹而还。（《魏书》卷九十五《吕光》，第2085页）

龟兹乐的工伎乐器，显然也是属于"奇伎异戏"之流，夹杂在吕光意气风发，凯旋班师的行列中进入凉州；据此，则龟兹乐初入中国的时间可以确定在公元385年，即前秦苻坚建元二十一年（是年8月苻坚亡），亦即南朝东晋孝武帝太元十年。公元386年，吕光改元自立，至403年吕氏后凉灭亡，龟兹乐遂散在凉州。就笔者之见，散佚的龟兹乐至少有部分流入北凉沮渠蒙逊之手，所以《隋书·音乐下》载沮渠蒙逊曾经"变龟兹之声"而为西凉乐（见下文"西凉乐"）。此为龟兹乐进入中国的第一阶段，流布范围仅限于凉州之地。

北魏太武帝太延五年（439），北凉沮渠氏亡于北魏之手，至此，各方割据势力一一消灭，北魏平定中原，统一北方。此时，龟兹乐再度成为北魏的战利品，和被迫移家京师的凉州人民一起被携入中原（见下文"西凉乐"）；所以《隋书·音乐下》称："后魏平中原，复获之。"推想魏人所得的龟兹乐，很可能就是来自沮渠氏之所有。由此开始了龟兹乐的第二阶段。《隋书·音乐下》称"其声后多变易",显然龟兹乐进入中原之后,有了更进一步的发展。声多变易的原因,可能是为适应中国听众的爱好而自我调适演化,也可能是由于颇受好评,所以龟兹新乐自西域不断输来。学者研究,北魏时期屡通西域,遂与龟兹往来频繁,龟兹王不但频年入贡,甚至一年之内,两度来献,[1] 则所贡方物中包含龟兹新乐也是顺理成章之事。在此一阶段,另一值得注意的进展出现于周武帝天和三年(568)。《旧唐书·音乐志》曰:

> 周武帝聘虏女为后,西域诸国来媵,于是龟兹、疏勒、安国、康国之乐,大聚长安。(《旧唐书·音乐二》,第1069页)

周武帝聘突厥木杆可汗之女为后,史称阿史那皇后。西域诸乐因而大聚长安,此事对龟兹乐而言意义非凡,因为来媵的各国乐工中,有一龟兹乐工苏祗婆,后来将琵琶推演的龟兹乐律传给沛国公郑译,其"五旦七调"之说在隋文帝开皇年间的"开皇乐议"中独领风骚,成为议论的焦点,对隋唐音乐有极大的影响,下文将有讨论。西域诸乐中,唯独龟兹乐除乐曲、乐器外,尚有乐律之传入,使得龟兹乐的重要性在诸伎之中无与伦比。

至隋代,龟兹乐在中国的发展逐渐成熟,分为"西国龟兹、齐朝龟兹、土龟兹"三个流派,大盛闾闬,为龟兹乐在中国的第三阶段。关于龟兹乐这三种不同的流派,由于史籍仅存其名,无从查考其内容如何,学者亦仅能顾其名而思其义而已。岸边成雄以为此三种流派代表西域文化的三期:西国者,受伊朗或印度影响之龟兹乐;齐朝者,以高昌为中心,受中国及回纥影响之龟兹乐;土龟兹者,具龟兹当地风格之龟兹乐。[2] 其说完全以龟兹为中心而设想,笔者略有不同意见。试想,中原之人从何对万里之外的龟兹文化有清楚的认识,还能以后世学者研究所得的分期来分别中原龟兹乐的流派?笔者以为,此三者当是以地域为分野,西国龟兹正是上文所述不断从西域传入的龟兹新乐,可能也包括了阿史那皇后新自西域携入者,因为来自西域,故称"西国龟兹"。"齐朝龟兹"是流行于北齐的龟兹乐,因为熏习齐朝风格,故有其名。北齐诸君对于胡乐——特别是龟兹乐——爱赏无已,载在史册。[3] "土龟兹"的名义暧昧难明,相对于上述两派均为地域性流派,

---

[1] 见吴平凡《试论龟兹与中原王朝的友好关系》,《新疆大学学报》1988年第1期。
[2] 岸边成雄著,梁在平、黄志炯译《唐代音乐史的研究》(下册),台北中华书局,1973年,第523~526页。
[3] 《隋书·音乐中》曰:"(齐)杂乐有西凉鼙舞、清乐、龟兹等。……后主唯赏胡戎乐,耽爱无已。于是繁手淫声,争新哀怨。"(第331页)

"土龟兹"应是指流行于本地，习染关中土风的龟兹乐；如众所知，隋代承继北周事业，此处亦可能袭用北周口吻，在和"齐朝龟兹"东西对照之下，则所谓"土龟兹"无疑是指流行于北周，亦即关中之地，而已经融入当地风格的龟兹乐而言。[1]

隋文帝开皇年间，龟兹乐"大盛闾闬"，是家弦户诵，流行音乐的表率。《隋书·音乐志》又曰：

> 时有曹妙达、王长通、李士衡、郭金乐、安进贵等，皆妙绝弦管，新声奇变，朝改暮易，持其音技，估衒公王之间，举时争相慕尚。高祖病之，谓群臣曰："闻公等皆好新变，所奏无复正声，此不祥之大也……乐感人深，事资和雅，公等对亲宾宴饮，宜奏正声，声不正，何可使儿女闻也。"帝虽有此敕，而竟不能救焉。（《隋书·音乐下》，第378页）

在此，王公大臣对于龟兹乐的疯狂倾倒不足为奇，值得注意的是，领导龟兹乐风尚的乐工中，竟然出现了曹国人曹妙达、安国人安进贵。上文已经提及，曹氏家族自北齐即以龟兹琵琶贵显，此亦表明了龟兹乐为流行表率，所以安国、曹国之人不以弘扬其本国音乐为主，竟赖演奏龟兹而成名，又为龟兹乐的"大盛闾闬"提出了另一个旁证。

3. 西凉乐

西凉乐即今甘肃地区的音乐。大约公元4世纪末即已有之。《隋书·音乐志》述其滥觞曰：

> 西凉者，起苻氏之末，吕光、沮渠蒙逊等，据有凉州，变龟兹之声为之，号为"秦汉伎"。魏太祖既平河西，得之，谓之"西凉乐"。至魏、周之际，遂谓之"国伎"。（《隋书·音乐下》，第378页）

前秦苻氏亡于公元394年，由此可知，西凉乐成立的大概年代，约在4世纪之末，更

---

[1] 霍旭初《龟兹乐舞史话》关于三种龟兹的解释和笔者大体相同，但以为"土龟兹""可能指的是传入中原很久，又经过中原人民再创造的一种"。虽然也是指染了中土地方色彩的龟兹乐，但并未指明是限于北周关中之地。笔者以为此一"土"字，和戏曲"土腔"之"土"同义，以隋人立场而言，正是关中地区。霍旭初文见于《新疆艺术》1983年第1、2、3期。

明确的上限是不能早于公元 385 年，亦即前秦苻坚建元二十一年，因为此年正是吕光出平西域，获龟兹之声而还的一年。《隋书·音乐志》收录北齐祖珽奏议，论西凉乐的来源曰：

> 此声所兴，盖苻坚之支，吕光出平西域，得胡戎之乐，因又改变，杂以秦声，所谓"秦汉乐"也。（《隋书·音乐下》，第 378 页）

功成而还，正是公元 385 年。自兹而后，龟兹乐才正式进入中国，《隋书·音乐下》所谓"变龟兹之声为之"才有可能，遂而影响及于凉州当地之乐，交相杂糅，而形成了西凉伎的独特乐风，因知所谓西凉伎的成立，无论如何不得早于公元 385 年。至公元 439 年，北魏拓跋焘灭北凉沮渠蒙逊，"得其伶人，器服、并择而存之"[1]。同时世祖又徙凉州之民三万家于京师，[2] 西凉伎遂进入中原，列在乐署；推想是因为来自西方凉州之乐，所以当时称之"西凉乐"。《隋书·音乐志》祖珽奏议曰："……得沮渠蒙逊之伎，宾嘉大礼，皆杂用焉。"[3] 则西凉乐还用于雅乐之中；事实上，祖珽为北齐制乐，便是"戎华兼采"，"具宫悬之器"而"杂西凉之曲"，[4] 则是以雅乐器演奏西凉之曲，西凉乐无疑颇能融入中国音乐之中，魏、周之际，竟以"国伎"名之，可以想见公元 5 世纪至 6 世纪的百余年间此乐风行北朝之情形。所以《新唐书·礼乐志》曰：

> 自周、隋以来，管弦杂曲将数百曲，多用西凉乐。鼓舞曲多用龟兹乐，其曲度皆时俗所知也。（《旧唐书·音乐志》，第 1068 页）

所谓"曲度时俗所知"，几乎可说是当时的流行歌曲了，由此可知，龟兹乐和西凉乐在西域音乐中，始终是最受国人青睐的两种。隋唐乐部中，西凉乐也一直是其中的主角。

4. 疏勒乐

5. 安国乐

疏勒乐、安国乐所以合而论之，是因为史载二者传入中国的时间是相同的。《隋书·音

---

[1]《魏书·乐志》，台北鼎文书局，1980 年，第 2828 页。
[2]《魏书·世祖纪》，台北鼎文书局，1980 年，第 90 页。
[3]《隋书·音乐中》，台北鼎文书局，1980 年，第 313 页。
[4] 同上注，第 313～314 页。

乐志》曰：

> 疏勒、安国、高丽，并起自后魏平冯氏及通西域，因得其伎。后渐繁会其声，以别（按：或为"列"之误）于太乐。（《隋书·音乐下》，第380页）

据此，疏勒乐、安国乐进入中国的上限至少当系于北魏平北燕冯氏之后，时在太武帝太延二年（436），北魏进攻冯氏，5月，冯弘出奔高丽，北燕亡。由地理方位看，北燕位于东方，不可能和西域有所联系，所以魏平冯氏所获仅是高丽乐而已，得疏勒、安国之乐还有待于史传所载的"通西域"。据《魏书·世祖纪》记平冯氏的次春，太延三年（437）三月："癸巳，龟兹、悦般、焉耆、车师、粟特、疏勒、乌孙……诸国各遣使朝贡。"[1] 来贡诸国中不但有疏勒，还有粟特（Sogdiana），即安国所在的中亚昭武九姓之地，则疏勒乐与安国乐很可能便是此时进入中国的，因与高丽乐进入中国时间接近，所以史传写在一起。

此后疏勒乐、安国乐在中原流传如何，记载很少，仅知安国有乐工安未弱、安马驹，活跃于北齐之朝。上文论龟兹乐，引《旧唐书·音乐志》载公元568年。阿史那皇后自突厥来归，西域诸国乐"大聚长安"，疏勒乐、安国乐亦在其中。可以确定的是，疏勒乐、安国乐进入中国之后，已经历了若干演化，所以《隋书》曰"后渐繁会其声"，原本的疏勒乐、安国乐可能太过质木无文，所以力求奇变，以悦时人之耳。但直至开皇设七部伎，仅有安国乐得以列入其中，疏勒乐则不与其列，《隋书·音乐志》在胪列七部伎以下续曰：

> 又杂有疏勒、扶南、康国、百济、突厥、新罗、倭国等伎。（《隋书·音乐下》，第379页）

在此，疏勒是附属七部伎的诸伎之首。及至大业七部扩张规模为九部，疏勒乐才得以更上层楼，独立为一部。

6. 高昌乐

高昌乐列于乐部是在唐太宗贞观十四年（640）侯君集平高昌之后，但高昌乐之进入中国则早于此，《旧唐书》载：

---

[1]《魏书·世祖纪上》，台北鼎文书局，1980年，第88页。

> 西魏与高昌通，始有高昌伎。我太宗平高昌，尽收其乐……（《旧唐书·音乐二》，第1069页）

《隋书·音乐志》对高昌有较清楚的记载：

> 太祖辅魏之时，高昌款附，乃得其伎，教习以备飨宴之礼。……其后（武）帝娉皇后于北狄，得其所获康国、龟兹等乐，更杂以高昌之旧，并于大司乐习焉。（《隋书·音乐中》，第342页）

北周追尊宇文泰为太祖；自534年魏孝武帝元脩轻骑出奔，投向关中，北魏就此分为东西；宇文泰秉持西魏国政，至556年病故，大权在握20余年。高昌乐进入中国即在此时，确切的年份不得而知。[1]天和元年（566），四夷乐遭罢黜，高昌乐也在勒令停演之列，及至天和三年（568），阿史那皇后来归，才收拾旧乐、整顿舞衣，和龟兹、康国、疏勒、安国等乐同时列于大司乐。"采用其声，被于钟石"，[2]以雅乐乐器，来演奏这些异方殊俗的曲调，彰显了这些西域音乐在中国的初步演化。

隋代高昌和中国关系更为密切，不仅其王曲伯雅亲自来朝，隋也以戚族之女妻之。[3]史载文帝开皇六年（586），[4]高昌献《圣明乐》曲。有趣的是《圣明乐》入献时发生的插曲，《隋书·音乐志》曰：

> 帝令知音者，于馆所听之，归而肄习。及客方献，先于前奏之，胡夷皆惊焉。（《隋书·音乐下》，第379页）

不问可知此乃帝王好大喜功的性格使然，不愿示弱于西域使臣，所以先令人偷学，

---

[1]《北史》卷八十五《西域传》曰："东、西魏时，中国方扰，及于齐、周，不闻有事西域。"因此宇文泰执政时期，似乎高昌并未入贡，仅其二王曲玄喜、曲宝茂分别于548年、555年受西魏册封。高昌乐是否在此二次册封时传入中原则不可知。
[2]《隋书·音乐中》，台北鼎文书局，1980年，第342页。
[3]《新唐书》卷二百二十一上《高昌传》曰："其王曲伯雅，隋文帝时尝妻以戚属宇文氏女，号华容公主。"
[4]《通典》卷一百四十六载明献乐之事为"文帝开皇六年"，《册府元龟》卷五百七十紧承文帝立七部乐之下，曰"六年"，则亦为开皇六年（586）；唯《隋志》系其事于炀帝之下，而曰"六年"。冯承钧以作开皇六年（586）为是，笔者则以为或许炀帝大业六年（610）较妥，因为高昌王曲伯雅于大业五年（609）来朝，从征高丽，八年（612）归娶华容公主；则此数年间正是高昌与隋最为交好之时，献乐之举大有可能。

演奏出来果然令高昌使臣大为惊讶。由此，吾人可知高昌乐对于隋朝乐工而言并不陌生，所以学习不为难事；如果是隋人从未接触过的乐种，恐也无法现学现卖，赢得一致的叹赏了。此处有两种可能，一是高昌乐在当时虽不如龟兹之流行，但仍时有所闻；二是奉文帝之命前往窃听的"知音者"不乏西域乐工，或可能正是上文所述精擅龟兹音乐的名家，诸人学习"圣明乐"自是轻而易举了。

7. 康国乐

康国乐进入中国，在西域诸国之乐中是比较晚的，前引《隋书·音乐志》北周武帝阿史那皇后来归一事，"西域诸国来媵"，"大聚长安"的西域诸乐中，就有康国之乐，则康国乐进入中国亦是在公元568年。七部乐时康国乐并未列名其中，而和疏勒乐一样，仅得为七部乐的附属，及至大业始，列名于九部乐之中。

以上对传入中国的、被列入乐部七伎的西域音乐分别进行了考述。显而易见，七伎的重要性并非等量齐观。从列为乐部的先后言，疏勒、康国原为七部乐附庸，大业间才得以更上层楼，并入乐部，其音乐内容或者不够丰富。高昌立在乐部最晚，在贞观十四年（640）平高昌之后，其意或在夸耀功勋，音乐本身的价值反而是次要的考虑。因此，西域七伎中较重要的仅有天竺、龟兹、西凉、安国四伎而已。

如果仔细检索史籍，吾人不难发现，西域诸国，以妙善音乐、长于歌舞而知名的国家不在少数，[1] 根据笔者整理，至少还有于阗、焉耆、悦般、"昭武九姓"中的石国、曹国、米国、史国，以及较少为人所知的俱密、骨咄等国。于阗、焉耆素以音乐知名，悦般、米国、史国、俱密、骨咄均曾入贡中国，于阗、石、曹、米、史等昭武九姓之国更有造诣精妙的乐师舞人在中国领一之风骚，为时人所吟咏传诵。何以这些音乐不得立于朝廷乐部？由此可见，西域音乐的传入华夏并非有条不紊，而是各有机缘，或是外交事务上偶然出现的贡品，或是战乱动荡中遭受劫夺的战利品。它们能否为中华文化的母体吸收？如何吸收？就是以下要探究的问题。

四、一带音乐风景的中国化——西域音乐与"中国性"

以上缕述"一带"音乐风景的流动，亦即经由"一带"——丝绸之路经济带传入中

---

[1]．岸边成雄在《唐代音乐史的研究》一书中曾讨论十部伎以外之外来乐，列举西域系尚有14国，然而所列诸国或并不在西域境内，如吐蕃、党项、附国、突厥、黠戛斯，或证据不足，难以为凭，如波斯、师子国等。见该书第五章《附说》，第572～575页。

国的西域音乐。由以上论述可知，这些音乐源出不同地域，传入中国的时间、背景也各不相同，至于各种音乐的乐器、乐曲、服饰、乐工、舞者，更是各有特色，可谓百花齐放，包罗万象。[1]这些音乐进入中国之后，如何被中国文化母体吸纳重组，蜕变演化，以至成为隋唐"盛世之音"的一部分，是本部分讨论的重点。

学者近年针对所谓"中国性"（Chineseness，或曰"华人性"）有相当多的讨论。涂经诒先生有言简意赅的分析：

> 中华民族的历史当中"一以贯之"的文化精神，从横向来说，这种文化精神把中国文化同其他各国、各民族的文化区别开来，标明了中国文化的特殊性。从纵向来说，它是贯穿于中国政治、经济、思想、文化各领域的历史产物，是维系和发展中华民族共同精神生活和社会生活的基本前提。[2]

由此而言，"中国性"是经过漫长历史发展，但仍然一以贯之、传之久远的文化特质，即使时代地域变迁，某些稳固恒常不变的核心特征仍然凝聚不改。由此而言，"中国性"代表的是某种可以具体指实的成分或元素，例如文字语言（汉语、普通话）、儒家思想……音乐显然也是可以承载中国性的载体之一，但以此概念用于音乐研究则仍不多见。[3]值得注意的是，有关"中国性"的讨论多半是针对当代文学或文化，而且通常是在文化的"边陲"地带，例如海外华人，因为身处边陲才会思考"我者"与"他者"的分别。[4]至于身处文化核心之人，耳闻目睹均视为理所当然，反而不太考虑这一问题。私意以为，

---

[1] 实质的乐器、乐曲、风格等问题是音乐史研究最重要的一部分，本文受篇幅限制，无暇讨论，笔者多年前撰写博士论文，重点之一即西域音乐的乐器等问题。

[2] 参见涂经诒《略论"中国性"问题研究的历史与现状》，《台湾东亚文明研究学刊》2007年第4卷第1期。Rey Chow（周蕾）在她主编的 *Modern Chinese literary and cultural studies in the age of theory : reimagining a field*（Durham, NC : Duke University Press, 2000）一书的绪论 "Introduction: On Chineseness as a Theoretical Problem" 中，已将"中国性"当作一个理论议题加以探讨。至于解构"中国性"的论述，陈奕麟（Allen Chun）的《解构中国性：论族群意识作为文化作为认同之暧昧不明》（《台湾社会研究季刊》1999年第33期）可以作为代表，此文原以英文发表，其标题 *Fuck Chineseness: On the Ambiguities of Ethnicity as Culture as Identity*（boundary 2, Vol. 23, No. 2, Summer, 1996, pp. 111～138）以惊心动魄的方式表达了裂解之意。

[3] 拙作《听见"中国性"——四海唱片的艺术之声》，《音乐艺术》2014年第2期；以及《我的家在山的那一边——周蓝萍音乐作品里的中国情结》，《艺术论衡》复刊2016年第8期。两文均是从音乐角度探究"中国性"的尝试之作。

[4] 例如洪美恩（Ien Ang）对于"中国性"的质疑始于她的台湾经验，在 *On Not Speaking Chinese: Living Between Asia and the West* 一书中，她记述了她因为不会讲中文（Chinese）而在台湾显得不同，又因为她的中国人（Chinese）外表而在西方世界显得不同。"中国性"在"马华文学"中也始终是个重要议题。

这一概念亦可借用在处理魏晋南北朝西域音乐如何融入中国的问题上，因为这正是一个文化经由碰撞而融合的过程。笔者关切的是，中原丧乱，胡人入主，胡乐势盛，"中国性"如何展现呢？

以下由两个角度回应此一提问，一是乐部的成立，二是乐律的调适。由此可以看出，西域音乐融入中国文化母体时，"中国性"不但依旧存在，而且具有强势的主导地位。

1. 乐部的成立

何谓乐部？《通典》卷一百四十六曰："散乐，非部伍之声。"[1]说明"散乐"是若干并无部类统属的音乐杂技，这是《通典》正面赋予"散乐"的定义，但也反面界定了"乐部"。所谓"部伍之声"，正是"乐部"最恰切的定义。将各种源出不同、风格迥异的乐种分别部居，不相杂沓，并且立在官署，令专人各司其事，此即隋唐时代所谓"乐部"是也。由此而言，如果不论历史上"散乐"有其特定的表演内容，西域诸乐在中国的演化，其实就是由"非部伍之声"的"散乐"转为"部伍之声"的"乐部"的过程。

"乐部"这一概念的萌芽固然与《诗经》十五国风不无关系，但以外来音乐作为乐部却是滥觞自《周礼·春官》"四夷乐"，[2]隋唐乐部的胚胎孕育于北魏。远自 5 世纪初北魏道武帝拓跋珪以"真人代歌"晨昏歌于掖庭之中，[3]与他乐不相淆杂，则分部统属之意隐含其间；太武帝拓跋焘采择"西凉乐"及"悦般鼓舞"分别列在乐署，则官立乐部之雏形已具；[4]宣武帝元恪又收江南诸曲，总谓"清商"，殿庭飨宴奏之，[5]则俗乐立部之势已成。但如追究隋唐乐部制度的直接渊源，一脉相承，则仍需推至北周。前文引用《隋书·音乐志》北周武帝聘阿史那皇后一事，在乐部形成上至关重要：

太祖辅魏之时，高昌款附，乃得其伎，教习以备飨宴之礼。及天和六年（按：

---

[1] 杜佑撰，王文锦等点校《通典》卷一百四十六，中华书局，1988 年，第 3727 页。
[2]《周礼·春官》有"旄人"及"鞮鞻氏"，掌四夷乐舞及声歌。四夷之乐，据《孝经纬钩命决》所记，以东、南、西、北四方，分为昧、任、侏离、禁四种。显然是因其源出不同，风格有异，而分别部居，乐部的概念宛然具在于是矣。参见《十三经注疏》之《周礼》，艺文印书馆，1965 年，第 367～369 页。
[3]《魏书·乐志》："（太祖初）……凡乐者乐其所自生，礼不忘其本，掖庭中歌'真人代歌'，上叙祖宗开基之所由，下及君臣废兴之迹，凡一百五十章，昏晨歌之，时与丝竹合奏。郊庙宴飨亦用之。"
[4]《魏书·乐志》："世祖……及平凉州，得其伶人、器服，并择而存之。后通西域，又以悦般国鼓舞设于乐署。"（第 2828 页）
[5]《魏书·乐志》："初高祖讨淮汉，世宗定寿春，收其声伎，江左所传中原旧曲……及江南吴歌、荆楚西声，总谓'清商'，至于殿庭飨宴兼奏之。"（第 2843 页）

当为元年之误)武帝罢掖庭四夷乐。[1]其后(武)帝娉皇后于北狄,得其所获康国、龟兹等乐,更杂以高昌之旧,并于大司乐习焉。采用其声,被于钟石,取《周官》制以陈之。(《隋书·音乐中》,第342页)

北周力图振兴教化,锐意复古,政治上多依循《周礼》之制,[2]乐制亦不例外,所以此处有"四夷乐""大司乐"之名,均为袭用《周礼》的制度称谓。既有四夷乐之称,则必然统属若干外来乐种,各成部伍,循序奏之,此处至少已有五国之多,则当时具体而微的乐部组织已宛然可见了。史文明载"大司乐"采用诸国乐调而"采用其声,被于钟石",是以雅乐器演奏各国胡乐曲,是一种开新的融合胡汉的手法,但又特别指出是"取《周官》制以陈之",则四夷乐摆出来的堂堂阵势仍然以《周礼》之制为范本。换言之,此时西域诸乐依循《周礼·四夷乐》之法,不但有了乐部的组织,演出时呈现的形态也是"周官之制",并且使用了钟磬之器,只有乐曲是胡乐曲而已。在此,"中国性"不但鲜明呈现,且具有强势的主导地位,此种运作模式想必在某种程度上也被日后隋唐乐部继续沿用。

隋文帝开皇年间始有七部伎之名,[3]大业年间复加以扩充,进而为九部伎。《隋书·音乐志》对于这段经过所言甚详:

> 始开皇初定令,置"七部乐":一曰国伎(按:即西凉伎),二曰清商伎,三曰高丽伎,四曰天竺伎,五曰安国伎,六曰龟兹伎,七曰文康伎。……及大业中,炀帝乃定清乐、西凉、龟兹、天竺、康国、疏勒、安国、高丽、礼毕,以为九部。乐器工衣创造既成,大备于兹矣。(《隋书·音乐中》,第376～377页)

此时,非但乐部的规模有所扩充,各乐部的内部体制也大为整备,所以史传云"乐器工衣创造既成",则各伎所采之乐队编组、乐器类数、演出曲目、乐工舞者人数、衣

---

[1] 本段文字"天和六年罢四夷乐",又曰"其后"聘皇后于北狄,则皇后来归必在六年之后。但《周书》《武帝纪》及《阿史那皇后传》并载"天和三年(568),三月癸卯"皇后自至突厥,与此处相矛盾,"天和六年"(571)应为"元年"(566)之误。见冯承钧《高昌事辑》,《西域南海史地考证论著汇辑》,台北中华书局,第73页。
[2] 《北史》卷九《周本纪上》:"(西魏)恭帝三年(556)正月丁丑,初行《周礼》,建六官……帝(按:即宇文泰)以汉、魏官繁,思革前弊,(西魏文帝)大统中(535～551),乃命苏绰、卢辩依周制改创其事。"(第330页)《周书》卷二十四《卢辩传》亦曰:"于是依《周礼》建六官……并撰次朝仪、车服、器用,多依古礼,革汉、魏之法。"(第404页)
[3] 史传并未明言七部乐成立的时间,《隋志》仅曰"开皇初",似是文帝登极之初,但开皇九年(589)隋平陈才设立"清商署",则须待开皇九年(589)"清乐伎"加入,七部乐才告正式成立。

饰装扮等，均已定规，灿然大备。乐部历经北魏以来两百余年的发展，此时终于集前代之大成，而告成熟。

更进一步分析，开皇七部伎中，除了中国原有的清商伎、文康伎，以及来自东方的高丽伎，其余的都是西域伎。就地域言，包括了胡汉杂糅的河西（西凉伎）、葱岭以东的天山南路（龟兹伎）、葱岭以西的昭武诸国（安国伎），以及葱岭以南的天竺之地（天竺伎）。四伎在地域上可以说是各具代表性，其架构和组织是相当严密的，反映了当初设计时的深思熟虑。日后的九部、十部虽不能说是画蛇添足，至少在组成上已破坏了七部伎原有的地域性意义。

唐代的乐部彻底沿用了隋代的整体规制，《新唐书·礼乐志》称："唐为国而作乐之制尤简，高祖、太宗即用隋乐与（祖）孝孙、（张）文收所定而已。"[1]印证了《通典》卷一百四十六所记："武德初，未暇改作，每讌享，因隋旧制，奏九部乐。"[2]至贞观年间，太宗平高昌，又收高昌之乐于乐部中，因而增为十部伎，完成了十部的规模。

私意以为，这段乐部制度的渊源与发展有两点特别值得重视：其一，乐部制度在北周之时已经颇具规模，所缺乏的仅是乐部之名；因此隋人开始创设乐部，无非是承袭北周之旧，而将之制度化、形式化，并赋予七部、九部之名目而已。学者过去认为隋文帝之时乃整理胡、俗乐，因而有乐部制度的创设，其实是对乐部形成的历史，特别是北周有其实而无其名的乐部制度缺乏理解所致。[3]其二，北周所以在乐部形式上有长足的进展，除了继续前代已有的乐部雏形之外，主要还是因为效法《周礼》制度，必须收罗四夷诸乐，分别部伍，统属于大司乐之下。因此，乐部之制虽至隋代始告成立，其实隋人并无新意，而是直得其传于北周，渊源于北朝，而制度的嚆矢仍不得不推本于《周礼》也。显而易见，乐部制度是针对头绪纷繁、各行其是的外国传来音乐（包括西域音乐）的一番整理，整理的对象虽是胡乐，而据以整理的原则，仍是传自先秦的《周礼》"四夷乐"之制，这当然是"中国性"的体现。

2. 乐律的调适

胡戎之乐与华夏旧乐经历了魏晋南北朝三百年的交互争锋，撞击激荡，使得音乐充满

---

[1]《新唐书·礼乐十一》，台北鼎文书局，1980年，第462页。
[2] 杜佑撰，王文锦等点校《通典》卷一百四十六，中华书局，1988年，第3720页。
[3] 岸边成雄以为"隋文帝统一天下，企图复兴雅乐，同时将上述胡乐与中国俗乐加以整理，因而出现了所谓开皇'七部伎'"。将乐部制度的出现归功隋文帝，是没有细考其前代渊源。参见氏著《唐代音乐史的研究》（下册），第483页。

了崭新的元素，也充满了混乱的搭配。胡戎之乐与华夏音乐之间的戛戛磨合，表面看来，是乐器、乐队编组、乐工、乐曲的改变，其实更为关键的问题还在于乐律的调适。中国自古为"三分损益律"生成的十二律吕，落实于音乐上又有"旋宫转调"以及各种不同的音阶结构形式，如何规划一套雅、胡、俗乐都能一体适用的新乐律体系，确实是当务之急。隋代天下一统，有关乐律的严肃讨论终于端上台面，即开皇年间的"开皇乐议"。

笔者对"开皇乐议"一直感兴趣，多年以前撰写《隋代开皇乐议研究》一文，[1]探讨分析开皇乐议的音乐理论内涵、理论根据及当时实际的音乐应用，属于"音乐内部"（Musical）的研究。经过多年思考，2008年又发表了《中古长安，音乐风云——隋代"开皇乐议"的音乐、文化与政治》一文，[2]这是由"开皇乐议"的事与人、政治的纠葛、文化的冲击来看开皇乐议，可谓是"音乐外部"（Extra Musical）的研究。这两篇文章的讨论已经相当细密，在此无须赘述，仅从"中国性"的角度探看"开皇乐议"的相关问题。

开皇二年（582），文帝下令"检校乐府，改换声律"[3]，这本是隋文帝立国之初，实现中国传统"制礼作乐"工程的一种宏大想象，由此，展开长达13年的音乐论战，至开皇十四年（594）乃告终结，后人称为"开皇乐议"。开皇乐议分为前后两个阶段，前一阶段由开皇二年至开皇八年（582～588），因为久久不能定案，隋文帝大怒，[4]三次扩大规模，越来越多官员奉命参与其事，整个讨论也由纯粹的音乐逐步走向政治，[5]也正在此时，沛国郑译提出龟兹乐工苏祗婆"五旦七调"的理论，引发了更多争论，群臣"竞为异议，各立朋党，是非之理，纷然淆乱"。代表保守势力的儒者何妥以"黄钟，以象人君之德也"的主张说服了隋文帝，确定遵循只用黄钟一宫的传统，郑译宣告落败，乐议纠纷暂息。

---

[1]《隋代开皇乐议研究》，《新史学》1993年第3期。
[2]《中古长安，音乐风云——隋代"开皇乐议"的音乐、文化与政治》，《西安：都市想象与文化记忆》，北京大学出版社，2009年，第152～181页。
[3] 本节征引开皇乐议资料，除特别标注以外，均见于《隋书·音乐志》（中、下）卷十四、十五，台北鼎文书局，1980年，第345～354页。
[4] 开皇乐议于开皇二年（582）开始，同年6月，隋文帝下令营建新都，开皇三年（583）3月，新都规模粗成，文帝迁入，命名"大兴城"，亦即唐代长安。对照于新都建成的迅速，乐议的拖延不决想必让文帝十分不耐烦，他曾发怒道："我受天命七年，乐府犹歌前代功德耶？"可见乐议实在是绩效不彰。
[5] 根据个人研究，参与乐议的乐工仅有齐树提、万宝常、苏祗婆三位，他们的地位不高，发言权也不大，其余参与者均为官员。对音乐较有理解的官员包括郑译、苏夔、何妥、卢贲、萧吉等人，以儒学知名的官员有牛弘、何妥、辛彦之、房晖远、明克让；以史学知名的有姚察、许善心、刘臻；以文学知名的有虞世基、许善心。族群上是胡汉兼具，分布上是北朝士族、南朝俊彦各半，这样的组成很可以看出，所谓"乐议"其实已不是纯粹音乐人的论坛，而是逐渐冲淡音乐成分，增加政治平衡的各方角力平台。

第二阶段始于开皇九年（589），此时隋平陈，南北统一，隋文帝欢喜之余，更觉有"制礼作乐"的必要，乐议因而再起，随之而来的政治斗争也越发激烈。开皇十一年（591）郑译病逝，次年，何妥再度出手，弹劾站在郑译一方的苏威、苏夔父子，苏威是当朝宰相，位高权重，至此黯然下台，知名之士因此案牵连得罪的竟达百余人之多，本来仅着眼于音乐的开皇乐议已完全变质，酿成了一发不可收拾的政坛大地震，最后于开皇十四年（594）匆匆定案落幕，保守派大获全胜。

"开皇乐议"原本仅是出于改朝换代之际"制礼作乐"的需求，但讨论的层面日益深广，由制度施行转至音乐理论，众人各执一词，终于成为朋党倾轧的政治风暴，其中的核心人物有两位，一位是《隋书·音乐志》提及"龟兹人曰苏祗婆，从突厥皇后入国，善胡琵琶"，其二则是沛国公郑译。由于郑译在乐议时极力推崇苏祗婆的"五旦七调"，并以胡琵琶"弦柱相饮为均，推演其声……故成七调十二律，合八十四调"，如此亦步亦趋效法苏祗婆，因此学者或以为"隋唐之俗乐，据此看来，不外龟兹乐调之苗裔"[1]。"直到今日，吾国音乐犹在此种胡乐势力之下。"[2] 由此而言，仿佛开皇乐议这一次针对胡乐与华夏旧乐的正式协商之中，华夏乐律是彻底被排除了。其实不然，以郑译为代表的"中国性"，仍然在此次胡华交锋的乐律协商中彻底地显现出来了。

郑译出身荥阳郑氏世家，少时即为周武帝之父宇文泰所亲，"恒令与诸子游集"，武帝时起家为官，"恒侍帝侧"，宣帝即位之后，"委以朝政……进封沛国公"。这样一位在北周朝廷深获宠幸的官员，却在北周宣帝病重之时，背叛北周，拥立了隋文帝杨坚，"以高祖皇后之父，众望所归"，假传圣旨让杨坚入朝总理朝政及军事。可以说，隋朝的建立，郑译是扮演重要角色的开国功臣，因此隋文帝曾说："郑译与朕同生共死，间关危难。"[3]

郑译虽是高官，在历史上以懂音乐知名，史书称他"明音乐，知钟律"，著有《乐府声调》六卷，著录于《隋书·经籍志》。北朝是个胡乐风行的环境，郑译出入于爱好胡乐的北周宫廷，认识陪嫁突厥阿史那皇后而来中国的龟兹乐工苏祗婆，后来以苏祗婆的音乐理论作为他的核心观点，这种背景很容易让人推测郑译是个胡乐爱好者，然而事实未必如此。我们相信郑译即使对胡乐有所爱好，但他根深蒂固的立场，却是一位执着于恢复先秦古

---

[1] 林谦三著，郭乐山（沫若）译《隋唐燕乐调研究》，台北鼎文书局，1974年，第14页。
[2] 王光祈《中国音乐史》，台湾中华书局，1979年，第106页。
[3] 本段有关郑译资料，见《隋书·郑译》卷三十八，台北鼎文书局，1980年，第1135～1138页；《北史·郑译》卷三十五，台北鼎文书局，1980年，第1312～1315页。

乐的音乐理论家。

由史书记载郑译的作为中，我们至少可以发现三项证据支持这个观点：一是郑译与何妥在乐议时针锋相对，力主恢复先秦的旋宫转调；二是郑译在乐议时也主张恢复以蕤宾为第4级音的先秦古音阶；[1]三是郑译还主张"随月用律"，并曾据此设计"新乐"献给北周朝廷。这三点都是先秦乐论的核心意见，由此可见，郑译在胡乐风靡的环境里，仍然执着于他对于先秦古乐的想象。

郑译献乐之事发生于开皇乐议之前，见于《北史·斛斯征传》：

译乃献新乐，十二月各一笙，每笙用十六管。（《北史》卷四十九，第1788页）

所谓"十二月各一笙"，显然是根据《礼记·月令》"随月用律"之法。斛斯征指出，郑译的概念虽源于旋宫转调，但十二笙并不能完成旋宫转调，[2]因此郑译新乐并未获得采用。由以上记载，确实可以判定郑译论乐，不但理念精神来自先秦乐学，更身体力行制造新乐器，希望据以恢复先秦古乐理论。

由此思考，笔者以为，开皇乐议时郑译仿效苏祇婆以琵琶"弦柱相饮为均"，推演出"七调十二律"的"八十四调"，其实正是他以笙尝试旋宫转调失败之后，改以流行的琵琶进行实验，终于完成了旋宫转调的重大突破。经历了汉末魏晋以来胡乐大举进入中国，音乐理论的数百年混乱，此时天下统一，郑译生于此时，不但不是一位随俗从众的胡乐爱好者，而是满怀实验精神，试图将先秦古乐理想与当代流行胡乐理论融合实践的一位复古推动者。北周时他所据以落实理念的乐器是笙，失败之后换成了琵琶。套用近代中国面对西洋文化时"中学为体，西学为用"的概念，先秦乐学理论就可说是郑译的"体"，而笙或琵琶就是郑译的"用"。郑译在开皇乐议中可说是"先秦乐学为体，胡琵琶为用"，其做法与近代中国知识分子面对异国文化时的态度实有若干神似之处。显然，先秦音乐理论即是郑译执着不忘的"中国性"，由此而言，部分学者如王光祈、林谦三，仅因郑译取法苏祇婆就遽尔断定中国音乐就此全盘胡化，是未能深刻理解郑译这个"人"，也未能理解先秦乐律即是根深蒂固的"中国性"所致。

---

[1] 以上两点均见于《隋书·音乐志》，郑译仿苏祇婆在琵琶上"弦柱相饮为均"，推演"八十四调"，即是"旋宫转调"的落实，他主张"清乐去小吕"改用蕤宾为变征"即是希望恢复古音阶。相关讨论参见前引两篇拙作。

[2] 斛斯征认为十二具笙彼此无法旋宫转调，更重要的原因，如果笙有十二，其他钟磬等也得准备音高不同的十二套乐器，这在现实上当然是绝对不可行的。见《北史》卷四十九，台北鼎文书局，1980年，第1788～1789页。

分析至此，开皇乐议里的"中国性"就明显地表现出来了。一方面，在北朝胡乐聒耳盈心的音乐大环境里，郑译力排众议促使隋代雅乐回归于先秦乐律学思想，这不能不说是历经了三百年胡乐流行、雅乐胡化的音乐大势之后，雅乐必须开展自我新方向的探寻。因此郑译试图深入中国音乐的肌理，由先秦乐论开始梳理数百年来难明的乐律纠结，以创制远绍古典的隋代新雅乐。另一方面，郑译又以胡琵琶为用而推演先秦乐律之体，不啻为外来乐器的琵琶在中国音乐体系中取得了存在的合法性与发展的可能性，这不但对于当时胡乐的应用发展有重要的意义，也延续了先秦音乐理论的生命，为胡乐与华夏旧乐的融合往前推进了重要的一步，在音乐史上意义深远。在郑译及他的支持者的论述中，已隐然可见一种以先秦古典为体，却也不排除胡乐新元素的新音乐文化的出现，可以说是经历三百年雅俗胡乐磨合激荡之后，新的文化帝国的想象逐渐形成，而先秦乐律所代表的"中国性"，仍然是这个文化帝国音乐文明的核心精神。

五、结论

本文讨论"一路"音乐风景的流动，先探看音乐源头的西域地理文化，再梳理魏晋南北朝迄于隋唐输入中国的西域音乐，其主要的论点是以"中国性"的视角来看中国文化的母体如何吸纳西域音乐。由乐部制度的生成来看，各种西域音乐进入中国，如百花齐放，也如乱流奔涌，北周时期以《周礼》"四夷乐"的概念统领之、架构之，由此奠定隋唐乐部的基础。乐部的内容是西域音乐，而其核心却是先秦典章制度。由乐律的协调来看，开皇乐议虽然以龟兹乐工苏祗婆的胡琵琶理论为论辩焦点，但乐议主角沛国公郑译却是以胡琵琶实践先秦旋宫转调的八十四调，探求"随月用律"的可能，以推动胡乐与先秦音乐理论相结合。此二者——先秦的典章制度、先秦的音乐理论，在此胡乐大盛的时代依旧能够主导胡乐在中国的演化，使之与华夏之乐融合，即本文提出的恒久不变的"中国性"。

本文为个人旧日读书札记的重新整理，由于资料繁多，若干细节或有讹误，若干较新研究也没有纳入，但因西域音乐这个早已在历史山洞中沉睡的研究议题，竟然与"一带一路"这个当今重大工程有了联结，促使笔者以新视角重新看待个人的旧研究。如果说江海不辞细流乃能成其大，江汉毕竟须有其边界堤坝，才能拦截汩汩而至的奔腾乱流。历来探求隋唐音乐，总聚焦于胡乐的内容形态，其实胡乐犹如来自不同方向汇入江海的河水，笔者更关切的，反而是江海的边界堤坝能否融汇框住这些奔腾乱流？具体的边界堤坝是什么？如何运作？类此思考，是笔者长久在心念念不忘的。本文试图援引当代文化研究理论中的"中国性"来探看隋唐之前的西域音乐，正是以为"中国性"在这一段胡乐大盛的历史里，其实正是江海胡乐的边界堤坝。

本文引用的都是旧资料，但笔者希望呈现的是新视角。吾辈有幸，能够站在历史的转折点上思考过去的历史发展，本文可谓是由"一带一路"的新脉络重新审视西域音乐变迁演化的脉络，所以能够提出"中国性"的不同观点。在此，我们确实可以看到先秦经典制度、音乐理论的一以贯之、恒久不变，即使在中原丧乱天下动荡之际仍能维持其主体性，这就是"中国性"的具体显现。当然，江海不辞细流，因为中国文化的开阔胸襟、广纳博收，才有西域音乐成就隋唐盛世之音，这也是"中国性"的显著表征。本文开篇即提出"一个基础、两个颠覆"，魏晋南北朝隋唐因胡乐大盛，是第一个颠覆阶段，经由本文研究，可以发现无论音乐的表象如何天翻地覆，先秦基础依旧不动如山。所谓颠覆，其实并未真正颠覆！

本文原载于《音乐文化研究》2018 年第 2 期

（沈冬，台湾大学音乐学研究所教授，台大艺文中心主任。研究方向为中国古代音乐史、港台流行歌曲。）

关于唐代诗歌与音乐关系的整体性思考

钱志熙

唐诗与音乐关系的研究，是古今学术界一直重视的课题。重乐是唐诗的基本特点。唐诗重乐是其多种美学风格的主要成因，也影响到唐诗的各种艺术因素。刘勰《文心雕龙·乐府篇》有"声为乐体，诗为乐心"之说。[1]唐人之诗，正符合诗为乐心之说。所以，唐诗与音乐的关系，是唐诗研究中的一个重要课题。现有的研究多局限于特定的体裁之中来探讨，如有关唐声诗、唐词、唐乐府、唐杂言的研究，取得不少成果；但也都存在着一些无法解决的学术难题，如声诗入乐的真相，词的起源及其与声诗、杂言、乐府等体的复杂关系，等等。更重要的是，唐诗与音乐的深层关系，即音乐及其观念对唐诗体性的深刻影响，始终没有得到有效的揭示。之所以存在这些问题，当然与研究者的主客观条件不足有关系，但有一个重要的问题，就是一直以来这些研究都是局限在各自的体裁系统之内进行，而没有将唐代诗歌与音乐的关系问题作为一个整体来把握。本文尝试从唐人重乐的诗歌思想、唐诗在诗乐关系方面的历史继承、唐诗各种体裁与音乐的各自关系以及相互制约与促进的情况这样一些方面入手，尝试建构唐诗与音乐关系的研究纲领。

一

研究唐代诗乐关系，仍然有两个层面，一个是唐人关于诗乐关系的观念与批评理论，一个是诗歌体裁系统中存在的唐代诗歌与音乐的整体关系，两者又是相互联系着的。

唐代诗人普遍重视诗歌的音乐功能，这与他们秉承儒家的音乐思想有直接的关系。儒家提倡礼乐之治，诗歌包括在乐之中，所以中国古代的乐论亦即诗论。孔颖达认为诗歌是"发诸情性，谐于律吕"[2]，这是认为诗歌要与音律相谐，具备乐的体性。李延寿则说"文章者，盖情性之风标，神明之律吕"[3]，更是认为诗歌须内在地具备音乐的本质。

---

[1] 刘勰《文心雕龙》卷二，中华书局，1985年，第10页。（顺序为"诗为乐心，声为乐体"）
[2] 孔颖达《毛诗正义序》，《毛诗正义》，中华书局聚珍仿宋版影印本，1957年，第5页。
[3] 李延寿《南史》卷七十二《文学传论序》，第6册，中华书局，1975年，第1792页。

可以说，发之于情性而谐之于音律，是唐人对于诗歌艺术的最基本的认识。而古代符合理想的诗道，即唐虞三代之诗歌，其本来就是与音乐同体存在的。卢照邻在《乐府杂诗序》中说："闻夫歌以永言，庭坚有歌虞之曲，颂以纪德，奚斯有颂鲁之篇。四始六义，存亡播矣，余音九阕，哀乐生焉。是以叔誉闻诗，验同盟之成败；延陵听乐，知列国之典彝。王泽竭而颂声寝，伯功衰而诗道缺。"[1] 骆宾王《和闺情诗启》亦云："窃惟诗之兴作，兆基邃古，唐歌虞咏，斯载典谟；商颂周雅，方陈金石。其后言志缘情，二京斯盛；含毫沥思，魏晋弥繁。"[2] 这都反映了唐人深受传统的诗乐一体思想的影响，对诗歌的音乐本质有天然的认同。

唐人对诗歌的音乐性，或者说音乐作为诗歌的本质的自然认同，也是缘于唐诗在体裁上直接地承传了汉魏六朝的诗歌体制。唐人在讲述诗歌史的时候，有两种基本的溯理方式：一种是直接从风雅推演而下，如李白《古风》其一从《大雅·王风》述起，白居易的《与元九书》，也是直接溯源于六义与风雅。另一种则是从汉魏推演而下，典型的如殷璠《河岳英灵集序》之从建安曹刘述起。当然也有同时使用两种模式的情况。就唐诗的实际情况来说，"风雅""风骚"是它的渊源，唐诗在发展的过程中，自觉地回顾了"风雅""风骚"乃至于"雅颂"的传统，在这方面也形成了唐诗的一些重要的价值取向。但是唐诗的体制来自汉魏六朝，唐人是汉魏六朝诗歌体制风格的直接继承者。而汉魏六朝文人诗歌，导源于汉魏的乐府诗，并且旁袭了南北朝的乐府新声。所以，我们要把握唐诗的诗乐关系，必须先了解存在于汉魏六朝诗歌史中的诗乐关系。

汉魏六朝时期的诗乐关系，可以说是复杂相交的、丛生的关系。我们梳理一下它的基本进程：孕育于战国时代的各个不同于周乐系统的新声，至汉代汇集为著名的汉乐府系统，其中汉武帝立乐府，采歌讴是促使有汉一代音乐文艺形成的重要原因。汉乐府中的诗歌来自民间方俗，是不同于《诗经》四言系统的一种新型的五言诗，同时还出现了一种七言诗，体制上与楚辞有渊源关系，但主要是作为一种方俗谣谚的韵文体制存在着，当然也有部分进入乐府歌曲之中。[3] 乐府歌辞的主体（歌词与曲调）来自民间，经过乐工文士的修饰，成为"乐章"，亦即《汉书·艺文志·诗赋篇》所说的"歌诗"，它在

---

[1]《卢照邻集笺注》卷六，中华书局，1996年，第431页。（图书馆和网络均无此本资源，此处用上海古籍出版社1994年本校，见右）又本，祝尚书《卢照邻集笺注》卷六，上海古籍出版社，1994年，第341页。（"余音九阕"作"八音九阕"）

[2] 陈熙晋《骆临海集笺注》卷七，中华书局，1961年，第221页。（"兆基邃古"作"兆基遂古"，"斯载典谟"作"始载典谟"）

[3] 钱志熙《试论汉魏六朝七言诗歌的源流及其与音乐的关系》，《中华文史论丛》2013年第1期。

性质上是一种合乐的歌辞。这种合乐的歌辞，在相当长的时间内，都只以满足音乐本身的需要为目的，其文学的部分是完全依附于音乐部分的。这也是汉代没有发生兴盛的文人诗创作系统的主要原因。到了东汉时期，文人开始染指这种新声歌辞，创作出时人称为"五言"的这种新诗。这也许是乐章歌辞系统中诗与乐府分离的第一步。但是那些被称为汉代古诗的作品，也有学者认为其实是一些失去曲调名称的乐府诗。这种说法未必符合事实，因为对照现存的汉乐府歌辞与以"古诗十九首"为代表的汉代五言诗，它们显然是两个不同的系统。而唐人在追溯文人诗的源头时，也多从当时认为是西汉李陵、苏武所作的这一批五言古诗开始。因此古人多认为诗与乐府分流始于"古诗十九首"这一类作品。这种说法却昭示了早期的文人五言诗与乐府母体之间仍有密切联系。但是，就我们研究所得的比较确定的事实，诗与乐府真正的分流，恐怕要到建安时代才出现。建安诗人的创作中，曹操的创作全为入乐的乐府，曹丕、曹睿的诗歌也是以乐府为主，但非乐府的五言，却在当时的文人中盛行，曹丕《又与吴质书》中称刘桢"其五言诗之善者，妙绝时人"[1]。观此可以明确建安时期纯粹徒诗的五言体已经与乐府体分流。在这同时，汉魏相和歌辞系统的乐府诗中，出现了大量的文人拟作，它们之中的很大一部分，已经失去了入乐功能。到了两晋南北朝时代，虽然汉魏相和乐歌辞仍在官方的乐府机构中沿用（主要通过晋代荀勖等人的整理），以至到刘宋时期还保留着（沈约《宋书·乐志》），但其曲辞都是相承不变的，同期文人拟作基本上已经不入乐。晋宋时期称此类不入乐的文人拟乐府诗为"古乐府"，如《南史·临川武烈王传》附《鲍照传》即称其"尝为古乐府，文甚遒丽"[2]。其中"铙歌十八曲"作为魏晋以降历代的鼓吹乐被保存下来，历代都有重新撰作，但文人自由创作则从未拟作此组乐章歌辞，至刘宋何承天才有"私造"《鼓吹铙歌十五首》。一直到南齐，谢朓、王融等人赋曲名，才采用了鼓吹乐中的《芳树》《有所思》《巫山高》等曲名来作赋题乐府，沿至唐代，《将进酒》《君马黄》《回中》等，都成了常作的古乐府题。另一方面，从东晋开始，文人受吴声影响而创作新声歌曲的活动就已经开始。到了南朝各代，这种制作新声歌曲的创作方式一直很流行。所以，在拟乐府方面，除了拟汉魏乐府之外，又有拟吴声、西曲系统的一种。两种在唐代都属于古乐府系统。由此可见，虽然魏晋南北朝诗歌发展的一个重要趋势或称事实是诗与乐

---

[1] 萧统编，李善注《文选》卷四十二，中华书局，1977年，第591页。
[2] 沈约《宋书》卷五十一，第5册，中华书局，1974年，第1477页。（李延寿《南史》卷十三，第2册，中华书局，1975年，第360页。）

的分流,这种分流是造成文人诗系统确立的主要机制。但同时,诗乐关系又呈现出复杂的、多层面的状态。我国古代纯粹的诗歌艺术论及诗歌创作论之所以产生得比较晚,恐怕与古代诗乐关系过于密切的事实不无关系。

总结这个时期的诗乐关系,已经存在着这样三种情况:一是完全入乐的乐章歌辞(包括汉魏乐府与两晋南北朝新声乐府),二是不入乐的徒诗,古人一般的看法认为始于"古诗十九首"之流,溯其渊源,也是由乐章蜕变而来;三是原本入乐的乐府诗由文人创作蜕变为实际上不再入乐的徒诗,包括拟汉魏乐府与拟两晋南北朝的新声乐府。

二

唐代诗人继承了汉魏六朝诗歌传统,同时也继承了前代诗歌中的这种诗乐关系。对于诗乐关系,中唐提倡乐府创作的元稹曾经做过十分系统的梳理,可以作为我们认识唐诗各种体裁与音乐的各自关系的切入点。元稹《乐府古题序》:

> 《诗》讫于周,《离骚》讫于楚,是后,《诗》之流为二十四名:赋、颂、铭、赞、文、诔、箴、诗、行、咏、吟、题、怨、叹、章、篇、操、引、谣、讴、歌、曲、词、调,皆诗人六义之余,而作者之旨。……由诗以下九名,皆属事而作,虽题号不同,而悉谓之为诗可也。后之审乐者,往往采取其词,度为歌曲,盖选词以配乐,非由乐以定词也。而纂撰者,由诗而下十七名,尽编在《乐录》。乐府等题,除《铙吹》、《横吹》、《郊祀》、《清商》等词在《乐志》者,其余《木兰》、《仲卿》、《四愁》、《七哀》之辈,亦未必尽播于管弦明矣。后之文人,达乐者少,不复如是配别。但遇兴纪题,往往兼以句读长短,为歌诗之异。[1]

元稹持后世文章兼出《诗经》,为六义之余的说法。此说实后来章学诚论战国文体推源于诗教之说所本。从元稹叙理十七种诗歌体裁的名目来看,唐人虽然在观念上有歌与诗的两大分别,但"乐"实为诗歌之本。所以,不仅乐府各类,可播管弦或不播于管弦者编入乐录,而且据"由诗而下十七名,尽编在《乐录》"这一记载,可知无论乐章、徒诗,古人皆编入《乐录》。可知"乐"为各种歌诗的总名。这是唐人重乐的重要证据。

---

[1] 冀勤点校《元稹集》卷二十三,上册,中华书局,1982年,第254页。("由诗以下九名"作"由诗而下九名","尽编在《乐录》"作"尽编为《乐录》","往往兼以句读长短"作"往往兼以句读短长")

当然这种重乐、重歌的观念，是承自唐前的诗歌传统的，为唐人所继承发展，宋以后就有所坠失。这也是造成唐宋诗艺术精神与风格差异的一个重要原因。

在创作实践方面，唐人对诗歌的音乐体性也有丰富的体认，唐人在创作方面，"歌"的意识比"写"的意识更突出。唐人普遍称作诗为咏歌，对于这个问题，笔者在《论杜甫的歌者意识》一文已经做过论述[1]。唐诗多称诗歌为"歌诗"，此点已为学者所熟知。又以"调"称"诗"，如李贺《申胡子觱篥歌并序》中说申胡子"自称作长调、短调"[2]，其所说的长调即指七言诗，短调即指五言诗。刘禹锡论诗，亦称"风雅体变而兴同，古今调殊而理冥"[3]，以"调"论诗，都能反映唐人对诗歌音乐体性的认识。王运熙曾指出："唐人往往把语言风格比较质朴古雅的五言诗称为古调诗"[4]，其例甚多，不需赘举。唐人又称诗为"曲"，如独孤及《唐故左补阙安定皇甫公集序》称皇甫冉之诗："至若丽曲感动，逸思奔发，则天机独得，有非师资所奖。"[5]又元结《箧中集序》批评"近世作者，更相沿袭，拘限声病，喜尚形似，且以流易为辞，不知丧于雅正，然哉彼则指咏时物，会谐丝竹，与歌儿舞女，生污惑之声于私室可矣！若令方直之士、大雅君子听而诵之，则未见其可也"[6]。从这个批评中，可以反证唐诗，尤其是其中局限声病的近体，普遍具有一种"会谐丝竹"，为歌儿舞女歌唱的功能。楼颖《国秀集序》亦云："仲尼定礼乐，正雅颂，采古诗三千余什，得三百五篇，皆舞而蹈，弦而歌之，亦取其润泽者也。"[7]这是认为孔子是用舞蹈、弦歌的方式来删诗，强调诗歌必须具备音乐歌辞的体性。《国秀集序》记载司业苏公批评历代诗歌之语曰："风雅之后，数千载间，词人才子，礼乐大坏，讽者溺于所誉，志者乖其所之，务以声折为宏壮，势奔为清逸。"[8]从礼乐大坏的角度来论诗史，充分说明唐人是将诗歌作为"礼乐"中的"乐"的重要组成部分来认识的。这可能是唐诗重乐最重要的观念基础。楼颖在论芮挺章编《国秀集》的动机时也说："自开元以来，维天宝三载，谴谪芜秽，登纳菁英，可被管弦者，都为一集"[9]，

---

[1] 钱志熙《百年歌自苦——论杜甫诗歌创作中歌的意识》，《中国文化研究》2004年第1期。
[2] 叶葱奇疏注《李贺诗集》，人民文学出版社，1959年，第100页。（"作"作"学"）
[3] 卞孝萱校订《刘禹锡集》卷十九，上册，中华书局，1990年，第237页。
[4] 王运熙《讽喻诗和新乐府的关系与区别》，《复旦大学学报》1996年第6期。
[5] 《全唐文》卷三百八十，第4册，中华书局，1983年，第3941页。
[6] 孙望校订《元次山集》卷七，中华书局，1960年，第100页。
[7] 《唐人选唐诗（十种）》，上海古籍出版社，1978年，第126页。（"皆舞而蹈"作"皆舞而蹈之"，"亦取其润泽者也"作"亦取其顺泽者也"）
[8] 同上。
[9] 同上。

其选诗之目的，在于"可被于管弦"，可见也是以能够入乐为基本的标准。

研究唐代诗歌与音乐的整体关系，应该从专家熟知的"乐府"这个概念入手。某种意义上说，"乐府"可能是诗歌史上最复杂的概念，可以说，每一个时期所使用的"乐府"概念，都是一种并时与历时的存在，横贯着音乐机构、音乐文体、徒诗文体等多重内涵。所以，在每一项严格的学术研究中，我们每次使用"乐府"一词，都需要有一种前提与鉴定。唐乐府尤其如此。

在今天的诗歌史研究中所运用的术语中，唐乐府主要是指唐人沿承自汉魏六朝的古题乐府，以及因反思古题乐府之失而产生的新题乐府。后者从整体性质上看，仍然是由模拟汉魏六朝乐府诗歌而来的，是旧乐府系统的衍生。同样，唐诗中的歌行体，也可以视为汉魏六朝乐府的衍生，但不属于新旧乐府题的歌行，今人也有不归于乐府诗系的。这种划分方式可能是承自郭茂倩《乐府诗集》，郭氏《乐府诗集》就是以乐府题为最重要的判断标准，所以将既非古题、也非典型的新题的许多歌行体，划在收录范围之外。这种划分方法的主要理由，在于非乐府题的歌行体，在唐诗中已经成为一种独立的体裁，不再依附于以模拟为基本性格的乐府类中。或者说在这类创作中，已经没有任何意义上的"模拟"行为存在。但歌行体与一般徒诗（五七言古近体诗）的重要区别，在于仍然保持着歌辞的体貌，松浦友久称之为"对乐曲的联想"，并认为歌行"其内在的乐曲联想与新乐府在程度上大体相同"。[1] 所以，从渊源流变来说，仍然应该归于广义的拟乐府这个系统。因此，我们可以将包括旧题乐府、新题乐府和歌行在内的这个体裁系统称为"乐府歌行系统"。从上节对汉魏六朝乐府的分析，我们已经看得很清楚，唐代乐府歌行系统，正是从逐渐脱离了音乐的六朝文人拟乐府系统发展过来的，并且这个系统脱离音乐的过程，在唐以前就已经完成了。所以，这是一个与古体诗、近体诗并列的文人徒诗系统。但是，在创作的观念上，却仍然保持着乐章的资格，因而其与音乐的关系也不能简单地判断是有关还是无关。有关上述唐乐府系统的渊源与流变，笔者在《唐人乐府学述要》一文中已经做过比较系统的叙述。[2]

但是，作为一个体裁名称的"乐府"两字，在唐代还有更广泛的使用，或者说今人对唐乐府诗范围的划定，忽略了唐代新声乐府这一重要部分。这部分的主体，即声诗与稍后流行的曲子词，是唐代当世的乐章歌辞。唐代的音乐机构仍称乐府，如《旧唐书·音

---

[1] 〔日〕松浦友久著，孙昌武等译《中国诗歌原理》，辽宁教育出版社，1990年，第282页。
[2] 钱志熙《唐人乐府学述要》，《中国社会科学》2013年第8期。

乐一》载永徽二年（651）太常奏白雪琴曲，以御制《雪诗》为《白雪歌辞》，并以侍臣奉和为送声。"上善之，乃付太常编于乐府。六年二月，太常丞吕才造琴歌《白雪》等曲，上制歌辞十六首，编入乐府。"[1]最为显见之例为段安节的《乐府杂录》，所记的即是宫廷乐府的音乐。可见，乐府仍为唐代乐章歌曲之本名。宋代也仍称教坊为乐府，《宋史》"乐十七"："政和间，诏以大晟雅乐施于燕飨，御殿按试，补徵、角二调，播之教坊，颁之天下。然当时乐府奏言，乐之诸宫调皆不正，皆俚俗所传。"[2]所以，宋人仍认为曲子词为乐府。总之，唐宋两代乐府所唱的歌曲，也仍称乐府诗歌，推及其唐宋当代的一切新声乐歌，也都称乐府。此点于唐代尤其突出。后代学者如明代杨慎、清代王士禛，都曾指出有唐三百年入乐歌诗的大宗实为唐人乐府，后人对此也有许多论证。事实上，"乐府"一名在唐诗中的使用，远广于今人所掌握者。在唐人创作的各种古近体诗歌中，具有预备入乐资格者亦直接称为"乐府"或"歌诗"。如李颀有《送康洽入京进乐府歌》，其中说道："新诗乐府唱堪愁，御妓应传鹡鸰楼。"[3]《唐才子传》卷四记载康洽的事迹："洽，酒泉人，黄须美丈夫也。盛时携琴剑来长安。谒当道，气度豪爽。工乐府诗篇，宫女梨园，皆写于声律。"[4]戴叔伦有《赠康老人洽》："酒泉布衣旧才子，少小知名帝城里。一篇飞入九重门，乐府喧喧闻至尊。宫中美人皆唱得，七贵因之尽相识。"[5]康洽所工的"乐府诗篇"，其体裁究竟是什么，我们尚不能考。依上面的叙述，康洽写这些诗，就是将它们当成乐府诗篇来作，换言之，这里称它为"乐府诗篇"是它未入乐前的名称。那么，这种乐府诗篇究竟属于什么体制呢？有一点是确定的，它们不是沿用汉魏以来旧题的拟古乐府，而是新体的诗歌。而我们知道，唐人能够入乐的，除了后来的曲子词外，就是当时流行的齐杂言新体，其中五七言律绝是大宗。五言称短调，七言称长调，此见李贺《申胡子觱篥歌序》：其中说朔客李氏"自称学长调、短调，久未知名"。又对李贺说："李长吉，尔徒能长调，不能作五字歌诗。"[6]可知唐人称五言为短调，七言为长调，故唐人预备入乐之诗，也可直接称为乐府。而五七言绝句，尤其是其中的乐府体、歌曲体五七言的绝句，则更多直接使用"乐府"之名。我们看《全唐诗》

---

[1] 刘昫等《旧唐书》卷二十八，第4册，中华书局，1975年，第1047页。
[2] 脱脱等《宋史》卷一百四十二，第10册，中华书局，1977年，第3345页。
[3] 隋秀玲校注《李颀集校注》，河南人民出版社，2007年，第104页。又本，《全唐诗》卷一百三十三，第4册，中华书局，1960年，第1351页。
[4] 傅璇琮主编《唐才子传校笺》卷四，第2册，中华书局，1989年，第88页。
[5] 蒋寅校注《戴叔伦诗集校注》，上海古籍出版社，2010年，第173～174页。
[6] 叶葱奇疏注《李贺诗集》，人民文学出版社，1959年，第100页。

所收的作品，有些七言绝句是直接冠以"乐府"之名的，如刘言史《乐府杂词》三首，其体即为七绝，举其中一首为例：

紫禁梨花飞雪毛，春风丝管翠楼高。
城里万家闻不见，君王试舞郑樱桃。[1]

徐凝的《乐府新诗》亦为七绝。诗云：

一声卢女十三弦，早嫁城西好少年。
不羡越溪歌者苦，采莲归去绿窗眠。[2]

这些七绝体，没有用新旧乐府的题目，而是直接冠以乐府之名。它们或许当时是入乐歌词，但在创作时应该只是徒诗。当然，这类被冠以"乐府"之名的七绝，很可能是用当时流行的歌曲体来写的，与一般的徒诗体绝句有别。由此可见，唐人的乐府体绝句，不但是沿承前代乐章体制，如唐代的吴声西曲体绝句；同时也受到唐代流行乐章的深刻影响。我们知道，唐人的绝句，有一部分如王昌龄的《从军行》是用古题的，而《长信秋词》则用新题。这些都可归为乐府一类中。但像上面提到的这四首诗，只是一般的绝句，但却直接用《乐府杂词》《乐府新诗》这样的名称，其理由在于它们是具备入乐资格，并按照乐章歌辞的标准写作的诗歌。再看另外一些被冠以"乐府"之名的绝句。如曹邺的《乐府体》：

莲子房房嫩，菖蒲叶叶齐。
共结池中根，不厌池中泥。[3]

这是五绝称为"乐府体"的例子。陆龟蒙《乐府杂咏六首》全是五绝体，但有用仄声韵的如《乐府杂咏·双吹管》：

---

[1]《全唐诗》卷四百六十八，第14册，中华书局，1960年，第5326页。
[2] 同上书，卷四百七十四，第14册，中华书局，1960年，第5382页。
[3] 同上书，卷五百九十三，第18册，中华书局，1960年，第6874页。

> 长短裁浮筠，参差作飞凤。
>
> 高楼微月夜，吹出江南弄。[1]

有用平声韵的，《乐府杂咏·东飞凫》：

> 裁得尺锦书，欲寄东飞凫。
>
> 胫短翅亦短，雌雄恋菰蒲。[2]

从上述的例子中，我们发现了这个文体方面的事实，即唐人有时直接将五七言绝句称为乐府，这当然是因为这两种体裁经常是入乐的。又如《谈荟》：

> 李贺乐府数十首，流播管弦。李益与贺齐名。每一篇出，乐人辄以重赂购之，乐府称为二李。[3]

此处的"李贺乐府"的"乐府"是指歌辞体裁；"乐府称为二李"的"乐府"是指音乐机构。李益的乐府，就是指他那些入乐的七绝，李贺同时也作古乐府，但这里的乐府数十首，应该主要是指律诗、绝句，而非不入乐的古乐府诗。由此我们再看皮日休《七爱诗·李翰林白》"吾爱李太白，身是酒星魄。醉中草乐府，十幅笔一息"[4]这一首，他所说的李白醉中草乐府，是指传说玄宗召他作《清平乐》一事，所用的体裁也是七绝。则这里所说的李白乐府，非指其拟古乐府一类。王士禛称唐人绝句为唐三百年之乐府，正合唐人多称绝句为乐府的看法。而"绝句"一名，在唐代反而不能涵盖今人所称唐绝句的全部。[5]

唐人对于诗歌体裁的称呼，并不像后来宋元明人那样，只注重篇体的形式，而是更多地侧重于其功能与性质。如同是五言古体，有称为古风，有不称为古风的。同样，同是今人所说的绝句，有称为"绝句"，有称为"乐府"者，盖体裁虽同，而功用不一也。

---

[1]《全唐诗》卷六百二十七，第18册，中华书局，1960，第7203页。
[2] 同上。
[3] 转引自《李贺诗歌集注》，王琦《李长吉歌诗汇解首卷》，上海人民出版社，1977年，第15～16页。又本，徐应秋《玉芝堂谈荟》卷七，上海古籍出版社，1993年，第173页。
[4] 皮日休《皮子文薮》卷十，上海古籍出版社，1981年，第106页。
[5]《论绝句体的发生历史和盛唐绝句艺术》，《中国诗歌研究》（第5辑），中华书局，2008年。

唐李益、施肩吾都是作乐府体绝句的好手，孟简《酬施先辈》："襄阳才子得声多，四海皆传古镜歌。乐府正声三百首，梨园新入教青娥。"[1]这里所说的"乐府正声"，就是施氏所作的以绝句体为主的拟入乐歌诗。我们考察施肩吾所作，如《帝宫词》《叹花词》《杜鹃花词》《晓光词》《春日美新绿词》《效古词》《侯仙词》《修仙词》《金吾词》《望夫词》《少妇游春词》《惜花词》《抛缠头词》《夜笛词》等凡以词题者，以及《襄阳曲》《将归吟》《折柳枝》，实即孟简所说的"乐府正声"。可见唐之歌曲，即唐之乐府，而绝句则是它的主要体制。亦因此，当时的绝句亦称乐府。唐人使用乐府这个词，实在是纷杂得很。也因此，唐人的某类绝句曾直接冠以乐府之名的事实，就被湮没了。当然，并非所有绝句唐人皆称为乐府，只是其中作为声歌之体来创作的称乐府，其余皆为徒诗。如何辨认其声歌之体，仍需从其题名上判断，如上述肩吾之作，即多用词题，他如吟、曲、叹、歌及用专门之曲名如《杨柳枝》《结袜子》来做题目的，都可以说就是唐乐府、唐歌辞。

总结上述所论，可见今人称为唐人绝句的诗歌有两大类：一类是从晋宋人的联绝体来的，如杜甫集中自为绝句的诸首，这一类，当然不属于乐府；一类是从吴声西曲中发展过来，就是我们这里所说乐府体绝句。事实上，唐人习惯用法中的"绝句"一词，主要是指前一类。从吴声西曲中发展过来的古题乐府绝句与具备入乐资格的新声乐府绝句，在唐人那里，恐怕并未获得"绝句"之名，而是以"乐府"为正名。换言之，即唐人绝句的乐歌类，其正名即为乐府。绝句之名扩大到所有的五七言四句体的诗歌，大约是在宋代。

唐代古近体诗具备入乐资格者，唐人常直接称其为乐府。其中又因人因体而异。以人而论，如李白、李贺，其诗歌专入乐府，不仅多作古乐府辞，而且近体亦多入乐，所以其诗歌在当时即称为"李翰林歌诗""李长吉歌诗"，即强调其突出的音乐性质。这里所说的歌诗，实包括古乐府、入乐的新体诗歌两种。因体而言，则不仅唐人曲子词直接称乐府，乐府体绝句因其具备入乐资格，也可直接称为乐府。换言之，唐诗中有很大的一部分，在当代是冠以乐府之名的。任二北的《唐声诗》考证唐代近体诗入乐的一百五十余个声诗格调。殊不知在唐代，最流行的名称仍是乐府，实不需另撰声诗一目，将其割裂。况且声诗一名，在唐代即指入乐诗歌，其中以近体齐言为主，但并非仅指齐言。《刘禹锡集》卷二《高陵令刘君遗爱碑》："先是，高陵人蒙被惠风而惜其舍去，发于胸怀，播其为声诗。今采其旨而变其词，志于石。"[2]由此例可知，唐代之声诗，即指可以扬

---

[1]《全唐诗》卷四百七十三，第14册，中华书局，1960年，第5371页。
[2] 卞孝萱校订《刘禹锡集》卷二，上册，中华书局，1990年，第28页。（"播其为声诗"作"播为声诗"）

唱的诗歌，并不专指齐言入乐一类。

由上述所论可知，"乐府"一词，实包括唐代诗歌中各种新旧体的乐章歌辞。以今天唐诗学的概念来看，即已经不入乐的古题乐府、预备被采入乐的元白等人的新题乐府、入乐近体诗（即学术界所说的"声诗"）、曲子词这样几大部分。唐代诗歌与音乐的整体关系，即存在于这几种类型中。推广而言，几乎包括了唐代诗歌的所有领域。

文人诗歌本出于乐府，所以乐府一词的最广的含义，甚至可以笼罩整个诗歌领域。由于诗乐同源的传统认识，以及儒家诗教出于乐教的事实，乐府不仅可以作为一切诗歌的总名和本名，而且标志着一种诗歌的理想。也就是说，理想的诗歌，都应该符合乐府的本质。这一点，在元结的《系乐府序》中有所透露：

> 天宝辛未中，元子将前世尝可称叹者为诗十二篇，为引其义以名之，总命曰"系乐府"。古人歌咏，不尽其情声者，化金石以尽之，其欢怨甚耶戏！尽欢怨之声者，可以上感于上，下化于下，故元子系之。[1]

元结将其《思太古》《陇上叹》等十二首诗歌称为系乐府。所谓"系乐府"，亦即可系于乐府，符合乐府的标准。这个标准就是不仅有义，而且能尽欢怨之声，且其声"化金石以尽之"。由此可见，乐府在唐代非但乐章之名，而且是理想之诗歌的总名。其后元白的新题乐府的写作，与元结的这种创作思想一脉相承。元稹《乐府古题序》提到，历代文人古题乐府"沿袭古题，唱和重复，于文或有短长，于义咸为赘剩"，因而探寻"自《风》《雅》至于乐流，莫非讽兴当时之事，以贻后代之人"，于是按照近代诗人杜甫的"即事名篇，无复依傍"[2]之法，创作新题乐府。其称之"新题乐府"者，正是因为自认此为按照风雅及乐流的正确的创作方法所写作的理想的诗歌。前此，陈子昂等人从兴寄与风骨的观念出发，将汉魏诗歌推为典范，标志着唐人的古风系统的独立。元结及元、白等人在此思想与实践的基础上进一步将乐府阐述为一种理想的诗歌。并且由乐府上溯到风雅，完成了唐人复古诗学思想的整体建构。而后者更体现了唐人对诗歌的音乐本质的深刻认识。唐人这种以乐府为理想之诗歌的思想，是唐代诗歌与音乐整体关系的根本所系。而唐诗与音乐关系之密切远过于后来宋元明清各代诗这一事实，也已渐能呈现出来。

---

[1] 孙望校订《元次山集》卷二，中华书局，1960年，第18页。
[2] 冀勤点校《元稹集》卷二十三，上册，中华书局，1982年，第255页。（"无复依傍"作"无复倚傍"）

三

唐代诗歌中古题乐府、新题乐府、近体声诗、曲子词四大部分，都有各自的音乐关系。我们也可以说，唐代诗歌与音乐的关系，存在于各个不同的层面上。但是，各个系统之间并非彼此独立、隔绝的，而是联动地发生影响的。我们所说的唐代诗歌与音乐的整体关系，最核心的意义就在这里。

唐代各类诗歌与音乐的关系，其背后体现了新旧音乐系统之间的矛盾。其中最重要的事实是，古题乐府与新题乐府，即狭义的唐乐府，它们在音乐上是属于汉魏六朝的古乐系统，或按词乐研究者的说法，是属于清乐系统。而近体声诗、曲子词则是属于隋唐时代开始流行的燕乐系统。

唐人对于诗歌音乐体性的体认及诗歌音乐理想的理解，深受传统的国风雅颂与乐府的影响。元稹在《乐府古题序》中所说的"自风雅至于乐流，莫不讽兴当时之事，以贻后代之人"[1]，就是这种思想的典型表现。这也是唐代拟古乐府传统得以长期延续并发展的基本原因。唐人复古诗学的基本宗旨，首先就表现在对于风雅、乐流的音乐传统的执着。唐人的拟古乐府，甚至于歌行体，因为坚持模拟乐府歌谣的体制，与隋唐以来的燕乐系统，其实是大相违背的，但唐人仍然认为这是最理想的音乐歌辞。古乐府系统成立于晋宋时代，到了齐梁之际，已经是一种古体。以沈约的创作而论，其前期的乐府，多拟陆机、谢灵运两家，属于晋宋乐府的范畴；后期与谢朓等人的赋曲名之作，则已入齐梁声律新体之流。这标志着齐梁时代乐府系统的古衰近盛。此后直至初唐，用新声拟古题的作品兴盛，成为古乐府的主流，出现卢照邻《乐府杂诗序》中所说的"《落梅》、《芳树》，共体千篇；《陇水》、《巫山》，殊名一意"[2]的情况。上述情况，从诗乐关系的立场来看，其实是拟古乐府在音乐的系统归属上被纳入了新声燕乐之中。如果这种情况继续发展，古题乐府将名存而实亡，唐代诗歌所面对的音乐问题，也将因此而简单化，即文人诗歌创作与当代流行的音乐系统之间，是一种和谐的、互动的关系。但是事实上，由于唐人的音乐复古理想，促使其主流意识中仍以周代的雅颂之乐与汉代的相和清商之乐为正统，视当代燕乐为绮靡新声。在这种思想的引导下，初盛唐之际的诗人，开始摆脱齐梁至初唐以近体赋古题的拟乐府做法，开始向上探索汉魏乐府的体制。唐代的复古

---

[1] 冀勤点校《元稹集》卷二十三，上册，中华书局，1982年，第255页。（"无复依傍"作"无复倚傍"）
[2] 徐明霞点校《卢照邻集》卷六，中华书局，1980年，第74页。又本，祝尚书《卢照邻集笺注》卷六，上海古籍出版社，1994年，第342页。

乐府系统得以展开，其代表的作家则是李白、元结、元稹、白居易、李贺诸人。而作为唐代诗歌体裁之一的歌行，也是源于汉魏旧歌曲与齐梁之际的七言歌曲的流变，整体上看，也是属于旧乐系统的。[1]

北齐、隋唐代之际，域外音乐大量传入中国，隋文帝七部乐、炀帝九部乐，以及后来唐太宗设十部乐，其中除清乐一部主要传自梁陈的中土旧乐外，其余都来自域外，而来自域外的燕乐调，则是造成音乐上的时代性变化的根本原因。汉魏以来流传的清商乐系统，由此衰歇。采诗人所作入乐的"声诗"，以及依曲拍填词的曲子词，都是这个音乐系统的产物。郭茂倩编集《乐府诗集》，将这一部分称为近代曲词，而断以隋唐之乐。《乐府诗集》卷七十九《近代曲辞一》云：

> 近代曲者，亦杂曲也，以其出于隋唐之世，故曰近代曲也。隋自开皇初，文帝置七部乐：一曰西凉伎，二曰清商伎，三曰高丽伎，四曰天竺伎，五曰安国伎，六曰龟兹伎，七曰文康伎。至大业中，炀帝乃立清乐、西凉、龟兹、天竺、康国、疏勒、安国、高丽、礼毕，以为九部。乐器工衣于是大备。唐武德初，因隋旧制，用九部乐。太宗增高昌乐，又造䜩乐，而去礼毕曲。其著令者十部：一曰䜩乐，二曰清商，三曰西凉，四曰天竺，五曰高丽，六曰龟兹，七曰安国，八曰疏勒，九曰高昌，十曰康国，而总谓之燕乐。声辞繁杂，不可胜纪。凡燕乐诸曲，始于武德、贞观，盛于开元、天宝。其著录者十四调二百二十二曲。又有梨园，别教院法歌乐辞十一曲，云韶乐二十曲。肃代以降，亦有因造。僖、昭之乱，典章亡缺，其所存者，概可见矣！[2]

考察《隋书》《旧唐书》的音乐志，我们知道，这个七部、九部、十部乐的体系，处于郊庙乐、鼓吹乐之后，散乐之前，是属于宴飨之乐。此种乐曲，其所使用的音律，即为隋唐燕乐调。凡隋唐以下之歌曲，皆属此一系统。这个音乐系统的特点，就是大量采用文人的诗歌入乐。元稹《乐府古题序》在讨论历代诗乐的合离关系时，指出有"由乐以定词"与"选词以配乐"[3]两种类型。如果说汉乐府及南北朝新声乐曲，入乐的主要方式是"由乐以定词"，则隋唐歌曲产生的主要方式是"选词以配乐"。选词以配

---

[1] 参见钱志熙《试论汉魏六朝七言诗歌的源流及其与音乐的关系》的有关论述，《中华文史论丛》2013年第1期。
[2] 郭茂倩《乐府诗集》卷七十九，第4册，中华书局，1979年，第1107～1108页。
[3] 冀勤点校《元稹集》卷二十三，上册，中华书局，1982年，第254页。

乐的主动者为乐工，文人只是被动的提供者。这种情况，最早见于陈代。《旧唐书》卷二十九《音乐二》："《春江花月夜》、《玉树后庭花》、《堂堂》，并陈后主所作，叔宝常与宫中女学士及朝臣相和为诗，太乐令何胥又善于文咏，采其尤艳丽者，以为此曲。"[1]陈代何胥采叔宝君臣之作为新声艳曲，正是文人诗个体诗歌创作（不包括文人代朝廷创作的雅颂一类）与流行音乐的再次结合。这开创了文人创作与新声歌曲结合的新体制，也是后来唐声诗的选诗入乐的体制。后来唐代宫廷乐师，多采文人创作的近体入乐，如唐玄宗"开元二年闰二月，诏令祀龙池，六月四日右拾遗蔡孚献《龙池篇》，公卿以下一百三十篇，太常寺考其词合音律者为《龙池篇》乐章，共录十首"[2]，正是沿承陈代太常采诗入乐的做法。又《旧唐书》卷三十《音乐三》："时太常旧相传有宫、商、角、徵、羽谦乐五调歌词各一卷，或云贞观中侍中杨仁恭妾赵方等所诠集，词多郑、卫，皆近代词人杂诗，至缘又令太乐令孙玄成更加整比为七卷。又自开元已来，歌者杂用胡夷里巷之曲，其孙玄成所集者，工人多不能通，相传谓为法曲。"[3]这也是选词配乐的一大宗，其所采之近代词人杂诗，正是隋唐之际的作品，也可能包括梁陈以来的作品。由以上可见，采诗入乐是南北朝后期兴起的一种新型的诗乐结合方式。而与之配合的主要是采用了声律的五七言诗，即诗歌史所说的永明体及后来的近体诗。由此可见，声律诗系统夤缘了新的入乐方式与隋唐燕乐调，奠定了唐代诗乐结合的主要方式。而梁陈以降七言诗体的兴起，也与这种新的音乐环境的刺激有直接关系。唐诗与音乐关系之密切，在近体、歌行这个系统中再次得到证明。

唐代选词以配乐的真相，我们现在颇难全部了解。任二北的《唐声诗》是迄今为止研究声诗入乐问题最权威的著述，在所掌握的事实的层面上，迄今仍难有超过任氏此项研究的。但此书侧重研究现在文献可据的曾入乐的声诗曲调（即任氏所说格调），未能从音乐史与诗歌史的角度对唐代诗歌入乐的问题做出纵横各方面探索，例如对唐诗入乐的发生、发展的历史，未能做纵向的论述。唐代乐府主要是采诗人之新作入乐，已是不争的事实，唐人文献中也多有叙及，上节详细讨论了唐代近体入乐的情况，并且提出唐代近体中预备入乐资格者，也常称为乐府体。刘禹锡《董氏武陵集纪》感叹安史之乱后诗道之衰云："兵农以来，右武尚功。公卿大夫以忧济为任，不暇器人于文什之间，故

---

[1] 刘昫等《旧唐书》卷二十九，第4册，中华书局，1975年，第1067页。
[2] 王溥《唐会要》卷二十二，中华书局，1955年，第433页。
[3] 刘昫等《旧唐书》卷三十，第4册，中华书局，1975年，第1089页。

其风寡息。乐府协律不能足新词以度曲，夜讽之职，寂寥无纪。"[1]这里感叹由于诗风衰歇，乐府新词不足，汉魏乐府夜诵之职难续，正可反证唐代乐府歌词，主要取自文人之作。此种入乐体制源自梁陈，盛唐称盛，至中晚唐仍然流行，上节已论李益、李贺、施肩吾等绝句入乐的情况。此外，如刘禹锡、令狐楚等人的近体，也多入歌而唱，刘氏寄令狐楚的七律《重酬前寄》："新成丽句开缄后，便入清歌满坐听。"[2]又其《酬令狐相公六言见寄》："今日便令歌者，唱兄诗送一杯"[3]。又刘禹锡《酬乐天醉后狂吟十韵》："制诰留台阁，歌词入管弦。"[4]元、白两家诗也入乐便唱，也可见于元稹《赠乐天》诗云"休遣玲珑唱我诗，我诗多是别君词"，又注曰"乐人高玲珑能歌，歌予数十诗"。[5]到了晚唐时期，文人依曲填词渐兴，至温庭筠、韦庄等人已蔚然成风，但声诗之体仍然流行。韩偓《香奁集序》称："自庚辰、辛巳之际，迄辛丑、庚子之间，所著歌诗不啻千首。其间以绮丽得意亦数百篇，往往在大夫之口，或乐工配入声律，粉墙椒壁，斜行小字，窃咏者不可胜记。"[6]可见韩诗入乐，也不在少数。由此可见，在整个唐代，选诗配乐都是歌曲的主要产生方式。

与选诗配乐相对的另一种方式，是依乐作词，它包括了唐代的大部分雅乐歌词与俗乐的新声曲调。前引元稹《乐府古题序》所说："在音声者，因声以度词，审调以节唱。句度短长之数，声韵平上之差，莫不由之准度。"[7]他说的古乐府的情况，其实也已经包括了当代的各种雅俗歌曲，尤其是当时已经开始流行的曲子词。另外，从元稹的叙述可见，文人的依曲调作词，在当时并不被视为新颖的歌曲创作方式，而被认为是古已有之。也就是说，唐人仍是将曲子词这个系统归于乐府传统中的。其不同只在于这是一种新声乐曲，而唐人所执着模拟的，是汉魏六朝的古调系统。另外，从原理上说，唐人拟古乐府，其实也是属于依乐作词，只是它所依之乐，实际的唱法与曲调已经不存在了，只是一种模拟的、悬想的乐府诗体。从这里我们能够把握住唐代新兴的曲子词与古乐府的矛盾关系。即唐人执着于古乐府系统，的确是阻碍着文人依曲填词风气发生的基本原因之一。

---

[1] 卞孝萱校订《刘禹锡集》卷十九，上册，中华书局，1990年，第237页。
[2] 同上书，卷三十三，下册，中华书局，1990年，第468页。
[3] 同上注，第469页。
[4] 卞孝萱校订《刘禹锡集》卷三十四，下册，中华书局，1990年，第501页。
[5] 冀勤点校《元稹集》卷二十二，上册，中华书局，1982年，第244页（诗题作《重赠》）。又《全唐诗》卷四百一十七，作"商玲珑"。
[6] 吴在庆《韩偓集系年校注》卷六，第3册，中华书局，2015年，第1054页。（"辛丑"作"己亥"，"以绮丽得意"作"以绮丽得意者"，"往往在大夫"作"往往在士大夫"）
[7] 冀勤点校《元稹集》卷二十三，上册，中华书局，1982年，第254页。

曲子词属于燕乐系统的，是用燕乐的五音二十八调。关于词乐用燕乐二十八调，清康熙时曹寅等编《全唐诗》卷八百八十九《词一》下叙云：

> 唐人乐府，元用律绝等诗杂和声歌之，其并和声作实字，长短其句以就曲拍者，为填词。开元天宝肇其端，元和、太和衍其流，大中咸通以后，迄于南唐二蜀，尤家工户习。以尽其变，凡有五音二十八调，各有分属，今皆失传。[1]

按《全唐诗》此说，对于声诗与词的关系及唐词发生、发展之史实，至为周备。实为集历代词用燕乐之说之大成。所谓开元天宝兆其端，是指开元中新声曲调的繁兴，此事《旧唐书》已有记载。其中说到太常所存的赵方等所集的燕乐五调歌诗到了开元之中，乐工多不能通。其原因即：

> 又自开元已来，歌者杂用胡夷里巷之曲，其孙玄成所集者，工人多不能通，相传谓为法曲。[2]

这里所说的，正是词乐兴起的情形。后来唐宋人追溯词乐之兴者，也多同此说。如李清照《词论》说道"乐府声诗并著，最盛于唐"，并举开元李八郎唱歌轰动一时之例为证。"自后郑卫之声日炽，流靡之变日烦，已有《菩萨蛮》、《春光好》、《莎鸡子》、《更漏子》、《梦江南》、《渔父》等词，不可遍举。"[3] 略后于李清照的薛季宣的《读近时乐府》，也是一个关于词的音乐起源的重要文献：

> 天宝龟兹贵尚年，哇淫靡靡到今传。
> 寻思溱洧桑中调，几许不如周颂篇。
>
> 乐好株离几百年，知昏汉日暗胡天。
> 周东幸有其戎叹，却在伊川被发前。[4]

---

[1]《全唐诗》卷八百八十九，第25册，中华书局，1960年，第10040页。
[2] 刘昫等《旧唐书》卷三十，第4册，中华书局，1975年，第1089页。
[3]《李清照集》，中华书局，1962年，第78页。
[4] 张良权点校《薛季宣集》卷九，"温州文献丛书"，上海社会科学院出版社，2003年，第108页。（此书作"知昏汉日暗湖天"）

薛氏这两首诗，似乎还没有引起词史研究者的重视。他将金兵入侵、北宋灭亡归咎于从唐代天宝年间流传至今的胡夷之乐的兴盛。作者言下之意，当然也蕴含着安史之乱有着同样的祸源。但"天宝龟兹贵尚年""乐好株离几百年"，却十分明确地认为词起源于隋唐燕乐调尤其是龟兹琵琶的流行。薛氏这两首诗，其实包含了后人不断研究的词与外来音乐关系研究的大课题。又南宋初鲖阳居士的《复雅歌词序》，有曰：

> 五胡之乱，北方分裂，元魏、高齐、宇文氏之周，咸以戎狄强种雄据中夏，故其讴谣淆糅华夷，焦杀急促，鄙俚俗下，无复节奏，而古乐府之声律不传。周武帝时龟兹琵琶乐工苏祇婆者，始言七均，牛洪、郑译因而演之，八十四调始见萌芽。唐张文收、祖孝孙讨论郊庙之乐，其数于是乎大备。迄于开元、天宝间，君臣相为淫乐，而明皇尤溺于夷音，天下熏然成俗。于是才士始依乐工拍旦之声被之以辞句，句之长短，各随曲度，而愈失古之"声依永"之理也。[1]

由此可见，认为词体之盛，发端于开元、天宝俗乐的流行，是宋人的共同看法。但在唐代诗人的观念中，它属于郑卫之音。所以，在音乐生活中虽然已经接受，但在诗歌创作上，仍然执着于古乐府的系统。一直到宋代，仍然认为依曲填词，即"依乐工拍旦之声被以辞句"，有违于《尚书·尧典》"诗言志，歌永言，声依永"的原则，是将乐律置于言志与永言之前。

造成唐代诗人在音乐的价值判断上执着于古乐府系统，文人创作曲子词整体风气滞后的原因有二：其一是在观念上复兴古乐的意图的作用；其二则与唐代的选诗配乐的方式有直接的关系。由于梁陈以来选诗配乐方式的流行，使得文人诗歌大量入乐，造成文人对于诗歌入乐的自信。这种自信当然主要是促进近体的繁荣，但也使并不真正熟悉音乐发展规律的文人，误解诗乐关系的真相，认为在诗乐关系中，诗的一方面也有极强的主动性。于是，部分主张古乐的文人，认为在朝廷用乐与民间乐教方面，应该恢复古歌、古乐府，甚至单方面地设想文人拟古乐府、新题乐府有重新入乐的可能。白居易《新乐府序》自述其作乐府之由，"其辞质而径，欲见之者易谕也；其言直而切，欲闻之者深诫也；其事核而实，

---

[1] 谢维新《古今合璧事类备要》外集卷十一，第3册，上海古籍出版社，1992年，第511页。（"周武帝时龟兹琵琶乐工苏祇婆者"句中无"乐"字，"牛洪"字作"弘"，"唐张文收、祖孝孙讨论郊庙之乐"之"乐"字作"歌"，"君臣相为淫乐"作"君臣相与为淫乐"，"而明皇尤溺于夷音"作"明宗"，"天下熏然成俗"字作"薰"，"于是才士始依乐工拍旦之声"作"于时"、"拍弹"，此条名为"复雅歌词序略"）

使采之者传信也；其体顺而肆，可以播于乐章歌曲也"[1]。又其《读张籍古乐府》云："时无采诗官，委弃如泥尘。恐君百岁后，灭没人不闻。愿藏中秘书，百代不湮沦；愿播内乐府，时得闻至尊。"[2]其说都是本之于他自己在《策林六十九》中"采诗以补察时政"之说，是依据周代采诗官之说，并非当代的实际。陈隋以来"选诗配乐"的事实，似乎也为古乐府、新题乐府入乐提供了一种理论上的可能。但隋唐燕乐的曲调，只适合于拘限声病的近体，并且歌词的内容以流连风物为主，即元结所批评的"指咏时物"。而古乐府、新题乐府，无论从体制还是内容上看，都距离唐代乐工选诗入乐的标准甚远。所以除非当局者采取特殊的措施，将其谱为入乐曲，一般来说是不太可能。这也正是白居易感叹的原因。

　　从上文论述可知，唐代诗歌中古乐府、新乐府、声诗、曲子词各部分，都与音乐构成一种特定的关系。它们之间又形成并存、牵制、更替迭代的各种关系。大体上说，古乐府代表了唐代诗人音乐复古的理想，是唐诗中与当代音乐关系最远的一种体制；而依曲拍制词的曲子词，是最新型的歌曲生产方式，也是与当代音乐关系最近的一种体制。从歌曲创作来说，是最有活力的。但其依托的音乐，却是文人观念中最为低下的胡夷里巷之曲，属于靡靡之音。隋代已有炀帝等人用新曲调作的《纪辽东》、贞观中也有长孙胡忌的《新曲》，中宗时更有沈佺期等的《回波乐》。到了开元、天宝更是胡夷里巷之曲大盛，其歌曲见于敦煌曲与《教坊记》所载。但是文人创作一直滞后，盛唐诗人中，唯有李白《忆秦娥》《菩萨蛮》诸曲，但还存在疑问。其主要的原因，仍在于文人的拒弃郑卫之音的思想。另一方面，从上面论述可知，终有唐一世，文人创作的近体诗，一直是诗歌入乐的主体。这些扬为声歌的声诗，也构成唐代歌曲的主要部分。由于繁荣的文人诗影响，唐代的乐工与歌儿舞女，也具有很高的文学素质，他们喜欢采用文辞悦泽、指咏时物的文人诗入乐。这使得唐代诗人长期满足于这种入乐方式。只有到中唐以后，近体创作本身陷入因袭重复、千篇一律的困境时，少数文人才解放思想，尝试选用其熟悉的小令、短曲，依声填词。而其早期尝试者如韦应物、白居易等人，同时也是乐府的热情创作者。也就是本身就有重乐的思想。所以，词体的兴起，从根本上说，仍然体现了唐代诗人重乐思想的诗歌思想。

　　总结唐代诗歌与音乐的整体关系，我们可以得出下述重要结论：

　　一、唐代诗歌继承汉魏六朝诗歌中诗与乐府复杂、多层的分合关系，一方面是徒诗

---

[1] 顾学颉校点《白居易集》卷三，第1册，中华书局，1979年，第52页。
[2] 同上书，卷一，第1册，中华书局，1979年，第2页。

艺术的进一步发展；另一方面，重乐、"乐为诗本"的思想一直是唐诗的基本创作思想，也是造成唐诗与后来的宋、元、明、清历代诗风格不同的重要原因之一。从观念层次上说，唐诗重乐甚至将诗纳入"乐"的范畴，与儒家的礼乐之治的思想也有直接的关系。唐人正是在儒家的礼乐之治的基本框架下思考诗歌的问题，确立其诗歌批评的基本标准。

二、唐代诗歌的各个不同体裁系统，各自与音乐构成特殊的关系。其中最主要的是古题乐府、新题乐府、近体诗、曲子词四大体裁系统。古题乐府是汉魏清乐的产物，虽然在唐代已经失去了入乐的条件，但唐人仍然将其作为复兴古乐的目标。新题乐府是为解古题乐府之困而起的，虽然它只是一种模拟的音乐歌词，没有现实的音乐基础，但是从逻辑上看，新乐府所期待是一种古乐的系统，新乐府创作无疑是唐人复兴古乐的一种实践追求。因此，古题乐府与新题乐府，都是以古乐的复兴为基本期待的，其与唐代当世之乐，则是一种对抗的关系。相反，近体的兴起，则与燕乐流行同步，是南朝后期清商乐新变的产物之一。南北朝后期的梁陈隋时代，乐府采文人诗入乐，至唐代采文人诗入乐成为歌曲的主要生产方式。近体是其中的主要采集对象，绝句尤多。曲子词是燕乐的俗乐歌辞，是燕乐进一步发展的产物。由此可见，唐诗的古今两类体裁，事实上隶属于汉魏清乐与隋唐燕乐两大音乐系统。从这里我们可以获得对唐代诗歌的诗乐关系比较清晰的认识。

三、从上述唐代诗歌的各个体裁系统的不同性质可知，它们之间存在着相互制约的关系。作为儒家礼乐传统的继承者，唐代诗人中的一部分作者，始终将恢复古乐作为理想，这使得词体创作的流行大大地滞后开元、天宝燕乐的兴盛，推迟了词体创作文人化的进程。作为一种折中与调剂，乐府采文人诗入乐，则成为唐代乐章的主流。同样，中晚唐时代曲子词的兴起，也是与古乐府系统的衰落（或者说越来越思想化）及近体创作的困境的局面有关系的。所以，唐诗中各大系统，客观上存在着彼此消长的关系。或者可从说，唐诗中各大体裁的兴衰，存在于唐代诗歌整体的诗乐关系之中。

本文英文版发表于袁行霈、蔡宗齐主编《中国文学与文化》（*Journal of Chinese Literature and Culture*）2018 年第 1 期（美国杜克大学出版社），论文标题为：Music, Morality, and Genre in Tang Poetry，略有删节。

（钱志熙，北京大学中文系教授、长江学者。主要从事从先秦到唐宋的诗歌史及相关文化背景研究。）

从《凉州词》创作看声诗的断代

郝润华

"凉州"指今甘肃武威一带，是历史上"丝绸之路"的重镇。汉武帝元狩二年（前121），霍去病击败匈奴，西汉朝廷在原匈奴休屠王领地置武威郡，隶属凉州刺史部，以"地处西方，常寒凉也"[1]，故名"凉州"，此地名一直被沿用至现代。而一般人了解凉州，常常是通过唐诗《凉州词》。最著名者如王之涣与王翰分别创作的《凉州词》，诗人以悲壮的情绪反映西北边塞的独特风物与壮美风情，堪称绝唱，使得《凉州词》创作盛行一时，乃至影响到后代，《凉州词》创作也成为唐代丝绸之路文化的又一历史见证。任半塘先生《唐声诗》将声诗断代为唐五代，此结论究竟是否可靠，近来学术界时有讨论，也常有反对意见。本文以唐宋二代的《凉州词》创作为例，追根溯源，谈谈声诗的断代问题。

一、谱为乐曲的唐代声诗——《凉州词》

唐诗中"凉州"一词系高频词汇。据笔者不完全统计，清编《全唐诗》中，"凉州"一词出现了约82次，其中以《凉州词》为题者有16首（其中二首重出）。王翰、孟浩然、王之涣、耿纬、张祜、张籍、薛逢等诗人均创作过《凉州词》。另外，柳中庸作过《凉州曲二首》，王建写过《凉州行》，无名氏有《凉州歌三首》[2]，等等，这些作品用苍凉的笔调描绘西域及边塞风情，情感丰富，音节优美。这些《凉州词》以七言绝句为主，是依当时流行的胡汉杂糅乐曲谱写的歌词，均可以咏唱，内容也与作为地域和边塞的凉州有关。兹举几例：

孟浩然《凉州词二首》：

浑成紫檀金屑文，作得琵琶声入云。

---

[1] 房玄龄等《晋书》卷十四《地理志上》，中华书局，1975年。
[2] 其中第三首为五言，疑为唐末作品；《全唐词》作者为林楚翘，误。

胡地迢迢三万里，那堪马上送明君。

异方之乐令人悲，羌笛胡笳不用吹。
坐看今夜关山月，思杀边城游侠儿。

张籍《凉州词三首》：

边城暮雨雁飞低，芦笋初生渐欲齐。
无数铃声遥过碛，应驮白练到安西。

古镇城门白碛开，胡兵往往傍沙堆。
巡边使客行应早，每待平安火到来。

凤林关里水东流，白草黄榆六十秋。
边将皆承主恩泽，无人解道取凉州。

薛逢《凉州词》：

昨夜蕃兵报国雠，沙州都护破凉州。
黄河九曲今归汉，塞外纵横战血流[1]。

《凉州曲》《凉州歌》的内容也大致如此。

无论是《凉州词》还是《凉州曲》《凉州歌》，在唐代都是一回事，任半塘先生在《唐声诗》中所列《凉州词》的"别名"就有：《凉州》《梁州》《新梁州》《西凉州》《凉州曲》《凉州歌》《倚楼曲》。像王之涣《凉州词》"黄河远上白云间"，又称《梁州歌》[2]，即是一个明证。《凉州词》《梁州词》《凉州曲》《凉州歌》均是依声填词或谱为乐曲的作品。这在唐诗中可以找到许多例证：

---

[1] 以上唐诗作品均引自中华书局排印本《全唐诗》。下同，不再出注。
[2] 见《全唐五代词》。

唱得《凉州》意外声，旧人唯数米嘉荣。（刘禹锡《与歌者米嘉荣》）

霓裳奏罢唱《凉州》，红袖斜翻翠黛愁。（白居易《宅西有流水墙下构小楼临玩之时颇有幽趣因命歌酒聊以自娱独醉独吟偶题五绝句》）

行人夜上西城宿，听唱《梁州》双管逐。（李益《夜上西城听梁州曲》）

闻君一曲古《梁州》，惊起黄云塞上愁。（李频《闻金吾妓唱梁州》）

以上都是唐代《凉州词》属于声诗的明证。关于这一点，任半塘《唐声诗》上编第一章《范围与定义·五》"声诗极盛时期"即指出："从上文所引两《唐书》语，知在当时胡乐盛行之中，歌者杂用'胡夷里巷之曲'与其辞，实法曲所用之辞为易通晓，必多为民间创行之长短句调，正与法曲之用'近代词人杂诗'为齐言者相对立，实所必然。例如边地所进《凉州》《伊州》《甘州》诸曲，皆多遍之大曲，其辞之传者，亦皆'近代词人'之五、七言杂诗，宜在声诗范围之内矣。"[1]这是关于唐代《凉州词》属于声诗的直接论断。另外，在该书下编第十三"七言四句"中也有关于《凉州词》的考证，梳理众多文献，厘清《凉州词》的体制、产生、入乐、歌唱等情形。资料丰富，考证翔实，得出的结论足以令人信服。

其实《凉州》本是乐曲，即宫调曲。这一点唐诗中就有反映，如白居易《题灵岩寺》中有："今愁古恨入丝竹，一曲《凉州》无限情。"刘景复《梦为吴泰伯作胜儿歌》也说："今朝闻奏《凉州曲》，使我心神暗超忽。胜儿若向边塞弹，征人泪血应阑干。"《太平广记》卷二百四《沈阿翘》条即记载：

文宗时，有宫人沈阿翘为上舞《河满子》，声词风态，率皆宛畅。……遂自进白玉方响，云："本吴元济所有也。"光明洁泠，可照十数步。言其槌即犀也，凡物有声，乃响其中焉。架则云檀香也。而文彩若云霞之状，芬馥著人，则弥月不散。制度精妙，故非中国所有。上因令阿翘奏《凉州曲》，音韵清越，听者无不怆然。上谓之曰："天上乐。"仍选内人，与阿翘为弟子。[2]

关于乐曲《凉州》的产生，宋郭茂倩《乐府诗集》卷七十九收录唐无名氏《凉州歌》，题下注曰：

---

[1] 任半塘《唐声诗》，上海古籍出版社，1982年，第38页。
[2] 李昉等《太平广记》，中华书局，1961年。

《乐苑》曰：《凉州》，宫调曲。开元中，西凉府都督郭知运进。《乐府杂录》曰：《梁州曲》（即《凉州曲》），本在正宫调中，有大遍、小遍。至贞元初，康昆仑翻入琵琶《玉宸宫》调，初进曲在玉宸殿，故有此名。合诸乐即黄钟宫调也。张固《幽闲鼓吹》曰：段和尚善琵琶，自制《西凉州》，后传康昆仑，即《道调凉州》也，亦谓之《新凉州》云。[1]

唐开元之前，河西地区民间流行融入西域地区龟兹音乐的《凉州曲》，因玄宗喜爱，故当时的陇右节度使郭知运便进献朝廷。唐代的凉州，在地理方位上处于西域诸胡与长安之间，受到胡汉文化的双重影响，由于其与西域各族的交流十分频繁，因此当地的音乐《凉州曲》杂有西域龟兹诸国的胡音。《新唐书·礼乐志十二》载："《凉州曲》，本西凉所献也，其声本宫调，有大遍、小遍。贞元初，乐工康昆仑寓其声于琵琶，奏于玉宸殿，因号《玉宸宫调》。"[2]

作为歌曲的《凉州词》的产生，唐郑处诲《明皇杂录·补遗》"唐玄宗回京感旧"条记载：

唐玄宗自蜀回，夜阑登勤政楼，凭栏南望，烟云满目，上因自歌曰："庭前琪树已堪攀，塞外征人殊未还。"盖卢思道之词也。歌歇，上问："有旧人乎？逮明为我访来。"翌日，力士潜求于里中，因召与同至，则果梨园子弟也。其夜，上复与乘月登楼，唯力士及贵妃侍者红桃在焉。遂命歌《凉州词》，贵妃所制，上亲御玉笛为之倚曲。曲罢相睹，无不掩泣。上因广其曲，今《凉州》传于人间者，益加怨切焉。[3]

对于《凉州词》是贵妃所制这一点，后人有不同意见。宋王灼《碧鸡漫志》卷三《凉州曲》载：

《凉州曲》，唐史及传载，称天宝乐曲，皆以边地为名，若凉州、伊州、甘州之类。曲遍声繁，名入破。又诏道调、法曲，与胡部新声合作。明年，安禄山反，凉、伊、甘皆陷。吐蕃史及《开元传信记》亦云，西凉州献此曲。宁王宪曰："音始于宫，

---

[1] 郭茂倩《乐府诗集》卷七十《近代曲词》，中华书局，1979年。
[2] 欧阳修、宋祁等《新唐书》卷二十二《礼乐志十二》，中华书局，1957年。
[3] 郑处诲《明皇杂录》，《唐宋史料笔记丛刊》本，中华书局，1994年。

散于商，成于角徵羽。斯曲也，宫离而不属，商乱而加暴君卑逼下，臣僭犯上，臣恐一日有播迁之祸。"及安史之乱，世颇思宪审音。而《杨妃外传》乃谓上皇居南内，夜与妃侍者红桃歌妃所制《凉州词》，上因广其曲，今流传者益加。《明皇杂录》亦云……予谓皆非也。《凉州》在天宝时已盛行，上皇巴蜀回，居南内，乃肃宗时，那得始广此曲。或曰：因妃所制词而广其曲者，亦词也，则流传者益加，岂亦词乎？旧史及诸家小说谓妃善舞，邃晓音律，不称善制词。今妃《外传》及《明皇杂录》所云，夸诞无实，独帝御玉笛为《倚楼曲》，因广之，流传人间，似可信，但非凉州耳。[1]

笔者也认为《凉州词》并非杨贵妃所制，而是由文人首先开始依乐创作，之后逐渐流行开来的。

作为乐曲的《凉州曲》，自河西传入中原后很快流行起来，影响巨大，有些诗人即开始依谱作《凉州歌》《凉州词》《凉州曲》等歌词，以抒写边塞风情；后来又出现了先有《凉州词》诗，再被乐人谱为乐曲的情况。

无独有偶，《凉州》还有舞曲，郭茂倩《乐府诗集》卷五十三《舞曲歌辞二·杂舞一》："武后毁唐太庙，《七德》《九功》之舞皆亡，独其名存。自后宴飨复用隋《文舞》《武舞》而已。开元中又有《凉州》《绿腰》《苏合香》《屈柘枝》《团乱旋》《甘州》《回波乐》《兰陵王》《春莺啭》《半社渠》《借席乌夜啼》之属，谓之'软舞'。"[2]唐苏鹗《杜阳杂编》卷中亦载："志和遂于怀中出一桐木合子，方数寸，中有物，名蝇虎子，数不啻一二百焉。其形皆赤，云以丹砂唼之故也。乃分为五队，令舞《凉州》。"[3]唐段安节《乐府杂录·舞工》："软舞曲，有《凉州》《绿腰》《苏合香》《屈柘》《团圆旋》《甘州》等。"[4]可见，《凉州词》乐曲、舞曲乃至声诗的产生是盛唐时期胡汉文化或中外文化交流的产物，是唐代丝绸之路文化的又一见证。

关于声诗之定义，任半塘在《唐声诗》第一章《范围与定义·八》中认为："'唐声诗'，指唐代结合声乐、舞蹈之齐言歌辞——五、六、七言之近体诗，及其少数之变体，在雅乐、雅舞之歌辞以外，在长短句歌辞以外，在大曲歌辞以外，不相混淆。"[5]根据这一界定，

---

[1] 王灼著，岳珍整理《碧鸡漫志校注》，人民文学出版社，2015年。
[2] 郭茂倩《乐府诗集》卷五十三《舞曲歌辞·杂舞》，中华书局，1979年。
[3] 苏鹗《杜阳杂编》，《学津讨原》本。
[4] 段安节《乐府杂录》，《守山阁丛书》本。
[5] 任半塘《唐声诗》，上海古籍出版社，1982年，第46页。

《凉州词》是典型的依据胡汉乐曲或乐舞创作而成的唐代声诗无疑。

从体制而言，唐人所作《凉州词》基本上是七言绝句。胡应麟《诗薮·内编》卷六云："七言绝，李、王二家外，王翰《凉州词》、王维《少年行》、高适《营州歌》、王之涣《凉州词》、韩翃《江南曲》……皆乐府也。然音响自是唐人，与五言绝稍异。"[1] 七言绝句与五言绝句的区别不仅仅是文字多少，就声诗而言，其音调与内容也有不同。《全唐诗》卷五百四十八收录有薛逢《凉州词三首》，看上去确实是五言绝句：

> 千里东归客，无心忆旧游。
> 挂帆游白水，高枕到青州。
>
> 君住孤山下，烟深夜径长。
> 辕门渡绿水，游苑绕垂杨。
>
> 树发花如锦，莺啼柳若丝。
> 更游欢宴地，悲见别离时。

这三首所谓《凉州词》与唐代其他《凉州词》的不同之处不仅仅是体裁，还有内容，其他《凉州词》描写边塞主题，而这三首五绝显然是爱情主题。有意思的是，这三首诗，在诗词集中竟然有不同的作者与诗题。其一"千里东归客"，《全唐诗》见于三个地方：卷二十七归《杂曲歌辞》，属《伊州歌十首》之第四首；卷二百四十四在韩翃名下，是五律《送张儋水路归北海》诗的前四句；卷五百四十八在薛逢名下，题《凉州词》。郭茂倩《乐府诗集》卷七十九、《钦定词谱》卷四十、近人所编《全唐五代词》卷五均有收录，题作《伊州歌》。可见，此诗题当为《伊州歌》，非《凉州词》。其二"君住孤山下"一首，也是如此。首先是《全唐诗》收入卷二十七《杂曲歌辞·入破第五》；然后是卷五百四十八薛逢名下《凉州词》；《钦定词谱》卷四十、《全唐五代词》卷五亦有收录，题名《伊州歌·入破第五》。看来这一首也应该是属于《伊州歌》，而非《凉州词》。其三"树发花如锦"一首，更是收录于不同地方。第一，《全唐诗》卷二十七《杂曲歌辞·排遍第一》；第二，《全唐诗》卷五百四十八薛逢名下《凉州词》；第三，《全

---

[1] 胡应麟《诗薮》，上海古籍出版社，1979年。

唐诗》卷五百六十五作韩琮诗，题名亦为《凉州词》；第四，《乐府诗集》卷七十九、《全唐五代词》卷五作《陆州歌·排遍第一》。后一首应当是《陆州歌》。《凉州》《伊州》《陆州》都属声诗，因此题名容易混淆。

综上可见，《全唐诗》薛逢名下的这三首诗都不属《凉州词》，这似乎透露出一个信息：一是唐代能入乐的《凉州词》应该都是七言绝句；二是到了晚唐五代，随着声诗创作的衰弱，作为声诗的《凉州词》创作也逐步减少，甚至消亡。

二、《凉州词》创作在宋代的消亡

学界有人认为宋人也多作《凉州词》诗，但笔者遍检今人所编纂《全宋诗》，竟未找到一首题为《凉州词》《凉州歌》或《梁州词》《梁州歌》的诗，以"凉州"为题的宋诗也仅仅只有三首，即：胡宿《凉州》、晁补之《凉州女》、陆游《凉州行》。三首诗中，第一首是七言律诗，第二、第三首均为古体。三首诗的内容与主题也不全是叙写边塞。题目最像唐声诗的胡宿《凉州》，虽是一首七言律诗，但从音节上看应该不属于声诗。据笔者统计，"凉州"一词在《全宋诗》中总共出现了107条，数量不算多，内容与凉州或边塞联系也并不紧密。可见，至宋代，诗人已不再创作叙写西北边塞风情的《凉州词》。

宋人不再创作《凉州词》诗现象的发生，笔者以为有两方面原因：一是历史的原因。凉州及河西广大地区在宋代基本上属于西夏与蒙古人占领的区域，以宋朝的军事实力实在难以收复。对宋王朝来说，这自然是难以启齿的事实，因此，文人忌讳谈论凉州失陷事，偶尔以委婉的笔调在诗文中提及，如"一从天宝陷凉州，路绝阳关数百秋"（胡宿《凉州》）、"莫道无人能报国，红旗行去取凉州"（王珪《闻种谔米脂川大捷》），写这诗的还都是北宋诗人。到了偏安一隅的南宋，文人更是不敢言说收复失地的话，像陆游那样的爱国诗人是极其特殊的，也是极其难得的。[1]查阅宋诗，表现诗人痛失河西边塞的作品还真是不多。而且纵使出现"凉州"字样，大多时候意象也是葡萄与葡萄酒，或是乐曲。如刘敞《葡萄》："蒲萄本自凉州域，汉使移根植中国。凉州路绝无遗民，蒲萄更为中国珍。"韩驹《庚子年还朝饮酒六绝句》："旧闻西国蒲萄酒，走送柴门不待求。饮罢愁城无处立，故应一斗直凉州。"西域葡萄引入中原，凉州是必经之地，后因为凉州的气候适宜种植，葡萄也成了凉州的特产，甚至有了葡萄酿制的酒，唐王翰《凉州词》有云："葡萄美酒

---

[1] 陆游《五月十一日夜且半梦从大驾亲征尽复汉唐故地见城邑人物繁丽云西凉府也喜甚马上作长句未终篇而觉乃足成之》中有："天宝边兵陷两京，北庭安西无汉营。五百年间置不问，圣主下诏初亲征。……凉州女儿满高楼，梳头已学京都样。"

夜光杯，欲饮琵琶马上催。"宋乐史《杨太真外传》记载："太真妃持颇梨七宝杯，酌西凉州蒲桃酒，笑领歌，辞意甚厚。上因调玉笛以倚曲，每曲偏将换，则迟其声以媚之。"[1] 这就是宋诗中"凉州"意象主要是葡萄或葡萄酒的原因。另如刘翰《闻笛》："谁将玉笛按《凉州》，吹彻春风不下楼。若道声声都是恨，不知消得几多愁。""凉州"在此处则表示乐曲。而高调表现边塞风情与战争则是唐代《凉州词》的唯一主题，这样一来，宋代诗人当然不能触碰这根神经。

二是文学自身发展的原因。宋人不再创作《凉州词》，与上文所论声诗的逐渐衰微与词的兴起有直接关系。《凉州词》在唐代本属入乐的声诗，而五代至宋，词（长短句）的创作逐步兴盛起来，先有音调，再依声填词，这些原本声诗所具有的属性，很快被长短句这种新的艺术形式所代替，因此，作为典型声诗的《凉州词》也随之消亡。既然宋人已不再创作《凉州词》，我们可以初步断定：无论是古诗还是近体，到北宋时诗歌都已经不能入乐，即当时所有诗歌都变成了"徒诗"，代之而起的是依声填词的长短句（词）。关于这一点古人已有发现。近代况周颐《蕙风词话续编》卷一即说：

> 王文简《倚声集序》：唐诗号称极备，乐府所载，自七朝五十五曲外，不概见。而梨园所歌，率当时诗人之作，如王之涣之《凉州》，白居易之《柳枝》，王维《渭城》一曲，流传尤盛。此外虽以李白、杜甫、李绅、张籍之流，因事创调，篇什繁富，要其音节皆不可歌。诗之为功既穷，而声音之秘，势不能无所寄，于是温、韦生而《花间》作，李、晏出而《草堂》兴，此诗之余而乐府之变也。[2]

《花间集》《草堂诗余》是五代、两宋词集的主要代表，作者认为盛唐以后大多数乐府"因事创调，篇什繁富，要其音节皆不可歌"，虽有偏颇之处，但也不无一定道理。作者进而认为五代以后诗歌虽不能再唱，但词这一形式却代之而起，"于是温、韦生而《花间》作，李、晏出而《草堂》兴"，这一观点应该是极其正确的。笔者完全赞成这一说法。

随着声诗《凉州词》的消亡，也随着词的逐渐兴盛，宋代产生了作为词牌的《凉州令》。"宋代纯舞衰落以后，《凉州》乐舞之名逐渐演变为词牌和曲牌，并以文学形式

---

[1] 乐史《杨太真外传》，《顾氏文房小说》本。
[2] 况周颐《蕙风词话》，《蕙风词话续编》，人民文学出版社，1960年。

流传至今。"[1]宋词词牌名《凉州令》，一作《梁州令》，双调，有五十字、五十二字、五十五字三体，仄韵。《凉州令》或是在乐府的基础上所创立。北宋人即有作，如欧阳修曾有两首《凉州令》，其一："红杏墙头树，紫萼香心初吐。新年花发旧时枝，徘徊千绕，独共东风语。"又，《凉州令·榴花》："翠树芳条飐，的的裙钗初染。佳人携手弄芳菲，绿阴红影，共展双纹簟。……芳心只愿长依旧，春风更放明年艳。"前一首写爱情，后一首写石榴花，其主题与唐代的《凉州词》所表现的边塞内容大异其趣，这正是宋代词牌《凉州令》的题材特点。宋代词人柳永、晏几道、晁补之等均写过《凉州令》，也都是典型的言情婉约词。或许有人说宋代文献中常出现"乐曲"这个词，但笔者以为"乐曲"有时指音乐，有时则指宋词，如宋王灼《碧鸡漫志》卷二"宇文叔通词"条载：

> 宇文叔通久留金国不得归，立春日作迎春乐曲云："宝幡采胜堆金缕，双燕钗头舞，人间要识春来处。天际雁，江边树。故国莺花又谁主。念憔悴，几年羁旅。把酒祝东风，吹取人归去。"[2]

宇文叔通在此所作"迎春乐曲"就是代指宋词。

任半塘在《唐声诗》中认为词（长短句）是由杂言体乐府演变而来，我以为此观点具有一定道理。明杨慎《升庵诗话》卷十二云：

> 陈后山诗："吴吟未至慢，楚语不假些。"任渊注云："慢谓南朝慢体，如徐庾之作。"余谓此解是也，但未原其始。《乐记》云："宫商角徵羽，五者皆乱，迭相陵，谓之慢。"又曰："郑卫之音，乱世之音也，比于慢矣。"宋词有《声声慢》《石州慢》《惜余春慢》《木兰花慢》《拜星月慢》《潇湘逢故人慢》，皆杂比成调，古谓之啧曲。[3]

此段材料间接说明乐府杂言诗与宋词词调之间的关系，也能印证任先生的观点。

虽然，如任半塘先生所说，宋词词调与唐代声诗没有直接联系，但从音乐文学的形式来说，依声填词的长短句（词）取代了能谱为歌曲的唐代声诗，单就名称或标题而言，

---

[1] 王雪《唐代乐舞〈凉州〉研究》，中国艺术研究院2013年硕士学位论文。
[2] 王灼著，岳珍整理《碧鸡漫志校注》，人民文学出版社，2015年。
[3] 杨慎《升庵诗话》，《历代诗话续编》本，中华书局，1983年。

《凉州令》或《梁州令》代替了《凉州词》或《凉州歌》，这是势之然也，因为宋词是宋代文学的主流，这就是前贤所谓"一代有一代文学之盛"的具体表现。

由于在文学上向唐诗学习的需要以及与宋代迥异的历史地理环境（明清两代凉州均纳入华夏帝国版图，明称凉州卫，清称凉州府），明清时期不少诗人创作过《凉州词》，如，明薛蕙《凉州词》："陇西西去抵凉州，边塞萧条处处愁。青草不生青海曲，黑云常聚黑山头。"又如，明张恒《凉州词》："垆头酒熟葡萄香，马足春深苜蓿长。醉听古来横吹曲，雄心一片在西凉。"清人也有，如傅昂霄《凉州词》："九日霜高塞草腓，征鸿无数向南飞。深闺莫道秋砧冷，夜夜寒光满铁衣。"又如，徐釚《凉州词》："纥干山下阵云多，玉笛横吹出塞歌。肠断关山万余里，秋风先入雁门过。"不胜枚举。有些诗题名直接称"翻凉州词"或"拟凉州词"，可见是唐代《凉州词》的模拟之作。这些《凉州词》已经是纯粹的七言诗歌作品，即"徒诗"，除了语言、主题及风格模仿唐代边塞诗外，与唐代声诗已经没有任何关系了。

关于声诗的断代问题，任半塘在《唐声诗》第一章《范围与定义·六》中做出明确交代：

> 从大体瞰之，上文引郭氏论唐燕乐之语，竟可移此以专论唐声诗，曰："始于武德、贞观，盛于开元、天宝；肃、代以降，亦有因造，僖、昭而后，渐臻亡缺。"——一一无不吻合。[1]

通过对唐以后《凉州词》创作的考察，笔者进而提出一个管窥之见：至于宋代，"可被管弦"的声诗实际上已经衰微，换句话说，就是典型意义上的声诗在宋代也应已消亡，不止是《凉州词》一种。这正与任半塘先生的声诗断代观点相一致。

三、余论

在《唐声诗》第一章《范围与定义·八》"声诗定义"中，任半塘先生进一步推断：

> 首曰：声诗断在唐代也。于我国历代歌辞中立此一体，乃专为唐代而设；尤之曰"宋词"、"元曲"，含有断代意义。……次曰：声诗断在雅乐、雅舞之歌辞以外也。……唐代俗乐与文艺，倚民间为基础，继承前代精华，同时又吸取外方特点，

---

[1] 任半塘《唐声诗》，上海古籍出版社，1982年，第41页。

均有新创造与真正生命在，而雅乐、雅舞及其歌辞，实不与焉。……三曰：声诗之辞，断以近体诗为主也。[1]

关于宋代以后无声诗的问题，前文已有所论述。至于唐声诗究属燕乐抑或雅乐的问题，学界也有讨论，此非本人特长，不再赘述。在此，笔者就任先生关于声诗属近体诗的问题做些简略考察。

笔者借助现代检索手段，查出古代文献中有关唐代声诗多属近体的几条材料，可为《唐声诗》的这一论断补充一些证据。

李肇《唐国史补》卷下载："李益诗名早著，有'征人歌且行'一篇，好事者画为图障。又有云：'回乐峰前沙似雪，受降城外月如霜。不知何处吹芦管，一夜征人尽望乡。'天下亦唱为乐曲。"[2] 被"唱为乐曲"的李益此诗，名《夜上受降城闻笛》，收入《李益诗集》，是李益最有名的边塞诗，是一首典型的七言绝句。

宋王灼《碧鸡漫志》卷一"唐绝句定为歌曲条"明确说：

> 唐时古意亦未全丧，《竹枝》《浪淘沙》《抛球乐》《杨柳枝》，乃计中绝句，而定为歌曲。故李太白《清平调》词三章，皆绝句。元、白诸诗，亦为知音者协律作歌。……然唐史称：李贺乐府数十篇，云韶诸工皆合之弦笙。又称：李益诗名与贺相埒，每一篇成，乐工争以赂求取之，被声歌供奉天子。又称：元微之诗，往往播乐府。……[3]

王灼所举声诗作品（歌曲）多属绝句。又，宋赞宁《宋高僧传·唐杭州灵隐山道标传》：

> 标经行之处，尤练诗章，辞体古健，比之潘、刘。当时吴兴有清昼，会稽有灵澈，相与酬唱，递作笙簧。
>
> 每飞章寓韵，竹夕花时，彼三上人当四面之敌，所以辞林乐府常采其声诗。由是右庶子姑臧李公益书云："重名之下，果有斯文。西还京师，有以夸耀。"[4]

---

[1] 任半塘《唐声诗》，上海古籍出版社，1982年，第46页。
[2] 李肇《唐国史补》，上海古籍出版社，1979年。
[3] 王灼著，岳珍整理《碧鸡漫志校注》，人民文学出版社，2015年。
[4] 赞宁撰，范祥雍点校《宋高僧传》，中华书局，1987年。

道标是中唐时诗僧，诗已佚，《全唐诗》中收录有刘长卿为其所作送别诗二首，一为五言律，一为七言绝。此《传》中所说"辞林乐府常采其声诗"者，或当为近体诗。

又，明王世贞《艺苑卮言》卷八载：

> 唐时伶官伎女，多采名人五、七言绝句，李贺乐府数十首，流传管弦。又李益与贺齐名，每一篇出，辄以重赂购之入乐府，称为"二李"。呜呼！彼伶工女子者，今安在乎哉？[1]

王世贞也以为唐乐伎所唱"多采名人五、七言绝句"。清鲁九皋《诗学源流考》云：

> 若夫唐人乐章，多尚铺张，不若柳子厚之《唐雅》二篇、《铙歌》十二曲，为足追古作者。而乐人所歌，又在诸名人绝句，如王之涣之《凉州词》、王维之《阳关三叠》，其尤著者。[2]

鲁九皋也认为唐"乐人所歌，又在诸名人绝句"。

以上几条材料所指唐诗之能歌者，均与任半塘《唐声诗》中所谓"声诗之辞，断以近体诗为主"的结论相一致。可见，唐声诗多属近体诗的论断也具有一定道理。

综上所述，曾经盛极一时的近体形式的唐代声诗《凉州词》，随着其在宋代的消亡，正式意义上的声诗也随之结束了它的使命，代之而起的是能谱为乐曲的宋词。据此可见，《唐声诗》关于声诗断代的研究结论依然具有正确性。

此文原载于《新疆大学学报》2017 年第 6 期

（郝润华，西北大学文学院特聘教授。）

---

[1] 王世贞《艺苑卮言》，《历代诗话续编》本，中华书局，1983 年。
[2] 鲁九皋《诗学源流考》，《清诗话续编》本，上海古籍出版社，1983 年。

流行文化对经典文本变异的影响

——论白居易"七老会诗"与"九老图"、《九老图诗》的源流关系*

查屏球

尚齿会是宋后近古士大夫文化中的一个流行习俗,这一传统起源于宋人对白居易（772～846）晚年在洛阳雅集活动的模仿,实际上也体现了白居易诗歌在宋代的影响。然而,今传《白氏文集》中所记之事与后世传说多有不合之处,自宋以来就有学者提出了争议。这一争议一直延续到明清,并扩张到韩、日,成为东亚三国共同的学术话题,难有定论。究其原因,就在于各自所依的文献有别,这其中既有《白氏文集》的抄本与印本之别,也有在流传中出现的真伪之别。以下即对此加以说明,进而分析流行文化与正统文学之间的关系,并由此说明纸抄文本向印本转化过程中的一些问题。

一、由《七老会诗》到《九老会诗》的衍变

在那波本《白氏文集》卷七十一（宋绍兴本、马元调本三十七卷）中有白居易《胡、吉、郑、刘、卢、张等六贤皆多年寿,余亦次焉,偶于东都敝居履道坊合,成尚齿之会,七老相顾既醉且欢。静而思之,此会稀有,因各赋七言六韵诗一章以纪之,或传诸好事者》:

> 七人五百七十岁,拖紫纡朱垂白须,
> 手里无金莫嗟叹,尊中有酒且欢娱,
> 吟成六韵神还壮,饮到三杯气尚麄,
> 岧峨狂歌教婢拍,婆娑醉舞遣孙扶,
> 天年高过二疏传,人数多于四皓图,
> 除却三山五天竺[1],人间此会更应无。

---

* 本文系教育部人文社会科学重点研究基地重大项目"近古流行唐宋诗文评点本研究"（13JJD750005）阶段成果,得到浙江大学人文高等研究院支持,特此致谢。

[1] 三仙山,五天竺国,多老寿者。

前怀州司马安定胡杲年八十九、卫尉卿致仕冯翊吉皎年八十六、前右龙武军长史荥阳郑据年八十四、前磁州刺史广平刘真年八十二、前侍御史内供奉官范阳卢真年八十一、前永州刺史清河张浑年七十四、刑部尚书致仕太原白居易年七十四，已上七人合五百七十岁，会昌五年三月二十一日于白家履道宅同宴，宴罢赋诗。时秘书监狄兼謩、河南尹卢贞以年未七十，虽与会而不及列。

本诗题是一段记事短文，所记是白居易晚年一次最有名的聚会，诗后序言时间是会昌五年（845）三月，地点在白居易履道坊自宅中。此事在当时影响甚大，新近出土的《唐故永州刺史清河张公（浑）墓志铭并序》[1]，韦邈作于大中元年（847），有曰："罢永居于洛师，与少傅白公为嵩少琴酒之侣，遂绝意于宦途。以会昌六年八月廿三日疾，薨于河南府洛阳县仁风里，年七十六。"张浑与白居易卒于同年，韦邈于次年所作的墓志中专门提及他与白居易的琴酒聚会之事，足见当时人已将这一次聚会当作一次盛会来记录了。

白氏诗题、诗后序言各赋六韵诗一章，人数是九人，因狄兼謩、卢贞不及七十岁没被列入，其原初应是由七首构成的组诗，但在白集中仅存白居易一首诗，其余只留有人名、身份和年龄的介绍。在现存文献中，关于这组诗最早的完整记录是计有功（1100？～1160？）《唐诗纪事》，本书卷四十九收录组诗《九老会诗》，将白诗与其余六人诗合为一组，第一首题为《九老会赋诗》，其余皆题为《九老会》，并于后记中增有一首绝句，曰：

其年夏又有二老，年貌绝伦，同归故乡，亦来斯会，续命书姓名年齿，写其形貌，附于图右，与前七老题为九老图，仍以一绝赠之。云："雪作须眉云作衣，辽东华表暮双归。当时一鹤犹希有，何况今逢两令威。（洛中遗老李元爽年一百三十六，禅僧如满归洛年九十五岁。）"

计氏所录诗序前半部分是将白诗长题与后序合成编辑成文，后半部分是新增内容，疑点颇多：（1）年龄有异，排序不同，白集中郑八十四，刘八十二，此处郑八十五，刘

---

[1]《洛阳出土历代墓志辑绳》，中国社会科学出版社，1991年，第677页。此言张浑卒年七十六，会昌五年（845）应是七十五岁，与白集所记不同。

八十七，张浑也由七十四改为七十七岁，白诗原文的"七人五百七十岁"也因此变成了"七人五百八十四"。（2）时间有变，白集作"会昌五年三月二十一"，计氏所录为"时会昌五年二月二十四日"，白氏所记与上引"张浑墓志"基本相合，可信无误，计氏所录恐有传抄之误。（3）计氏所录序中新添了一首绝句与绝句诗序，从人数上使"七老会诗"成了"九老会诗"，但其伪托之迹甚明显。其一，《新唐书·白居易传》已记有九老会事，但未提后二老，其中李元爽一百三十六岁，显为小说家传说之语，故不为《新唐书》采用，或许欧阳修、宋祁时尚无这一材料流行。其二，白氏"七老会诗"未言及诸老画像事，而绝句序却言"书姓名年齿""写其形貌，附于图右"，表明此前已有为七人画像之事。又曰"仍以一绝赠之"，似此前已有绝句赠六老，但在白集中找不到与此相关的材料。其三，序文与白集其他诗文有矛盾，序曰如满大师"年貌绝伦"，似是初识，而白居易早在十年前即开成元年（835）五月作的《圣善寺白氏文集记》已言："与东都圣善寺钵塔院故长老如满大师有斋戒之因，与今长老振大士为香火之社。"其与如满相识已久，此时不当作此初识之语；十年前已言其为"故长老"，也不当在此年又出现。又，白集七十一卷《佛光和尚赞》记会昌二年（842）"命缋以写和尚（如满）真而赞之"，似也没必要在三年后又"续命书姓名年齿，写其形貌"。诸多疑点表明这首绝句与序可能不是出自白氏之手。

这一点可由计氏在书中另卷安排这组诗的编辑用意中见出。《唐诗纪事》中有关白居易的内容居诸家之首，卷三十八整卷录入了张为《诗人主客图》对白诗的评语与录诗、白居易《洛中集序》《元微之长庆集序》，分别概括了白氏讽喻诗、闲适诗、感伤诗的特色；卷三十九以三分之一卷篇幅收录《白居易年谱》以及诸家与白氏唱和诗，其年谱也记了九老会事："（会昌）五年，为东都九老会，时年七十四。"但是九老诗没有出现在这二卷中，而是另外置入四十九卷中，显然是为了保持组诗文本的完整性，同时，也是因为这一文本与上述文集中材料不是同一个来源。《唐诗纪事》约完成于绍兴十六年（1146）后十余年里，其后又有修补，计氏《唐诗纪事序》言："寻访三百年间文集、杂说、传记、遗史、碑志、石刻，下至一联一句，传诵口耳，悉收采缮录。间捧官牒，周游四方，名山胜地，残篇遗墨，未尝弃去。"这部分内容可能就是出自所谓"残篇遗墨"中。以《九老诗》为题的文本形态在北宋后期已开始流行，如日本所存《管见抄》是1256年左右抄录的《白氏文集》选本，底本为景佑四年（1037）刊本，其在七十二卷中也抄录了"七老会诗"，无计氏所录九老会诗与序，这证明"九老诗"当时尚未进入白集之中（见图1）。

又，叶廷珪《海录碎事》卷二十二言："白居易《九老诗》'嵬峨狂歌教婢拍，婆娑醉舞遣孙扶。'"叶廷珪是宋徽宗、高宗朝（1100～1126）的人，其引文标题表明其时已有白居易《九老诗》一题流传了。但是，洪迈（1123～1202）《容斋随笔·四笔》卷八却言："今所谓九老图者……秘书监狄兼謩、河南尹卢正以年未七十，虽与会而不及列……今士大夫皆熟知此事。"《容斋四笔》成书于庆元三年（1197），其言及"九老图"，而所录文本却同于白居易《七老会诗》，未言后增的二老及诗。这说明《唐诗纪事》所增之"二老图题赞绝句"及序仍不见于其时流行的白集中。

但是，自《唐诗纪事》之后，"七老诗"+"题赞二老绝句"却成为《九老会诗》的组成部分，如《说郛》《高氏三宴诗》《唐音统签》《白香山诗集》等文本形态虽有不同，但多是对《唐诗纪事》材料不同的改变：或改为《洛中九老会诗》，或改为《香山九老诗》，又设法为"九老"找到对应的诗作，

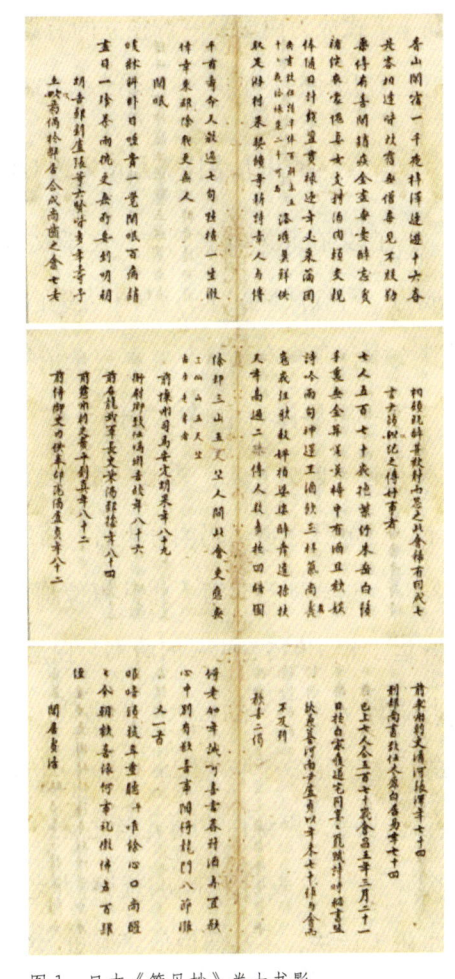

图1　日本《管见抄》卷十书影

如《香山九老诗》错将白氏《欢喜二偈》分作为狄、卢之作，胡震亨将二老名、序、诗分列，使之成为独立的一首诗。《唐音统签》所录白居易诗底本是宋、明人对白集重新编订的分类本，《九老会诗》可能就是在重编中进入白集的。其实，后一绝句是为二老图像所作的题诗，与前之七老分写一首并不相同。正是因为有这样的混乱，季振宜《全唐诗稿本》录白诗全据马元调本，而这个部分却是径直照录《唐诗纪事》，显然他也是以计氏所录为本诗最早的出处。汪立名在处理这个材料时，可能发现了这个问题，就将之独立出来，注曰："从各本搜考六老诗及后题绝句一首，以归补遗集。"其将此绝句独立出来与两人相配，凑成《九老图诗》一题，虽未明言其源，但不难见出它与《唐音统签》的源流关系[1]。清编《全唐诗》卷四百六十二也据《白香山诗集》收录此诗。至此，《九老图

---

[1] 汪立名所编白集多依据钱谦益绛云楼所藏宋本，然此本已毁于火患，详情难明。《唐音统签》所录白集亡佚诗也取自"钱太史"本，胡氏未单列《九老图诗》，单列《九老图诗》可能只是汪氏编辑的结果。

诗》正式成为白居易一首独立的有题有序有诗的作品，并进入白集传本中。从计有功算起，它已经历了近六百年（1146～1703）的变化。

二、《香山九老图》是南宋人对白诗阐释与想象的产物

白集在北宋就有刊本，文学文本已经固化，但文集未存之《九老会诗》至南宋后却成为一种权威性文本，这与宋人崇白风尚及"九老图"的流行甚有关系。在这种流行文化中，其文本传承自有系统，并不完全依托作家本集，甚至可以影响到文集的重编。

白居易作为中晚唐文化明星，在世时就有图像流传，《白氏文集》（那波本）卷六十七《自咏》云："须白面微红，醺醺半醉中。百年随手过，万事转头空。卧疾瘦居士，行歌狂老翁。仍闻好事者，将我画屏风。"本诗作于开成三年（838）白居易六十六岁时，这表明当时有人将其肖像画于屏风之上[1]，但并没有记九老图之事。成书于后晋开运二年（945）的《旧唐书·白居易传》仅提及他与如满契交，也未言及九老会之事，此事最早见于文献记载是王禹偁（954～1001）约在995年作的《右街僧录通惠大师文集序》，记叙李昉（925～996）仿白居易办九老会事："先是故相文贞公悬车之明年，年七十一，思继白少傅九老之会……文贞公将燕于家园，形于绘事，以声诗流咏播于无穷。"[2]这表明至宋初，已有九老图流行，此事已在白居易身后一百五十年了。李昉推重乐天诗法，王禹偁说他"须知文集里，全进白公诗"，宋敏求《春明退朝录》记："李文正公罢相为仆射、奉朝请，居城东北隅昭庆坊，去禁门辽远。每五鼓则兴，置《白居易集》数册于茶镣中，至安远门仗舍，然烛观之。俟启钥则赴朝。"但他主编的《文苑英华》并没有收录白居易"七老会诗"，更无《九老图诗》。《文苑英华》是从太平兴国七年（982）九月开始纂修的，雍熙三年（986）十二月完成，所据底本多为《崇文总目》所录之宫内藏，《崇文总目》著录的白居易集为"《白氏文集》七十卷"，而"七老会诗"存于七十一卷本中。李昉可能没有见到七十卷之后的内容，其模仿之举应是取法于当时（986）流行的"九老图"。自唐末以来，以履道坊白居易旧宅而建的普明禅院已成为洛阳的文化中心，

---

[1]《诗话总龟》卷二十记："白乐天以诗名与元微之同时，号元白，诗词多比图画，如《重屏图》自唐迄今传焉，乃乐天《醉眠》诗也，诗曰：'放杯书案上，枕臂火炉前。老爱寻思睡，慵便取次眠。妻教卸乌帽，婢与展青毡。便是屏风样，何劳画古贤。'且诗之所以能尽人情物态者非笔端有口未易到也，诗家以画为无声诗，诚哉是言。"这或是后人据白居易所作的画，或是宋人在古画下题上了白居易诗。元陆友仁《研北杂志》卷上："《重屏图》至汝阴王明清氏始定，正坐者为南唐李中主像，尝见楼宣献公家，周文矩所画，初本前有徽宗御书白乐天偶眠一章云。"明张丑《清河书画舫》卷六十："李后主《重屏图》后有宋人书白乐天及荆公。"清郑方坤《五代诗话》卷一记："周文矩画重屏图，江南李中主兄弟四人，围棋纸上，着色，人皆如生前，有宣和御书白居易《偶眠》一章云。"
[2]《小畜集》卷二十，文渊阁《四库全书》本。

宋初人还能在此见到白居易画像，如王禹偁《小畜集》卷七《送同年刘司谏通判西都》言："香山居士真容在，为我公余奠一觞。"宋庠（996～1066）也有诗记曰：

> 《过普明禅院（唐太子少傅白公旧宅）二首》之一：自昔仁为里，于今福作田，清风残竹地，宝色故池天，绘象成真侣（乐天旧影与蒲禅师偶立），家声入梵缘（又常自称香山居士），一披龙藏集，无复叹亡篇（后唐明宗子秦王尹京日特写公文集一本，置经中，至今集本最善）。[1]（《元宪集》卷五）

两人仅言普明禅院有《香山居士图》与另一个僧人图，这两幅图在白集中都可找到相应的依据，一是白居易《香山居士写真诗》序言："会昌二年（842），罢太子少傅为白衣居士，又写真于香山寺藏经堂，时年七十一。"另一是《佛光和尚赞》曰："会昌二年春，香山寺居士白乐天命缋以写和尚真而赞之，和尚姓陆氏，号如满，居佛光寺东芙蓉山兰若，因号焉。我命工人，与师写真。师年几何？九十一春。"[2]此处的佛光和尚可能就是宋庠诗注中的蒲禅师（"如满"纵写漫漶后易误识为"蒲"）。宋庠到洛阳普明禅院可能是在庆历三年（1043）左右，晚于李昉所见约五十年，显然，他所看到的应是传说中的九老图的残存之图，仅两幅了。其画原貌，可据现存的宋人所作的《睢阳五老图》加以推断（见图2）。睢阳五老是宋仁宗时事，《古今事文类聚》前集卷四十五有记：

> 《睢阳五老图诗并序》（钱明逸）：（五人）咸以耆年挂冠，优游乡梓，暇日宴集，为五老会，赋诗酬唱，怡然相得，宋人形于绘事以纪其盛。昔过之。……至和丙申（1056）中秋日钱明逸序。
> 太子太师致仕祁国公杜衍八十岁
> 五人四百有余岁，俱称分曹与挂冠。天地至仁难补报，林泉幽致许盘桓。花朝月夕随时乐，雪鬓霜髯满座寒。若也睢阳为故事，何妨列向画图看。

其余诗题为：礼部侍郎致仕王涣九十岁、司农卿致仕毕世长九十四岁、兵部郎中致

---

[1] 宋庠《元宪集》卷五，文渊阁《四库全书》本。
[2] 如上文所述，此文可能是后人拟作，但应很早就混入到白集中，故宋人有引用。

图2 《睢阳五老图》

仕朱贯八十八岁、驾部郎中致仕冯平八十七岁。诗题、诗韵、诗意全仿白居易的"七老会诗",宋画《睢阳五老图》模仿了白居易的"九老图",当时流传的白居易九老图应与之类似,也是诸老的肖像图,这与王禹偁、宋庠所言就相符了。估计这种肖像图是接续而成,先有白居易,再逐次增添其他人,各画注明职衔、姓名、年龄,到了宋初,白宅只剩下两幅了,但在民间或有流传。至于最后二老,或许就是在民间流传中后人想象出来的,《九老图诗》也是在这一程中再造出来的,所以并不见于白集之中。

自李昉之后,有多人咏过白居易九老图事,如魏野、钱惟演、梅尧臣、范仲淹、韩琦等人,到了宋祁、欧阳修等人撰述《新唐书·白居易传》时(宋仁宗嘉祐五年(1060))就将九老图之事写入其中:"尝与胡杲、吉玫、郑据、刘真、卢真、张浑、狄兼謩、卢贞燕集,皆高年不事者,人慕之,绘普《九老图》。"虽然不尽合白居易所记实情,但以官史的地位确定了此事的真实性,由此也可见出此画与诗在宋的影响很大,以至史家也要将之补入史籍中。司马光《洛阳耆英会序》一文又一次提升了此事此图的影响,使之成为宋士大夫闲适生活的一种标志。但是,《宣和画谱》在述及白居易书法时虽引用了《新唐书·白居易传》中九老图之事,却没有关于此画的记载。《宣和画谱》成书于宣和二年(1120),这表明北宋时流行的九老聚会图还不是名家之作,不在内廷收藏之列。

随着九老画的流行,画中九老与白集所叙之七老的矛盾也为人关注。如胡仔(1110~1170)《渔隐丛话后集》卷二十二言:"洛中尚齿会起于唐白乐天,至本朝君实亦居洛中,遂继为之,谓之真率会,好事者写成图传于世,所谓九老图者也。……真率会中止有七人,而九老图像有九人,不知彼二人者果何人,集中不载也。"《苕溪渔隐丛话后集》作于乾道三年(1167),其时胡仔已见过《九老图》,但所见白集中应无绝句《九老图诗》,故有九与七之辨。又如宋人孙绍远《声画集》卷一中仅录白居易一诗,题作《七老图》,而无《九老图诗》。《声画集》序言书成于淳熙十四年(1187):"因以所携行前贤诗及借之同官,择其为画而作者编成一集。"诗应是取自《白氏文集》而非画上,这一题目应是他自设的,或是当时流行的另一种说法。

图3 据传宋李公麟（1049～1106）《会昌九老图》，辽宁省博物馆藏。

图4 宋刘松年《香山九老图》，台北"故宫博物院"藏。

现存的宋人"九老图"可能都是南宋后的作品，或题曰《洛阳九老图》，或曰《会昌九老图》，更多的以《香山九老图》为题，前者据说由李公麟（1049～1106）所作（见图3），然《宣和画谱》未著录，此说也未必可信。[1] 这些画已明显宋人化了，人物都着宋时服饰，屋内陈设用具也是宋代特色。其中"香山九老会"（见图4）更是脱离文本的想象之辞。白诗题明确表明聚会地点是在洛阳履道坊自宅，而非洛阳城外的香山，两地相距二十多千米。虽然，画题与白居易诗并不相符，但却成为关于此事最流行的说法，并受到宋代皇家的认可。

厉鹗（1692～1752）编《南宋院画录》卷四录有林景熙（1242～1310）《刘松年香山九老图跋》：

> 前人《刘松年香山九老图跋》："《香山九老图》，当年传写已遍京洛，李唐、刘松年又尝奉旨图之，载在画史可证。此卷位置顾盼笑语之状，觉眉发间有云气，非李河阳不能到也。"（《白石樵稿》）

李河阳即李唐（1066～1150），是高宗朝宫廷画院画家，刘松年（约1155～1218）是孝、光、宁三朝画家，林景熙为宋遗民，其叙"《香山九老图》，当年传写已遍京洛"，也是推想之辞，因为北宋时尚未将九老会移到香山。但其言李、刘奉高宗旨作《香山九老图》应有据。《南宋画院记》卷二还有张昱（元末明初人）一首题画诗也记载了此事，题曰：《题李唐〈香山九老图〉，有宋高宗御题二律诗》[2]，张昱所记可与林景熙之说相合，透露

---

[1] 在现存北宋文献中未见有北宋画家绘"唐九老图"的记录，然清宫藏《会昌九老图玉山》注明据李公麟原图所制（见《石渠宝笈重编》《石渠随笔》），此或为后世摹本假托龙眠名。

[2] 上文不见于林景熙集今传本《霁山文集》，本诗见张昱《可闲老人集》卷四，文渊阁《四库全书》本。

了一个重要信息:《香山九老图》的形成与流行与宋高宗、孝宗相关。宋高宗(1107～1187,1127～1162年在位)于绍兴三十二年(1162)禅位于养子孝宗后,仍做了二十余年的太上皇,孝宗(1127～1194,1162～1189年在位)与他的父子关系特殊,事奉尤谨。《宋史·孝宗本纪》言:"自古人君起自外藩,入继大统,而能尽宫廷之孝,未有若帝。其间父子怡愉,同享高寿,亦无有及之者。"明人田汝成《西湖游览志余志》曰:"德寿(宋高宗)在北内,属意玩好,孝宗时时网罗人间以供怡颜。"以诗画与古玩供高宗玩赏已成为宋孝宗一项重要的孝行活动。在这一环境中,孝宗命画院作画、高宗题诗的事完全是有可能发生的。其时南渡安定已有三四十年,中原洛阳已成思念之乡,对于宋高宗来说,洛阳耆老会更成了自己追忆的中原文化符号。在这种情怀下,人们关注的重点是洛阳,而履道坊、普明禅院就被更有象征意义的龙门香山取代了,流行于北宋的《会昌九老图》《洛阳九老图》则变成了《香山九老图》。宋孝宗的旨意与宋高宗的题诗,自然又提升了《香山九老图》一题的权威性。如,元时邹铉在《寿亲养老新书》卷三论"收画""供老人闲玩"一事时,就将《香山九老》《洛阳耆英》列在一起。可见,在当时《香山九老图》已成为寿庆礼品流行了,这与宋高宗、宋孝宗的示范作用或许有关系。随着《香山九老图》的流传,关于此诗的阐释也就在脱离原著文本的路上愈走愈远了。至宋末元初,香山九老已成流行之说,如周密《齐东野语》卷二十、赵必豫《覆瓿集》卷三《水调歌》《雪楼集》、卷二十八《宁山耆艾图诗》以及类书祝穆《古今事文类聚》前集卷三十二、谢维新宝祐丁巳《古今合璧事类备要》前集卷五十八、元人编《氏族大全》卷三,都取"香山九老"之说。

在流行文化如此影响下,原本不见于白居易文集中的《九老图诗》也受到了人们的关注,如南宋祝穆《古今事文类聚》前集卷四十五、元初邹铉《奉亲养老新书》卷二都著录了"九老图题"及白居易"二老图赞绝句"。元人陶宗仪《说郛》中收录《唐诗纪事》中的《九老会诗》单行本,取名曰《洛中九老会》。显然,他也觉得香山之说与白诗有冲突。但是,相沿成习,伪作也成为白氏作品中不可分割的一部分了。

三、日、韩古籍记录与《七老会诗》之衍变

对上述问题,在同时期日、韩文献中也可获一些新证,因为白集在当时即已流传到日本、新罗[1],尚齿会风气也很早流行于两地,当时文人留下的一些记录颇有参证意

---

[1] 白居易当时即知自己的文集流行到日本,故《续后集序》专门说明:"其日本、新罗诸国及两京人家传写者不在此记。"

义[1]，以下择录一二加以分析。

1. 菅原道真等平安文人所叙《七老会诗》

菅原道真（845～903）《菅家文草》卷二有《暮春见南亚相山庄尚齿会》一诗，为日本贞观十九年（877）[2]南渊年名举办的尚齿会而作，诗前有序（序见本书卷九）：

> 大唐会昌五年，刑部尚书白乐天于履道坊闲宅，招卢、胡六叟宴集，名为七叟尚齿会，唐家爱怜此会希有，图写障子，不离座右。有人传送呈我圣朝，即得此障，遍览诸相，诸紫接袖，发眉皓白，或歌或舞，傲然自得，谁谓图画，昭昭在眼。爰南相公感叹顾告云：吾党五六人，年齿虽衰迈，颇觉吟诗，未难酬乐，尚齿高会，何必卢、白，请集山宅，续彼旧踪，足传子孙。是善官号同白氏，年齿校卢公，忝侍南氏之席，惭动北山之移，聊述六韵，贻之千载云尔。

菅原此诗是对白诗的模仿，也是六韵十二句，作于白居易卒后三十一年，应是关于这一诗画最早的阅读记录，其中有值得关注的信息：第一，菅原诗言尚齿之会人数与白乐天《七老会》相同。显然，菅原所见之白集只有"七老会"之作，无九老之事，其所见白集中应无"九老图诗"[3]。第二，其言"卢、胡""卢、白"，以卢氏年齿居最前，与今传《七老会诗》不同，菅原所见白集应不同于今传《白氏文集》。第三，其序文指出表现尚齿会的障子画在唐土当时已流行，后传到日本。其对此画产生原因的陈述与白居易《七老会诗》诗题的表述很接近，这一内容可能是转述当时人对七老画的记录，表明所谓七老画也应是当时人依据白诗而作的。其言是"七老图"，而非"九老图"。据此看，"九老图"应是在"七老图"后增变的结果。白居易诗题言"或传诸好事者"，白、张两诗中有"四皓图""斯筵堪作画图看"之说，以画配诗也许也是他的愿望，当时确实出现了七老障壁画，而且有了摹本小样流行，这就是菅原所见之障子画。狄、卢

---

[1] 日本明治时（1879～1907）编制官修类书《古事类苑 礼式部》卷一专列"尚齿会"一条目，列举从平安到近代官办尚齿会的记录以及相关诗文，所记多为七老，江户后期才有九老之说。吉川弘文馆，1995～1999年，第1474～1495页。

[2] 本诗的编年见于《菅家文草》，岩波书店，1966年，第472页。

[3] 日本平安时代流行的《白氏文集》为七十卷本，由日本僧人慧萼会昌年间抄录于苏州南禅寺，白居易有序记此集为六十七卷本，其七十卷本完成于会昌二年（842），应无会昌五年（845）之作。菅原之文表明其时日本所传七十卷《白氏文集》应有增补，而非白氏手订之原本。

二人虽然不被列入组诗中，但尚齿会总人数是九位，而"九老"一词又与"九老仙都[1]"传说相合，故不久（白卒于尚齿会次年）应就有人在七老图后添加了二人，之后又有人据图拟作"赞二老绝句及序"，并在白集之外流传。

尚齿会在日本流行甚久，由日本平安（794～1192）文人咏写尚齿会诗文看，也

图5　日本白河天皇时（1073～1087）尚齿会图

是以"七老"之说居多，如安和二年（969）藤原在衡粟田山庄举办尚齿会，诸家作《暮春见藤亚相山庄尚齿会诗》，有曰："洛阳七老会三春，此会便知异隐沦。（源信正）""七人眉寿几星霜，朱紫优游遇艳阳。（纪伊辅）""皤皤七叟到芳园，尚齿佳游隔世喧。老大虽同商洛皓，醉吟正动乐天魂。（注曰：亚相尊为七老第一，故献此句。藤原忠辅）"直到天承元年（1131）藤原宗忠于白河山庄举办尚齿会时仍循"七老"之例（见《百练抄》《长秋记》《今镜》《古今著闻集》），现存表现这类模仿化的尚齿会图画也是七人（见图5），[2] 这应保存了唐时的原初面貌，未受到宋后流行的九老图的影响。

2. 高丽、朝鲜七老与九老并存的诗文

与宋人仅言九老会，日本仅言七老会不同，高丽、朝鲜文献中既有言"七老会"的，也有人称"九老会"的。如李奎报（1169～1241）《东国李相国后集》卷第五《李学士新作温房》有曰："谁知疏散一狂客，来对昂藏九老翁。"而高丽末文人李穑（1328～1396）《牧隐诗稿》卷二十八《咏元岩燕集图》曰："当时七老在左右，巍然硕德兼雄才。"但到徐居正（1420～1488）时，"香山九老图"（见图6）已非常流行，其《四佳诗集》卷二十一《次韵吴丈见寄诗韵》："香山九老行可图，屈子兰佩非所纫。"但"七老"之说也一直存在，丁寿岗（1454～1527）《月轩集》卷三《追忆诸相宅宴会之胜》言："致仕仍官命自天，优游七老享遐年。兰亭禊会将谁记，洛社耆英已画传。"李荇（1478～1534）《容斋先生集》卷十《工曹判书谥昭简任公神道碑铭》说："且与年满诸宰，数往来，

---

[1]《海内十洲记》言："沧海岛，在北海中，地方三千里，去岸二十一万里，海四面绕，岛各广五千里，水皆苍色，仙人谓之沧海也。岛上俱是大山，积石至多，石象、八石、石脑、石桂英流、丹黄子、石胆之辈百余种，皆生于岛石，服之神仙长生，岛中有紫石宫室，九老仙都所治，仙官数万人居焉。"《汉武帝内传》有云："方丈之阜，为理命之室；沧浪海岛，养九老之堂。"九老图、九老诗者取其长生之意。
[2]《古事类苑》十八《算贺（下）》，第1476页。

图6 朝鲜画家李秀文（1403～?）所绘《香山九老图》

作耆老之契，人称为七老会，至图绘以传之。"同书卷三《任判书由谦挽词》又说："平生爵齿德兼俱，京洛新传七老图。"同卷《七老契会图》曰："七十之寿古称稀。七老之会今幸见。"二说并存，表明他们所见白集形态不一。

或许缘于此，高丽、朝鲜文人还专门论及此事，如崔瀣（1287～1340）《拙稿千百》卷一《海东后耆老会序》言："唐会昌中，白乐天既以太子少傅致仕居洛，与贤而寿者六人，同燕履道里宅，为尚齿之会。"此处所叙基本同于白集，未言及李元爽、如满事。显然，其所见白集与今传那波本、绍兴本略同，无《九老图诗》。

又，申用溉（1463～1519）《二乐亭集》卷八《香山九老图跋》言："唐会昌中，刑部尚书白居易，谢老东还旧居，疏沼构楼，又于香山，凿八节滩，与致仕胡杲诸老游，开尚齿会，共相欢娱。时白年已七十有四，诸老皆在上列，苍颜白发，觞咏舞拍，虽遗老李元爽，僧如满后至，狄兼謩、卢贞，年未及列，然此实人世希有之胜致。时人慕而绘之，后世传而拟之，至今称为美事。"其见为《香山九老图》，所叙又言及李元爽、如满，他所见之白集可能已收入《九老图诗》。又，金安老（1481～1537）《希乐堂文稿》卷四《题丙申同庚契会图轴》："香山尚齿传盛事。"注中所引即为白居易《九老图诗序》，事在汪立名编《白香山诗集》前两百年，其序行文与汪编一致，其所见《白氏文集》显然不是那波本祖本。据此推断，高丽、朝鲜时期流行的《白氏文集》应有《七老会诗》与《九老图诗》并存的多种形态。[1]

自宋以来，《九老图诗》就与白集联系到一起，随着尚齿会风俗的流行，九老之说已成既定的文学典故，"白居易《九老图诗》"已成为九老文化中的核心内容，但是，溯其源可见出这首绝句极有可能是伪作，九老图也是依此伪作而产生的。分析这一文本

[1] 李德懋（1741～1793），《青庄馆全书》卷二十四《诗观小传》："《长庆集》三十九卷。"既不同于《白香山诗集》四十卷，也不同通行三十六卷诗。又，《镂板考》载有《白氏文集》七十卷，亦属稀见者，转引《韩国古印刷技术史》，第381页。

与白集的离合关系，可见出在纸抄文本向印刷文本的转变中，流行文化（宋人对白氏九老会的模仿）、绘画艺术（《香山九老图》）以及史家、王权的权威性对文学文本最后的定型都会产生作用，而这种传播效应最后又反映到印刷文本的生产上，《九老图诗》就是在这些因素的作用下最终进入白集之中的。另外，九老图画缘文本而起，但其传播效应最后却又能超越文本，其附带而生的文本影响反而超过原始文献的制约，改夺白集自言的"七老会"为"九老会"，这种特殊的诗画关系也应是文学接受史上一种值得思考的现象。

原文载于《华南师范大学学报》2018年第2期

（查屏球，复旦大学中文系教授，博士生导师。）

汉唐诗文中"胡马"义的嬗变

——兼论李白、杜甫诗"胡马"意象的特征*

卢燕新

一、引论

"胡马",见用于汉代典籍。如《史记》卷五十五《留侯世家》张良论建都关中曰:"夫关中……南有巴蜀之饶,北有胡苑之利……"《索隐》引崔浩语:"马生于胡,故云胡苑之利。"《正义》:"《博物志》云'北有胡苑之塞'。按:上郡、北地之北与胡接,可以牧养禽兽,又多致胡马,故谓胡苑之利也。"[1]据此知"胡马"本义为北方胡地之马。又如李少卿《答苏武书》:"举刃指虏,胡马奔走……"[2](详论俟下文)魏晋六朝,这一词语屡见于文士著述中。如陆云《南征赋序》:"太安二年秋八月,奸臣羊玄之、皇甫商敢行称乱……四海之内,朔漠之表,烝徒赢粮而请奋,胡马欻塞而思征。"[3]序所言,事见《晋书》卷四《惠帝纪》:"二年……八月,河间王颙、成都王颖举兵讨长沙王乂,帝以乂为大都督……颖遣其将陆机……等来逼京师。乙丑……遣将军皇甫商距方于宜阳……癸巳,尚书右仆射、兴晋侯羊玄之卒……"[4]事亦见《晋书》卷五十四《陆云传》,据序文与史传,知"胡马"泛指北方军事力量。又如,《艺文类聚》卷二十七沈炯《魂归赋》:"抱北思之胡马,望南飞之夕鸿。"[5]据文意推断,"胡马"当化用"胡马依北风"之典故。至唐代,文士诗文大量使用"胡马"一词。如高适《宋中送族侄……遂有此作》:"大夫击东胡,胡尘不敢起。胡人山下哭,胡马海边死。"孙钦善注"东胡"

---

* 本文为 2015 年国家社科基金项目(15BZW046)阶段性研究成果。

[1] 司马迁撰,裴骃集解,司马贞索隐,张守节正义《史记》,中华书局,1982 年,第 2044 页。
[2] 萧统编,李善注《文选》,上海古籍出版社,1986 年,第 1849 页。亦参萧统编,李善等注《文选》(影印本),中华书局,2012 年,第 761 页上。
[3] 陆云撰,黄葵点校《陆云集》,中华书局,1988 年,第 17 页。
[4] 房玄龄等《晋书》,中华书局,1974 年,第 100~101 页。
[5] 欧阳询著《艺文类聚》(宋本影印本),上海古籍出版社,2013 年,第 768 页。

谓之"契丹"。[1]"大夫击东胡",事见两《唐书》张守珪本传。故高适诗以"胡马"指契丹军。又如,白居易《和渭北刘大夫借便秋遮虏寄朝中亲友》:"胡马辞南牧,周师罢北征。""渭北刘大夫",即渭北节度使刘公济。谢思炜《白居易诗集校注》注"胡马"句曰:"贾谊《过秦论》:'乃使蒙恬北筑长城而守藩篱,却匈奴七百余里,胡人不敢南下而牧马。'……"[2]据此,知白诗"胡马"乃用典,旨在赞誉刘公济军务政绩。综观汉唐文学史可以看出,"胡马"义复杂且多变。另,以文士作品观之,今存汉唐诗文中,李白、杜甫诗歌最为善用"胡马"意象。鉴于此,本文拟探讨汉唐诗文中"胡马"义及其变化,在此基础上,探讨李、杜诗"胡马"意象的特征。

二、汉魏晋六朝"胡马"意义的嬗变

"胡马"见于汉人典籍,除上文所引,又如邹阳《上书吴王》。邹阳,文景时人。《史记》卷八十三有传:"邹阳者,齐人也。游于梁,与故吴人庄忌夫子、淮阴枚生之徒交。上书而介于羊胜、公孙诡之间……"[3]事亦见《汉书》卷五十一。可见,至晚文景时,"胡马"一词已为文士所用。检阅现存汉代典籍,"胡马"有以下几方面含义。

第一,北方胡地之马。如,汉赵晔撰《吴越春秋》卷四《阖闾内传》载伍子胥语:"……胡马望北风而立,越燕向日而熙。谁不爱其所近,悲其所思者乎!"[4]赵晔,《后汉书》卷七十九下有传:"字长君,会稽山阴人也……著《吴越春秋》……"[5]据文意,"胡马"即代郡等胡地所产的马。代郡产胡马,除前引《史记·留侯世家》之《索隐》及《正义》,事亦见《史记》卷六十九《苏秦传》苏秦说惠王语:"……西有汉中,南有巴蜀,北有代马……""代马"句,《索隐》:"谓代郡马邑也。《地理志》:代郡又有马城县。一云代马,谓代郡兼有胡马之利。"[6]因此,"胡马"之本义,当指上郡、北地之北,胡地所产之良马。

第二,指北方胡地军事力量。这一含义又可以分为三个层面:首先,指匈奴军队。汉代,这类文章甚多。如李少卿《答苏武书》:"单于临阵,亲自合围……然后振臂一呼,创病皆起,举刃指虏,胡马奔走;兵尽矢穷,人无尺铁……"六臣注《文选》李周

---

[1] 高适撰,孙钦善校注《高适集校注》(修订本),上海古籍出版社,2015年,第90页。
[2] 白居易撰,谢思炜校注《白居易诗集校注》,中华书局,2006年,第1002～1004页。
[3] 司马迁撰,裴骃集解,司马贞索隐,张守节正义《史记》,中华书局,1982年,第2469页。
[4] 赵晔撰,徐天祐音注《吴越春秋》,江苏古籍出版社,1999年,第35页。
[5] 范晔撰,李贤等注《后汉书》,中华书局,1965年,第2575页。
[6] 司马迁撰,裴骃集解,司马贞索隐,张守节正义《史记》,中华书局,1982年,第2242～2243页。

翰注："虏指凶奴……"[1]又，"胡马奔走"，事见《汉书》卷五十四《李陵传》："陵字少卿……陵至浚稽山，与单于相直，骑可三万围陵军……陵搏战攻之……连战，士卒中矢伤……遂遮道急攻陵……汉军南行……一日五十万矢皆尽……徒斩车辐而持之，军吏持尺刀……"[2]可见，此处"胡马"，指与李陵交战的匈奴军队。又如，董仲舒《论御匈奴》："如匈奴者，非可以仁义说也……而使边城守境之民，父兄缓带，稚子咽哺，胡马不窥于长城，而羽檄不行于中国，不亦便于天下乎！"[3]文亦见《汉书》卷九十四《匈奴传》下传赞[4]、荀悦《前汉纪》卷十五《孝武皇帝纪》[5]、《太平御览》卷三百三十一[6]。据文意，这两处"胡马"均指匈奴军队。其次，汉代文士文章中，"胡马"亦泛指北方胡地军事力量。如前文提到的邹阳《上书吴王》："胡马遂进窥于邯郸，越水长沙，还舟青阳。"《文选》李善注曰："苏林曰：'青阳，水名也。言胡、越水陆共伐汉也。'善曰：'此同孟康之义也。'张晏曰：'还舟，聚舟也。言胡为赵难，越为吴难，不可恃也。'善曰：'此微同如淳之说。'《秦始皇本纪》曰：荆王献青阳之田，已而背约，要击我南郡。"[7]邹阳，前文已述。又，《汉书》卷五十一《邹阳传》："邹阳……故先引秦为谕，因道胡、越、齐、赵、淮南之难，然后乃致其意。其辞曰：'……今胡数涉北河之外……大王不忧，臣恐救兵之不专，胡马遂进窥于邯郸，越水长沙……'"注引张晏语曰："言胡为赵难……"[8]据文意与史传推断，这两处"胡马"，仅仅是泛指而已。此外，汉代"胡马"，也有指北方胡羌军事力量者。如陈龟《拜度辽将军临行上疏》："臣龟蒙恩累世，驰骋边垂……恶者觉营私之祸，胡马可不窥长城，塞下无候望之患矣。"[9]文亦见《后汉书》卷五十一《陈龟传》："会羌胡寇边……桓帝以龟世谙边俗，拜为度辽将军。龟临行，上疏曰：臣龟蒙恩累世……"[10]据文意及《后汉书·陈龟传》推断，"胡马"指羌胡军队。

第三，以胡马思乡的特性，寄托文士思念故土、感恩恋旧的情怀。如《文选》卷

---

[1] 萧统编，李善等注《文选》（影印本），中华书局，2012年，第761页上。亦参萧统编，李善注《文选》，上海古籍出版社，1986年，第1849页。
[2] 班固撰，颜师古注《汉书》，中华书局，1962年，第2450～2454页。
[3] 严可均辑《全上古三代秦汉三国六朝文》（影印本），中华书局，1958年，第258页上。
[4] 班固撰，颜师古注《汉书》，中华书局，1962年，第3831～3832页。
[5] 荀悦撰，张烈点校《前汉纪》，中华书局，2002年，第268页。
[6] 李昉等撰《太平御览》（影印本），中华书局，1960年，第1521页。
[7] 萧统编，李善注《文选》，上海古籍出版社，1986年，第1762页。
[8] 班固撰，颜师古注《汉书》，中华书局，1962年，第2338～2340页。
[9] 严可均辑《全上古三代秦汉三国六朝文》（影印本），中华书局，1958年，第800页上～下。
[10] 范晔撰，李贤等注《后汉书》，中华书局，1965年，第1693页。

二十九录苏武诗曰:"胡马失其群,思心常依依。"六臣注《文选》引李善语曰:"《古诗》曰:'胡马依北风',依依,思恋之貌也。"同书引吕向语曰:"胡马失群,恒思北风。依依,言人之离别亦如之。"[1]诗亦见《艺文类聚》卷二十九[2]。据前文《史记》之《索隐》引崔浩语以及《正义》考释,联系该诗诗意及李善注可知,在汉文士作品中,"胡马"义出现了一些变化。虽然苏武之诗颇受学界怀疑,但《文选》收录,是可以参引之。又,《文选》卷二十九录《古诗十九首》之"行行重行行":"胡马依北风,越鸟巢南枝。"六臣本引李善注云:"《韩诗外传》曰:'诗曰:"代马依北风,飞鸟栖故巢。"皆不忘本之谓也。'"同书同卷引李周翰注云:"胡马出于北……"[3]诗亦见于《艺文类聚》卷二十九[4]。《韩诗外传》及其著者,事见《汉书》卷八十八《韩婴传》:"韩婴,燕人也。孝文时为博士,景帝时至常山太傅。婴推诗人之意,而作内、外《传》数万言……"[5]"代马"句见《韩诗外传》卷九第十三章[6]。这几个例子,均从"胡马"特性出发,寄托文人思乡感旧情怀。所不同的是,《古诗十九首》中的"胡马",已经明显具有用典的特征。

魏晋六朝,文士诗文创作中大量地使用"胡马"一词。与汉人作品相比,相同之处是"胡马"指北方胡地之马。如(后魏)杨衒之撰《洛阳伽蓝记》卷一:"昭仪尼寺……是以萧忻云:'高轩斗升者,尽是阉官之嫠妇;胡马鸣珂者,莫不黄门之养息也。'"[7]"鸣珂",描绘胡马嘶鸣之声。又如,晋刘琨《表》:"逆胡刘聪,敢率犬羊……自守则稽聪之谋,进讨则勒袭其后……秋谷既登,胡马已肥……"[8]文亦见《晋书》卷六十二《刘琨传》[9]。文中"秋谷既登"乃胡马肥之季节与环境条件。因此,杨衒之、刘琨所说的"胡马",均指北方胡地所产的良马,乃"胡马"本义。与汉代典籍比较,魏晋诗文"胡马"义有以下两点变化。

第一,以汉人诗歌"胡马失其群,思心常依依""胡马依北风"所及"胡马"之"思心""依北风"的品格为立意基础,构成用典的修辞手法,其意可释为不忘本、思乡。这种情况,

---

[1] 萧统编,李善等注《文选》(影印本),中华书局,2012年,第544页上。
[2] 欧阳询著《艺文类聚》(宋本影印本),上海古籍出版社,2013年,第792页。
[3] 萧统编,李善等注《文选》(影印本),中华书局,2012年,第538页上。
[4] 欧阳询著《艺文类聚》(宋本影印本),上海古籍出版社,2013年,第791页。
[5] 班固撰,颜师古注《汉书》,中华书局,1962年,第3613页。
[6] 韩婴撰,许维遹校释《韩诗外传》,中华书局,2017年,第318页。
[7] 杨衒之撰,杨勇校笺《洛阳伽蓝记》,中华书局,2006年,第53页。
[8] 严可均辑《全上古三代秦汉三国六朝文》(影印本),中华书局,1958年,第2079页上。
[9] 房玄龄等《晋书》,中华书局,1974年,第1684页。

在文人作品中较多出现。如晋湛方生《风赋》："胡马感而增思，风母殒而复生。"[1]又如其《怀归谣》："怀桑梓兮增慕，胡马兮恋北……"[2]《风赋》与《怀归谣》中的"胡马"，虽然含义上和汉人诗文相同，但湛方生引用汉人典故，构成了用典的修辞手法。类似例子，又如庾信《竹杖赋》："……胡马哀吟，羌笛凄啭……"倪璠注曰："胡马哀吟，羌笛凄啭者，言远适异国，有别离之惨也。"[3]又如晋成公绥《啸赋》曰："奏胡马之长思，向寒风乎北朔……"[4]魏繁钦《与魏太子书》："……咏北狄之遐征，奏胡马之长思……"[5]西晋孙楚《笳赋》曰："奏胡马之悲思，咏北狄之遐征。"[6]晋夏侯湛《夜听笳赋》曰："越鸟恋乎南枝，胡马怀夫朔风。"[7]南朝宋鲍照《代陈思王白马篇》："丈夫设计误，怀恨逐边戎。弃别中国爱，邀冀胡马功。"[8]梁萧统《昭明太子集》卷一《饮马长城窟行》："胡马爱北风，越燕见日喜。"[9]梁简文帝《陇西行三首》其三："仲（一作边，原注）秋胡马肥，云（一作雪，原注）中惊寇入。"[10]梁范云《赠沈左卫诗》曰："越鸟憎北树，胡马畏南风。"[11]陈沈炯《魂归赋》："抱北思之胡马，望南飞之夕鸿。"[12]等等。这些文士诗文中的"胡马"，皆典出于《古诗十九首》或者传为苏武所作之诗章。其义为思乡、不忘本。

第二，以"胡马"指军事力量。和汉代文章比较，魏晋时期，"胡马"这一内涵同中有异。以相同点观之，如南朝宋王僧达《求徐州启》："臣衰索余生……且高秋在节，胡马兴威，宜图其易……"[13]文亦见《宋书》卷七十五《王僧达传》[14]。据文意推断，"胡马"泛指北方边境以外的军队。类似者，又如，晋陆机《从军行》曰："胡马如云屯，

---

[1] 欧阳询著《艺文类聚》（宋本影印本），上海古籍出版社，2013年，第57页。
[2] 同上注，第545页。
[3] 庾信撰，倪璠注，许逸民校点《庾子山集注》，中华书局，1980年，第37～38页。
[4] 欧阳询著《艺文类聚》（宋本影印本），上海古籍出版社，2013年，第549页。
[5] 同上注，第1192页。
[6] 同上注，第1219页。
[7] 同上。
[8] 鲍照撰，钱仲联增补集校《鲍参军集》，上海古籍出版社，2005年，第172～173页。
[9] 萧统撰《昭明太子集》，《四部丛刊》本，第3页下。
[10] 李昉等《文苑英华》（影印本），中华书局，1966年，第980页下。
[11] 欧阳询著《艺文类聚》（宋本影印本），上海古籍出版社，2013年，第858页。
[12] 同上注，第768页。
[13] 严可均辑《全上古三代秦汉三国六朝文》（影印本），中华书局，1958年，第2540页下～第2541页上。
[14] 沈约撰《宋书》，中华书局，1974年，第1952～1954页。

越旗亦星罗。"[1]李善注曰："邹阳书曰：'胡马遂进窥于邯郸。'"[2]陆诗"胡马"与王文相同，均为泛指。这层含义，和汉人诗文相近。

以其不同点观之，魏晋六朝时期"胡马"义，主要有四点：一指苻坚军队。如晋刘波《上孝武帝疏》："臣闻天地以弘济为仁，君道以惠下为德……惠皇不怀，委政内任，遂使神器幽沦，三光翳曜；园陵怀九泉之感，宫庙集胡马之迹……"[3]事见《晋书》卷六十九《刘隗传》附刘波传："苻坚败，朝廷欲镇靖北方，出波督淮北诸军、冀州刺史，以疾未行。上疏曰：'臣闻天地以弘济为仁，君道以惠下为德……'"[4]二指石勒所率部队。如《晋书》卷九十五《戴洋传》："……洋曰'……恐十月二十七日胡马当来饮淮水。'至时，石勒骑大至，攻城大战。"[5]事亦见《晋书·石勒传》："石勒字世龙……其先匈奴别部羌渠之胄……勒征虏石他败王师于鄾西……征北将军祖约惧，退如寿春……石聪攻寿春，不克，遂寇逡遒……石堪攻晋豫州刺史祖约于寿春……"[6]三指索虏军事力量。如南朝宋徐爰《防御索虏议》："诏旨'胡骑倏忽，抄暴无渐，出耕见虏……'臣以为方镇所资，实宜且田且守……胡马既退，则民丰廪实，比及三载，可以长驱。"[7]事亦见《宋书》卷九十四《徐爰传》："孝建三年，索虏寇边，诏问群臣防御之策，爰议曰：'……诏旨"胡骑倏忽……"臣以为方镇所资……胡马既退，则民丰廪实……'"[8]四指北魏军队。如梁任昉《封梁公诏》："夫日月丽天，高明所以表德……司、豫悬切，樊、汉危殆，覆强寇于沔滨，僵胡马于邓汭，永元肇号，难结群丑……"[9]北魏寇边，事见《梁书》卷一《武帝纪》："四年，魏帝自率大众寇雍州，明帝令高祖赴援……明年三月，慧景与高祖进行邓城，魏主帅十万余骑奄至……高祖独帅众距战，杀数十百人，魏骑稍却……"[10]据文中"覆强寇""僵胡马"，知任昉文所用，乃"胡马"引申义。

---

[1] 陆机撰，杨明校笺《陆机集校笺》，上海古籍出版社，2016年，第343页。
[2] 萧统编，李善注《文选》，上海古籍出版社，1986年，第1297页。
[3] 严可均辑《全上古三代秦汉三国六朝文》（影印本），中华书局，1958年，第2118页上～下。
[4] 房玄龄等《晋书》，中华书局，1974年，第1839页。
[5] 同上注，第2472页。
[6] 同上注，第2707～2744页。
[7] 严可均辑《全上古三代秦汉三国六朝文》（影印本），中华书局，1958年，第2657页下～第2658页上。
[8] 沈约撰《宋书》，中华书局，1974年，第2306～2308页。
[9] 严可均辑《全上古三代秦汉三国六朝文》（影印本），中华书局，1958年，第3187页下。
[10] 姚思廉撰《梁书》，中华书局，1973年，第2～3页。

三、李白、杜甫以外，唐代诸文士诗文中的"胡马"

隋代，文士诗文使用"胡马"者较少。至唐代，情况出现了明显变化。唐人诗文，不仅大量使用"胡马"一词，而且，该词语内涵也出现了新变化。最值得关注的是，出现了李白、杜甫两位颇爱使用"胡马"意象的诗人，这一点，拟于下文专题论述。除李、杜以外，唐人诗文中的"胡马"，有以下三个特点。

第一，使用"胡马"本义。如白居易《城盐州》："韩公创筑受降城，三城鼎峙屯汉兵。东西亘绝数千里，耳冷不闻胡马声。"[1]"韩公"，即张仁愿。其筑受降城，事见《旧唐书》卷九十三《张仁愿传》："神龙二年，中宗还京，以仁愿为左屯卫大将军……三年，突厥入寇……时突厥默啜尽众西击突骑施娑葛，仁愿请乘虚夺取漠南之地，于河北筑三受降城，首尾相应，以绝其南寇之路……自是突厥不得度山放牧……"[2]事亦见《新唐书·张仁愿传》。这里的"胡马"，做"声"的定语，组合为"胡马声"偏正短语，做"不闻"的宾语。故"胡马"即突厥人的马。又如陈子昂《度峡口山赠乔补阙知之王二无竞》："信关胡马冲，亦距汉边塞。"[3]许浑《伤虞将军》："巴童戍久然番语，胡马调多解汉行。"[4]韩偓《喜凉》："稳想海槎朝犯斗，健思胡马夜翻营。"[5]这些诗歌中的"胡马"，均是"胡马"本义，与汉魏典籍所见者相同。

第二，沿用魏晋六朝时用典的修辞手法。如张九龄《初发道中寄远》："旧闻胡马思，今听楚猿悲。"熊飞《张九龄集校注》注曰："胡马思，指思乡。《古诗十九首》其一：'胡马依北风，越鸟巢南枝。'"[6]又如，刘长卿《从军六首》其六："胡马嘶一声，汉兵泪双落。"杨世明《刘长卿集编年校注》注曰："胡马，北地的马。《古诗·行行重行行》曰：'胡马依北风，越鸟巢南枝。'谓物各恋乡。此句即此意。"[7]又如许浑《与郑秀才叔侄会送杨秀才昆仲东归》："雪尽塞鸿南翥少，风来胡马北嘶频。"罗时进《丁卯集笺证》注曰："喻乡土家室之情。此自古歌谣化用而来。"[8]这类例子很多，又如杨炯《左武卫将军成安子崔献行状》："以汉宫清署，忽照边烽；秦塞长城，遂闻胡马。匈奴未灭，

---

[1] 白居易撰，谢思炜校注《白居易诗集校注》，中华书局，2006年，第329页。
[2] 刘昫等撰《旧唐书》，中华书局，1975年，第2981~2982页。
[3] 陈子昂撰，徐鹏校点《陈子昂集》，上海古籍出版社，2013年，第23页。
[4] 许浑撰，罗时进笺证《丁卯集笺证》，中华书局，2016年，第366页。
[5] 韩偓撰，吴在庆校注《韩偓集系年校注》，中华书局，2016年，第368~371页。
[6] 张九龄撰，熊飞校注《张九龄集校注》，中华书局，2012年，第226~227页。
[7] 刘长卿撰，杨世明校注《刘长卿集编年校注》，人民文学出版社，1999年，第11~12页。
[8] 许浑撰，罗时进笺证《丁卯集笺证》，中华书局，2016年，第381~382页。

霍去病所以辞家……"[1]戴叔伦《赠史开府》:"南天胡马独悲嘶,白首相逢话鼓鼙。野战频年沙朔外,旌竿高与雪峰齐。"[2]等等。

第三,唐人大量的诗文,用"胡马"指代安史叛军。天宝十四年(755)冬,安禄山反。这一事件,不仅毁坏了唐王朝的政治经济秩序,也极大程度地冲击了文士的情感世界。安史之乱后,大量诗文作品,其内容均涉及这一历史事件。如刘长卿《吴中闻潼关失守因奉寄淮南萧判官》:"胡马嘶秦云,汉兵乱相失。"杨世明注曰:"胡马,北方民族的马。《古诗十九首》其一:'胡马依北风,越鸟巢南枝。'此处指安史叛军骑兵。"[3]这里,虽然对典故出处的考释略有疑义,但解释"胡马"含义,甚是。又如,刘长卿《至德三年春正月时……寄上浙西节度李侍郎中丞行营五十韵》:"渭水嘶胡马,秦山泣汉兵。"储仲君笺注《刘长卿诗编年笺注》注曰:"按二句谓关中失陷。"[4]又如权德舆《朝元阁》:"胡马忽来清跸去,空余台殿照山椒。"[5]《增订注释全唐诗》权德舆六《朝元阁》注:"胡马忽来:指安禄山于天宝十四载(755)发动叛乱,次年攻陷潼关,占领长安。清跸去:唐玄宗西行入蜀。"[6]又如,刘禹锡《和令狐仆射相公题龙回寺》:"路无胡马迹,人识汉官仪。"陶敏等校注《刘禹锡全集编年校注》注曰:"胡马:指安史叛军。"[7]类似者,又如刘长卿《旅次丹阳郡遇康侍御宣慰召募兼别岑单父》:"胡马暂为害,汉臣多负恩。"[8]刘禹锡《顺阳歌》:"曾闻天宝末,胡马西南骛。"[9]张籍《废宅行》:"胡马崩腾满阡陌,都人避乱唯空宅。"[10]元稹《上阳白发人》:"御马南奔胡马蹙,宫女三千合宫弃。"[11]冯著《洛阳道》:"蓬莱殿中寝胡人,鸬鹚楼前放胡马。"[12]贾至《巴陵早春寄荆州崔司马吏部阎功曹舍人》:"登高望旧国,胡马满东周。"[13]

第四,指称吐蕃军队。尤其是中唐以后的诗文,这一特点更为明显。如钱起《广德

---

[1] 杨炯撰,祝尚书笺注《杨炯集笺注》,中华书局,2016年,第1452页。
[2] 戴叔伦撰,蒋寅校注《戴叔伦诗集校注》,上海古籍出版社,2010,第200页。
[3] 刘长卿撰,杨世明校注《刘长卿集编年校注》,人民文学出版社,1999年,第93~94页。
[4] 刘长卿撰,储仲君笺注《刘长卿诗编年笺注》,中华书局,1999年,第153~155页。
[5] 权德舆撰,郭广伟校点《权德舆诗文集》,上海古籍出版社,2012年,第107页。
[6] 陈贻焮主编《增订注释全唐诗》(第二册),文化艺术出版社,2001年,第1235页。
[7] 刘禹锡撰,陶敏等校注《刘禹锡全集编年校注》,岳麓书社,2003年,第636~637页。
[8] 刘长卿撰,杨世明校注《刘长卿集编年校注》,人民文学出版社,1999年,第131~132页。
[9] 刘禹锡撰,瞿蜕园笺证《刘禹锡集笺证》,上海古籍出版社,1989年,第797~798页。
[10] 张籍撰,徐礼节、余恕诚校注《张籍集系年校注》,中华书局,2016年,第805~806页。
[11] 元稹撰,冀勤点校《元稹集》,中华书局,2015年,第320页。
[12] 李昉等《文苑英华》(影印本),中华书局,1966年,第946页上。
[13] 同上注,第1276页上。

初銮驾出关后登高愁望》："汉帜远成霞，胡马来如蚁。"[1]据《旧唐书》卷十一《代宗纪》广德元年（763）冬十月："辛未，高晖引吐蕃犯京畿……丙子，驾幸陕州。上出苑门……从官多由南山诸谷赴行在……戊寅，吐蕃入京师……"[2]故知"胡马"指吐蕃军。又如，张乔《再书边事》："万里沙西寇已平，犬羊群外筑空城……秦将力随胡马竭，蕃河流入汉家清。"[3]《增订注释全唐诗》曰："此诗盖咏宣宗大中间唐军全部收复被吐蕃占领的河湟之地事。"[4]又如李贺《摩多楼子》："晓气朔烟上，趑趄胡马蹄。"姚文燮注曰："德宗贞元九年，吐蕃既陷盐州，又阻绝灵武，侵扰鄜、坊。诏发兵城盐州，使泾原、山南、剑南各发兵深入吐蕃，以分其势。"[5]《李长吉歌诗编年笺注》亦曰："此诗当是李贺北游潞州时，有感于征人苦辛而作。"[6]又如王建《朝天词十首寄上魏博田侍中》其八："胡马悠悠未尽归，玉关犹隔吐蕃旗。"[7]这些例子，"胡马"均指吐蕃军。

除指代吐蕃军以外，唐人诗文亦根据诗文表达需要，以"胡马"指代入侵唐边境的其他诸类军事势力，概括起来，主要有以下六类：一是契丹军队。如陈子昂《答韩使同在边》："汉家失中策，胡马屡南驱。""中策"，事见《汉书》卷九十四《匈奴传》下："是后，单于历告左右部都尉、诸边王，入塞寇盗……议满三十万众，齐三百日粮，同时十道并出，穷追匈奴……莽将严尤谏曰：'臣闻匈奴为害……后世三家周、秦、汉征之，然皆未有得上策者也。周得中策，汉得下策，秦无策焉……'"[8]陈子昂诗中借用《汉书·匈奴传》典故，指契丹军队，参彭庆生《陈子昂集校注》[9]。二是同罗、仆固军事武装。陈子昂《西还至散关答乔补阙知之》："昔君事胡马，余得奉戎旃。"垂拱二年（686），子昂从乔知之北征金微州都督仆固，事见《资治通鉴》卷二百零三垂拱元年（685）六月："同罗、仆固等诸部反……"[10]参陈子昂《燕然军人画像铭》："有唐制匈奴五十六载……是岁

---

[1] 钱起撰，王定璋校注《钱起诗集校注》，浙江古籍出版社，1992年，第11～12页。
[2] 刘昫等撰《旧唐书》，中华书局，1975年，第273页。
[3] 李昉等《文苑英华》（影印本），中华书局，1966年，第1528页上。
[4] 陈贻焮主编《增订注释全唐诗》（第四册），文化艺术出版社，2001年，第689页。
[5] 李贺撰，王琦、姚文燮等注《李贺诗歌集注》，上海人民出版社，1977年，第463页。
[6] 李贺撰，吴企明笺注《李长吉歌诗编年笺注》，中华书局，2013年，第621～623页。
[7] 王建撰，王宗堂校注《王建集校注》，中州古籍出版社，2006年，第431页。
[8] 班固撰，颜师古注《汉书》，中华书局，1962年，第3824页。
[9] 陈子昂撰，彭庆生校注《陈子昂集校注》，黄山书社，2015年，第282～283页。
[10] 司马光编著，胡三省音注《资治通鉴》，中华书局，1956年，第6435页。

也，金微州都督仆固始桀骜……"[1]亦参《陈子昂集》附年谱[2]、《陈子昂集校注》[3]。三是指元珍部队。如张说《唐故夏州都督太原王公神道碑》："……元珍寇边，受命讨击……北至开光，与虏合战，若驱猛兽。蒙皋比之莫敌也。胡马奔骇，获其二啜，桑乾、舍利两部来降。"[4]事亦见《新唐书》卷一百一十一《王方翼传》："……阿史那元珍入寇，被诏进击……贼马忽见，奔骇，遂败，获大将二，因降桑乾、舍利二部。"[5]四是默啜军队。如张说《祭霍山文》："长安二年月日，皇帝使并州道大行军副大总管尹元凯等……敢告霍山之神……独彼凶虏默啜，悖天虐人……寇虐盈稔，神人同弃……赞扬威武，俾胡马化为沙虫，王师众于草木。"据文意可知"胡马"指"凶虏默啜"，参《张说集校注》[6]。又如，吕温《三受降城碑铭》："景龙二年，默啜强暴，渎邻构怨，扫境西伐，汉南空虚。朔方大总管韩国公张仁愿蹑机而谋，请筑三城……制胡马之南牧，中宗诏许，横议不挠。"[7]五是泛指入侵唐朝的北方边塞武装。如李贺《感讽六首》其三："杂杂胡马尘，森森边士戟。天教胡马战，晓云皆血色。"[8]又如，崔融《关山月》："汉兵开郡国，胡马窥亭障。"[9]六指后魏军队。如张说《大唐开元十三年陇右监牧颂德碑》："后魏以胡马入洛，蹴蹋千里，军阵之容虽壮，和銮之仪亦阙。"[10]这些例子，总体上看，"胡马"指代军事力量。只不过不同时期的作品，"胡马"指代不同而已。

四、李白、杜甫诗使用"胡马"意象的特征

和唐以前及唐人诗文中"胡马"相比，李白、杜甫诗歌中的"胡马"义具有明显的特点。今以王琦《李太白全集》（下文简称"王注"）、安旗等《李白全集编年笺注》（下文简称"安注"）、詹锳《李白全集校注汇释集评》（下文简称"詹注"）、瞿蜕园与朱金城《李白集校注》（下文简称"瞿注"）、郁贤皓《李太白全集校注》（下文简称"郁注"）以及赵次公《杜诗赵次公先后解辑校》（下文简称"赵校"）、钱谦益《钱注杜诗》

---

[1] 陈子昂撰，彭庆生校注《陈子昂集校注》，黄山书社，2015年，第1043页。
[2] 陈子昂撰，徐鹏校点《陈子昂集》，上海古籍出版社，2013年，第326页。
[3] 陈子昂撰，彭庆生校注《陈子昂集校注》，黄山书社，2015年，第282～283页。
[4] 张说撰，熊飞校注《张说集校注》，中华书局，2013年，第775页。
[5] 欧阳修等撰《新唐书》，中华书局，1975年，第4135页。
[6] 张说撰，熊飞校注《张说集校注》，中华书局，2013年，第1119～1121页。
[7] 吕温撰《吕衡州集》，粤雅堂丛书本，卷六，第1页下。
[8] 李贺撰，王琦、姚文燮等注《李贺诗歌集注》，上海人民出版社，1977年，第338页。
[9] 李昉等《文苑英华》（影印本），中华书局，1966年，第978页下。
[10] 张说撰，熊飞校注《张说集校注》，中华书局，2013年，第622页。

(下文简称"钱注")、仇兆鳌《杜诗详注》(下文简称"仇注")、浦起龙《读杜心解》(下文简称"浦注")、萧涤非《杜甫全集校注》(下文简称"萧注")、谢思炜《杜甫集校注》(下文简称"谢注")为研读对象,与其他文士诗做比较,知李白、杜甫诗歌使用"胡马",其特点有以下三点。

第一,数量为诸文士之最。李白诗使用"胡马"者,凡十一首,分别是:《古风五十九首》其二十二、《塞下曲六首》其二、《幽州胡马客歌》《胡无人》《行行游且猎篇》《塞上曲》《猛虎行》《狱中上崔相涣》《流夜郎赠辛判官》《登金陵冶城西北谢安墩》《代赠远》。杜甫诗用"胡马"者,总十首,其中两首为标题中使用:《后出塞五首》其三、《房兵曹胡马》《李鄠县丈人胡马行》《龙门镇》《建都十二韵》《七月三日亭午已后……戏呈元二十一曹长》《赠司空王公思礼》《洛阳》《哭王彭州抡》《入衡州》。计二人使用"胡马"一词的诗歌,总二十一首,这在唐以前文学史所见诗歌作品中,是很少见的。

第二,更多关涉安史叛军。"胡马"关涉安史叛军,在天宝末期以后的唐人诗文中较为常见。但李、杜诗中,这一特征尤为明显。如李白《猛虎行》:"秦人半作燕地囚,胡马翻衔洛阳草。"这首诗,或以为伪作。安注曰:"此诗中所述乱初史实及李白行踪,历历可考,断非伪作……"[1]甚是。诗中的"胡马",王琦注曰:"是诗当是天宝十五载之春,太白与张旭相遇于溧阳,而太白又将邀游东越,与旭宴别而作也。于时,禄山叛逆,河北、河南州郡相继陷没,故有'旌旗缤纷两河道,战鼓惊山欲倾倒'之句。高仙芝所率之兵,多关中子弟,今既败走,半为贼所擒虏,故有'秦人半作燕地囚'之句。又《唐书·李泌传》言:'贼掠子女、玉帛,悉送范阳。'是又'燕地囚'之一证也。东京既陷,则胡骑充斥,遍于郊圻,故有'胡马翻衔洛阳草'之句。"[2]又,安旗亦曰:"两句谓唐兵(多系关中子弟。原注)半被叛军所囚,叛军横行洛阳。"[3]郁贤皓亦曰:"'秦人'二句:谓唐兵(多为关中秦地人。原注)一半做了安禄山(安禄山为范阳节度使,其根据地在今北京市一带,先秦时属燕国。原注)的俘虏,胡人马军(安禄山及其部下多胡人。原注)屯驻洛阳。"[4]因此,李白这首诗中的"胡马",指安禄山叛军。类似者,又如李白《狱中上崔相涣》以及杜甫的《龙门镇》《赠司空王公思礼》《入衡州》等。

第三,"胡马"所及地域,由北方拓宽到西北地域。如杜甫《房兵曹胡马》:"胡

---

[1] 李白撰,安旗、薛天纬等笺注《李白全集编年笺注》,中华书局,2017年,第1223页。
[2] 李白撰,王琦注《李太白全集》,中华书局,1977年,第364～365页。
[3] 李白撰,安旗、薛天纬等笺注《李白全集编年笺注》,中华书局,2017年,第1216页。
[4] 李白撰,郁贤皓校注《李太白全集校注》,凤凰出版社,2015年,第715页。

马大宛名,锋棱瘦骨成。"大宛,见《史记》卷一百二十三《大宛传》:"大宛之迹,见自张骞……骞以郎应募,使月氏,与堂邑氏胡奴甘父俱出陇西……"[1]《汉书》卷九十六上《大宛国传》:"大宛国,王治贵山城,去长安万二千(五)百五十里……宛别邑七十余城,多善马。"[2]李吉甫《元和郡县图志》卷三十九兰州广武县:"乌逆水,在县西南二十许里……汉武帝使李广利伐大宛,得天马,胡马感北风之思……"[3]杜佑《通典》卷一百九十二:"大宛,汉时通焉……人嗜酒,马嗜苜蓿。多善马,汗血……"[4]据此知,大宛为西域邦国,产良马。赵校甲帙卷之一引赵次公释"胡马":"盖凡西北之马,皆谓之胡马。"[5]萧注亦云:"大宛,汉西域国名,其地在今乌兹别克斯坦共和国境内,盛产名马。"[6]据诸典籍记载,知杜甫诗"胡马"所及文化视野,由北部胡地延伸到西北异域邦国。

以李、杜诗所用"胡马"意象比较,二人诗歌很好地借鉴了汉魏以来"胡马"诸义项,如李白《古风五十九首》其二十二:"胡马顾朔雪,躞蹀长嘶鸣。"安注曰:"《文选·古诗十九首》:'胡马依北风。'二句本此。……首四句比兴之辞,喻己恋阙之情。"[7]这里,诗人使用"胡马"典故,其意在寄托思乡之情。又如杜甫《七月三日亭午已后……戏呈元二十一曹长》:"胡马挟雕弓,鸣弦不虚发。"浦注:"'歘思'八句,追论壮年乐事。壮时有诗云:'短衣匹马随李广。'……可见射猎侠游,乃其少习。"[8]可见,这首诗中的"胡马",诗人使用的是其本义。以不同点观之,可以概括为以下两点。

第一,李白使用"胡马",意义更广泛。综观李白诗,其使用"胡马"意象,含义有以下五点。

一是胡地之马。如《行行游且猎篇》:"边城儿,生年不读一字书,但知游猎夸轻趫。胡马秋肥宜白草,骑来蹑影何矜骄。"詹注注"胡马秋肥"曰:"梁简文帝《陇西行》三首其一:'边秋胡马肥。'朱注:'胡马秋肥者,胡地至秋草黄而马肥也。'《汉书·西域传》:'鄯善国多葭苇、柽柳、胡桐、白草。'……颜师古注:'白草,似莠而细,无芒,

---

[1] 司马迁撰,裴骃集解,司马贞索隐,张守节正义《史记》,中华书局,1982年,第3157页。
[2] 班固撰,颜师古注《汉书》,中华书局,1962年,第3894页。
[3] 李吉甫撰,贺次君点校《元和郡县图志》,中华书局,1983年,第988页。
[4] 杜佑著,〔日〕长泽规矩也等校《通典》(第八卷),上海人民出版社,2008年,第257页。
[5] 杜甫撰,赵次公注,林继中辑校《杜诗赵次公先后解辑校》,上海古籍出版社,2012年,第11页。
[6] 杜甫撰,萧涤非主编《杜甫全集校注》,人民文学出版社,2014年,第34页。
[7] 李白撰,安旗、薛天纬等笺注《李白全集编年笺注》,中华书局,2017年,第617～618页。
[8] 杜甫撰,浦起龙著《读杜心解》,中华书局,1977年,第132页。

其干孰时正白色，牛马所嗜也。'"[1]郁注亦云："'胡马'句：梁简文帝《陇西行》：'边秋胡马肥。'……谓胡地至秋天草熟而马肥。"[2]据诗中"游猎""秋肥""骑来"，联系诸家解释，知李白这首诗"胡马"的意思为北方胡地之马。

二是用典。除上文引《古风五十九首》其二十二"胡马顾朔雪，躞蹀长嘶鸣"，又如《代赠远》："胡马西北驰，香鬃摇绿丝。"詹注"胡马"句云："'胡马'句，曹植《白马篇》：'白马饰金羁，联翩西北驰。'香鬃，马鬣。绿丝，黑中透绿的马鬣。"[3]郁注略同[4]。故《代赠远》中的"胡马"乃化用曹植诗句而得。

三是泛指胡兵。如《塞下曲六首》其二："天兵下北荒，胡马欲南饮。"郁注："谓胡人觊觎唐朝疆域，准备南侵。南饮，南下饮水，喻南侵。"[5]安注曰："此题六首皆泛咏当时边塞战争。虽美武功，亦叹征戍之苦。"[6]据诗意及安注、郁注，"胡马"泛指北方边境以外的胡地军事力量，并无实际指代。

四是指突厥军队。如《塞上曲》："五原秋草绿，胡马一何骄。"王注考释"五原"曰："五原郡，汉武帝所置……唐贞观二年，平师都，复置盐州及五原县。天宝元年，改盐州为五原郡，在太宗时但称盐州……史言突厥颉利建牙直五原之北，正指五原县也……今约其处，当在宁夏卫界中。若汉之五原郡，领县十六，延袤甚广，在唐时，丰州九原郡、胜州榆林郡，皆其地矣。"[7]郁注："'五原'二句：五原，在今陕西定边县一带。两《唐书·突厥传》称：颉利建牙直五原之北，承父兄之资，兵马强盛，有凭陵中国之志。"[8]据此，知"胡马"指突厥军。

五是指安史叛军。《狱中上崔相涣》："胡马渡洛水，血流征战场。"王注解题曰："《旧唐书·崔涣传》：天宝十五载七月，玄宗幸蜀。涣迎谒于路，抗词忠恳……即日拜黄门侍郎，同中书门下平章事，扈从成都。肃宗灵武即位，八月，与左相韦见素、同平章事房琯、崔圆，同赍册赴行在……"[9]郁注："'胡马'二句，指安禄山叛军于天宝十四载（755）

---

[1] 李白撰，詹锳主编《李白全集校注汇释集评》，百花文艺出版社，2010年，第369页。
[2] 李白撰，郁贤皓校注《李太白全集校注》，凤凰出版社，2015年，第255页。
[3] 李白撰，詹锳主编《李白全集校注汇释集评》，百花文艺出版社，2010年，第3678页。
[4] 李白撰，郁贤皓校注《李太白全集校注》，凤凰出版社，2015年，第3312页。
[5] 同上注，第528页。
[6] 李白撰，安旗、薛天纬等笺注《李白全集编年笺注》，中华书局，2017年，第478页。
[7] 李白撰，王琦注《李太白全集》，中华书局，1977年，第291～292页。
[8] 李白撰，郁贤皓校注《李太白全集校注》，凤凰出版社，2015年，第546～548页。
[9] 李白撰，王琦注《李太白全集》，中华书局，1977年，第560页。

十二月攻陷洛阳。"[1]"崔相涣"即崔涣。其拜相,事见两《唐书·玄宗纪》、《旧唐书》卷一百零八《崔涣本传》。安禄山天宝十四载(755)冬反,旋攻破洛阳,逼近长安。"胡马渡洛水",即指此事。

第二,杜甫使用"胡马",更显示了关乎时事的诗史特征。杜甫诗《后出塞五首》其三:"拔剑击大荒,日收胡马群。"钱注释"胡马群"曰:"安禄山事迹……《通鉴》:阿布思为回纥所破,禄山诱其部落而降之,由是禄山精兵,天下莫及。"[2]仇注引鲍钦止语曰:"天宝十四载三月壬午,安禄山及奚契丹战于潢水,败之。故有《后出塞五首》,为出兵赴渔阳也。今按末章,是说禄山举兵犯顺后事,当是天宝十四载冬作。"[3]赵校甲帙卷之四赵次公释"大荒"曰:"大荒,西边之地皆是矣。"[4]浦注系于天宝十四年(755),考曰:"当在禄山将叛之时。诸本或编叛后,或编秦州,大谬。"[5]观杜甫《后出塞五首》其一"赴蓟门"、其三"玄冥北"、其四"转辽海"、其五"幽州骑"等,结合诸家观点,不难看出杜甫诗中的"胡马"具有关心时事的特点。

杜甫另有《龙门镇》:"胡马屯成皋,防虞此何及。"诗中"胡马"所指,诸家有争议。赵校乙帙卷之九赵次公曰:"成皋,巩洛之地。意言安史之兵耳。旧以为回纥,非也。是时乾元二年之冬,回纥未反,不可妄引也。"[6]谢注引《旧唐书·肃宗纪》释"胡马"二句:"(乾元二年九月,原注)庚寅,逆胡史思明陷洛阳,副元帅李光弼守河阳,汝、郑、滑等州陷贼。冬十月丁酉,制亲征史思明,竟不行。乙巳,李光弼奏破贼于城下。"[7]此诗,浦注系于乾元二年(759)十月,并引《唐书》释"胡马屯成皋"曰:"是年九月,史思明陷东京及齐、汝、郑、滑四州。"[8]谢注卷三、黄氏《补注杜诗》卷六均系于乾元二年。本年,回纥和唐交好,事见《旧唐书》卷一百九十五《回纥传》:"乾元元年……六月戊戌,宴回纥使于紫宸殿前……乾元二年,回纥骨啜特勤等率众从郭子仪与九节度于相州城下战……上元元年九月己丑,回纥九姓可汗使大臣俱陆莫达干等入朝奉表起居……宝应元年,代宗初即位……遣中使刘清潭征兵于回纥,又修旧好。其秋,

---

[1] 李白撰,郁贤皓校注《李太白全集校注》,凤凰出版社,2015年,第1346页。
[2] 杜甫撰,钱谦益笺注《钱注杜诗》,上海古籍出版社,2009年,第96页。
[3] 杜甫撰,仇兆鳌注《杜诗详注》,中华书局,2015年,第349页。
[4] 杜甫撰,赵次公注,林继中辑校《杜诗赵次公先后解辑校》,上海古籍出版社,2012年,第111页。
[5] 杜甫撰,浦起龙著《读杜心解》,中华书局,1977年,第15页。
[6] 杜甫撰,赵次公注,林继中辑校《杜诗赵次公先后解辑校》,上海古籍出版社,2012年,第366页。
[7] 杜甫著,谢思炜校注《杜甫集校注》,上海古籍出版社,2015年,第503页。
[8] 杜甫撰,浦起龙著《读杜心解》,中华书局,1977年,第78页。

清潭入回纥庭，回纥已为史朝义所诱……可汗乃领众而南，已八月矣。"[1]《新唐书》卷二百一十七上《回纥传》同。又，仇注卷八引《一统志》注"龙门镇"："龙门镇，在巩昌府成县东，后改府城镇。"[2]因此，杜甫这首诗之"胡马"，亦指安史之兵。据此，亦可以据"胡马"看出杜甫诗对时事的关心。

除上面两首诗，杜甫另有《赠司空王公思礼》："胡马缠伊洛，中原气甚逆。肃宗登宝位，塞望势敦迫。"《入衡州》："汉仪甚照耀，胡马何猖狂。"《建都十二韵》："苍生未苏息，胡马半乾坤。"《哭王彭州抡》："历职汉庭久，中年胡马骄。"《洛阳》："洛阳昔陷没，胡马犯潼关。"[3]据诗意，"胡马"义为安史叛军，诸家注亦无异议。若此，杜甫十首诗使用"胡马"一词，其涉及安史之乱者有七首，远超李白。从这一词语的使用亦可以看出，杜诗关心时局的史诗特色。

本文原载于《杜甫研究学刊》2017年第3期

（卢燕新，南开大学文学院教授、博士生导师，文学博士。主要研究方向为唐宋文学、古籍整理。）

---

[1] 刘昫等撰《旧唐书》，中华书局，1975年，第5200～5202页。
[2] 杜甫撰，仇兆鳌注《杜诗详注》，中华书局，2015年，第827页。
[3] 本段所引杜诗，均参杜甫撰，钱谦益笺注《钱注杜诗》，上海古籍出版社，2009年，页码依次为：第200、271、379、584、539页。

唐代的音乐环境与唐代乐府边塞诗的繁荣[*]

陶成涛

唐代边塞诗的繁荣，学者多关注唐代军事政治社会等因素的影响，以及诗人游边出塞经历在诗歌中的反映。陈铁民先生《关于文人出塞与盛唐边塞诗的繁荣》[1]是一篇强调文人出塞经历对盛唐边塞诗创作具有关键性影响的文章。陈文指出了初盛唐文人出塞、游边、入幕、使边的经历都对边塞诗繁荣有直接影响。[2]边塞诗的繁荣离不开唐代的军事、政治、社会因素以及文人游边出塞的经历，但是边塞诗的繁荣也有其自身的艺术规律。学界往往重视唐代边塞诗繁荣的社会因素，而对边塞诗繁荣的乐府环境相对忽视。唐代大量边塞诗以乐府诗的形式存在，乐府边塞诗的繁荣，在社会因素和诗人现实经历之外，音乐文学自身的艺术规律显然更重要。唐代因"丝绸之路"传入的异域乐器和具有边塞、异域风情的音乐在内地的广泛流行，使得大量的乐府边塞诗得以持续繁荣。构成了唐代边塞诗的半壁江山。

唐代音乐文化异常繁荣，一方面，吴歌西曲继续在民间发展并持续影响诗人的创作，另一方面，由于统治阶级礼乐文化的建设以及自身享乐的需要，大量的胡乐进入宫廷。"唐初，因征服漠北的机会，胡乐传入中国的机会乃较前更活泼。贞观时期，九部伎加上高昌伎成为十部伎，即为明证。又因安叱奴、王长通、白明达等重用胡乐工，并授予高官。隋炀帝时，白明达奉命制作胡风新曲，当时胡乐新曲，陆续出现。太宗时期，乐工裴神符所作琵琶曲之《胜蛮奴》《火凤》《倾杯乐》等，太宗赞誉为'声度清美'。此类乐伎至高宗，曾风行一时，堪可称为唐朝中叶胡部新声之先驱。"[3]唐朝开放的文化政策

---

[*] 本文系2017年度国家社科基金重大项目"中国古代音乐文学通史"（17ZDA241）子项目"齐梁陈隋初盛唐音乐文学通史"阶段性成果。

[1] 陈铁民《关于文人出塞与盛唐边塞诗的繁荣——兼与戴伟华同志商榷》，《文学遗产》2002年第3期。
[2] 陈文统计了初盛唐71位诗人，有35位有出塞经历。对中晚唐的数据尚无统计，据笔者粗略统计，中晚唐创作边塞诗的诗人近200人，能从诗歌作品中分析有出边塞经历者和赠别友人出塞者98人。
[3] 〔日〕岸边成雄著，梁在平、黄志炯译《唐代音乐史的研究》（上册），台湾中华书局，1973年，第14页。

也使得音乐不局限于宫廷，太常音乐人和乐工定期入朝，平时居住于宫外[1]，有利于宫廷音乐的广泛流布。丰富的音乐文化持续着声诗的繁荣，也促使边塞诗的创作持续受到来自"丝绸之路"上持续传入的音乐乐器和乐调曲调的影响。这其中影响最大的乐器是胡琴和琵琶，影响最大的乐调是边地进献来的大曲。

一、胡琴、琵琶与边塞诗

胡琴即五弦琵琶。与唐代之前已经流入中国的曲项四弦琵琶不同的是，五弦琵琶为横抱式演奏。中国明清琵琶为四弦竖抱式，五弦琵琶（胡琴）在中国绝迹，只有一件保留在日本正仓院中。

李贺《感春》诗中有"胡琴今日恨，急语向檀槽"，《李长吉歌诗王琦汇解》释云：

> 昔人谓琵琶即是胡琴，考岑参《白雪歌》云："中军置酒饮归客，胡琴琵琶与羌笛。"则胡琴、琵琶，乃二物也。又琵琶，据傅玄赋，汉遣乌孙公主嫁昆弥，念其行道思慕，故使工人裁筝筑为马上之乐，欲从方俗语，故曰琵琶。杜挚云："长城之役，弦鼗而鼓之"，是琵琶本不起胡中，谓之胡琴，当不其然。考唐时有五弦琵琶一器，如琵琶而小，北国所出。旧以木拨弹，乐工裴神符初以手弹，太宗悦甚[2]。后人习为拨琵琶。唐人所谓胡琴，应是五弦琵琶耳。檀槽，谓以紫檀木为琵琶槽。张祜诗"金屑檀槽玉腕明"、王建诗"黄金捍拨紫檀槽"、王仁裕诗"红装齐抱紫檀槽"是也。[3]

此论最为贴切。比之日本学者林谦三《东亚乐器考》中"胡琴即琵琶"[4]的说法更为明确。

五弦琵琶（胡琴）在唐代的流传对四弦琵琶和琴乐都产生了相当大的影响，乐器音域的进一步扩大以及异域音乐的持续传入，使得琵琶曲、琴曲的演奏风格都明显融入了音节铿锵、音调悲凉的胡乐边声，这些都促使边塞诗的音乐环境在唐代中原甚至南方地区持续发展和繁荣。

---

[1] 关于唐代的乐工的情况，详参〔日〕岸边成雄著，梁在平、黄志炯译《唐代音乐史的研究》（上册），台湾中华书局，1973年，第21～32页。
[2] 《太平广记》卷二百零五"琵琶"条下云"贞观中，弹琵琶裴洛儿始废拨，用手。今俗所谓'琵琶'是也"，即此。
[3] 李贺《三家评注李长吉歌诗》卷三，《感春》诗，上海古籍出版社，1998年，第115～116页。
[4] 参《东亚乐器考》第三章《弦乐器》第15小节《唐代胡琴的名称》一文，音乐出版社，1962年，第254～256页。

白居易《池边即事》诗云："毡帐胡琴出塞曲，兰塘越棹弄潮声。何言此处同风月，蓟北江南万里情。"[1]此即胡琴所奏的原横吹曲《出塞》之音。刘长卿《鄂渚听杜别驾弹胡琴》："文姬留此曲，千载一知音。不解胡人语，空留楚客心。声随边草动，意入陇云深。何事长江上，萧萧出塞吟。"[2]许浑《听琵琶》："欲写明妃万里情，紫槽红拨夜丁丁。胡沙望尽汉宫远，月落天山闻一声。"[3]皆是写胡琴和琵琶之中的出塞、边关之音乐想象。杜甫《咏怀古迹》其三有"千载琵琶作胡语"之句，《杜诗详注》解释云："庾信《昭君词》：'胡风入骨冷，夜月照心明。方调琴上曲，变入胡笳声。'瀚曰：'琵琶句，乃融化其语。'《释名》：琵琶，本边人马上所鼓也，推于前曰琵，引却曰琶。石崇《明君词序》：'昔公主嫁乌孙，令琵琶马上作乐，以慰其道路之思'，其送明君亦必而也，其造新曲，多哀怨之声。《琴操》：'昭君在外，恨帝始不见遇，乃作怨思之歌，后人名为《昭君怨》。'"[4]此亦可见琵琶之乐后来融入琴曲。不仅琵琶，横吹之乐也融入了琴曲，杜佑《通典》云"丝桐唯琴曲有胡笳声"[5]。《通典》同卷所载"四方乐"之"西戎五国"（高昌、龟兹、疏勒、康国、安国）中，除康国以胡旋舞著名，其余四国的乐器皆有"琵琶""五弦琵琶"以及"横笛""觱篥"[6]，除胡琴与琵琶之外，羯鼓亦特别流行。"西戎五国"中高昌、龟兹、疏勒三国乐均有羯鼓，"南蛮乐"（扶南、天竺）亦有羯鼓[7]。《通典》云："又有新声自河西至者，号'胡音声'，与龟兹乐、散乐俱为时重，诸乐咸为之少寝。"[8]任半塘先生《唐声诗》中指出："至于唐代胡乐之盛，可因《通典》一四二所载后魏宣武以来胡声发展之大势及一四六载周、隋以来管弦曲与鼓舞曲分用西凉、龟兹诸乐之事实推之，众所周知，毋俟缕缕，在上列胡乐之七部中，又以龟兹乐为最著。日本林谦三《隋唐燕乐调研究》谓唐代胡乐虽不限龟兹一种，而其他胡乐之在中国者，大抵为龟兹所掩，龟兹乐予中国音乐之感化最深。中国人对于乐调之传统观念，向以宫声为调首者，竟因此而有所变更，于是音界大展云云。龟兹之主要乐器为琵琶，唐人之精此伎与赏此伎者

---

[1]《全唐诗》卷四百四十九，中华书局，1960年，第5071页。
[2] 同上书，卷一百四十八，中华书局，1960年，第1505页。
[3] 同上书，卷五百三十八，中华书局，1960年，第6139页。
[4]《杜诗详注》卷十七，第四册，中华书局点校本，1979年，第1503～1504页。
[5] 杜佑《通典》卷一百四十六，乐六，中华书局点校本，1988年，第3725页。
[6] 同上注，第3723～3724页。
[7] 南卓《羯鼓录》（清守山阁丛书本）云："羯鼓，出外夷乐。以戎羯之鼓，故曰羯鼓。其音主太簇一均。龟兹部、高昌部、疏勒部、天竺部皆用之。次在都昙鼓、答腊鼓之下。……其声焦杀鸣烈，尤宜促曲急破、战杖连碎之声。又宜高楼玩景，明月清风凌空透远极异众乐。"
[8] 同上书，第3726页。

均特盛，唐诗中咏琵琶者亦特多。仅敦煌石窟'伎乐天'之大量壁画中，已可验得当时琵琶地位如何重要，在唐人音乐生活中实多不离琵琶。因此相当部分之声诗必托于胡乐，托于龟兹乐，托于琵琶。……惟琵琶之传入中国，早在汉代，想来广泛使用，初不以奏胡乐为限；久之，遂有胡制、汉制及二者兼制之分（通典一四四）。无论纯粹胡乐或半胡化之西凉乐，或掺杂若干胡乐成分的法曲，甚至全无胡乐成分之清商乐内，皆可用琵琶伴奏。"[1]

琵琶曲中有《王昭君》。刘长卿《王昭君歌》："自矜娇艳色，不顾丹青人。那知粉绘能相负，却使容华翻误身。上马辞君嫁骄虏，玉颜对人啼不语。北风雁急浮云秋，万里独见黄河流。纤腰不复汉宫宠，双蛾长向胡天愁。琵琶弦中苦调多，萧萧羌笛声相和。谁怜一曲传乐府，能使千秋伤绮罗。"[2] 此琵琶曲后改制为琴曲，名《昭君怨》，诸多作为声诗的《昭君怨》即来自于此乐。顾况听琵琶后的关塞音乐想象，围绕昭君，更显得神思纵横：

刘禅奴弹琵琶歌

乐府只传横吹好，琵琶写出关山道。
羁雁出塞绕黄云，边马仰天嘶白草。
明妃愁中汉使回，蔡琰愁处胡笳哀。
鬼神知妙欲收响，阴风切切四面来。
李陵寄书别苏武，自有生人无此苦。
当时若值霍嫖姚，灭尽乌孙夺公主。[3]

羊士谔《夜听琵琶三首》：

掩抑危弦咽又通，朔云边月想朦胧。
当时谁佩将军印，长使蛾眉怨不穷。

---

[1] 任半塘《唐声诗》（上编），上海古籍出版社，1982年，第31～32页。
[2] 《全唐诗》卷一百五十一，中华书局，1960年，第1579页。
[3] 同上书，卷二百六十五，中华书局，1960，第2947页。

一曲徘徊星汉稀，夜兰幽怨重依依。
忽似拟金来上马，南枝栖鸟尽惊飞。
破拨声繁恨已长，低鬟敛黛更摧藏。
潺湲陇水听难尽，并觉风沙绕杏梁。[1]

唐代以琵琶和胡琴为主导的乐器持续影响下的音乐环境，可再举数例：

空余关陇恨，因此代相思。[2]

虽有相思韵，翻将入塞同。[3]

将军曾制曲，司马屡陪观。
本是胡中乐，希君马上弹。[4]

凉州七里十万家，胡人半解弹琵琶。[5]

万里胡天海寒秋，分明弹出风沙愁。[6]

琵琶多于饭甑。[7]

楚妃波浪天南远，蔡女烟沙漠北深。[8]

---

[1]《全唐诗》卷三百三十二，中华书局，1960年，第3709页。
[2] 唐太宗《琵琶》诗，《全唐诗》卷一，中华书局，1960年，第18页。
[3] 陈叔达《听邻人琵琶》，《全唐诗》卷三十，中华书局，1960年，第430页。
[4] 李峤《琵琶》，《全唐诗》卷五十九，中华书局，1960年，第709页。
[5] 岑参《凉州馆中与诸判官夜集》，《全唐诗》卷一百九十九，中华书局，1960年，第2055页。
[6] 李群玉《王内人琵琶引》，《全唐诗》卷五百六十八，中华书局，1960年，第6583页。
[7]《江陵语》题下注"江陵在唐世号衣冠薮泽，故称云"，《全唐诗》卷八百九十六，中华书局，1960年，第9932页。
[8] 杨巨源《冬夜陪丘侍御先辈听崔校书弹琴》，《全唐诗》卷三百三十三，中华书局，1960年，第3729页。

调弦拂匣倍含情，况复空山秋月明。

陇水悲风已呜咽，鹍鸡别鹤更凄清。

将军塞外多奇操，中散林间有正声。[1]

胡琴、琵琶乐器代表了唐代音乐环境中边塞和异域乐器的典型风貌。除此之外，尚有觱篥、羯鼓以及更早传入的胡笳、胡角、羌笛等边塞异域乐器，以及大量涉及边塞诗的诗文。边塞和异域乐器继续影响唐代文艺环境的整体风貌。

二、大曲与边塞诗

大曲是唐代活生生的音乐形态。作为来自边地的唐代新生的大型组合式音乐，大曲相对于胡琴、琵琶，提供着边塞诗继续生成的新土壤，也促使边塞诗在唐代持续繁荣。

洪迈《容斋随笔》云："今乐府所传大曲，皆出于唐。而以州名者五，伊、凉、熙、石、渭也。《凉州》今转为《梁州》，唐人已多误用。其实从西凉府来也。凡此诸曲，唯《伊》《凉》最著。唐诗词称之极多，聊纪十数联，以资谈助。如'老去将何散旅愁，新教小玉唱《伊州》''求守管弦声款逐，侧商调里唱《伊州》''钿蝉金雁皆零落，一曲《伊州》泪万行''公子邀欢月满楼，双成揭调唱《伊州》''赚杀唱歌楼上女，《伊州》误作《石州》声''胡部笙歌西部头，梨园弟子和《凉州》''唱得《凉州》意外声，旧人空数米嘉荣''霓裳奏罢唱《梁州》，红袖斜翻翠黛愁''行人夜上西城宿，听唱《凉州》双管逐''丞相新裁别离曲，声声飞出旧《凉州》''只愁拍尽《凉州》杖，画出风雷是拨声''一曲《凉州》今不清，边风萧飒动江城''满眼由来是旧人，那堪更奏《梁州》曲''昨夜蕃军报国仇，沙州都护破梁州''边将皆承主恩泽，无人解道取凉州'。皆王建、张祜、刘禹锡、王昌龄、高骈、温庭筠、张籍诸人诗也。"[2]

《伊州》大曲和《凉州》大曲，是唐代最为著名的两个大曲，这两个来自西域的大曲，对唐代边塞诗的持续繁荣均有极大影响。其中，《伊州歌》的影响偏重于"闺怨"一派，而《凉州词》则偏于铿锵豪放的风格。

《乐府诗集·近代曲辞》之《伊州》题解引《乐苑》曰："《伊州》，商调曲，西州节度使盖嘉运所进也。"[3]观《乐府诗集》所录《伊州》歌五遍、入破五遍，其总体

---

[1] 司马逸客《雅琴篇》，《全唐诗》卷一百，中华书局，1960年，第1073页。
[2] 洪迈《容斋随笔》卷十四，第14则《大曲伊凉》，中华书局点校本，2005年，第186页。
[3] 郭茂倩编《乐府诗集》卷七十九，中华书局点校本，1979年，第1119页。

风格偏于优美，尤其入破第四、第五，已经全似玉台体五言诗，如"闺中红粉态，陌上看花人"，可猜测其音乐风格接近柔缓舒和，其歌第三云：

      闻道黄花戍，频年不解兵。
      可怜闺里月，偏照汉家营。[1]

  这是对沈佺期五律《杂诗》片段截取后的翻唱版，亦与"闺怨体"边塞诗的风格一致。然其入破第二、第三则稍有不同：

      长安二月柳依依，西山流沙路渐微。
      阏氏山上春光少，相府庭边驿使稀。

      三秋大漠冷溪山，八月严霜变草颜。
      卷斾风行宵渡碛，衔枚电扫晓应还。

  春景、秋景的描绘当与清商乐风格的边塞诗相近。王小盾《唐大曲及其基本结构类型》中列《伊州》曲制度有"急""慢"两种："慢曲子单遍至少有十八拍或十八乐句，急曲子单遍至少有十二拍或十二乐句。"[2]以上二诗应为《伊州》之急遍。而《伊州》歌还有哀伤的音乐特性，许浑《吴门送振武李从事》诗中有"晚促离筵醉玉缸，《伊州》一曲泪双双"[3]之句。

  与《伊州》大曲相比，《凉州》大曲可谓豪放之音。《乐府诗集》卷七十九云："《乐苑》曰：'《凉州》，宫调曲。开元中，西凉府都督郭知运进。'《乐府杂录》曰：'《梁州曲》，本在正宫调中，有大遍小遍。至贞元初，康昆仑翻入琵琶玉宸宫调，初进曲在玉宸殿，故有此名。合诸乐即黄钟宫调也。'张同《幽闲鼓吹》曰：'段和尚善琵琶，自制《西凉州》。后传康昆仑，即《道调凉州》也，亦谓之《新凉州》云。'"[4]元稹《琵琶歌》云"凉州大遍最豪嘈"[5]，张祜《王家琵琶》："金屑檀槽玉腕明，子弦轻

---

[1] 郭茂倩编《乐府诗集》卷七十九，中华书局点校本，1979年，第1120页。以下所引《伊州》歌辞皆此页。
[2] 王小盾《隋唐音乐及其周边》，上海音乐学院出版社，2012年，第255页。
[3] 《全唐诗》卷五百三十六，中华书局，1960年，第6116页。
[4] 《乐府诗集》卷七十九，中华书局，1960年，第1117页。
[5] 《全唐诗》卷四百二十一，中华书局，1960年，第4629页。

撚为多情。只愁拍尽《凉州破》，画出风雷是拨声。"[1]都说明《凉州》大曲节奏急迫，中有激昂发越之声[2]。张乔《宴边将》："一曲《梁州》金石清，边风萧飒动江城。座中有老沙场客，横笛休吹《塞上》声。"[3]可见宴会之中亦常奏《凉州》大曲。而王翰著名的《凉州词》，即作于宴会场合之中：

> 葡萄美酒夜光杯，欲饮琵琶马上催。
> 醉卧沙场君莫笑，古来征战几人回。[4]

首句是写酒宴的场面，诗人在宴饮之际，听到了《凉州》大曲之中最为嚎嘈的一遍，繁声切切相催（"催"为大曲的术语[5]），"马上"是琵琶最初的演奏形态（"琵琶马上之乐也"），所以，整个诗前二句都是在说宴会场合听到了嚎嘈急切的《凉州》曲，而诗人因这种音乐的感染，产生了后二句的联想：仿佛自己身处战场，身同士卒，然而自己这样一副醉态，不胜戎装，无法参加战斗。但是即便是不能参加战斗又何妨，古来征战的士兵有几人能够保全生命归还呢？这种看似豪放却包含悲慨的经典名句实际上来源于大曲音乐的听觉感染和想象，足见音乐对文学诗歌思想影响的深度。

《凉州》大曲以其强烈的感染力，在民间以摘遍的形式流传很广，而且乐曲亦有了新变，但大致以胡乐铿锵激昂的风格为主。这种主要风格形成了类似于词调的小单元乐曲，即为诗人广泛填写的《凉州词》的音乐母体。《凉州》摘遍可以是琵琶（或胡琴）和羌笛共同演奏（据白居易诗"促张弦柱吹高管"），也可以是羌笛独奏（据张祜诗"道调《梁

---

[1]《全唐诗》卷五百一十一，中华书局，1960年，第5844页。
[2] 北宋陈旸《乐书》一百五十八有关于宁王听凉州大曲后的一段评论："夫曲者，始于宫，散于商，成于角徵羽。臣见此曲，宫离而少徵，商乱而加暴。宫者，君也，商者，臣也。宫不胜则君体卑，商有余则臣事僭。臣恐异日臣下有悖乱之事，陛下有播越之祸，兆于斯曲也。"按，此论或后人所加，不当为宁王所能明察所敢直言，但其产生年代当在凉州大曲未亡之时，所论凉州大曲"宫离而少徵，商乱而加暴"的特点应当是准确的。
[3]《全唐诗》卷六百三十八，中华书局，1960年，第7305页。
[4]《全唐诗》卷一百五十六录王翰《凉州词》二首，此其一。其二云："秦中花鸟已应阑，塞外风沙犹自寒。夜听胡笳折杨柳，教人意气忆长安。"是更加典型的音乐想象之作。中华书局，1960年，第1605页。
[5] 沈括《梦溪笔谈》卷五："元稹《建昌宫词》有'逡巡大遍凉州彻'，所谓大遍者，有序、引、歌、㰱、嗺、哨、催、撷、衮、破、行、中腔、踏歌、之类凡数十解。"王灼《碧鸡漫志》卷三："白乐天《秋夜听高调凉州》诗云：'楼上金风声渐紧，月中银字韵初调。促张弦柱吹高管，一曲《凉州》入浍寥。'大吕宫，俗呼高宫，其商为高大石，其羽为高般涉，所谓高调，乃高宫也。……凡大曲，有散序、靸、排遍、撷、正撷、入破、虚催、实催、衮遍、歇指、杀衮，始成一曲，此谓大遍。"另，可参白坚《"催"字的用法及其他——释〈凉州词〉中的"欲饮琵琶马上催"》，《齐鲁学刊》1987年第6期。

州》急遍吹"）。故而在唐诗中，七言绝句体的《凉州词》，其文学风貌完全是在胡乐铿锵激昂的旋律激荡之下形成的：

国使翩翩随旆旌，陇西岐路足荒城。
毡裘牧马胡雏小，日暮蕃歌三两声。

边城暮雨雁飞低，芦笋初生渐欲齐。
无数铃声遥过碛，应驮白练到安西。

古镇城门白碛开，胡兵往往傍沙堆。
巡边使客行应早，每待平安火到来。

凤林关里水东流，白草黄榆六十秋。
边将皆承主恩泽，无人解道取凉州。

昨夜蕃兵报国仇，沙州都护破凉州。
黄河九曲今归汉，塞外纵横战血流。

浑成紫檀金屑文，作得琵琶声入云。
胡地迢迢三万里，那堪马上送明君。

异方之乐令人悲，羌笛胡笳不用吹。
坐看今夜关山月，思杀边城游侠儿。

黄河远上白云间，一片孤城万仞山。
羌笛何须怨杨柳，春风不度玉门关。

单于北望拂云堆，杀马登坛祭几回。
汉家天子今神武，不肯和亲归去来。

本文故意隐去作者，实际上是想说明作为声诗的《凉州词》，所应用的途径是流传于乐器和歌曲之中的歌辞。其创作的方式类似于依声填词，其对边塞异域的风物描写来源于音乐想象。

除了《伊州》《凉州》大曲之外，尚有其他大曲的单元乐曲也涉及胡乐和边声，可能由于乐曲旋律成为法曲之后又综合了江南清商新声的特点，很多带有婉媚的"闺怨"风格。除以上所引《陆州歌》第四和《簇拍陆州》《石州》外，《柘枝》舞曲、《水调》大曲均涉及边塞声诗的元素，体现出大曲演奏中的一些相对灵活和交融的特点。当然其中最值得玩味的要属《水调》大曲了。

《水调》本为隋炀帝时歌，唐代新翻为《新水调》[1]，后成为大曲。作为大曲之《新水调》，五遍，前四遍声调铿锵，可视为边塞之音：

> 平沙落日大荒西，陇上明星高复低。
> 孤山几处看烽火，壮士连营候鼓鼙。（歌第一）

> 猛将关西意气多，能骑骏马弄雕戈。
> 金鞍宝铰精神出，笛倚新翻《水调》歌。（第二）

> 王孙别上绿珠轮，不羡名公乐此身。
> 户外碧潭春洗马，楼前红烛夜迎人。（第三）

> 陇头一段气长秋，举目萧条总是愁。
> 只为征人多下泪，年年添作断肠流。（第四）

前二首歌辞透露出音乐的雄壮，第三首略微婉转，第四首转入悲切，从歌辞上看，颇类横吹曲《陇头水》的凄怆之音。而第五遍则为柔美的音乐了："双带仍分影，同心

---

[1] 郭茂倩编《乐府诗集》卷七十九："旧说，《水调河传》，隋炀帝幸江都时所制。曲成奏之，声韵怨切。王令言闻而谓其弟子曰：'但有去声而无回韵，帝不返矣。'后竟如其言。按唐曲凡十一叠，前五叠为歌，后六叠为入破。其歌，第五叠五言调，声最为怨切。故白居易诗云：'五言一遍最殷勤，调少情多似有因。不会当时翻曲意，此声肠断为何人！'唐又有《新水调》，亦商调曲也。"中华书局点校本，1979年，第1115页。

巧结香。不应须换彩，意欲媚浓妆。"[1]这五叠的变化符合唐代大曲"散序"的前奏模式。如果以胡琴和琵琶来作为"散序"的演奏乐器，那么整首大曲的音乐风格就会明显带有异域特色，那么相匹配的歌辞风格自然为边塞诗了。可见，在唐代边疆大曲流行的大环境下，本土音乐的演奏形态也发生了向异域边疆大曲靠拢或因之改弦更张的变化。我们认为，这是本土音乐的异域化转变，这种转变，必然使得相应的歌辞出现乐府边塞诗。例如陈陶《水调词十首》：[2]

點房迢迢未肯和，五陵年少重横戈。
谁家不结空闺恨，玉箸阑干妾最多。

羽管慵调怨别离，西园新月伴愁眉。
容华不分随年去，独有妆楼明镜知。

忆饯良人玉塞行，梨花三见换啼莺。
边场岂得胜闺阁，莫逞雕弓过一生。

惆怅江南早雁飞，年年辛苦寄寒衣。
征人岂不思乡国，只是皇恩未放归。

水阁莲开燕引雏，朝朝攀折望金吾。
闻道碛西春不到，花时还忆故园无。

自从清野戍辽东，舞袖香销罗幌空。
几度长安发梅柳，节旄零落不成功。

长夜孤眠倦锦衾，秦楼霜月苦边心。
征衣一倍装绵厚，犹虑交河雪冻深。

---

[1] 以上均见郭茂倩编《乐府诗集》卷七十九，中华书局点校本，1979年，第1115页。
[2] 《全唐诗》卷七百四十六，中华书局，1960年，第8490～8491页。

瀚海长征古别离，华山归马是何时。

仍闻万乘尊犹屈，装束千娇嫁郅支。

沙塞依稀落日边，寒宵魂梦怯山川。

离居渐觉笙歌懒，君逐嫖姚已十年。

万里轮台音信稀，传闻移帐护金微。

会须麟阁留踪迹，不斩天骄莫议归。

  这十首声诗几乎全是边塞诗。从上文分析可见，这十首诗定然是以大曲《水调》之边塞之音的"散序"为音乐母体，为大曲《水调》的演奏服务，并不是以五言的本色调为依傍。

  白居易《听歌六绝句·水调》云"五言一遍最殷勤，调少情多似有因。不会当时翻曲意，此声肠断为何人"[1]，可以想见大曲《水调》新翻的铿锵雄壮之音并不让诗人特别欣赏，反而是"五言一遍"最为悲切感人。大曲《水调》入破后，前四遍声诗也是具有边塞诗的风格，而第五则是儿女怨慕之情，第六则彻底回归五言："闺烛无人影，罗屏有梦魂。近来音耗绝，终日望君门。"[2]五言诗中的哀怨是《水调》音乐的本色，然其所加入的边塞风格并未消亡，在大型的演奏场合（如宫廷）依然会促进边塞声诗的形成。

  《柘枝》舞曲，学界多认为出于南诏，分健舞、软舞二种[3]。唐代软舞的《柘枝》非常流行，刘禹锡《观柘枝舞》云"燕秦有旧曲，淮南多冶词"；《和乐天柘枝》云"鼓催残拍腰身软"[4]，可见到了中唐，《柘枝》的音乐风格和舞蹈风格均已新变为轻柔靡冶之状了，故而引起诗人"却赴襄王梦里期"[5]的香艳遐思，婉约一派的《柘枝词》在《全

---

[1]《全唐诗》卷四百五十八，中华书局，1960年，第5212页。
[2] 见郭茂倩编《乐府诗集》卷七十九，中华书局点校本，1979年，第1116页。
[3] 王小盾《唐代大曲及其基本结构类型》介绍《柘枝》云："源出南诏。入羽调、商调、宫调。摘遍辞存五言六句、五言八句、'七五五七'三体。有解曲，用《浑脱》解。有急遍、慢遍之分，急遍作《耶婆色鸡》解曲。舞有健舞、软舞二种，软舞常用二女童对舞。其事屡见于唐人诗文，有《屈柘》《屈枝柘》《握柘辞》《掘柘辞》《播柘辞》等别名。"参《隋唐音乐及其周边》，上海音乐学院出版社，2012年，第257页。
[4] 刘禹锡《观柘枝舞二首》，《全唐诗》卷三百五十四，中华书局，1960年，第3972页；刘禹锡《和乐天柘枝》，《全唐诗》卷三百六十，中华书局，1960年，第4067页。
[5] 张祜《观杨瑗柘枝》，《全唐诗》卷五百一十一，中华书局，1960年，第5827页。按，同书同卷张祜另有《观杭州柘枝》《周员外席上观柘枝》二首，所观《柘枝》舞皆是红粉柔媚婉约的风貌。

唐诗》中很多见[1]。而健舞的《柘枝》旧曲则对边塞诗的生成提供过相当大的动力。如《乐府诗集》卷五十六所录《柘枝词》本辞，即是一首边塞诗：

> 将军奉命即须行，塞外领强兵。
> 闻道烽烟动，腰间宝剑匣中鸣。[2]

实际上，《柘枝》舞的风格由健舞转为软舞，首先是音乐调性的改变，是《柘枝曲》由羽调降为商调、宫调，慷慨之音不复存在的结果。何昌林《唐代舞曲〈屈柘枝〉——敦煌曲谱〈长沙女引〉考辨》一文中论述非常清晰："《乐苑》：'羽调有《柘枝曲》、商调有《屈柘枝》、另有角调之《五天柘枝》。'由此可证，羽调《柘枝曲》是原曲，商调《屈柘枝》是利用原曲变'宫为角之'法派生的新曲，此法乃今日湖南花鼓戏老艺人的所谓'屈'调法；角调《五天柘枝》也是利用原曲取'清角为宫'之法派生出的新曲，此法乃湖南花鼓戏老艺人所谓的'扬'调法。……由商调《屈柘枝》继续用'屈'调法，则必然会派生出正调与宫调的《屈柘枝》来。……由羽调《柘枝曲》用'屈'调法派生出的宫调《屈柘枝》，早已在唐代产生并传到日本去了。故日本的《宫调柘枝》实即宫调式《屈柘枝》，与《长沙女引》实为异名之同曲。"[3]

而当羽调、商调的健舞因不适合女乐表演被剔除之后，唯独剩下的舞蹈便是唐人诗文中描写的明媚软舞了。上文已经指出"南蛮乐"使用羯鼓，《柘枝》舞的主要乐器当亦如是，章孝标《柘枝》云"柘枝初出鼓声招"[4]、张祜《池州周员外出柘枝》云"锦靴行踏鼓声来"[5]，均可证。如果大曲《柘枝》先奏羽调，而后降为商调，而后再次扬调为角调，那么，就可以生成薛能的三首《柘枝词》了：

> 同营三十万，震鼓伐西羌。
> 战血黏秋草，征尘搅夕阳。

---

[1] 按，健舞《柘枝》在中唐之后的影响不及软舞，大概以女色容易动人的缘故。《全唐诗》中咏柘枝舞、柘枝妓以及写柘枝词的诗篇，以描写软舞《柘枝》舞女为主。
[2] 郭茂倩编《乐府诗集》卷五十六《舞曲歌辞》五，中华书局点校本，1979年，第819页。此诗亦见《全唐诗》卷二十二，中华书局，1960年，第290页。
[3] 载《敦煌学辑刊》1985年第1期。按，该文辨析了《柘枝》出于南诏而非出于西域石国，指出"屈调"为降调之意。
[4] 《全唐诗》卷五百零六，中华书局，1960年，第5755页。
[5] 同上。

归来人不识，帝里独戎装。

悬军征拓羯，内地隔萧关。
日色昆仑上，风声朔漠间。
何当千万骑，飒飒贰师还。

意气成功日，春风起絮天。
楼台新邸第，歌舞小婵娟。
急破催摇曳，罗衫半脱肩。[1]

  这三首《柘枝词》中的前两首是伴乐，后一首应该是伴舞。故而这三首表面上看来风格极为割裂的《柘枝词》，实际上则是音乐变化的真实反映。羽调慷慨，故第一首"震鼓伐西羌"意气豪迈；商调萧飒，故云"飒飒贰师还"；而最后一首正是《柘枝》再扬为角调之后，给人以春风和煦的明媚想象，舞女登场，满堂皆欢。[2]

  南诏传入的舞曲除了《柘枝》外，尚有《盖罗缝》。据《唐声诗》（下编）所考[3]，《盖罗缝》本应为一首赞颂南诏首领阁罗凤的舞曲，唐代教坊演奏的可能是其片段或摘遍。其风格与健舞的《柘枝》类似，故其音乐的配对歌辞也是边塞诗。《乐府诗集》录其歌辞二首，也是将具有边塞风格的绝句作为演奏歌辞。其一云："秦时明月汉时关，万里征人尚未还。但愿龙庭神将在，不教胡马渡阴山"，此翻唱王昌龄《出塞》；其二云"音书杜绝白狼西，桃李无颜黄鸟啼。寒鸟春深归去尽，出门肠断草萋萋"[4]，为王昌龄《春怨》，是"闺怨类"边塞诗的典型风格。我们认为，这两首因音乐风格的细微不同而采

---

[1] 郭茂倩编《乐府诗集》卷五十六《舞曲歌辞》五，中华书局点校本，1979年，第819页。此诗亦见《全唐诗》卷二十二，中华书局，1960年，第290页。

[2] 温庭筠《柘枝词》亦是角调《柘枝》的舞蹈场面："杨柳萦桥绿，玫瑰拂地红。绣衫金騕褭，花髻玉珑璁。宿雨香潜润，春流水暗通。画楼初梦断，晴日照湘风。"见郭茂倩编《乐府诗集》卷五十六，中华书局点校本，1979年，第819页。

[3] 任半塘《唐声诗》（下编）考《盖罗缝》曲云："【创始】唐教坊曲，始于玄宗天宝七、八两载间。【名解】南诏王阁罗凤名之转音。【别名】别写作《合罗缝》《閤罗缝》《阁罗缝》，又称《罗凤曲》。【乐】《教坊记》曲名中列《盖罗缝》。《唐语林》卷八：'呼曲之名下兵曰下平，阁罗缝为閤罗缝。……如斯之语甚多。'谓当时人发音讹误如此，足见此曲流行。【杂考】天宝七载，南诏王阁罗凤立，九载，陷云南，北归吐蕃。至其孙异牟寻，始仍归唐。《旧唐书》谓李宓率兵击蛮于西洱河，粮尽，为阁罗凤所擒，本调应创于阁罗凤进扰云南之前，即天宝七、八两载之间。"上海古籍出版社，1982年，第506～507页。

[4] 以上皆见《全唐诗》卷二十九《杂曲歌辞》，中华书局，1960年，第384～385页。

用王昌龄两首风格匹配的绝句入乐，具有随意性。其他诗人的边塞诗作亦可参酌配声。

　　本文还想说明，大曲作为唐代典型的音乐形态，其流传颇为广泛。而诗人依声填写的大曲摘遍的声诗，作为一个小小的音乐单元，很有可能并不以大曲的名称来命名作品，而是简单标以《出塞》《入塞》《塞上》《塞下》等曲名就可以了。大曲也是采摘这样的声诗入乐的，并非《伊州》之曲要专用《伊州》之辞，而更并非《伊州》之辞不可以唱《凉州》《石州》。这种灵活出入式的边塞诗配边声大曲的特点，在唐代非常普遍。

　　另外，唐代音乐环境还有一个特点，即大量的胡笳胡角横吹曲写入琴曲，这也是本土乐器受异域音乐风格的影响而改弦更张的事实。其中最为重要的是大曲琴歌《胡笳》和大曲琴歌《昭君》的形成。王小盾《〈胡笳十八拍〉与琴歌》指出："到了晋代，琴曲《胡笳》始称为'曲'和'弄'。这意味着它有了确定的主题，称为固定的琴曲曲目。晋刘琨所作的《胡笳五弄》，包括《登陇》《望秦》《竹吟风》《哀松露》《悲汉月》五曲。根据《幽兰》谱，可以知道这五个曲目一直流传至唐。《乐府诗集》载有南朝宋吴迈远、梁陶弘景、江洪的四首《胡笳曲》琴歌辞，它们或写边地怀乡，或咏边城兵将，主题一致，应当是配合《胡笳五弄》的。唐人咏《胡笳曲》有云'出塞入塞之声'，'南看汉月双眼明'。这也表明唐代《胡笳曲》同《胡笳五弄》的源流关系。"[1]该文指出四弄的《胡笳明君》为《上舞》《下舞》《上间弦》《下间弦》；五弄的《胡笳明君》为《辞汉》《跨鞍》《望乡》《奔云》《入林》[2]。该文强调五弄的《明君别》，而对《琴集》所云"《明君》三百余弄，其善者四焉"的四弄《胡笳明君》，则有所忽视。本文认为，《上舞》《下舞》《上间弦》《下间弦》四弄的《胡笳明君》，以及宋吴迈远、梁陶弘景和江洪的四首《胡笳曲》琴歌辞，很有可能就是唐代新生的《塞上曲》《塞下曲》二曲的原型。《上舞》《下舞》《上间弦》《下间弦》四弄，实际上应当是弹琴的方式，当然也有可能是琵琶。"四弄"以其最为强烈的感染力最终独立出来，成为唐代具有异域和边塞风情的经典流行曲目。

[1] 王小盾《〈胡笳十八拍〉与琴歌》，《古典文学知识》1995年第5期，第105页。
[2] 此材料见于郭茂倩编《乐府诗集·相和歌辞四·吟叹曲》之《王昭君》题解，原文曰："王僧虔《技录》云：'《明君》有间弦及契注声，又有送声。'谢希逸《琴论》曰：'平调《明君》三十六拍，胡笳《明君》三十六拍，清调《明君》十三拍，间弦《明君》九拍，蜀调《明君》十二拍，吴调《明君》十四拍，杜琼《明君》二十一拍，凡有七曲。'《琴集》曰：'胡笳《明君》四弄，有上舞、下舞、上间弦、下间弦。《明君》三百余弄，其善者四焉。又胡笳《明君别》五弄，辞汉、跨鞍、望乡、奔云、入林是也。'按琴曲有《昭君怨》，亦与此同。"卷二十九，中华书局点校本，1979年，第426页。

三、边塞诗"亲历边塞"之外的"想象边塞"

初盛唐时代，唐代对外战争频繁，边塞诗反映现实战争的作品较多，而且诗人出塞、游边的机会也多。因此盛唐边塞诗中以高适、岑参为代表的"亲历边塞"写作是具有时代性的，没有亲历边塞的诗人受到这些人的带动，李白、杜甫的一些边塞诗作也是如此。这一点陈铁民先生《关于文人出塞与盛唐边塞诗的繁荣》一文所论诚然。但是，如果仅仅以"亲历边塞"写作对没有亲历边塞的诗人的带动以及所谓的文学惯性来解释边塞诗繁荣的全部原因，本文认为是片面的。

首先，即使在文人出塞经历较多的初盛唐时代，乐府边塞诗自身的艺术规律也是持续存在的。例如陈文言"郭震，累任边帅，有《塞上》诗传世"[1]，显然，陈铁民先生认为，郭震（元振）创作《塞上》与其累任边帅有直接关系，但我们通过分析这首作品，就会明显看出，其反映现实边塞的特征远远小于其音乐想象的特征：

> 塞外虏尘飞，频年出武威。
> 死生随玉剑，辛苦向金微。
> 久戍人将老，长征马不肥。
> 仍闻酒泉郡，已合数重围。[2]

据《旧唐书·郭元振传》，郭元振受则天知名，即充使聘吐蕃，时吐蕃请和，郭元振以离间之计除掉吐蕃大将论钦陵，大足元年（701）迁凉州都督、陇右诸军州大使。"在凉州五年，夷夏畏慕，令行禁止，牛羊被野，路不拾遗。"[3]但是我们分析诗中的文辞，则体现出明显的凄苦之色。郭元振在凉州五年，并无酒泉被围的历史真实事件，也无"死生随玉剑，辛苦向金微"的历史背景。那么这些词语是如何来的呢？我们认为，此首《塞上》是一首诗人借助具有边塞和异域风情的音乐（或即《塞上曲》）而创作的乐府边塞诗，与诗人实际的边塞经历无关，并且这首诗也作为此种边塞和异域音乐的演奏歌辞长期存在。《全唐诗·杂曲歌辞》中收录大量被应用于乐府演奏的边塞诗，其中郭元振这首诗即被以《征步郎》之曲名收入前四句。[4]

---

[1] 陈铁民《关于文人出塞与盛唐边塞诗的繁荣——兼与戴伟华同志商榷》，《文学遗产》2002年第3期。
[2]《全唐诗》卷六十六，中华书局，1960年，第756页。
[3]《旧唐书》卷九十七，中华书局，1975年，第3044页。
[4]《全唐诗》卷二十七，中华书局，1960年，第387页。

其次，唐代音乐艺术空前繁荣，大量胡乐和胡人乐师来到内地，其音乐演奏亦广受欢迎。这样的音乐环境，使得即使歌舞宴会的场面也会出现想象边塞之辞。这种音乐文化的持续带动，比文人出塞写作的持续带动，其感染力更深更持久。我们亦略举数例：

> 辽东小妇年十五，惯弹琵琶解歌舞。
> 今为羌笛出塞声，使我三军泪如雨。[1]

> 横笛怨江月，扁舟何处寻。
> 声长楚山外，曲绕胡关深。[2]

> 自有金笳引，能沾出塞衣。
> 听临关月苦，清入海风微。[3]

> 可怜新管清且悲，一曲风飘海头满。
> 海树萧索天雨霜，管声寥亮月苍苍。
> 白狼河北堪愁恨，玄菟城南皆断肠。[4]

> 夜闻觱篥沧江上，衰年侧耳情所向。
> 邻舟一听多感伤，塞曲三更欸悲壮。[5]

> 清商欲尽奏，奏苦血沾衣。
> 他日伤心极，征人白骨归。[6]

> 独把《梁州》凡几拍，风沙对面胡秦隔。

---

[1] 李颀《古意》，《全唐诗》卷一百三十三，中华书局，1960年，第1355页。
[2] 王昌龄《江上闻笛》，《全唐诗》卷一百四十一，中华书局，1960年，第1433页。
[3] 王昌龄《胡笳曲》，《全唐诗》卷一百四十二，中华书局，1960年，第1438页。
[4] 岑参《裴将军宅芦管歌》，《全唐诗》卷一百九十九，中华书局，1960年，第2058页。
[5] 杜甫《夜闻觱篥》，《全唐诗》卷二百二十三，中华书局，1960年，第2373页。
[6] 杜甫《秋笛》，《全唐诗》卷二百二十五，中华书局，1960年，第2423页。

听中忘却前溪碧，醉后犹疑边草白。[1]

座中为我奏此曲，满堂萧瑟如穷边。
第一第二拍，泪尽蛾眉没蕃客。
更闻出塞入塞声，穹庐毡帐难为情。
胡天雨雪四时下，五月不曾芳草生。[2]

无端更唱《关山曲》，不是征人亦泪流。[3]

何处金笳月里悲，悠悠边客梦先知。
单于城下关山曲，今日中原总解吹。[4]

我乡安在长城窟，闻君房奏心飘忽。
何时窄袖短貂裘，胭脂山下弯明月。[5]

幽咽新芦管，凄凉古竹枝。
似临猿峡唱，疑在雁门吹。……
屈原收泪夜，苏武断肠时。[6]

行追赤岭千山外，坐想黄河一曲流。
日暮岂堪征妇怨，路傍能结旅人愁。[7]

  随着中唐以来边地日蹙，文人游边也不可能深入汉代边塞故地，而边塞诗中大量的此类书写，均来自于音乐想象而非现实。唐代边塞诗的繁荣，我们认为，是"亲历边塞"

---

[1] 顾况《李湖州孺人弹筝歌》，《全唐诗》卷二百六十五，中华书局，1960年，第2948页。
[2] 戎昱《听杜山人弹胡笳》，《全唐诗》卷二百七十，中华书局，1960年，第3011页。
[3] 王表《成德乐》，《全唐诗》卷二百八十一，中华书局，1960年，第3199页。
[4] 武元衡《汴河闻笳》，《全唐诗》卷三百一十七，中华书局，1960年，第3576页。
[5] 元稹《小胡笳引》，《全唐诗》卷四百二十一，中华书局，1960年，第4630页。
[6] 白居易《听芦管》，《全唐诗》卷四百六十二，中华书局，1960年，第5254页。
[7] 薛逢《醉中闻甘州》，《全唐诗》卷五百四十八，中华书局，1960年，第6329页。

和"想象边塞"共同创造的繁荣。我们将唐代音乐环境与唐代乐府边塞诗的结合考察，就会发现除了文学直接反映现实生活之外，另有文学与音乐长期共存的生态环境对文学创作的直接影响。

唐代边塞诗的创作者中，有大量诗人没有亲临过边塞，但是他们借助边塞异域音乐的艺术想象，创作了大量的边塞诗。这类具有乐府演奏性质和音乐想象性质的边塞诗直接生成于唐代特有的音乐环境。"想象边塞"是"亲历边塞"之外，促进唐代边塞诗繁荣的第二引擎。"丝绸之路"传入的胡琴、琵琶等异域乐器以及边疆内外进献的《凉州》《伊州》《石州》《柘枝》等大曲，加之中原的乐器如琴、本土音乐如《水调》所沾染的边塞和异域音乐的风气，都为唐代乐府边塞诗的繁荣提供了持续的生成性文艺土壤。借助音乐环境来"想象边塞"的边塞诗，构成了唐代边塞诗的半壁江山。

本文原载于《杜甫研究学刊》2018年第3期

（陶成涛，文学博士，西北大学文学院古代文学专业讲师。研究方向为唐代文学、乐府学。）

纸抄时代文集编纂、流传方式与文学的传播

——以李白诸小集到正集衍变过程考察为中心

任雅芳

如纸简替换一样，在文本传播史上，纸抄时代到印本时代也是一次飞跃。不同于印刷文本的定型化批量生产，纸抄书籍的生产是一次一书，难有重复，故一书多样是普遍现象。抄卷形制远大于印本，大量携带、收藏的条件非一般人所有，同时代人对作家的认同与接受也多依据小集类作品[1]，正集并不等于全集，"代表作"成为作家显示文学存在的主要方式。宋编唐人文集，正是处于纸抄文本向印刷文本转变的初期，其中留存很多原始信息。宋人在整理李白集时，涉及多种传本并留有一些具体记录，据此分析，可为考察纸抄文本向印本转化的问题提供一个比较生动的个案，这对于了解纸抄文学的存在方式颇有意义。

一、正集形成之前多以小集流传

魏颢《李翰林集序》、李阳冰《唐李翰林草堂集序》、范传正《唐左拾遗翰林学士李公新墓碑》分别记载了唐时李白集的三次编集过程。其中魏颢为李白编集，时在上元末年（761）。李阳冰以李白遗稿编集，时在宝应二年（763）。范传正任宣歙池等州观察使时曾广收李白存世作品编集，言："文集二十卷，或得之于时之文士，或得之于宗族，编辑断简，以行于代。"（宋蜀刻本《李太白文集》卷一，第71页）时在元和十二年（817）。会昌三年（843），裴敬作《翰林学士李公墓碑》又言："李阳冰序诗集，粗具行止。"（《李太白文集》卷一，第73页）表明李阳冰编集后的八十二年间《草堂集》确有流行。另，李白《江夏送倩公归汉东》云："仆平生述作，罄其草而授之。"（《李太白文集》卷二十七，第623页）此事约在乾元元年（758）间，即李白卒前四五年，然此本无传，详情已无从知晓。

---

[1] 宇文所安提出唐人文集流传方面小集占优势的观点。唐五代时的文学评价往往亦是基于小集。参见〔美〕宇文所安撰，卞东坡、许晓颖《唐代的手抄本遗产：以文学为例》，见《古典文献研究》（第十五辑），凤凰出版社，2012年，第236～266页。

与正集不同，其时关于李白各类小集的记载更多。如宋计有功《唐诗纪事》引杨天惠《彰明逸事》云："时太白齿方少，英气溢发，诸为诗文甚多，微类《宫中行乐词》体。今邑人所藏百篇，大抵皆格律也。"[1]此处所载应是一部百篇律诗小集，《文苑英华》收李白十七首律诗，如《初月》《雨后望月》《对雨》《晓晴》《望夫石》《冬日归旧山》《邹衍谷》等，都不见于李白集，后人对其真实性多有怀疑。其实，其底本也可能与《彰明逸事》所载的格律小集有关。李白早年求学与当时读书人一样，以科场文化为中心，这部律诗集应是他早年为参加科举考试准备的习作集。

李白早年还编有不少行卷之作，其《上安州裴长史书》言："又前礼部尚书苏公出为益州长史，白于路中投刺，待以布衣之礼。"(《李太白文集》卷二十六，第604页)，《与韩荆州书》言："至于制作，积成卷轴。"(同上书，第601页)可见，这类行卷小集他是携于身边的。又如《上安州李长史书》言："敢一夜力撰《春游救苦寺》诗一首十韵、《石岩寺》诗一首八韵、《上杨都尉》诗一首三十韵。"(同上书，第596页)这近百句的三首诗应不是当晚所作，而是平时准备好用以行卷的小集。

李白的乐府歌行在当时影响甚大，有多种乐府集流行。由于不具备士人属籍的身份[2]，李白科举无门，只得转而模仿纵横家的进身方式，在诗歌上专攻古诗与乐府，离蜀之后行卷之作多以乐府集为主。如《本事诗》载："李太白初自蜀至京师……出《蜀道难》以示之。读未竟，称叹者数四，号为'谪仙'……贺又见其《乌栖曲》，叹赏苦吟曰：'此诗可以泣鬼神矣。'……或言是《乌夜啼》，二篇未知孰是。"[3]此处李白极可能是以乐府小集向贺知章行卷。他颇以乐府自许，权德舆《左谏议大夫韦君诗集序》云："君年十一，尝赋《铜雀台绝句》，右拾遗李白见而大骇，因授以古乐府之学。"[4]显然，李白自视古乐府为独家之学。如杜甫《苏端薛复筵简薛华醉歌》云："近来海内为长句，汝与山东李白好。"(《全唐诗》卷二百一十七，第2270页)当时关于李白集的材料多指乐府歌行类小集，魏颢编《李翰林集》序云："首以赠颢作、颢酬白诗，不忘故人也。次以《大鹏赋》、古乐府诸篇，积薪而录。"(《李太白文集》卷一，第58页)魏颢的二卷本主要是以古乐府为主的诗集，李白委托魏颢编订古乐府集与其重视古乐府之学的态度是一致的。另，成于9世纪末的《日本国见在书目录》著录有《李白歌行集》三卷，

---

[1] 计有功《唐诗纪事》卷十八，上海古籍出版社，1965年，第271页。
[2] 查屏球《唐代婚姻习俗与李白成名前的家庭生活》，《复旦学报》2010年第5期。
[3] 孟启《本事诗·高逸第三》，中华书局，2014年，第99页。
[4] 权德舆撰，郭广伟校点《权德舆诗文集》卷三十四，上海古籍出版社，2008年，第524页。

此事亦足证他确有乐府歌行类诗集单行。

选择最有代表性的某类诗体作品单独成集应是唐人编集的方式之一。李白在不同时期对自己的作品有过不同的编集，多是依体归类。这既与编集的目的有关，也与他对自己以及时人对他在诗坛的定位相关，各时期产生的小集对应了他在不同阶段对不同诗体的专攻。纸抄时代的书籍流传由于受形制所限或抄写条件的限制，除了皇家秘府藏书或个别藏书家着意搜求，对于多数读者来说，只能接触或阅读到作家的小集。也就是说，在当时小集是文人作品流传的主要方式，这类小集或是一时的行卷之作，或是最有代表性的作品。

二、印本全集分卷略存纸抄小集原貌

依题目内容归类分卷，如赠别、留别、游宴之类，应是总编全集之事，但这些分卷及卷目或多或少保留了部分小集之原貌。以下择一二现象做具体分析，以期说明李白集由若干小集转化定型的过程。

1. 乐府歌行类作品异题与小集的流传

李白现存诗歌中有不少同诗异题现象，其中三种类型可能与小集的不同编集方式有关。

（1）乐府旧题与自撰新题两出。如《将进酒》与《惜空罇酒》，前者入宋本文集、《文苑英华》（中华书局 1982 年）乐府卷，后者入《文苑英华》歌行卷，亦见于敦煌唐诗抄卷 P.2552。[1]

（2）乐府旧题与本事命题（饯别游宴等）两出。如《东武吟》入宋本文集、《文苑英华》乐府卷，《出金门后书怀留别翰林诸公》入《文苑英华》留别类。《对酒》入《文苑英华》乐府卷，《月下独酌》入宋本文集游宴或闲适卷，亦入《文苑英华》杂题月类。《古意》见于《河岳英灵集》《又玄集》《唐文粹》，《南陵别儿童入京》入宋本文集留别类。

（3）本事+歌行类目与本事命题两出。如《陪侍郎叔华登楼歌》入《文苑英华》歌行卷，《于宣州谢朓楼饯别校书叔云》入宋本文集饯送卷。

这些题目当各有文本依据。联系到李白小集依体编纂的特点，同诗异题的作品可能对应的正是不同的小集，即这些作品原先存于不同时期形成的小集中。本事类题目应更

---

[1]〔美〕宇文所安撰，卞东波、许晓颖译《唐代的手抄本遗产：以文学为例》（《古典文献研究》（第十五辑），凤凰出版社，2012 年）已注意到同诗异题应是由于出自不同的集子。

接近当时创作的实际情况，表明写作缘由，涉及具体的人和事，应是作者自己所定。这类诗题多为赠答之作，当时即已发表。乐府歌行题名对应的是乐府歌行集，这类题目多是仅存乐府古题，如《东武吟》等，或自拟歌行题，如《陪侍郎叔华登楼歌》等，这类题目无须详解，只是标明与古乐府之关系。两类题孰先孰后，是作者加注还是抄写者改删本事之文，尚难判断，但仅由现存较早文献来看，或来源于当时已流行的《河岳英灵集》，或是出于保存了纸抄文本原貌的《文苑英华》，可以推定两类题目应都是当时流行小集中的原题。在诗人身后编纂正集时，只能择一从之。因此，不能贸然断定正集以外的题目都为伪题，这些多样化题目反而反映了李白诸集的不同特征。

2. 咸淳本"杂拟"卷与李白集分卷之最初面貌

宋咸淳本《李翰林集》[1]卷十四为"杂拟"，这一类目比较特别，宋蜀刻本、分类补注本则无此卷目。"杂拟"作为一单独类目，是《文选》编目的一种方式，体现了六朝人的分体意识，如《文选》之"杂拟"分上、下两卷，所含篇目如下：

《拟古诗十二首》（陆士衡）

《拟四愁诗一首》（张孟阳）

《拟古诗一首》（陶渊明）

《拟魏太子邺中集诗八首》（谢灵运）

《效曹子建乐府白马篇一首》《效古诗一首》（袁阳源）

《拟古诗二首》（刘休玄）

《和琅邪王依古一首》（王僧达）

《拟古三首》《学刘公干体一首》《代君子有所思一首》（鲍明远）

《效古一首》（范彦龙）

《杂体诗三十首》（江文通）

李善认为"杂拟"源自江淹《杂体三十首序》："关西、邺下，既已罕同；河外、江南，颇为异法。今作三十首诗，学其文体，虽不足品藻渊流，庶亦无乖商榷。"[2]原题是"杂体"，内容是广拟汉魏晋宋之作，又多以《拟古》《效古》为题，拟作特质突出，故名曰"杂拟"。唐人编集体例多受《文选》影响，这种卷目、诗题也被唐人继承下来，

---

[1]《李翰林集》（当涂本），黄山书社，2004年，影宋咸淳本，实为影明仿宋刻本。据郁贤皓考，宋咸淳本出于宋当涂本，此本保存不少宋时特征，与宋蜀刻本编次收诗略不同，独具学术价值。

[2] 萧统《昭明文选》卷三十一，中州古籍出版社，1990年，第439页。

《白氏文集》编目体例即存《文选》格式。[1]《文选》中的"杂拟"对于唐人而言已成为一种特定的诗歌范式，其时诗人以"杂拟""杂体""杂诗"为题目、卷目，多是对《文选》相关题目、卷目的效仿。如李商隐《题李上謩壁》："旧著思玄赋，新编杂拟诗。"（《全唐诗》卷五百四十，第6215页）刘禹锡《送僧仲剬东游兼寄呈灵澈上人》："凭将杂拟三十首，寄与江南汤慧休。"（《全唐诗》卷三百五十六，第4005页）这些都是以"杂拟"为组诗的诗题，也可能是一卷书的类目。现存唐人文集中，仍存有以"杂拟"为卷目的例子，如韦应物《韦刺史诗集》，其卷一标目为：

赋（一篇）

杂拟（二十一首）（《拟古诗十二首》《杂体五首》《与友生野饮效陶体》《效何水部二首》《效陶彭泽》）

燕集（二十一首）

此处类目、取题方式及体例与《文选》相同，且各题都说明拟效之意，与江淹近似。《文选》的分类方式到宋仍有较大影响，如宋人曹彦约《投所业与提刑孙司业札子》："官居退食，有乐府等杂拟，辄缮写一册。"[2]宋庠《台州嘉祐院记》云："颇作歌诗杂拟，辄自翼其宗。"[3]黄彦平《三余集》卷一《五言古诗》下有《乐府杂拟》组诗。这些例子表明至宋时，"杂拟"作为一文体概念仍在流行且延续很久。虽然杂拟诗作为一种创作传统被保留下来，然而从宋人）文集看，"杂拟"多是作为组诗的题名，少有以"杂拟"为类目或卷目的，因此咸淳本中"杂拟"这一卷类及卷目，应不是宋自创的，而是唐卷本身的遗存。

咸淳本《李白集》第十四卷卷目为"杂拟"，选目如下：

《拟古十三首》

《感兴八首》《西施》

《平虏将军妻》《四皓》

《效古二首》

《寓言三首》《王右军》

---

[1]〔日〕静永健、陈翀《〈文选〉与〈文集〉》，《〈文选〉与中国文学传统国际学术研讨会论文集》（上册），2011年，第402页。

[2] 曹彦约《昌谷集》卷十二，《景印文渊阁四库全书》，第1167册，台湾商务印书馆，1986年，第146页。此处"杂拟"或为卷类与卷目，然其本集收诗四卷，仅以古诗、律诗、绝句分类。

[3] 宋庠《元宪集》卷三十六，《丛书集成新编》，第60册，台湾新文丰出版公司，1985年，第373页。

《南轩松》

《南都行》

《上元夫人》《学古思边》

《咏邻女东窗海石榴》

《安州应城玉女汤作》

《夜下征虏亭》

《客中行》《江行寄远》

《夜泊黄山闻殷十四吴吟》

《郢门秋怀》《太原早秋》

《下途归石门旧居》

《之广陵宿常二南廓北居》

《入彭蠡经松门观石镜缅怀谢康乐题诗书游之览志》《越中览古》

《过四皓墓》《苏武》

《望鹦鹉洲怀祢衡》

《金陵白杨十字巷》《谢公亭》

《苏台览古》

《安州般若寺水阁纳凉喜遇薛员外乂》

《鲁中都东楼醉起作》

《冬夜醉宿龙门觉起言志》

《友人会宿》《月夜听卢子顺弹琴》

《庐山东林寺夜怀》《自遣》

《秋日与张少府楚城韦公藏书高斋作》

《访戴天山道士不遇》

《寻雍尊师隐居》

《春归终南山松龙旧隐》

《自巴东舟行经瞿塘峡登巫山最高峰还题壁》

此卷篇目繁杂，《拟古十三首》以及《效古二首》《学古思边》等篇，以拟、效、学存旧题之式，与《文选》"杂拟"类目体例极其相似；《西施》《平虏将军妻》《四皓》《王右军》《上元夫人》《南轩松》《南都行》多模拟汉魏古诗与乐府，大体可归为杂拟类，而余诗则与此类目没有多大关系，诗体各异，内容繁杂，从其早年至晚年皆有，又似乎是对散佚于本集之外的作品归类补充。以"杂拟"为类目，并不符合宋人编集的惯例，而所收诗也不尽合《文选》旧式，这种不同寻常的立目应自有文本依据。合理的解释是："杂拟"卷极可能是唐时所编李白集中的原始卷目，这一类目下原来仅有《拟古十三首》以及到《学古思边》之前的三十四首。其余作品本是附于"杂拟"卷后的补遗，流传过程中失去了分割标志，而与之混为一卷。这一现象应早已形成，这可从其连排编目中看出端倪。本卷有十一处诗题连排编目，连排者并非均出于篇幅空间考虑，如《南轩松》《南都行》两题甚短，但都单行排列，而《入彭蠡经松门观石镜缅怀谢康乐题诗书游之览志》一题甚长，却连排了另一首诗。凡连排者两诗主题都有相关性，或同为古乐府拟作，或在同一地为同一事而作，如《郢门秋怀》《太原早秋》，同为旅途感秋，《入彭蠡经松门观石镜缅怀谢康乐题诗书游之览志》《越中览古》，都是游越之作，《金陵白杨十字巷》《谢公亭》，均写金陵之事。显然，这应是抄卷的原始状态，编集之时保存了原貌。蜀刻本中没有"杂拟"卷目，拟古等诗都被收入"怀古""感遇"等类目之下，这应是宋人调整分类的结果，咸淳本则留存了这一卷的部分原貌。

3. 歌行小集与全集类目

歌行多属汉乐府中的清商乐类，唐前除少数诗人如鲍照拟作长篇组诗《行路难》外，尚少有人将之作为单独一类。唐前文集中也少见定名为歌行体或出现歌行类目的记载，如《文选》中《怨歌行》《从军行》《东武吟》等题都归入乐府类。初唐乐府歌行开始风行，如卢照邻《长安古意》、王勃《临高台》等均是传世的歌行体作品，但也未将之单独归为歌行类目。在本集中这类作品多列入诗或古诗的卷目下，又陈子昂、孟浩然、王维、高适、岑参等集皆同。这固然是因为这些文集收诗数量大大少于李白集，不设分类细目，同时也因为文集编纂者尚未有以歌行为单独类目的分类意识。

唐人别集中较早以歌行或歌吟为类目的正是宋本李白集。此外，《韦刺史诗集》有歌行两卷，《白氏文集》卷十二列目"歌行曲引"、卷五十一列目"歌行"。晚唐时司空图有《句》云："看师逸迹两师宜，高适歌行李白诗。"（《全唐诗》卷六百三十四，第7289页）显然，歌行作为单独类目在中唐之后才广泛流行。宋本李白集明确列出"歌吟"类目值得关注，这一类目下主要收录七言、杂言歌行，也有少许五言作品，但所有篇目题名的共同特点是均含有歌、吟、行、词、曲等字，与"歌吟"类目呼应紧密。[1]宋本李白集应保留了唐时李白文集歌吟卷类的特征。

《韦刺史诗集》歌行两卷中所收的篇目亦有此特点，不含歌、吟、行、词、曲的篇目仅有三篇，分别为《长安道》《难言》《易言》。《长安道》亦属于拟乐府题歌行，《难言》《易言》则是唐时的文字游戏。李白集、韦应物集的歌吟或歌行类目下均未出现过本事类题目。李白集歌吟中常见混合题目，即歌、吟、行 + 本事类组合而成的题目，如《金陵歌送范宣》《峨眉山月歌送蜀僧晏入中京》等。但纯本事类题目，即使诗歌体式完全为歌行体也未收入歌吟类。比如《于宣州谢朓楼饯别校书叔云》入饯送类、《忆旧游寄谯郡元参军》入寄赠类等。可见，李白、韦应物编集者对歌行类的诗题归类的概念非常清楚。

《文苑英华》亦列出歌行 20 卷，但所收篇名并不一定都是包含歌、吟、行、词、曲、篇等字的典型歌吟题名。大量本事类的篇目列于歌行卷，以送赠作品尤多，如《赠乔林》（张谓）、《赠王威古》（崔颢）、《代贺令誉赠沈千运》（王季友）、《赠李粲秀才》（僧鸾）、《送顾八分文学适洪吉州》（杜甫）等。宋人文集在歌行类所收篇目上与《文苑英华》近似。可见，宋人收录歌行类的标准主要是依据诗歌体式，对于题名则没有严格要求。因为宋本李白集、《韦刺史诗集》编录歌行类的体例与宋人的惯例差别显著，所以，这种单列出歌吟或歌行类目的方式极可能保存的是唐时文集编撰的体例特征。《日本国见在书目录》成于 9 世纪末，所录书多是印本流行前的唐抄卷，其著录之《李白歌行集》三卷不一定等于宋本李白集的歌吟卷，但两者之间可能存在关系，宋本中歌吟这部分很可能就是由李白歌行小集整体纳入文集之中的。

4.《古风》两卷是逐次增添成的小集

《古风五十九首》并不是李白集原貌，诗题原来各本有异，《河岳英灵集》录一首，题为《咏怀》（"庄周梦蝴蝶"）；"咸阳二三月""宝剑双蛟龙"二首在蜀本李白集中作《感寓二首》；作为组诗数量也不固定，《才调集》录《古风三首》；《唐文粹》录《古风十一首》，秦观（1049～1100）写李太白《古风》诗三十四首[2]，葛立方（？～1164）《韵语阳秋》载："李太白古风两卷，近七十篇。"[3] 这表明《古风》作为大型组诗应

---

[1] 薛天纬《李白 唐诗 西域》，上海古籍出版社，2011 年，第 111 页。且指出《文苑英华》首将非歌辞性题名的七古纳入歌行类。

[2] 王暐《道山清话》云："秦观少游一日写李太白古风诗三十四首于所居壶隐壁间。"《百川学海》，人民出版社，2012 年，第 355 页。

[3] 葛立方《韵语阳秋》卷十一，上海古籍出版社，1984 年，第 133 页。

是逐渐形成的[1]，非一时一地的集中创作，在不同小集中有过不同的组合方式与诗题。

对此咸淳本编目可提供一点旁证。蜀刻本古风为一卷，题名为《古风五十九首》。其书体例为每卷标注"歌诗××首"，再标注诗歌类目，再依次出现诗歌篇名及内容。《古风》组诗收录在第二卷，此卷"歌诗五十九首"之后标注类目"古风上"，然而卷中、集中均未出现如"古风下"的对应文字。咸淳本仅有"古风上""古风下"这样的卷目，未标诗歌篇数。可见，蜀刻本所据底本也应与咸淳本一样是分为古风上、下的，后合成一卷。标明"歌诗五十九首"，是蜀刻本新有之体例，而"古风上"则为原来抄卷所存之卷目。咸淳本则保留了古风上、下两部分。据此判断，古风上、下两卷作为一小集单独存在实有可能，刊本则将其整体纳入本集中。

李集中相当一部分组诗题名并非创作之初或编集之初形成，而是在流传中累积而成。如《才调集》录李白《长干行二首》，宋刻文集同，而《文苑英华》分别录为《长干行》《小长干行》。再如《唐文粹》录《望庐山瀑布泉二首》，宋刻本亦作《望庐山瀑布水二首》，而《文苑英华》分别作《玩庐山瀑布》《庐山瀑布》，敦煌文献中《瀑布水》仅有一首，即为今组诗第一首。又如宋刻本均录两首《白头吟》，但未以组诗题名，仅在《白头吟》题下依次录二诗并作题下小注："又一篇与此异，今两存。"显然，这些诗原初在不同的小集中是单独出现的。在汇编总集时，编者倾向于将同题作品聚合，传抄者或再编者则不免将此看作组诗并加以定名。如此看来，这五十九首诗归入《古风》题目之下，应是流传过程中重新编辑的结果。虽然，蜀刻本明确题名为《古风五十九首》，但《古风》小集仍在流传，其收诗篇目、数量与蜀刻本并不相同，故才有三十四首、六十一首（咸淳本比蜀刻本古风组诗多两首）、近七十首之说。

《古风》组诗内容丰富，但在当时少有人提及，唐人多好将陈子昂与李白类比，但几乎无人将其《古风》与陈子昂《感遇》相联系，显然，这与乐府歌行类小集已给李白诗风定型有关。至晚唐孟启于《本事诗》强调儒家诗教思想，才开始突出李白古诗之意，语意仅涉及"大雅久不作"一首。《才调集》收《古风》才三首。姚氏本身就有很强的复古意识，其选《古风》十一首也是出于自身的文学立场，这些都反映了后人对李白形象的重新解读。同时也表明李白古风类小集开始流传，并不断为人关注，将相关作品归类编集。

---

[1] 对于《古风》组诗的形成，目前学者尚存异议，见郁贤皓《李白〈古风五十九首〉刍议》，《中国文学研究》1989年第4期。

三、纸抄小集与正集的关系

所谓正集是相对各类小集的一种正式文集,但也不等同于全集,唐人正集多在晚年或身后由他人编订。印刷时代的正集或全集形成之后即可印刷定型,并以一化万,广为流传。而在纸抄时代,因形制或流传条件所限,小集的流传范围与影响远大于正集或全集,他人编订正集也是据不同小集合成的,这种合成编辑并非是一次性完成的[1],故正集亦并不稳定。由李白集的形成过程看,明显的特点有:

其一,纸抄正集形制难定,收录数量不一。李阳冰《草堂集序》言:"草稿万卷,手集未修。枕上授简,俾余为序……自中原有事,公避地八年;当时著述,十丧其九,今所存者,皆得之他人焉。"(《李太白文集》卷一,第55页)李阳冰也未言最后编订的卷数。刘全白于贞元六年(790)作《唐故翰林学士李君碣记》曰:"文集亦无定卷,家家有之。"(《李太白文集》卷一,第65页)说明刘氏在《草堂集》编订三十年后所见的李白集卷帙仍各不相同。《旧唐书·文苑下》言李白"有文集二十卷行于时。"(《旧唐书》卷一百九十,第5054页)此又在刘氏之后一百五十年。乐史(930~1007)《李翰林别集序》言:"李阳冰纂为《草堂集》十卷,史又别收歌诗十卷,与《草堂集》互有得失,因校勘排为二十卷。"(《李太白文集》卷一,第59页)王琦认为二十卷本《草堂集》至宋已散佚,仅存十卷,约五十年后,宋敏求(1018~1079)又做整理与补充,其《李太白文集后序》曰:"咸平中,乐史别得白歌诗十卷,合为《李翰林集》二十卷,凡七百七十六篇,史又纂杂著为别集十卷。治平元年,得王文献公溥家藏白诗集上中二帙,凡广一百四篇,惜遗其下帙。熙宁元年,得唐魏万所纂白诗集二卷,凡广四十四篇,因裒唐类诗诸编,泊刻石所传,别集所载者,又得七十七篇,无虑千篇。沿旧目而厘正其汇次,使各相从,以别集附于后。凡赋表书序碑颂记铭赞文六十五篇,合为三十卷。"[2]至此才对全书的篇数与规模有了完整的统计。现将提及的文集列述如下,以显示现传李白集形成过程:

《草堂集》二十卷(李阳冰编)

《李翰林集》(刘全白称无定卷)

《草堂集》十卷(乐史所见)

---

[1]〔美〕倪健 CHRISTOPHER M.B. NUGENT, *Manifest in Words, Written on Paper— Producing and Circulating Poetry in Tang Dynasty China*, Harvard University Press, 2010, p278.

[2] 李白著,王琦辑注《李太白文集》卷三十一,中华书局,1957年,第1491页。

《李白歌诗》十卷（乐史别收）

《李翰林集》二十卷，776篇（乐史合编，《崇文总目》卷五著录）

《李白别集》十卷（乐史编，《崇文总目》卷五著录《李翰林别集》十卷）

《李白诗集》三卷（佚下卷，776+104篇；王溥藏，880篇）

《李翰林诗集》二卷（魏颢编）880+44篇

"类诗、刻石所改李白诗"，77篇（宋敏求辑，合为1001篇）

《李白文集》65篇（宋敏求合编全集为1066篇）

在宋敏求、曾巩刊定全集前，所谓《草堂集》《李翰林集》等对特定时期的读者而言，可能都属正集，所收诗文各不相同。曾巩《李白诗集后序》所云旧七七六篇，这是将《草堂集》十卷与《歌诗集》十卷相合之后才有的数字，《草堂集》是最早编订且流行最广的李白文集，在唐时应为正集，但这个正集比宋时编订的一千多首全集的规模要小得多。其他如魏颢编二卷本，乐史别收的集子等，规模更小。宋初编《文苑英华》收李、杜等名家之作，所据当为内府正集，但所收李白作品才及后来全集的四分之一，足见在印本时代前，即使是正集也不稳定，收录内容与印本全集差别很大。

其二，各类小集比正集流传更广，总体容量更大。相对于正集，李白的作品可能更多地散布于各类小集中，如田锡（940～1004）《读翰林集》云："太白谪仙人，换酒鹔鹴裘。扁舟弄云海，声动南诸侯。诸侯尽郊迎，葆吹罗道周。哆目若饿虎，逸翰飞灵虬。落日青山亭，浮云黄鹤楼。浩浩歌谣兴，滔滔江汉流。下交魏王屋，长揖韩荆州。千载有英气，蔺君安可俦。"[1]诗中所言与魏颢序十分近似，所读《翰林集》可能是魏颢所编的二卷本。释契嵩（1007～1072）《书李翰林集后》云"余读《李翰林集》，见其乐府诗百余篇"[2]，又于文中提及《远别离》《蜀道难》《梁甫吟》《天马歌》《行路难》《猛虎行》《阳春歌》《乌栖曲》《战城南》《秋浦吟》。此跋唯言乐府，当是一部以乐府为主的小集。由书名看，可能与田锡所读的是同一种《李翰林集》，但仅有乐府诗百余篇，且有《猛虎行》一篇作于安史之乱后，与魏颢所编又有不同，可能是后人增补出的另一种小集。又如欧阳炯（896～971）《花间集序》云："在明皇朝，则有李太白应制《清平乐》词四首。"[3]但现存李集中《清平乐》仅三首。黄庭坚（1045～1105）

---

[1] 田锡著，罗国威校点《咸平集》卷十七，巴蜀书社，2008年，第165页。
[2] 契嵩《镡津文集》卷十六，《四部丛刊》广编，台湾商务印书馆，1981年，第151页。
[3] 赵崇祚编，杨景龙校注《花间集校注》序言，中华书局，2014年，第1页。

《书自草秋浦歌后》云："……遂书彻李白《秋浦歌》十五篇。"[1]《秋浦歌》在现传集中被作为组诗十七首。欧阳、黄氏所据李白集可能都是与现行本集不同的小集，如上所述早期纸抄文集在组诗组合上有很大的随意性。又如释文莹（1022～1085？）《湘山野录》云："'平林漠漠烟如织'……后至长沙，得古集于子宣内翰家，乃知李白所作。"[2]可见，咸淳本应是有古本所据才收录《菩萨蛮》等，这一古本又可能是与传本不一样的小集。

其三，小集的多样性决定了正集难有定本。不同时期依据不同小集编订正集，各类小集传本有异，导致了不同时期的正集文本也有变化。因为除了《白氏文集》等少数抄卷，纸抄正集多已不存，对这一问题，我们可从不同时期编订的总集所收录的情况做一些推断。总集的底本未必都是正集[3]，但有些权威性的总集，编者所据当取自所认定的正集，其文本之异颇能说明问题。

韦縠（900年在世）《才调集序》云："暇日因阅李、杜集，元、白诗，其间天海混茫，风流挺特，遂采掇奥妙，并诸贤达章句。不可备录，各有编次。"[4]其录李白诗二十八首应是据一种李白正集，四库本《才调集》所录：《长干行》、又、《古风》《古风》、又、《长相思》《乌夜啼》《白头吟》《赠汉阳辅录事》《捣衣篇》《大堤曲》《对酒》《久别离》《紫骝马》《宫中行乐词》、又、又、又、又、又、又、《愁阳春赋》《寒女吟》《相逢行》《会别离》《江夏行》《相逢行》。此处《长干行》《古风》不以组诗题名，或存古貌，韦氏所见可能是一种后世不传的李白集，保留了各诗在各类小集中分别存在的状态。

宋雍熙三年（986）编订的《文苑英华》所录李白诗的底本应是秘阁所藏之李白正集，其中也有多样传本。如李白集中《姑孰十咏》，苏东坡已辨明非李白所为，王安石言此诗见于李赤集，且言秘阁李白集中无之。但《文苑英华》于李白名下录有《姑孰十咏》的部分篇章，如《望夫山》等，说明当时秘阁文献中还有一李白集与王安石所见之本不同。

又，法藏敦煌文献 P.2552 为"唐人选唐诗"残卷，录李白诗歌四十三首。与上述《才调集》不同，这是一部杂抄类诗选，编选的随意性较大，编录体例不一，各诗皆无署名，仅《宫中三章》下有"皇帝侍文李白"，显然，抄写者将这种特殊的署名也作为理解本诗的一个组成部分，表明此是单独一类，与前后不相属。据此而断，可将选诗归为三类：

---

[1] 黄庭坚著，郑永晓整理《黄庭坚全集》别集卷八，江西人民出版社，2011年，第758页。
[2] 文莹撰，郑世刚、杨立扬点校《湘山野录·续录·玉壶清话》，中华书局，1984年，第15页。
[3] 上引宇文所安文认为《文苑英华》等总集所据底本不一定为正集，很多是"亚集"或者说是"小集"。
[4] 韦縠《才调集》序言，傅璇琮《唐人选唐诗新编》，文史哲出版社，1999年，第691页。

"杂选类""宫中类""乐府类",其底本或许就是几类不同的小集。《惜罇空》诗在《文苑英华》歌行卷中作《惜空罇酒》,在乐府卷中则作《将进酒》,两者各有来源,敦煌诗选应是依据了后世失传的小集,据此推论,正集的编订也会面临类似情况。

凡此皆可证明,印本全集流行前,纸抄正集并不固定。唯因如此,其时人们尚少定本意识,白居易《白氏长庆集后序》特意说明:"其日本、新罗诸国及两京人家传写者,不在此记。""若集内无而假名流传者,皆谬为耳。"[1]他已明白当时传本与自己的手订正集是不同的。白氏晚年手订《白氏文集》七十五卷本,分五处收藏,但实际流传的是七十卷本。其七十五卷本在其身后不久就少有人提及了。

通过对李白集的具体分析,我们了解到纸抄时代小集、正集及全集的关系。纸抄正集不等于全集。正集用以流传,全集仅存于作者手中。自藏不等于流传,全集的编纂流行多是印刷时代之后的事。纸抄时代作家主要是以小集或正集显示自己的文学存在,并以此为基础建立文学地位,当时的文学评论也主要以此为对象。[2]纸抄文集的编纂与流传方式应与印刷时代整集流传不同,从宋人编纂《李白集》《杜甫集》的方法看,由小集拼合成全集,实际上也是在重塑一个诗人的形象。纸抄小集流行居多,印刷时代文人更重全集,这一不同决定了唐宋人在文集编纂上有不同的思想观念。[3]唐人编集注重显示自身的文学成就,宋人更想以文集展示自己的人生,故编年类文集在宋后大行,而唐人多受《文选》体例影响,以体分类较多,更关注在各类文体中所取得的成就。这种观念的转换固然是文学思想自身发展的结果,但文集形态由纸抄卷子到印刷文本的转变、编纂与流传条件的改善、编集方式的改变也是不可忽视的客观因素。

本文原载于《华南师范大学学报》2016 年第 6 期

(任雅芳,西北大学中国文化研究中心讲师。主要研究方向是唐人文集编纂研究。)

---

[1] 白居易著,朱金城笺校《白居易集笺校》外集卷下,上海古籍出版社,1988 年,第 3916 页。
[2] 〔美〕宇文所安撰,卞东波、许晓颖译《唐代的手抄本遗产:以文学为例》,见《古典文献研究》(第十五辑),凤凰出版社,2012 年,第 236~266 页。
[3] 〔美〕倪健 CHRISTOPHER M.B. NUGENT, *Manifest in Words, Written on Paper— Producing and Circulating Poetry in Tang Dynasty China*, Harvard University Press, 2010, p277.

从"链体"结构看陆贽骈文的功能突破

孟 飞

一、骈文"别调":陆贽奏议

骈文是与散文相对而言的,其文体特征是讲求对偶、声律、典故和辞藻等,因为过分追求语言的形式美,骈文通常会给后世学者留下"华而不实"的印象,甚或被认定为一种"极度畸形的装饰性文体"[1]。骈文之备受诟病,除了风格特征不被认可,主要集中于表达功能的局限上。首先,不能否认整饬的句式、和谐的声律、富艳的辞藻等确实会增加文章的美感,尤其运用于写景、抒情,更可使人赏心悦目。然而一旦将其应用于叙事、议论、说理,因为受到对偶、声律、典故、辞藻等种种束缚,骈文创作便显得左支右绌、力不从心,作者若非才大力雄,便难以出现此种类型的佳构。

骈文不适用于议论,前人早有认识。如明人王志坚云:"四六与诗相似,皆著不得议论。"[2]清人张谦宜解释原因说:"以骈语论事,不难于工整,难于曲折如意、情理允协耳。"[3]奏议作为中国古代重要的文类之一,其行文风格主要是议论、说理。清人孙梅《四六丛话》曾特别指出奏议不宜骈文写作、写作者亦难乎为工:

> 盖奏疏一类,下系民瘼,上关政本,必反复以伸其说,切磋以究其端。论冀见从,多浮靡而失实;理惟共晓,拘声律而难明。此沈、任所以栖毫,徐、庾因之避席者也。[4]

孙梅指出奏议与骈文难以"兼容"的原因所在:奏议目的是让君主采纳意见,因此议论必须深切著明,才具有足够的说服力,而要达到此种效果,"必反复以伸其说,切

---

[1] 〔日〕吉川幸次郎《中国文章论》,王水照、吴鸿春编选《日本学者中国文章学论著选》,上海古籍出版社,1994年,第281页。
[2] 王志坚《四六法海》卷二,明天启七年(1627)戴德堂刻本。
[3] 张谦宜《絸斋论文》,王水照编《历代文话》(第四册),复旦大学出版社,2007年,第3915页。
[4] 孙梅《四六丛话》卷十三,商务印书馆,1937年,第239页。

磋以究其端",对于形式方面有诸多限制的骈文而言,实在难以胜任。为此他还做过一个形象的比喻:"四六长于敷陈,短于议论。盖比物远类,驰骋上下,譬之蚁封盘马,鲜不蹶矣。"[1]

然而亦有逸出常轨不在此限者,比如唐代陆贽骈文就是一个特例。陆贽骈文"能在形式的限制中写得情采盎然,自然畅达,言事详备,说理深刻",赢得了时人及后世读者的一致称誉,被认为是"骈文史上的一大演变"[2]。时人权德舆为陆贽《翰苑集》作序,评价其文有"曲尽事情,中于机会"之语[3]。朱熹对于骈文颇多微词,但对陆贽文却表现出极大的兴趣:"陆宣公奏议极好看,这人极会议论事理,委曲说尽,更无渗漏,虽至小底事,被他处置得亦无不尽。"[4]上述评论也许只是单纯表达赞许,而更多评论则惊奇于陆贽克服骈文的缺点。如《四库全书简明目录·翰苑集》:"(陆)贽文多用骈句,盖当日之体裁。然真意笃挚,反复曲畅,不复见排偶之迹。"[5]又如朝鲜王朝正祖评价云:"陆文自是一格,用之疏章,尤为好矣。虽多骈俪,而自然合对,绝无破碎雕靡之病矣。"[6]皆从骈文对立面进行赞扬。古文大家曾国藩对陆贽骈文可谓推崇备至,他曾评论说:

> 骈体文为大雅所羞称,以其不能发挥精义,并恐以芜累伤其气也。陆公则无一句不对,无一字不谐平仄,无一联不调马蹄。而义理之精,足以比隆濂洛,亦堪方驾韩苏。退之本为陆公所取士,子瞻奏议终身效法陆公。而公之剖析事理,精当不移,则非韩所能及。[7]

曾国藩叹服陆贽骈文几乎达到了形式与内容的完美统一,至于"剖析事理,精当不移",甚至连"古文八大家"之首的韩愈都有所弗逮。孙梅《四六丛话》更是将陆贽骈文推尊到无与伦比的地位:"若敷陈论列,无往不可,而又纂组辉华,宫商谐协,则前无古后无今,宣公一人而已。"[8]

---

[1] 孙梅《四六丛话》卷三十一,商务印书馆,1937年,第560页。
[2] 莫道才《骈文在唐代文学史上的地位》,《广西师范大学学报》(哲学社会科学版)1990年第1期。
[3] 权德舆《唐赠兵部尚书宣公陆贽翰苑集序》,《全唐文》卷四百九十三,中华书局,1982年,第5032页。
[4] 黎靖德编,王星贤点校《朱子语类》卷一百三十九,中华书局,1994年,第3248页。
[5] 永瑢等《四库全书简明目录》卷十五,清文渊阁《四库全书》本。
[6] 《参政院日记》正祖二十一年六月十二日条,第1777册,第66页。陆贽奏议在朝鲜王朝正祖时备受推崇,参见张光宇《朝鲜王朝正祖与〈陆宣公奏议〉》,《文学遗产》2015年第5期。
[7] 曾国藩《鸣原堂论文》,王水照编《历代文话》(第六册),复旦大学出版社,2007年,第5525页。
[8] 孙梅《四六丛话》卷三十二,商务印书馆,1937年,第585页。

二、"链体"结构与"连珠"体

"文涉俳偶者,气象萎苶不足观焉",陆贽的骈文何以能够"如行云流水,读之不觉其俳"?[1]针对骈文形式上的种种束缚,陆贽是如何做到"从心所欲不逾矩"的?对此古今学者多有探讨。

古人每从学问道德上推原,较少写作技艺层面的讨论。即便如《四六丛话》这样颇成系统的骈文批评代表著作,得出的结论也无非是:"大抵义蕴得自六经,而文词则《文选》烂熟也。"[2]此外还有一种"以气行文"的说法[3],因玄妙难言而失之肤廓,也很难让人餍服。近现代学者始着眼于从形式上分析陆贽骈文特质形成之原因。钱基博评价陆贽骈文曾言"宣公议论缊缊,自出机杼,易短为长,改华从实,质文互用,工为驰骋"[4],注意到其"易短为长,改华从实"的特点,即扩充句子容量、语言由华丽转为平实。台湾学者谢武雄最早就此问题展开全面论述,他认为陆文风格的形成包括"骈散夹叙""鲜用典故""用散文方法使文气承转""长于论断,善于敷陈""多作长篇巨制"等多种原因。[5]上述观点后被学者不断论述加强并做了补充,如另外一位台湾学者陈松雄在其专著《陆宣公之政事与文学》中曾总结为六点[6],内容则与之大同小异,未出前者论列范围。大陆学者中首先展开专门研究者当推于景祥先生,其专著《陆贽研究》中有专节论述"陆贽改革骈文的方式"[7],此后又经提炼总结,概括为以下四点:一是运单成复,不失整齐之态;二是杂用单行,承转文气;三是力求朗畅,少用典故;四是加长骈句和加长篇幅。[8]于先生的考论较前人转精转密,尤其是其关于句式结构的探讨,特别强调其"散句双行,运单成复"的重要特征,深化了我们对于陆贽骈文运作原理的认识。就此问题后来学者

---

[1] 〔日〕斋藤正谦《拙堂续文话》,王水照、吴鸿春编选《日本学者中国文章学论著选》,上海古籍出版社,1994年,第185页。

[2] 孙梅《四六丛话》卷三十二,商务印书馆,1937年,第585页。

[3] 如李慈铭《越缦堂读书记》:"至陆宣公、李樊南全以气行文,大开宋人门径。"(辽宁教育出版社,2001年,第851页);又如陈康黼《古今文派述略》:"其所作制诰章奏,排比之中,行以灏瀚之气。"(王水照编《历代文话》(第九册),复旦大学出版社,2007年,第8162页。)

[4] 钱基博《骈文通义》,大华书局,1934年,第68页。

[5] 参看谢武雄《陆宣公之言论及其文学》,台湾政治大学中国文学研究所1975年硕士学位论文,嘉新水泥公司文化基金会丛书。

[6] 六点分别为:一、骈散兼务,而妙造自然;二、镕铸故实,而明白晓畅;三、长于议论,善于敷陈;四、工于镕裁,巧于比兴;五、思想清晰,博依不溺;六、词句流利,渊雅圆贼。见陈松雄《陆宣公之政事与文学》,文史哲出版社,1985年,第121~128页。

[7] 参看于景祥《陆贽研究》,辽宁人民出版社,1998年,第54~62页。

[8] 参看于景祥《骈文的蜕变》一文,原载《文学评论》2003年第5期,后收入氏著《骈文论稿》,中华书局,2011年,第24~25页。

虽续有研究，但大多是前人意见的翻新，未能有更进一步的发现。[1]

前人的研究很大程度上为我们揭示了陆贽骈文"读之不觉其俳"的奥妙，但是否已题无剩义？笔者认为尚有值得深入探讨的余地。德国汉学家鲁道夫·瓦格纳（Rudolf G. Wagner）教授在其专著《王弼〈老子注〉研究》一书中提出"链体风格"（Interlocking Parallel Style），用以分析王弼的注释技艺，同时探讨其思想内容及文本结构。所谓"链体"，"即两个思想要素平行交错地展开"。与骈体"强调对偶句子间横向的对称关系"不同，"链体"结构更加关注"关键语汇或思想要素的纵向连续性"。[2]其所介绍的语言分析方法对我们研究陆贽骈文特质的成因颇有启发。

我们试以瓦格纳教授《王弼〈老子注〉研究》中对《老子》第六十四章"为者败之，执者失之，是以圣人无为故无败，无执故无失"一段的分析为例，以略明其旨趣所在。为方便论说，上述语句根据语意逻辑可标记为如下形式[3]：

Ⅰ　1a 为者败之　　2b 执者失之

　　　　3c 是以圣人

Ⅱ　4a 无为故无败　　5b 无执故无失

Ⅰ、Ⅱ表示两组对偶的句子，1、2、3、4、5表示句子的先后次序，a、b、c则是根据主题关联做出的分类。1a和2b、4a和5b形式上为骈句，但从内容来看，这两组骈句可拆解为：1a（3c）4a，2b（3c）5b，亦即：

a 为者败之，（是以圣人）无为故无败；
b 执者失之，（是以圣人）无执故无失。

前后两组偶句分为两个意义单元，它们之间通过语意逻辑相绾结，结构形式有如"链体"，这也是术语命名的由来。诚如瓦格纳教授所言，这一做法并"不仅仅是表达一种

---

[1] 如宁薇《唐代骈体公牍文论稿》总结原因为："一、少用典故，不尚藻饰；二、文从字顺，不用生词；三、出入六经，洁而不芜；四、句杂长短，骈散结合。"世界图书出版公司，2014年，第139~154页。又见郑强《陆贽研究》，山东师范大学2008年硕士学位论文，第四章，第59~85页。
[2]〔德〕瓦格纳著，杨立华译《王弼〈老子注〉研究》，江苏人民出版社，2008年，第47页。
[3] 同上注，第57~61页。

思想的凝练和简洁的方式",同时也"以无声的、结构的方式表达了思想的第二个层面";"在主题上,它们是相互补充的对立面,共同构成了一个存在着界域的整体"。因此对于这种结构的解读策略,应该是"空间的而非线性的读解"。[1]

上文举例只是标准而简单的"链体"结构,瓦格纳教授在书中还列举了其他几种较为复杂的变体,如《礼记·缁衣》以下一段内容:"子曰:君子道人以言,而禁人以行。故言必虑其所终,而行必稽其所敝;则民谨于言而慎于行。《诗》云:'慎尔出话,敬尔威仪。'《大雅》曰:'穆穆文王,于缉熙敬止。'"可拆解标记为:

1c 子曰:君子

Ⅰ 2a 道人以言　　3b 而禁人以行

4c 故

Ⅱ 5a 言必虑其所终　　6b 而行必稽其所敝

7c 则民

Ⅲ 8a 谨于言　　9b 而慎于行

10c《诗》云

Ⅳ 11a 慎尔出话　　12b 敬尔威仪

瓦格纳教授将"穆穆文王,于缉熙敬止"两句分别标记为14a和15b,但考虑到此二句实非对偶关系,故裁去不予讨论。[2]可以看出,这段话共包含四组骈句和两个意义单元(2a/5a/8a/11a和3b/6b/9b/12b,分别以"言"和"行"为关键词),意义单元的句子之间由语意逻辑联结,骈句组构成一个有机的整体,不能被分割开来理解。"链体"结构可以说是早期汉语文本中比较常见的模式,瓦格纳教授还从《管子》《韩非子》《孝经》《墨子》《周易》等典籍中找到了相关的例子。

"链体"结构在早期文本中的普遍存在,表明古人对这一结构有意识的运用,如我国古代文体中的"连珠",可以说是典型的"链体"结构。[3]关于"连珠"体的起源,

---

[1] 〔德〕瓦格纳著,杨立华译《王弼〈老子注〉研究》,江苏人民出版社,2008年,第58页。
[2] 同上注,第96～97页。
[3] 有学者认为"连珠"体是指一组体式相同或相近的作品,而不是一则作品,如马世年先生《连珠体渊源新探》(《甘肃社会科学》2008年第6期)、《祝、史"垂戒之辞"与连珠体的起源》(《中国古代散文论丛:第三届骈文国际学术研讨会论文专辑》,世界图书广东出版公司,2014年,第163～170页)等文皆持此观点。笔者认为"连珠"用以形容每则作品的句式结构亦自无不当,不妨两存其说。

学者多有讨论，兹不赘述。我们更关注其特殊的句式结构。"连珠"体的主要特点为"辞句连续，相互发明，若珠之结排"[1]，我们不妨运用瓦格纳教授的"链体风格"理论来分析一组陆机《演连珠》的作品[2]：

1c 臣闻
Ⅰ 2a 绝节高唱，非凡耳所悲　　3b 肆义芳讯，非庸听所善
4c 是以
Ⅱ 5a 南荆有寡和之歌　　6b 东野有不释之辩

不难发现，陆机虽将第Ⅰ组对偶由单句加长为两个句子，但 2a/5a、3b/6b 的结构形式与前文所举同出一辙，当是渊源有自。钱锺书先生论"连珠"体曾言："盖诸子中常有其体，后汉作者本而整齐藻绘，别标门类，遂成'连珠'。"[3]"连珠"能够成为一种单独的文类，"链体"结构在当时写作中的广泛应用由此可窥一斑。对于"连珠"体语言形式的认识，胡大雷先生总结得非常准确：

> 所谓"连珠"，换一种表述就是使语言表达的外在与内在都具有足够的串联。就其外在来说，语言整齐乃至骈化，所谓顺口而下；就其内在来说，推理论证环环相扣，这样才真正达到"连珠"。[4]

"连珠"体用以议论、说理，逻辑严密，环环相扣，其骈俪的句式和精巧的结构浑然一体，可以说达到了内容与形式的统一，故又被严复称为"一体之骈文"[5]。瓦格纳教授"链体风格"的发现以及中国学者对于"连珠"体的研究，都已超越外在形式而注意到其内部结构，他们的观点和方法对于我们探讨陆贽骈文"反复曲畅""深切著明"的风格成因，不失为一个很好的观察角度。

---

[1] 欧阳询编《艺文类聚》卷五十七引沈约《注旨制连珠表》。
[2] 萧统编《文选》卷五十五，中华书局，1977年，第764页。
[3] 钱锺书《管锥编》（第三册），中华书局，1979年，第1136页。
[4] 胡大雷《论"连珠"体起源于"对问"》，《中山大学学报》（社会科学版）2010年第1期。
[5] 严复《名家浅说》，商务印书馆，1981年，第43页。

三、陆贽骈文对"链体"结构的发展

笔者检阅发现,"链体"结构大量存在于陆贽奏议之中,是其议论、说理的主要形式。尤其值得注意的是,陆贽对于"链体"结构不仅深谙其理,运用自如,在若干方面还超越前人,自我作古,将这一结构的效用提升到了新的高度。他对于"链体"结构优势的充分发挥,可以说是其克服骈文功能缺陷的重要原因之一。以下试从几个方面讨论陆贽骈文对"链体"结构的发展。

首先,增加骈句长度,使用长联对偶(两个句子以上),对偶字数有的多达二三十字,极大地扩充了内容空间。另外,增加"链体"单元,将骈句组由两三组增至四五组,甚至更多组,为语意层次的扩展提供了可能。以上两点请见下文示例:

1c 夫君之大柄,在惠与威,二者兼行,废一不可

Ⅰ 2a 惠而罔威则不畏　　3b 威而罔惠则不怀

Ⅱ 4b 苟知夫惠之可怀,而废其取威之具,则所敷之惠适足以示弱也,其何怀之有焉?
　　5a 苟知夫威之可畏,而遗其施惠之德,则所作之威适足以召敌也,其何畏之有焉?

6c 故善为国者

Ⅲ 7a 宣惠以养威　　8b 蓄威以尊惠

Ⅳ 9a 威而能养则不挫　　10b 惠而见尊则有恩

11c 是以

Ⅴ 12ab 惠与威交相蓄也　　13ab 威与惠互相行也

以上是陆贽《收河中后请罢兵状》中的一段论述[1],主体部分皆为骈句,共有5组;其中第Ⅱ组(4b/5a)由4个句子组成,单句最长为11字,总字数则多达31字。孙梅《四六丛话》云:"古之四六为对,语简而笔劲,故与古文未远。其合两句为一联者,谓之隔句对,古人慎用之,非以此见长也。"[2]至陆贽骈文,出于表达复杂语意的需要,开始有意识地大量使用长句和长联,成为其显著特点。事实上,陆贽骈文这一特点早已为前人认识并加以效仿,如顾炎武曾言:"今人作四六,中多用长调,甚至数十字为一对,不知何

---

[1] 陆贽撰,王素点校《陆贽集》卷十六,中华书局,2006年,第530~531页。
[2] 孙梅《四六丛话》卷三十三,商务印书馆,1937年,第626页。

以云'四六'也？昉于陆宣公奏议，盖论事之文，不拘一体，固然尔。"[1]上述特征在陆贽之前的骈文中是很罕见的。

其次，不再局限于偶对双行，必要时增加语意单元，用错综排比的方式展开论述，增强文章的气势和论证的力度。例如：

      1e 夫小人之于蔽明害理，如
 Ⅰ 2a 目之有眯 3b 耳之有充
 Ⅱ 4c 嘉谷之有螟 5d 梁木之有蠹也
 Ⅲ 6a 眯离娄之目，则天地四方之位不分矣
   7b 充子野之耳，则雷霆蝇蚤之声莫辨矣
 Ⅳ 8c 虽后稷之穑，禾易长亩，而螟伤其本，则零瘁而不植矣
   9d 虽公输之巧，台成九层，而蠹空其中，则圮折而不支矣

以上语段摘自陆贽《论裴延龄奸蠹书》[2]。陆贽形容小人"蔽明害理"，连用了4组比喻，即4个语意单元（2a/6a，3b/7b，4c/8c，5d/9d）；在结构上，4组比喻两两相对，分为两个骈句组。根据比喻对象的指向不同，陆贽采用了不同的论证手法，句式亦随之变化：第Ⅰ组为4字对偶，主要形容小人之"蔽明"，第Ⅲ组继阐其意，以两句15字对偶；第Ⅱ组为5字对偶，主要形容小人之"害理"，第Ⅳ组继阐其意，以四句21字对偶。按照读者线性阅读的习惯，骈句由短而长，论述层层递进，自然而然形成一种推波助澜、排山倒海的语势，令人目不暇接。诚如明孙绪所言："陆宣公就事论事，纤情变态无穷，而其言亦无穷，滚滚多至数千，一字不可减也。"[3]

第三，基于骈句的加长和骈句组的增加，语意层次更加丰富，论证逻辑更加缜密。例如陆贽《奉天请数对群臣兼许令论事状》其中一段[4]：

    1c 其推诚也
 Ⅰ 2a 在彰信   3b 在任人

---

[1] 顾炎武《菰中随笔》，清乾隆孔氏玉虹楼刻本。
[2] 陆贽撰，王素点校《陆贽集》卷二十一，中华书局，2006年，第668页。
[3] 孙绪《沙溪集》卷十一，清文渊阁《四库全书》本。
[4] 陆贽撰，王素点校《陆贽集》卷十三，中华书局，2006年，第403页。

Ⅱ 4a 彰信不务于尽言，所贵乎出言则可复
　　5b 任人不可以无择，所贵乎已择则不疑
Ⅲ 6a 言而必诚，然后可求人之听命　　7b 任而勿贰，然后可责人之成功
Ⅳ 8a 诚信一亏，则百事无不纰缪　　9b 疑贰一起，则群下莫不忧虞
　　10c 是故
Ⅴ 11a 言或乖宜，可引过以改其言，而不可苟也
　　12b 任或乖当，可求贤以代其任，而不可疑也
　　13c 如此则推诚之义孚矣

　　此段以"彰信"和"任人"为关键词，可分为两个语意单元（2a/4a/6a/8a/11a，3b/5b/7b/9b/12b）。我们试以 a 组为例，来分析其句子间的语意层次和逻辑关系。2a 提出"推诚"在于"彰信"的论点，4a 进而论证"彰信"在于"言则可复"，此论点之具化，为第一层次。6a 为正面论证，"言而必诚"（亦即"言则可复"）则可使人"听命"；8a 为反面论证，如"诚信一亏"则"百事无不纰缪"，6a/8a 正反论证，可视为第二层次。11a 在上述论证的基础上提出"言或乖宜"的改过之法，为语意的第三层次。整段内容思路清晰，逻辑严密，论述由"信"而"言"而"诚"，最后归结"引过改言"可谓水到渠成，非常具有说服力。

　　除了上述几大特点之外，陆贽骈文在结构突破方面还有其他值得注意的地方，此不一一论列。笔者认为，陆贽骈文对于"链体"结构的发展主要还是通过加长骈句、增加骈句组来经营更复杂的语意层次和逻辑关系，以此来实现骈文议论、说理的功能拓展。同时不可否认，骈散兼行以及"夫""也""以"等虚词，"故""是以""是故"等连词的使用，也确实起到了疏瀹文气、润滑关节的功用，使陆贽骈文达到了"卷舒之态自然，襞襀之痕尽化"（《四六丛话》）的效果。如果说"连珠"体这一精巧结构在前代只是零章片段、类似箴言的存在，那么陆贽无疑将其功能调适并巧妙植入骈体行文的脉络之中，使之成为论述机体的重要构成，"链体"结构的功能优势在陆贽骈文中也得到了淋漓尽致的展现。前人评价陆贽骈文"事理明畅，情义剀切"[1]，寻其根源正得益于此。

---

[1] 张谦宜《絸斋论文》，王水照编《历代文话》（第四册），复旦大学出版社，2007年，第3923页。

四、陆贽骈文实现功能突破之原因

陆贽之所以能够做到对"链体"结构的超越和突破，若迹其变化之方，自其不变者观之，不过是以理驭词，纵意所如，因地制宜，随物赋形，像苏东坡所言："行于所当行，止于不可不止。"（《文说》）虽然如此，我们还是不妨探讨一下陆贽骈文采用"链体"结构取得功能突破的原因所在。

其一，"链体"结构与古人思维模式有着天然耦合之处，"链体"结构的展开更是契合于古人的论述理路。中国传统文化中的阴阳观念以及二元论的辩证思维，都可视为骈词俪语自然生成的文化土壤，《文心雕龙》言"心生文辞，运裁百虑，高下相须，自然成对"[1]，正可反映出古人对于骈偶由来的认识。袁枚《胡稚威骈体文序》对此论述得尤为精彩："文之骈，即数之偶也，而独不近取诸身乎？头，奇数也；而眉目，而手足，则偶矣。而独不远取诸物乎？草木，奇数也，而由蘂而瓣萼，则偶矣。山峙而双峰，水分而交流，禽飞而并翼，星缀而连珠，此岂人为之哉？古圣人以文明道，而不讳修词。骈体者，修词之尤工者也。"[2]胡适倡导白话文运动，其《文学改良刍议》认为须从"八事"入手改革文体，其七为"不讲对仗"，但也不得不承认："排偶乃人类言语之一种特性，故虽古代文字，如老子、孔子之文，亦间有骈句。"[3]从根源来看，骈体的运用与古人思维的表达并非不可调和的矛盾。另一方面，当骈体写作成为风气，也会反过来影响古人的思维，如朱光潜先生所言："文字的构造和习惯往往能影响思想。用排偶文既久，心中就于无形中养成一种求排偶的习惯，以至观察事物都处处求对称"，"中国诗文的对偶起初是自然现象和文字特性酿成的，到后来加上文人求排偶的心理习惯，于是就'变本加厉'了"。[4]

中国文化的特定语境以及古人思维的运作习惯，使古代文章的论述理路自然呈现出错综交互的特点。宋人陈骙《文则》曾总结"文有交错之体，若缠纠然，主在析理，理尽后已"[5]，此为古人议论、说理的普遍思路和原则。反观"链体"结构的功能特点，我们不难发现两者之间存在共通之处和某种深层的契合，我们甚至可以说"链体"结构

---

[1] 刘勰《文心雕龙·丽辞》，人民文学出版社，1958年，第588页。
[2] 袁枚撰，王英志主编《袁枚全集》（贰），江苏古籍出版社，1993年，第198页。
[3] 胡适《胡适文存》，亚东图书馆，1921年，第21页。按：清人朱一新《无邪堂答问》卷二亦云："周秦诸子之书，骈散互用，间多协韵，六经亦然。"（第89页）
[4] 朱光潜《诗论》，《朱光潜全集》（第三卷），安徽教育出版社，1987年，第202页。
[5] 陈骙《文则·丁》，王水照编《历代文话》，复旦大学出版社，2007年，第153页。

是古人经过摸索总结，为议论、说理更好地展开而"量身定制"的特定结构也不为过。宋人陈绎曾探讨骈文改良方法，以为"宋人四六之新规"，其一为"联串两句，融化明白，一段数联，又须融化相串。篇串数段，仍须融化照应。脉络贯通，语意浏亮，浑然天成，则式虽四六文，与古文不异矣"。[1]这种"联串""融化"的追求，需借由"链体"结构的突破才能达成，而陆贽骈文可谓是成功的实践。

尽管如此，陆贽仍然无法严格恪守骈文规则，达到形式与内容的完美统一，在形式上他不得不时常做出妥协以保证内容的完整。如其文虽以骈句为主，但仍须杂用散句，句子也不能全用四六，至于典故、声韵、藻饰等也无多措意，这些特征都使其成为骈文的"别调"，甚至不被认可其为骈文。张之洞《輶轩语》将陆贽列为"古文家"，称其为文"虽多排偶，不得限以四六之名"[2]；高步瀛编选《唐宋文举要》，甲编选散文，乙编选骈文，谨严有法，其中将陆贽《奉天请罢琼林大盈二库状》列为甲编散文之属，也是基于以上原因。笔者认为，陆贽骈文的上述特点，可以视为对骈文的改革，其所取径与韩愈等人倡导的"古文运动"有着相似之处，都是向古代典籍寻求资源。韩愈所作的"古文"并非完全复古，而是通过复古进行文体革新；陆贽骈文显示出的革新，则是某种意义上的"复古"，清人朱一新认为，"宣公降格以从时，源亦出于东汉"[3]，此说甚有见地，只不过其源仍可上溯，五经、先秦诸子已肇其端。

其二，陆贽骈文功能的突破，也出于现实政治的需要，与唐德宗的性格爱好和执政作风有着密切的关系。本着"知人论世"的原则，我们还有必要结合陆贽骈文写作的政治环境和现实因素进行考察。陆贽奏议的直接阅读对象为唐德宗，其最终目的是得到唐德宗的认可，以取得"言听计从"的效果。然而唐德宗并非寻常君主可比，唐德宗即位之初尚能开诚布公，自遭"泾师之变"和"奉天之难"，便开始猜忌防范朝臣，转而重用宦官，史书称其"猜忌刻薄，以强明自任，耻见屈于正论，而忘受欺于奸谀"[4]，又"不委政宰相，人间细务，多自临决"[5]，这一点也可以从陆贽《奉天请数对群臣兼许令论事状》

---

[1] 陈绎曾《文筌·四六附说》，清李士菜家钞本。
[2] 张之洞编撰，范希曾补正，孙文泱增订《增订书目答问补正》，中华书局，2011年，第665页。
[3] 朱一新《无邪堂答问》卷二，第90页。
[4] 《新唐书》卷七，中华书局，1975年，第219页。
[5] 《旧唐书》卷十五，中华书局，1975年，第472页。

《兴元论解姜公辅状》等奏议中得到证明[1]。苏轼《乞校正陆贽奏议上进劄子》曾言：

> 伏见唐宰相陆贽，才本王佐，学为帝师。论深切于事情，言不离于道德。智如子房，而文则过之；辩如贾谊，而术不疏。上以格君心之非，下以通天下之志。三代以还，一人而已。但其不幸，仕不遇时。德宗以苛刻为能，而贽谏之以忠厚；德宗以猜疑为术，而贽劝之以推诚；德宗好用兵，而贽以消兵为先；德宗好聚财，而贽以散财为急。至于用人听言之法，治边驭将之方，罪己以收人心，改过以应天道，去小人以除民患，惜名器以待有功。如此之流，未易悉数。可谓进苦口之药石，针害身之膏肓。

唐德宗猜忌刻薄而又刚愎自用，其为政思路又多与陆贽相左，在很多方面都存在很大的分歧，如何才能成功说服人主，对于奏议者而言无疑是极大的挑战。

另一方面，唐德宗本人爱好文艺，文献多有记载，如《翰林志》载："德宗雅尚文学，注意是选，乘舆每幸学士院，顾问锡赍，无所不至。御馔珍肴，辍而赐之。又尝召对于浴堂，移院于金銮殿，对御起草，诗赋倡和，或旬日不出。"[2]《唐诗纪事》："帝善为文，尤长于篇什。每与学士言诗于浴堂殿，夜分不寐。"[3]中晚唐帝王之中，以唐德宗存诗数目最多（现存16首诗），由此也可窥一斑。不仅如此，唐德宗对诗文还相当"挑剔"，有着严厉的审美眼光。如他曾明斥崔翰诗为"恶诗"[4]，还曾在宣政殿亲自批阅试策文章，"或有词理乖谬者，即浓点笔抹之至尾"[5]。可以想象唐德宗对于文章的要求之高，能够符合其审美趣味，同时具备充分说服力的文章，必须内容、形式两者兼顾，方有打动人主的可能性。这无形中也促使陆贽探索进化骈文功能的路径，以取得上章奏议的最佳效果，而"链体"结构的引入，可以说是重要而关键的一环。

史书记载，陆贽曾经一度为唐德宗"特所亲信"[6]，"虽有宰臣，而谋猷参决多出于贽，

---

[1] 如《奉天请数对群臣兼许令论事状》中唐德宗自言："朕心甚好推诚，亦能纳谏。但缘上封事及奏对者，少有忠良，多是论人长短，或探朕意旨。朕虽不受谗谮，出外即谩生是非，以为威福。朕往日将谓君臣一体，都不提防，缘推诚信不移，多被奸人卖弄。今所致患害，朕思亦无他故，却是失在推诚。"（陆贽撰，王素点校《陆贽集》卷十三，中华书局，2006年，第388页）。陆贽奏议中对此多有箴规，文长不录。
[2] 李肇《翰林志》卷上，清《知不足斋丛书》本。
[3] 计有功《唐诗纪事》卷二，《四部丛刊》景明嘉靖本。
[4] 见李肇《唐国史补》卷中："杜太保（佑）在淮南，进崔叔清（翰）诗百篇。德宗谓使者曰：'此恶诗，焉用进？'时呼为'准敕恶诗'。"（明《津逮秘书》本）。
[5] 苏鹗《杜阳杂编》卷上，清文渊阁《四库全书》本。
[6] 《册府元龟》卷九十九，明刻初印本。

故当时目为'内相'"[1]，可以说其骈文革新确实发挥了一定效用。元人刘岳申曾言："近古人臣进谏其君，未有如陆宣公者，以其言多与德宗不合，而推诚尽忠，反复委曲，无所不至，故为奏对第一。"[2]在表达对陆贽钦佩之情的同时，也点明了陆贽骈文"反复委曲，无所不至"的特点，这也正是我们前文着重论述"链体"结构的核心特征。清人刘熙载云："陆宣公奏议，妙能不同于贾生。贾生之言犹不见用，况德宗之量非文帝比，故激昂辩析有所难行，而纡余委备可以畀入。"[3]"纡余委备"是"反复委曲"的另外一种表达，其本质仍然是议论、说理的深刻与周详。唐德宗贞元年间，虽已出现"古文运动"的先声，有梁肃、独孤及等人的创作，但仍无法与风行于世的骈文分庭抗礼，骈文作为朝廷公牍、科举试策使用的主流文体，必定更加为"好文雅蕴藉"的唐德宗所欣赏和认可。[4]陆贽既然不能自由选择文体，只能通过文体内部的改革进行功能拓展，这也是促成其骈文风格形成的重要原因，不能不说与唐德宗有着密切的关联。

五、陆贽骈文之于后世影响及其他

张仁青先生曾对陆贽骈文革新的意义做出如下评价："骈文至陆宣公，可谓极变化之能事，前乎此者，多吟咏哀思、摇荡性灵之作，自宣公移以入奏议诏书之后，骈文之范围，随之扩大，不但可以抒情，可以叙述，亦且可以议论。故骈文之形式虽未尝变，而骈文之性质与内容均已改观。"[5]可谓中肯之论。陆贽骈文的功能突破，使其更加适用于公牍写作，而后世文士仰慕其为人、钦服其为文，颇有以之作为效法对象者，如宋代四六文曾受陆贽骈文颇多影响，对此学者已有注意。[6]苏轼推崇表彰陆贽骈文不遗余力，已见于前文征引。元人戴表元曾言："宣公吴人，以纯诚直谏、嘉猷远识、学行政术为唐忠臣，未尝以文名也。……而眉苏公父子亟慕而学焉，大苏公遂取其书进之经筵，以备讲读。自是以来，学士大夫以谏诤者尚其悫实，以诏檄者尚其明达，以书判者尚其果决，

---

[1]《旧唐书》卷一百三十九，第3817页。
[2] 刘岳申《陆宣公奏议注序》，《申斋集》卷一，清文渊阁《四库全书》本。
[3] 刘熙载《艺概》卷一，上海古籍出版社，1978年，第20页。
[4] 据《资治通鉴》卷二百三十三记载："上（唐德宗）好文雅蕴藉，而（柳）浑质直轻脱，无威仪。于上前时发俚语，上不悦，欲黜为王府长史。李泌言：'浑褊直无它，故事，罢相无为长史者。'又欲以为王傅，泌请以为常侍。上曰：'苟得罢之，无不可者。'已丑，浑罢为左散骑常侍。"（中华书局，1975年，第7496页）由此可窥唐德宗的文学趣味。
[5] 张仁青《中国骈文发展史》第七章，浙江大学出版社，2009年，第362页。
[6] 参看黄之栋《论两宋之际的四六文》，《浙江大学学报》（人文社会科学版），2012年第3期。

以谳议者尚其详尽，而宣公之书行矣。"[1]可知在苏轼大力倡引之下，当时文士纷纷效仿陆贽骈文，已蔚然成风。

苏轼推崇陆贽骈文，主要欣赏其说理明彻、议论剀切："孔子曰：'辞达而已矣'，物固有是。理患不知，知之患不能达之于口与手。所谓文者，能达是而已。文人之盛，莫如近世。然私所敬慕者，独陆宣公一人。"[2]在陆贽骈文众多的学习者中，苏轼堪称最得其体要者，寻其登堂入室之迹，其中对"链体"结构功能的认识及运用，不能不说是其重要基础。如苏轼《上皇帝书》中如下一段："人心之于人主也，如木之有根，如灯之有膏，如鱼之有水，如农夫之有田，如商贾之有财。木无根则槁，灯无膏则灭，鱼无水则死，农无田则饥，商贾无财则贫，人主失人心则亡。"即为排比式"链体"结构之典型应用，清人汪中评曰："篇中凡议论譬喻引证，多用双行，是陆宣公奏议体"[3]，颇有见地。又如苏轼《转对条上三事状》其中一段："凡为天下国家，当爱惜名器、谨重刑罚。若爱惜名器，则斗升之禄，足以鼓舞豪杰；谨重刑罚，则笞杖之法，足以震詟顽狡。若不爱惜、谨重，则虽日拜卿相，而人不动；动行诛戮，而人不惧。此安危之机、人主之操术也。"[4]则为语意层次较为复杂之"链体"结构，其联句对偶，正反论证，委曲详明，事理条畅，真堪赓陆贽骈文之余响。

两宋之际的汪藻被誉为四六文之"集大成者"[5]，其骈文特点之一便是多用长联，为此还曾受到孙梅的批评："故义山之文，隔句不过通篇一二见，若浮溪（汪藻），非隔句不能警矣。甚至长联至数句，长句至十数字者，以为裁对之巧，不知古意浸失，遂成习气，四六至此弊极矣。"[6]然而此或汪藻学陆贽骈文处，但未尽其运用之妙耳。宋人学习陆贽骈文，"贤者识其大者，不贤者识其小者"，许多学习者只注意到其长句、长联的表面形式，忽略了其作为意义共同体的结构特征及语意逻辑的内在关联，因而也就难以窥其堂奥、得其仿佛，效法而不得其要领，故不免出现新的弊病。"词婉而直，理顺而明"（陆贽《奉天论李晟所管兵马状》）是陆贽的写作理念，"链体"结构可以视为一种骈文写作的思维和论证的利器，帮助其更好发挥议论、说理功能，但这一结构

---

[1] 戴表元《陆宣公奏议精要序》，《剡源集》卷七，《四部丛刊》景明本。
[2] 苏轼《答虔倅俞括奉议书一首》，《苏文忠公全集》卷十四，明成化本。
[3] 高步瀛《唐宋文举要》（甲编）卷八，上海古籍出版社，1982年，第1036页。
[4] 苏轼《转对条上三事状》，《经进东坡文集事略》卷三十二，中华书局香港分局，1979年，第558页。
[5] 陈振孙《直斋书录解题》卷十八，上海古籍出版社，1987年，第526页。
[6] 孙梅《四六丛话》卷三十三，商务印书馆，1937年，第626页。

的有效运用，不仅要求写作者具备高超的语言驾驭能力，更加需要有卓绝的见识和深刻的洞察，这也正是陆贽骈文后世难以企及的重要原因。

本文原载于《广西师范大学学报》（哲学社会科学版）2018年第4期

（孟飞，西北大学中国文化研究中心讲师。主要研究领域为中古文学、文献学。）